기독교, 과학적 무신론,
그리고 항일 독립운동

기독교, 과학적 무신론,
그리고 항일 독립운동

초판 1쇄 인쇄 2019년 11월 10일
초판 1쇄 발행 2019년 11월 15일

지은이 : 허정윤
디자인 : 참디자인

펴낸곳 : (주)메노라
등록 : 제009-000021호
주소 : 서울시 구로구 경인로 67길 23, 201-901
전화 : 010-8807-7851
e-mail : djtelcome@naver.com

ISBN: 979-11-961574-1-8 (93230)

기독교,
과학적 무신론,
그리고
항일 독립운동

허정윤 지음

메노라

추천사

민경배

백석대학교 석좌교수

오늘은 우리의 존경하고 아끼는 허정윤 박사께서 그 대역사로 마련하고 장차 심혈을 기우려 그 공적을 계속 남기실, 그런 거대 저서 출간에 기쁨을 감출 수 없고 또 그 기쁨을 함께 나누고 싶은 마음으로 이 글을 상재(上梓)합니다.

이번 저자의 『기독교, 과학적 무신론, 그리고 항일 독립운동』은 저자의 2014년 박사학위 논문 "과학적 무신론에 대한 비판적 고찰: 발생에서부터 한민족 교회에 유입되기까지의 역사적 과정을 중심으로"를 주간(主幹)으로 다시 윤필(潤筆)하여, 저자의 광대한 학문의 세계를 대괄(大括)하는 저서입니다. 이 논문에서 "과학적 무신론"에 대해 비판한 부분은 기왕에 "과학적 유신론"을 논증하기 위하여 간행하신 『과학과 신의 전쟁』(메노라, 2017, 535쪽)에서 이미 출판된 바 있습니다. 저자는 그의 논문을 책으로 출판하면서 "하나님의 존재를 부정하는 과학적 무신론에 대한 반론과 한민족 국가와 교회의 분열을 획책하는 과학적 무신론자들을 방어하는 데 유용한 방패로 쓰이기를 소망"합니다. 이 대업을 수행하는 데 벌써 그 일단의 사역을 시작한 지도 오래되었으며, 저자는 이미 이 분야에 오랜 경력과 조예를 쌓으시고 계십니다.

무신론과 유신론, 과학과 종교, 과학과 신, 과학과 신학, 이런 대결 구도는 인류역사 그 자체만큼 장구한 것이어서 그 구도 설정 자체가 이미 무한대한 학문의 광활한 영역을 망라한다 해도 과언이 아닙니다. 더러는 문제를 간결로 구도화하여 종교-철학-과학, 이런 구도로 세계역사 발전 구도를 개략으로 도식화(圖式化)하고 있는 형편이기도 합니다.

이러한 문제의 연구 체계화 구도와 그 방법론은 사실 유연(柔軟)하고도 광활한 마음의 폭이 없이는 불가능합니다. 이전에 공식화해 놓은 규범을 가지고 일괄 분류해서 표본화한다고 해서 완결될 것도 아니기 때문입니다. 본서와 같은 연구는 인간의 상극, 곧 마음과 몸, 하나님과 세상, 시간과 영원, 이런 것들을 아우르면서도 동시에 그런 문제가 워낙 거대하고 심원(深遠)하기 때문에 언제든 어디에서든 사소한 변수라도 믿기 어려운 돌발 사태나 변화를 예기하여 체계화할 만한 착상을 전제하지 아니하고서는 손 댈 엄두도 내지 못하는 학문이기 때문입니다. 다시 말하면 이런 연구는 깊고도 체질화된 경건과 예리한 논리 그리고 인격의 여러 단층(斷層)을 다 망라하는 넓이를 부설(敷設)하지 아니하고서는 그 결실을 기약하기 어려운 작업인 것입니다.

본서는 "과학적 무신론"이 마르크스, 엥겔스, 다윈을 거쳐 소비에트 러시아에서 스탈린과 오파린에게서 완성되었다는 점을 확인합니다. 그런데 그 과학적 무신론이 마침내 정치의 세계로 흘러 들어가 국가정책의 신조로 화신(化身)하고 구체화하여, 필경 스스로 사유재산 몰수, 프롤레타리아 독재, 자유 통제, 대량학살 등 가공할만한 현실정치에 그대로 전환하고 말았다는 것입니다. 학문 치고 이렇게 전폭적으로 현실 바로 그 현장에 그대로 범주적으로 구체화한 이론은 찾아보기가 힘들 것이라고 봅니다. 무신론의 이데올로기의 실상이 여기 여실히 나타났다고 보고 있는 것입니다.

그 "과학적 무신론"의 현실적 구상화(具像化)의 실례는 한국에서도 한때 일제 치하 독립운동군(群)에서 나타나고 있었다고 봅니다. 한때 기독자였던 이동휘(李東輝), 여운형(呂運亨) 등에 의해서 한국사회와 교회에 유입되었다고 보고 있습니다. 하지만 소비에트의 공산주의 혁명이 러시아 제국을 무너뜨린 이미지에만 몰입하여 해방 전선에 투영하고 있었고, 따라서 그 "과학적 무신론" 본래의 사회변혁에는 아무런 성과도 내지 못한 것으로 판단하고 있습니다.

사실 저자는 이 "과학적 무신론" 연구에서 그 무신론이 오히려 과학적 증거가 없다는 것, 인류역사에 막대한 해악을 끼쳤다는 것, 그리고 창조주에 대항하는 허위 이론에 불과하다는 것, 필경 전통적 종교의 근거인 유신론의 확실성과 정당성으로 반론(反論)하였다는 것, 이런 것들을 확실한 자료들을 동원하여 결론을 내리고 있습니다.

사실 선행연구 자료가 거의 없는 상태에서 국내에서 이런 연구는 그 주제의 넓이 때문에 착수하려면 대단한 확신과 결단, 그리고 신념을 전제하고야 가능했던 것입니다. 가장 중요한 신과 인간의 문제가 수평선상에서 보아서는 안 되는 거리에 놓여 있다는 사실이 유의되었습니다. 그런 까닭에 정규(正規)와 정곡(正鵠)의 연구가 시종 그 궤도를 따라가야만 했던 것으로, 이 업적이 우리 한국역사에서나 교회사에서 얼마나 절실하고 긴급하였던가를 다시 확인하여 주고 있습니다.

이런 의미에서 우리는 저자의 이런 연구 착수에 다시 한 번 그 용단과 사명감 그리고 적기성(適機性)을 확인할 수 있어서 충심으로 찬하의 글을 올립니다. 이럴 때일수록 그분의 지금까지의 인생 전력(前

歷)에 하나님 섭리의 흔적을 보면서 그분의 포괄적이고 재치 있는 사고의 리듬이 새삼 지금을 위해 준비된 디딤돌들이었구나 라고 생각하게 됩니다.

한국교회 그 어간의 활력과 진지(眞摯)함에 빗대어 보았을 때, 본 저서와 같은 세계와 인생 신앙의 거대 연구서가 이제 간행된다 함이 확실히 한국교회 신학의 현란한 약진이라 여겨 여기 만강의 갈채를 보내지 않을 수 없습니다. 이제 허정윤 박사님의 혜안과 결단으로 한국 교계에 전인미답의 미개척지가 개간되어 그 첫날을 시작하는 테이프 커팅(Tape-cutting)을 보면서 우리 모두의 찬사와 감격이 만강(滿腔)에 넘칩니다.

기독교, 과학적 무신론, 그리고 항일독립운동

추천사

김문기

평택대학교 피어선신학전문대학원
역사신학 교수

　신학과 과학을 접목하여 글을 쓰는 것은 매우 어렵고 힘든 일입니다. 이 두 개의 영역이 가깝거나 별로 친밀하지 않았음을 역사는 보여줍니다. 어쩌면 가려고 하지도 않았고 가다가 괜히 다칠 것이라는 두려움 때문에 아예 포기해버린 영역이기도 합니다. 이런 길을 과감히 도전한 분이 허정윤 박사입니다. 허 박사님은 원래 과학을 전공한 분이 아니고 학부에서는 영문학을 그리고 대학원에서는 신학을 공부했습니다. 신학을 공부하면서 현실을 정확하게 보았습니다. 그것은 신학이 아무리 열심히 주장하고 성경을 아무리 말한들 과학자들과 현세대의 사람들에게 철저히 외면당하고 있다는 것이었습니다. 그 근본 원인을 캐보니 '과학적 무신론'이라는 답이 나왔습니다.

　이때부터 허 박사님은 과학을 독학했습니다. 어려운 양자물리학도 터득하였습니다. 이 때 허 박사님의 나이가 젊은 때가 아닌 이제 손에서 일을 내려놓고 편히 쉴 때였습니다. 그리하여 탄생한 것이 허 박사님의 박사학위 논문『과학적 무신론'에 대한 비판적 고찰』입니다. 그러므로 이 논문은 그저 이론에 그친 것이 아니라 체험과 학문 연구의 결정판이라 할 수 있습니다.

오늘날 기독교의 진리는 과학이라는 이름 아래 매도당하고 있습니다. 세상에는 물질을 숭상하는 바알신의 위력이 맹위를 떨치면서 하나님을 대적하고 있습니다. 이 모든 것이 기독교가 극복해야 할 큰 산입니다. 산을 오르기 위해서는 산에 대한 정확한 정보를 알고 있어야 하는 것처럼 이 책은 기독교에 대하여 공격적인 그 산에 대한 정확한 정보를 우리에게 제공하고 있고, 우리가 어떻게 대처해야 하는가를 알려주고 있습니다.

이제 기독교는 종교적인 행위에서 안위를 찾으면서 애써 현실을 멀리하려고 하지 말고 세상에 대하여 진리를 변증하고 세상을 바르게 바꾸려는 개혁자의 의지를 꿋꿋이 세워 나가야 할 때를 맞이했습니다. 이러한 때 허정윤 박사님의 책이 여러 뜻있는 분들에게 힘이 되고 도움이 크게 되리라 생각되어 기쁜 마음으로 이 책을 추천합니다.

머리말

　이 책은 저의 박사학위 논문 "과학적 무신론에 대한 비판적 고찰: 발생에서부터 한민족 교회에 유입되기까지의 과정을 중심으로"(2014)에 바탕을 둔 것입니다. 이 책은 두 부분으로 구성되어 있습니다. 제1부는 과학적 무신론의 발생과 그것에 결합된 진화론의 오류를 비판하는 것입니다. 제1부는 '과학적 무신론'을 비판하고, '과학적 유신론'을 논증하기 위하여 이미 출간된 저의 책『과학과 신의 전쟁』(메노라, 2017)에서 일부분 인용했던 사실이 있습니다. 그래서 처음에는 이 책에서 인용하지 않으려고 했습니다만, 논문의 체제를 따라서 그대로 유지하기로 결정했습니다. 그 이유는 '과학적 무신론'의 정체성과 그것이 한국교회에 침투했던 과거의 역사를 한데 묶어서 반면교사로 제시할 필요가 있다는 견해가 강력하게 제시되었기 때문입니다.

　제2부는 과학적 무신론이 일제 강점기 치하에서 한민족 교회에 유입되는 과정과 그 영향을 논의하는 것입니다. 대한제국 말기에 기독교인들이 중심이 되어 애국계몽운동을 위해 설립했던 신민회가 국권을 강탈한 일제의 탄압으로 망명하지 않으면 안 되는 사태가 일어났습니다. 이때 망명한 이들이 이후 항일 독립운동을 주도했습니다. 안타까운 것은 망명한 신민회의 일부 기독교인 간부들이 항일 독립운동에 지나치게 치우친 나머지, 과학적 무신론을 제대로 알지 못한 상태에서 받아들였다는 사실입니다. 과학적 무신론은 기독교가 신봉하는 창조주 하나님을 부정하는 이론입니다. 따라서 기독교는 과학적 무신론을 결코 수용해서는 안 되는 것입니다. 저는 한국교회사에서 일

머리말　　**11**

어난 이러한 역사적 사실을 비판하는 관점에서 박사학위 논문을 서술했고, 이제 그것을 책으로 출판하게 되었습니다.

제가 뒤늦게 박사학위 논문을 출판하게 된 이유는 두 가지입니다. 첫째, 저의 논문이 대한민국의 역사 및 한국교회사의 시의성(時宜性)과 관련하여 출판할 필요가 있다는 권고를 받았기 때문입니다. 둘째, 제가 주력하고 있는 창조론 선교운동 분야에서 제게 박사학위 논문을 요청하는 분들이 상당수 있었습니다. 왜냐하면 과학적 무신론에 대한 반론이 바로 현대 창조론의 바탕이 되기 때문입니다. 여기서 또 한 가지 덧붙여 말씀드릴 것은 이 책에서는 논문에서의 각주를 미주로 전환한 것입니다. 그 이유는 독자들에게 가독성을 높여주기 위해서입니다.

이 책을 출판하기까지 많은 분들의 격려와 도움을 받았습니다. 특히 이 책의 바탕이 되는 박사학위 논문을 지도해주신 김문기 교수님과 논문을 읽으시고 출판을 독려하시며 흔쾌히 추천사를 써주신 한국교회사학계의 원로이신 민경배 박사님께 감사를 드립니다. 일일이 이름을 다 밝히지는 못하지만, 이 책을 출판하는 데 도와주시고 격려해주신 모든 분께 머리 숙여 감사를 드립니다.

저는 무엇보다 이 책이 하나님의 존재를 부정하는 과학적 무신론에 대한 반론과 한민족 국가와 교회의 분열을 획책하는 과학적 무신론자들을 방어하는 데 유용한 방패로 쓰이기를 소망합니다.

2019년 추분, 우거에서
허정윤

목차

제1부

내가 죽은 뒤에 나의 뼈를 하얼빈 공원 곁에 묻어 두었다가,

우리나라가 주권을 되찾거든 고국으로 옮겨다오.

나는 천국에 가서도 또한 우리나라의 독립을 위해 힘쓸 것이다.

너희들은 돌아가서 국민의 의무를 다하며,

마음을 같이하고 힘을 합하여 큰 뜻을 이루도록 일러다오.

대한 독립의 소리가 천국에 들려오면

나는 마땅히 춤추며 만세를 부를 것이다.

- 도마 안중근 -

I. 서론

1. 문제의 제기

모든 종교는 기본적으로 유신론을 기반으로 하는 교리를 갖고 있다. 그 중에서도 기독교는 성경에 기록된 하나님과 그를 창조주로 믿는 종교이다. 그런데 현대에 이르러 무신론 주장이 득세함으로 인해 기독교를 비롯한 모든 종교는 큰 타격을 입고 있다. 특히 근대 과학주의 사상에서 곁가지로 자라난 '과학적 무신론'은 창조주 하나님을 믿는 기독교나 다른 종교에 대해 비판의 수준을 넘어 오히려 뿌리까지 뽑아내려고 한다. 이런 현상은 카를 마르크스(Karl Heinrich Marx, 1818–1883)와 엥겔스(Friedrich Engels, 1820–1895)에 의해 1848년 『공산당 선언』[1]이 나오면서부터 조짐을 보이기 시작했다. 그리고 1859년에 찰스 다윈(Charles Darwin, 1809–1882)이 『종의 기원』[2]을 출간했다. 다윈이 주장한 생물학적 진화론은 마르크스와 엥겔스에 의해 무신론적 유물론과 결합하여 과학적 무신론의 원형이 되었고, 이후 이것은 그 추종자들에 의해 더욱 발전되었다. 레닌(Vladimir Ilich Lenin, 1870–1924)은 러시아에서 공산주의 혁명에 성공함으로써 현실적으로 과학적 무신론에 생명력을 부여했다. 스탈린(JosephV. Stalin, 1878–1953)은 레닌의 후계자로서 마르크스-레닌주의적 과학적 무신론을 그의 방식으로 해석했다. 알렉산더 오파린(Alexander Ivanovich Oparin, 1894-1980)은 이 모든 것들을 종합했다. 그는 1936년에 『생명의 기원』[3]을 출판하여 화학적 진화론을 발표함으로써 과학적 무신론을 완성했다.

이제 과학적 무신론에 의한 세계관은 인류 사회의 전 분야를 망라하면서 기독교에 가장 큰 적대세력으로 부상하고 있다. 기독교인들이 이런 현상에 대해 완전히 침묵한 것은 아니었지만, 변변한 비판적 논리를 내놓지 못하고 있었을 뿐만 아니라 오히려 동조하는 자들이 있었음도 사실이다. 이로 인해 과학적 무신론은 점점 과학적으로 이론을 확장하게 되었고, 대응책을 마련하지 못한 기독교는 수난을 당하면서 점점 뒤로 밀리다가 이제는 더 이상 물러설 곳이 없는 입장에 빠지게 되었다. 이러한 현실을 교회의 역사, 특히 우리나라와 인접된 국가의 교회사에서 목격하면서 과학적 무신론의 실체를 역사적으로 파악하고, 이에 대해 신학이 반론에 성공하지 못한 원인의 규명과 앞으로의 대책을 모색하는 연구가 필요하다고 보게 되었다.

영국의 저명한 철학자 버트란드 러셀(Bertrand Russel, 1872.-1970)은 그의 『서양철학사』에서 "어떤 일에 대하여 「왜?」라고 물을 때, 우리는 두 가지 의미를 찾아볼 수 있다"고 했다.[4] 여기서 러셀이 제시한 두 가지 의미를 보면, 하나는 '이 일이 어떤 목적을 위한 것인가?'이고, 다른 하나는 '이 일이 어떤 앞선 환경에서 일어난 것인가?'이다. 이 책에서의 질문을 러셀의 방법으로 바꾸어보면, 첫째는 '과학적 무신론이 왜 기독교와 대립하게 되었는지?'를 질문하게 된다. 이 질문에 대답하려면 기독교를 적대시하는 '과학적 무신론'의 진리성에 대해 알아보아야하는 것이다. 말하자면 과학적 무신론을 검증하고 그들의 주장이 진리인지를 살펴보아야 할 것이다. 둘째는 그동안 과학적 무신론이 역사적 실체로서 어떻게 발전되어온 것인가?'이다. 이 질문에 대답하려면 과학적 무신론의 발생과 그 과정을 추적해보아야 할 것이다. 그렇게 하고 나면 첫째의 대답에서 장래의 대응책을 찾을 수 있게 될 것이고, 둘째의 대답에서는 반성해야 할 과거의 역사와 현재를 보게 될 것이다. 말하자면 과학적 무신론에 대해서 통섭적으로 이해하고 비판할 수 있게 될 것이다.

이 책에서는 영국에서 독일인과 영국인에 의해 태동(胎動)된 과학적 무신론이 독일에서 발전하여 러시아에서 완성된 경로와 역사를 추적하면서 그것의 이론이 과학적 사실인지를 검증하고자 한다. 그리고 인접국인 러시아에서 혁명에 성공한 과학적 무신론자들에 의하여 그것이 '한민족 사회와 교회에는 어떻게 유입되었는지?'에 대해서도 역사적인 과정을 추적하고자 한다. 학문은 연구에 의해서 발전하는 것이다. 이 책은 사실 그동안 기독교에서 두려워했던 어둠의 영역으로 연구의 장을 넓힐 것을 제안하는 것이다. 우리는 학문 연구에 있어서 항상 "왜?"라는 질문을 제기하면서 나아가야 한다. 이 질문에 대한 학문적 연구의 성과가 언제나 정답이 아닐 수도 있다. 그래서 그것은 하나의 과도기적인 해답에 불과할 수도 있는 것이다. 이제까지의 신학에서도 그랬고, 신학을 비판하는 과학에서도 그랬다. 그렇게 해서 우리의 학문적 연구는 어떤 질문의 정답을 끝내 찾아내기도 했고, 어떤 질문의 정답은 아직 찾는 중이기도 하다. 그렇게 해서 학문은 발전하는 것이다. 이 책도 그런 역할을 할 것으로 믿는다.

이제까지 인류의 역사적 기록에서 살펴보면, 신의 존재와 창조를 서술하는 신화가 먼저 있었고 이것들에서 각 민족의 종교가 발전했다. 다음에 종교적 제도와 신의 존재에 대해 회의하기 시작했던 철학자들이 생물의 기원을 연구하여 자연발생론을 제기하게 되었다. 자연발생론의 초기에는 종교계의 유신론 주장이 압도적으로 우세했으나, 과학혁명 이후 등장한 실증주의자들의 역공을 받으면서부터는 수세에 몰리게 되었다. 과학적 실증주의 방법으로 무신론을 주장하는 과학적 무신론이 등장한 시기는 앞에서 기술한 바와 같이 그렇게 오래된 것은 아니었다. 물론 그동안 과학적 무신론자들의 공격에 대해 종교계와 유신론자들이 전혀 속수무책으로 당하기만 한 것은 아니었지만, 반격의 효과는 미미한 것이었을 뿐이다. 왜냐하면 종교계는 과학적 실증주의에 대해 적절히 대응하지 못하였고, 과학적 무신론의 과학적 방법에 대해서는 반박조차 할 수 없었기 때문이다. 앞으로 이 책에서 논의하는 바와 같이 과학적 무신론을 분석해보면, 그것은 검증을 통과할 수 없는 가설만으로 구성되어 있는 이론이다. 따라서 이러한 사실에서 보면, 또 하나의 질문이 파생된다. 그럼에도 불구하고 '신학은 왜 과학적 무신론에 두려움을 느끼고 제대로 대응하지 못하고 있는가?' 그 이유는 두 가지가 있다. 첫째는 천동설을 믿었던 중세 로마가톨릭교회가 과학적 사실의 지동설을 탄압했다가 역전(逆轉)당했던 트라우마(trauma) 때문이다. 둘째는 기독교 지도자들의 이기적 안일성 때문이다. 즉 신학의 대륙적 영역에서 점점 후퇴하여 교회라는 작은 섬들을 요새로 삼고, 거기에서 안주하고 연명하기를 도모했기 때문이다. 첫 번째의 문제는 이미 오래 전의 일이었고 탄압자였던 로마가톨릭 교황도 사과했으므로 이제는 잊어버려도 좋다. 그러나 두 번째의 문제에 대해서는 기독교계에서 이를 해결하기는커녕, 하나님의 "종류대로"의 창조를 부정하는 유신진화론을 수용하는 등

기독교, 과학적 무신론, 그리고 항일독립운동

오히려 악화되고 있다.

이 문제를 제대로 해결하지 못하는 상황에서는 미래의 기독교에 생존이 전혀 보장되지 않는다는 심각한 문제가 내재하고 있다. 왜냐하면 과학적 무신론의 중심에는 최초의 생명이 신의 개입 없이 자연에서 물질적 변화작용의 결과로 발생된 것이고 현재의 인류는 그것이 진화한 결과물이라는 가설이 있기 때문이다. 그리고 이 가설을 과학적 진실이라고 가르치고 있는 현실에서 이 가설을 그대로 믿는 사람들이 계속 늘어날 것이기 때문이다. 이 가설을 믿는 사람들에게는 창조주 하나님의 존재와 그의 계시를 기록한 성경이 믿을 수 있는 것이 못 된다. 이렇게 되면 미래에는 기독교 신자가 없어질 것이고, 따라서 교회에 나올 사람들이 없어질 것이라는 결론이 자명하다. 그런데 과학적 무신론의 실체를 제대로 알고 보면, 철학, 지질학, 생물학, 사회학 및 물리화학 등에서 인간의 상상으로 짜깁기한 허구적 이론체계이며, 과학의 탈을 쓴 가설이며, 인본주의적 우상의 교리인 것이다. 말하자면 과학적 무신론은 마르크스의 무신론적 유물론 철학이 다윈이 생물학적 가설로서 제안한『종의 기원』과 결합하여 오파린의 화학적 진화론을 파생시켰으며, 이제는 이것이 기독교를 위협하는 리바이어던(Leviathan) 같은 거대한 괴물로 자란 것이다. 기독교 신학에서 이러한 사실을 어찌 그냥 두고만 보고 있을 것인가? 그런데 현실은 안타깝게도 기독교가 과학적 무신론에 점점 밀려나면서 고사 상태에 빠져들고 있다는 것이다.

과학적 무신론은 알고 보면 교묘한 논리적 허구일 뿐, 결국 진리는 아니라는 것이 이 책을 통해 입증될 것이다. 그렇지만 저자에 대해 과학을 전공한 과학자가 아닌 사람이 과학적 무신론을 비판할 수 있느냐는 반론이 제기될 수도 있다. 그러나 과학자가 아니면서도『종의 기원』을 저술한 찰스 다윈과『반(反) 듀링론』과『자연변증법』을 썼던 엥겔스가 과학적 무신론의 창시자가 아닌가? 과학적 무신론을 발전시킨 레닌과 스탈린이 과학자였던가? 유일하게 과학자였던 오파린은 과학적 방법을 가장하여 허구적인『생명의 기원』을 저술하였을 뿐이다. 이들이 과학적 무신론을 만들었다. 이러한 문제의 제기에 대해서는 과학을 독학했다고 고백한 엥겔스가 대학 교수인 오이겐 듀링(Eugen Duhring, 1833–1921)을 비판하면서 "이런 경우에 나는 논적의 잘못되고 왜곡된 주장에 대하여 단순히 올바르고 분명한 사실을 대치시키는 것에 제한하였다"[5]는 진술로 이미 저자의 정당성을 대변하였다. 그리고 엥겔스는 이 말까지 덧붙여주었다. "표현상 다소 부정확한 점과 서투른 점이 있더라도 사람들이 서로 그러하듯이, 나에게도 너그러운 용서가 있기를 바란다."

2. 연구의 목적

오늘날 대부분의 현대인에게 과학은 '진리의 도구'라는 인식이 깊이 뿌리내리고 있다. 왜냐하면 현대사회가 과학을 바탕으로 성립되었고 또한 과학의 힘으로 발전하고 있다는 엄연한 사실 때문이다. 그런데 잘못된 과학적 방법론은 1859년에 다윈으로 하여금『종의 기원』이라는 생물학적 진화론을 낳게 하여 창조주의 존재를 부인하는 과학적 무신론의 단초를 만들었다. 공산주의 창시자인 마르크스와 엥겔스가 이것을 그들의 유물론에 접목하여 유물진화론으로 발전시킴으로써 과학적 무신론의 원형이 만들어진 것이다. 레닌은 러시아에서 공산주의 혁명에 성공하여 과학적 무신론에 실질적 생명력을 불어넣어주었으며, 스탈린은 과학적 무신론의 성장에 필요한 에너지를 계속 공급해주었다. 오파린은 이러한 조건에서 『생명의 기원』이라는 화학적 진화론을 만들어 과학적 무신론을 완성했다. 이렇게 하여 과학적 무신론의 국제적 혈통이 완성된 것이다. 물론 과학적 무신론은 진정한 과학이론이 아니라, 가설적 이론들을 섞어서 만든 혼합물이라고 해야 마땅할 것이다. 그러나 문제는 과학적 무신론을 구성하는 진화론과 유물론이 가설적 이론들의 혼합물이라고 해도 정통 과학계에서 이를 수용하였고, 이제는 이것을 정규 과학교육 과정에서 그대로 가르치고 있다는 사실이다. 이렇게 과학적 무신론으로 교육받고 성장한 현대인들이 스스로 과학적 무신론을 비판하고 시정하기를 기대하기는 어렵다. 그렇기 때문에 유신론을 기반으로 하는 종교계에서, 특히 기독교계에서 능동적으로 과학적 무신론의 오류에 대한 검증과 비판 작업을 해야 한다.

과학적 무신론자들은 반기독교적인 과학자들이나 독선적인 지식인들이 다수이다. 이들은 과학적 무신론을 가설이 아니라, 과학적 사실처럼 주장하고 있으며, 또 그렇게 사람들에게 가르치고 있다. 어느 시대에나 무신론자들은 무신론의 근거를 우주와 생명의 기원, 그리고 그것의 발전역사에서 찾는다. 무신론은 우주와 생명의 자연발생론에 기초하는 데, 이에 의하면 우주와 생물의 발전사는 물질의 변화가 만들어낸 역사일 뿐이다. 이렇게 되면 우주와 생명은 신적 기원을 갖지 않는 것이 되고, 인간에게 신의 존재 여부는 아무런 관심을 가질 필요가 없는 것이 된다. 이런 문제를 논의해야 하는 이유는 과학적 무신론과 그것을 주장하는 사람들의 잘못을 바로잡아야 할 필요성 때문이다. 다시 말해서 신의 존재를 믿느냐 믿지 않느냐의 문제는 개인의 세계관이나 종교적 믿음에 직접적으로 매우 큰 영향을 미치는 것이고, 기독교는 과학적 무신론자들에게도 선교를 해야 하기 때문이다. 이 책에서는 이런 사실에 주목하여 과학적 무신론의 허구성과 그로 인해 기독교가 피해를 입었던 역사적 사실을 구명(究明)하는 작업을 하여 미래의 반면교사(反面敎師)로 삼고자 한다. 이 책은 이와 같이 일차적으로는 과학적 무신론에서 제기되는 신의 부존재(不存在) 주장을 반박하려는 것이고, 이차적으로는 과학적 무신론자들에게 선교자료로 활용하려는 것이다.

그러나 현대에 이르러 과학적 무신론은 사회의 구석구석에 깊이 침투하여 이미 고질화되어 있다. 그런데도 현대 기독교인들은 이것의 위험성에 대해 간과하며, 피해를 입었던 과거 역사를 남의 일처럼 망각하고 있다. 현대인은 과학적 실증주의, 말하자면 경험적 방법으로 인식한 지식만 믿는다는 특징을 가지고 있다. 그러면서도 엄밀하게 과학적 검증을 했는지에 대해서는 별로 관심을 두지 아니한다. 어떤 가설이라도 과학적으로 연구된 것이라고 언론에 보도하거나 권위를 가진 자가 그렇게 가르치면, 그것을 맹목적으로 믿고 학습하고 따른다. 여기에 허구적 가설을 과학이론으로 위장할 수 있는 공간이 생겨나고, 과학적 무신론이 번성할 수 있는 토양이 형성된다. 그래서 이 책은 과학적 무신론의 오류를 밝히 드러냄으로써 기독교적 진리를 역사적 사실로 정립하는 데 기여하고자 한다.

과학적 무신론이 영국에서 발생한 이후 한민족 사회와 교회로 유입되기까지의 과정을 보면, 1917년 러시아 공산주의 혁명에 성공한 레닌이 1919년 국제공산당(코민테른)을 설립하여 공산주의 과학적 무신론을 동방 후진국에 먼저 전파하기 시작했다. 이로 인하여 동방 후진국 사회와 교회는 커다란 피해를 입지 않을 수 없었다. 특히 코민테른은 극동부를 설치하여 인접국가인 중국과 일제 치하의 한국, 그리고 일본에까지도 과학적 무신론을 침투시키는 공작을 하였다. 일제 치하에서 독립운동을 하던 일부 한민족 독립운동가들이 러시아에서 성공한 공산주의 혁명을 독립운동의 수단으로 받아들인 것이 이때였다. 이로 인하여 한민족 독립운동단체들은 분열되었으며, 한민족 교회도 막대한 피해를 입었다. 물론 한민족 독립운동에도 부정적인 영향이 미치지 않을 수 없었다. 이 책은 이러한 역사적 과정을 밝힘으로써 과학적 무신론에 대한 한국사회와 기독교에 경각심을 일깨우고자 하는 목적도 아울러 가지고 있다.

3. 연구의 방법 및 범위

우주 질서의 합법칙성의 원인과 신의 존재 여부에 대한 의문은 사실 인간에게만 있는 지적 호기심에서 비롯되는 것이다. 말하자면 우주와 생명의 기원 및 생물의 역사를 신의 존재 여부와 관련하여 연구하는 것이다. 이 문제에 대한 연구는 고대에는 신화 또는 종교적 교리 형식으로 진술되었고, 다음에는 철학에서 진술되었으며, 이제는 눈부시게 발전한 과학에서 연구결과를 발표하고 논쟁하고 있다. 이 문제에 대한 학문적 연구는 1차적으로는 신학과 철학에서, 그리고 2차적으로는 생물학, 사회학, 정치학, 물리학, 화학, 고고학, 지리학, 역사학, 인류학 등에서, 이제는 다시 또 심리학, 분자 생물학, 유전학, 세포학, 양자역학 등의 3차 과학 분야로까지 확장되고 있다. 그러나 이 문제는 가시적 자연 차원과 비가시적 초자연 차원의 어느 곳에서 우주와 생명이 기원한 것이냐를 밝히는 것이 논쟁의 관건이며, 아직까지 확증적인 결론을 내리지 못한 사안이다. 학문적 연구의 입장에서는 생명의 기원이 형이상학 또는 형이하학의 어느 하나의 차원에만 속하는 것으로 독단할 수는 없다. 그러므로 인간이 신적 존재를 알기 위해 생명의 기원과 발전에 관한 문제를 학문적으로 탐구하고자 한다면, 이 경계선에 구애받지 않고 열린 마음으로 하는 것이 옳은 방법이다.

이 책에서는 과학적 무신론의 역사적 형성과정과 그 이론을 비판하기 위하여 과학적 무신론 창시자자들이 저술한 문헌들을 1차 자료로 삼아 연구했다. 앞에서 소개한 찰스 다윈의『종의 기원』, 마르크스와 엥겔스의『공산당 선언』, 『반듀링론』, 『자연변증법』, 마르크스-레닌주의자들에 의한『변증법적 유물론과 역사적 유물론』, 그리고 알렉산더 오파린의『생명의 기원』등이 1차 자료가 될 것이다. 이것들 이외에 과학적 무신론의 역사적 과정에 관련한 인물들의 저서와 연구서 그리고 이와 관련한 사실을 기록한 역사서와 이들에 관한 연구 및 과학적 무신론의 발전과정에서 나타난 문헌들: 러시아과학아카데미의『세계철학사』전집[6], 에른스트 마이어(Ernst Mayr, 1904-2005)의『진화론 논쟁』[7], 밀러(Stanley Miller)와 오르겔(Leslie Orgel)이 공저한『생명의 기원』,[8] 로버트 트럭커(Robert C. Trucker)의 요약서[9] 등을 2차 자료로 삼고 역사철학의 방법과 현대 과학이론을 도구로 삼아 비판할 것이다.

과학적 무신론의 한민족 사회와 교회 침투과정에 대해서는 한국교회사에서 아직까지 깊이 연구한 자료가 없다. 따라서 이 부분에 대해서는 관련 인물들의 저서, 자서전 등을 1차 자료로 삼고 그들에 대한 평전, 전기, 한국 근대사, 한국 교회사, 조선 공산당사 등과 당시의 신문이나 잡지 등을 2차 자료로 삼아 연구할 것이다.

　이 책은 2부 7장으로 구성되어 있다. 제1부에서는 제5장까지 과학적 무신론의 발생 과정을, 제2부에서는 제6장에서 과학적 무신론이 한민족 교회로 유입되는 과정을 서술할 것이다. 이를 장별로 요약하면, 제1장 "서론"에서는 문제를 제기하고, 연구의 목적과 연구의 방법 및 범위를 진술한 다음에 선행 연구사에서 과학적 무신론의 정의와 이에 대한 선행 연구자들의 저술과 논문들을 소개할 것이다. 제2장 "과학적 무신론 이전의 자연발생론"에서는 먼저 신의 존재를 회의했던 철학적 무신론의 자연발생론과 과학주의로의 전환과정을 일별(一瞥)할 것이다. 이어서 제3장 "과학적 무신론의 토대 형성"에서는 '과학적 무신론'의 원형을 구성하는 마르크스와 엥겔스의 유물론적『공산당 선언』과 다윈의 생물학적 진화론이 서술된『종의 기원』을 살펴볼 것이다. 제4장 "과학적 무신론의 발전"에서는 과학적 무신론이 발전하는 과정을 역사적으로 추적하기 위하여 마르크스의『자본론』과 엥겔스의『반듀링론』에 나타난 다윈의 영향과 서유럽에서 벌어진 마르크스주의자들의 논쟁 등을 살펴볼 것이다. 제5장에서는 공산주의 혁명에 성공한 러시아에서 마르크스–레닌주의적 "과학적 무신론의 완성" 과정과 그런 주장들을 담은 스탈린의『변증법적 유물론과 역사적 유물론』, 그리고 오파린의『생명의 기원』을 살펴보고 그 내용들을 과학적으로 비판할 것이다. 제6장 "과학적 무신론의 한민족 교회 유입"에서는 일제 치하에서 국가와 민족의 독립운동을 위하여 한민족 일부 기독교 신자들이 과학적 무신론자가 되는 안타까운 과정에 대해 살펴볼 것이다. 그리고 제7장 "총괄적 결론"을 덧붙이려고 한다.

4. 선행 연구사

선행 연구사를 논의하기에 앞서 이 책에서 사용하는 '과학적 무신론'이라는 용어의 개념에 대한 정의를 검토할 필요가 있다. 이 말은 기독교에서는 알리스터 맥그라스(Alister E. McGrath, 1953-)가 도킨스(Richard Dawkins, 1941-)를 가리켜 "과학적 무신론자"라고 규정함으로써, 도킨스의 주장과 그의 주장의 근거가 되는 다윈의 생물학적 진화론을 가리키는 말처럼 일차적인 개념이 정립되었다.[10] 국내에서는 김균진이 그의 『기독교 신학』에서 코페르니쿠스(Nicolaus Kopernikus, 1473-1543) 이후 "모든 종교적 전제와 간섭에서" 자유로우며, 또한 "자유롭고 객관적 연구를 가능케 하기 위해 하나님의 존재는 배제되어야" 하는, 정확한 방법으로서 "수학의 방법에 기초한 과학"을 '과학적 무신론'이라고 정의하고 있다.[11] 이것은 실증주의 과학이 객관성, 명확성, 정확성을 기하기 위해서 하나님의 존재를 배제하는 과학 분야의 방법적 무신론이다. 김균진은 무신론을 네 가지 분야로 나누어 보고 있는데 그의 '과학적 무신론'은 그 가운데 하나이다. 그러므로 그의 '과학적 무신론'은 무신론의 일부를 논의하는 것에 불과하다. 그러나 러시아과학아카데미가 편찬한 『세계철학사』에서는 '과학적 무신론'이라는 용어가 "레닌 시대에 이루어진 마르크스주의 철학의 발전 과정에서 우리는 마르크스주의 세계관의 필수불가결한 부분인 '과학적 무신론'이 더욱 새롭고 더욱 수준 높게 발전된 점 또한 빠뜨릴 수 없다"는 주장 속에서 나타나고 있다.[12] 말하자면 러시아과학아카데미에 의해 정의된 개념은 마르크스주의가 과학적 무신론의 원형이고, 레닌은 이것을 "더욱 수준 높게 발전"시켰다는 것이다. 이렇게 하여

기독교, 과학적 무신론, 그리고 항일독립운동

마르크스-레닌주의가 일반적으로 통용되는 최고 수준의 '과학적 무신론'의 개념이 되었다. 따라서 현대사회에서 '과학적 무신론'의 일반적 개념은 기본적으로는 마르크스-레닌주의라는 말과 같은 것이 되었다.

그러나 이 책에서는 현대인의 과학적 사고방식에 맞추어 '과학적 무신론'의 개념을 더욱 폭 넓게 정의하고자 한다. 여기에서 '과학'이라는 말은 일반적으로 '초자연적 존재의 개입을 부정하면서 가시적 물질로 구성된 자연을 연구하는 학문'을 가리키는 원론적인 뜻과 다르지 않다. '무신론'이라는 말 역시 자연적 질서를 파괴할 수 있는 초월적 능력을 가진 어떤 신적 존재를 부정하는 이론이라는 말과 달라서도 안 된다. 그러므로 이 책에서 '과학적 무신론'이라는 말은 마르크스와 엥겔스의 유물진화론(유물사관, 사적 유물론), 찰스 다윈의 생물학적 진화론, 마르크스-레닌주의, 그리고 오파린의 화학적 진화론 등 '과학'이라는 말을 인용하여 무신론, 또는 유신론을 부정하는 이론을 총칭하거나 또는 그 하나를 지칭하기도 하는 것이다. 왜냐하면 과학주의 사고방식에 젖은 현대인들이 주장하는 무신론은 어느 하나도 예외 없이, 이 책에서 논증하는 바와 같이, '과학'과 융합된 '과학적 무신론'에 근거하기 때문이다. 따라서 '과학적 무신론'은 과학적 방법으로 연구 또는 주장되는 현대인들의 무신론을 총체적으로 지칭하는 말이 되는 것이다. 현대 무신론이 모두 과학에 근거를 가지고 있는 것이라면, 이제는 무신론을 어떻게 논의한다 해도 그것은 '과학적 무신론'을 말하는 것이 된다. 그러므로 이전에 주장된 관념적 무신론 또는 철학적 무신론은 '과학적 무신론'에 밀려 역사적인 흔적만을 남긴 채, 이제는 논쟁에서만 쓰이는 용어이다. 그러므로 현대에서는 '과학적 무신론'을 무신론이라는 보통명사로 써도 좋을 것이다.

과학적 무신론에 대해 비판적으로 논의하기에 앞서 선행연구사는 개괄적으로 다음과 같이 정리할 수 있다.

① 과학적 유신론의 입장에서 과학적 무신론에 대한 연구자로서는 알리스터 맥그라스가 가장 유명하다. 맥그라스는 기독교를 변증하는 한편, 현대의 가장 도발적인 과학적 무신론자 리처드 도킨스에게 논쟁으로 도전하는 비판서[13]를 출판했다. 그러나 맥그라스의 과학적 무신론 비판은 주로 다윈주의와 도킨스의 대표 저작에 한정되고 있으므로 과학적 무신론의 본거지인 마르크스—레닌주의 유물진화론과 그 완성판인 오파린의 『생명의 기원』에 대해서는 비판의 손길이 미치지 못하고 있다.

② 과학적 무신론을 연구한 국내 박사학위 논문으로는 최석의 "과학적 무신론의 종교비판과 과학신학적 응답의 상보적 대화: 리처드 도킨스(R. Dawkins)와 알리스터 맥그라스(A. E. McGrath)를 중심으로"[14]와 정진우가 쓴 박사학위 논문 "과학주의 무신론에 대한 과학적 유신론 비판연구: R. Dawkins와 A. McGrath를 중심으로"[15] 등이 있다. 그러나 이 논문들은 논문 제목이 시사하는 바와 같이 맥그라스의 주장에 근거하여 도킨스를 비판하면서, 두 사람의 주장에 대한 비교 연구를 하는 것에 그치고 있으므로 맥그라스와 같은 한계성을 넘어서지 못하고 있다.

③ 과학과 철학을 전공한 창조주의자 데이비드 벌린스키(David Berilnski) 역시 도킨스가 *The God's Delusion*[16]에서 신이 인간을 창조한 것은 환상이라는 무신론적 주장에 대해 *The Devil's Delusion*[17]이라는

기독교, 과학적 무신론, 그리고 항일독립운동

이름으로 도킨스에 대한 비판서를 출판했다. 그는 도킨스가 신의 존재를 부정하는 주장에 대해 신은 물론 악마까지도 존재한다고 주장한다. 그리고 과학적 무신론은 악마가 사람들을 속이기 위해 과학적으로 위장한 이론으로 무신론자들이 악마의 계교에 속고 있다는 것이다. 벌린스키도 도킨스의 다윈주의적 무신론을 반박하는 것에 그치고 있다.

④ 헨리 모리스(Henry Morris, 1918-2006)는 기독교 성경의 창조기사를 철저하게 신봉하고 진화론을 비판하는 창조과학 저서 『창세기의 대홍수』[18] 등을 출판했다. 그가 창립한 창조과학회(ICR: Institute for Creation Research)는 세계적으로 기독교 변증을 위한 기독교의 방계(傍系) 조직으로 발전했다. 그러나 ICR의 주장은 성경을 과학책으로 보는 사이비 과학이라고 비판을 받고 있다. 최근에는 그의 저서들이 미국 제칠일안식일예수재림교회(안식교) 신자 조지 맥그리디 프라이스 (George McGready Price, 1870-1963)의 주장을 그대로 반영한 것이라는 사실이 밝혀지면서 그의 주장의 타당성과 정체성에 대한 비판이 제기되고 있기도 하다. 그를 계승한 존 모리스(John Morris)도 『젊은 지구론』을 저술하여 지구의 나이가 최소 6,000년에서 최대 12,000년을 넘지 않는다고 주장하고 있다.[19]

⑤ 한국창조과학회는 앞에 언급한 ICR의 설립자 모리스와 그의 아들 존 모리스의 창조과학 저서를 번역한 것과 임번삼의 『창조과학원론』(상·하권), 김준의 『창세기의 과학적 이해』 등[20]을 출판하여 유물론 과학과 진화론을 비판하는 기본 자료로 활용하고 있다. 그리고 자체적으로 [창조]지를 발간하여 보급하는 한편, 교회 또는 회원들을 상대로 교육활동과 강연 등의 활동을 병행하고 있다. 그러나 미국의 ICR

과 마찬가지로 창조과학의 토대를 성경의 문자주의적 해석과 모리스 부자의 저서에 두고 있다는 한계성을 가지고 있다.

⑥ 필립 존슨(Philip Johnson)을 중심으로 마이클 비히(Michael Behe), 윌리암 뎀스키 등 지적설계론 연구자들이 저술[21]과 학술연구회 등을 통해서 진화론이 과학적으로 증거가 불충분한 것이라고 비판하고 있다. 지적설계론은 우주와 생명의 기원은 지적설계자(Intelligent Designer)의 창조에 의한 것이라고 주장하고 있다. 말하자면 생명체가 생명적 기능을 정상적으로 발휘하기 위해서는 생명체의 복잡한 기관들의 기능이 동시에 작동해야 하는 것이지, 진화론에서 주장하듯이 기관들이 점진적으로 진화하면서 기능이 부분적으로 작동하는 방법으로는 생명현상이 나타날 수 없다는 것이다. 그렇다면 복잡한 구조와 기능을 필요로 하는 생명은 결코 자연에서 저절로 만들어질 수 없는 것이고, 결국 지적설계자에 의한 유형론적 창조의 산물임을 인정하지 않을 수 없다. 이들이 주장하는 지적설계자는 신적 창조자를 의미하는 것은 분명하나 반드시 기독교적 하나님을 가리키는 것은 아니다. 지적설계 운동 역시 다윈주의를 주 비판대상으로 삼고 있다.

⑦ 한국지적설계연구회(Korean Research Association for Intelligent Design)는 위와 같은 지적설계운동을 국내에 소개하는 운동을 주로 하고 있다. 필립 존슨의 『심판대 위의 다윈: 지적설계논쟁』을 번역한 이승엽이 부정기적으로 세미나 개최 활동을 주도하고 있다. 서울대학교 창조과학연구회가 뎀스키의 『지적설계』를 번역 출판하고 이 운동에 동참하고 있다.

⑧ 사단법인 교과서진화론개정추진회가 초·중·고등학교의 교과서에 실린 진화론의 오류를 시정하기 위한 연구 활동을 하고 있다.

이 단체는 김기환의『생물의 진화는 과학적 사실인가?』[22]와『교과서 속 진화론 바로 잡기』등을 출판해서 교과서에 실린 진화론의 오류에 대해 신자들과 학부모들에게 홍보하는 한편, 시정을 요구하는 대정부 청원활동을 주로 하고 있다. 그러나 이 단체의 활동은 성격상 교과서에 관련된 문제를 다루는 데 한정하고 있다.

⑨「창조론오픈포럼」의 공동 편집자 양승훈과 조덕영은 정기적인 학술지 발간과 진화론 비판에 대한 포럼 개최를 주도하고 있다. 이 두 사람은 개인적 저술활동[23]에도 적극적이다. 양승훈은 진화론 비판에 그의 과학적 지식을 광범위하게 활용하고 있다. 그는 창조과학에 문자주의적 성경해석을 인용하거나 모리스 부자의 이론에 집착하는 창조과학회의 주장에 대해서는 오히려 창조론을 오도하는 것이라고 강력하게 비판하고 있다. 조덕영도 같은 입장이나 기독교적 창조론과 과학적 창조론의 조화에 연구를 집중하면서 보다 온건한 경향을 보이고 있다. 여기에는 박찬호 등이 공동 참여하여 연구논문들을 발표하고 있다.

⑩ 위와 같은 단체들에서 활동하는 학자들 이외에도 이양림이『기독교와 과학』을 저술하여 죠이선교회 선교자료로 활용하는가 하면, 지적설계론 저서를 번역 출판하는 박희주, 도킨스에 대한 비판적 논문을 발표하는 신현수 등의 개인적인 연구도 이루어지고 있다.[24]

앞에서 열거한 저술들과 논문들과 단체들의 활동은 이 책에 앞선 선행연구자의 연구 성과라고 할 수 있다. 그러나 이들의 선행적 연구에서는 이 책에서와 같이 과학적 무신론에 대해 총체적인 검증 및 비판을 하거나 그것의 발전과정을 역사적으로 논구한 것은 찾아볼 수 없다. 그들의 연구는 이 책에서 논의한 '과학적 무신론'의 이론들 중 어느 한 가지 이론을 단면적으로 비교 검토하는 연구와 비판에 그치고 있었다. 따라서 현대 서구의 다윈주의 진화론자들이 이제는 왜 무조건 무신론을 주장하게 되었는지, 또한 유물론적 진화의 개념이 모든 학문과 사회 각 분야로 어떻게 침투하였는지, 그리고 그 동안에 기독교는 왜 이를 방어하지 못하고 있었는지 등의 문제를 논술하지 못하였다. 이런 방법으로는 이미 과학적 무신론이 대세를 이룬 현대 과학주의의 사상적 패러다임을 바꿀 수 없다. 보다 근본적이고 총체적인 검증과 비판의 물꼬를 터서 과학적 무신론의 불길을 잡는 것이 필요하다. 이 책에서는 선행 연구들에서 논의하지 못한 이런 문제들을 검증하고 논의하면서 과학적 무신론의 물길을 돌리는 연구를 선구적으로 수행할 것이다. 특히 이런 논의가 국내에서 활발하게 이루어지길 기대하면서 이 책이 과학적 무신론이 한민족 교회에까지 유입되는 과정에 대한 역사를 서술한 것은 한국 기독교에 각성을 불러오는 계기가 될 것을 기대한다.

Ⅱ. 과학적 무신론 이전의 자연발생론

1. 철학적 무신론: 생물의 자연발생론

인간이 가지고 있는 세계관은 크게 두 가지로 나누어진다. 관념론과 유물론, 또는 유신론과 무신론이다. 관념론은 물질과 정신의 이원론으로 생명의 본질이 신적 존재와 연결되는 정신에 있는 것으로 보면서 유신론을 주장한다. 유물론은 물질 일원론으로 몸은 물론 정신도 물질에서 생겨나는 것으로 보면서 무신론으로 나아간다. 이 두 가지 관점은 우주의 기원과 신의 존재에 관련하여 어떤 믿음을 가지느냐를 결정하는 가장 중요한 요소이다. 유신론은 신이 우주의 물질과 생명을 창조했고 이후에도 신의 법칙 또는 섭리를 믿는 입장으로 원칙적으로 모든 종교적 교리의 근본이 되는 것이다. 반면에 무신론은 신의 존재는 물론 그의 창조와 섭리를 부정하고 자연의 법칙만을 믿는 입장으로 우주 물질이 스스로 조합해서 생명을 비롯한 만물의 형상을 발생케 했다고 주장하는 자연주의적 입장이다. 말하자면 무신론의 특징은 우주와 생명이 자연법칙에 의해서 오직 물질로부터 발생되었다고 주장하는 것이다. 이와는 달리 유신론은 우주와 생명의 기원에 어떤 형태로든지 신의 섭리가 개입되어 있다고 믿는 것이다. 따라서 무신론과 유신론의 세계관을 구분하는 기준은 우주와 생명의 기원에 대해 신의 개입여부를 어떻게 인식하고 있느냐에 달려 있는 것이다.

현대 유물론 철학의 본거지라고 할 수 있는 러시아과학아카데미는 세계관의 기준에서 정신, 의식, 사고, 감각을 근원적이라고 생각하는 철학은 관념론의 진영으로, 물질, 자연, 존재를 근원적이라고 인정하는 철학은 유물론의 진영으로 분류하기도 한다.[25] 이 책은 유물론에 속하는 과학적 무신론의 오류를 비판하고자 하는 것이다. 따라서 과학적 무신론 발전의 역사를 체계적으로 살펴보려는 이 책에서는 이 장에서 고대 신화적 유신론이 생물의 자연발생론에 의해 철학적 무신론으로 발전하는 과정, 그리고 과학적 무신론의 발전의 전 단계인 과학주의로의 전환과정을 개략적으로 살펴볼 것이다.

1) 고대 신화에 대한 회의

유신론의 역사를 살펴보면 그것은 세계의 각 민족들이 가지고 있는 고대신화에까지 거슬러 올라가는 것이다. 각 민족의 고대 신화는 예외 없이 신이 인간을 비롯한 만물을 만들었고 또 인간의 생사화복(生死禍福)을 주관하고 있는 인격적 실체로 서술되고 있다. 그러므로 유신론은 동서양을 막론하고 세계 각 민족의 고대 조상들로부터 전승된 것이라는 사실이 입증된다. 고대 인류사회에서 인간은 신의 존재와 창조를 의심하는 생각은 아예 하지도 않았던 것이며, 무신론은 훨씬 뒤에 그리스의 철학사상에서 발전한 것이다. 그래서 세계 각 민족의 고대 신화를 널리 연구했던 비교종교학자이며 신화학자로서 저명한 미르치아 엘리아데(Mircea Eliade, 1907-1989)는 유신론적 입장을 강력하게 지지하면서, "창세 신화가 진실인 이유는 세계의 존재가 그것을 증명해주기 때문이고, 죽음의 기원 신화가 진실인 것은 인간이 필멸하기 때문이다"고 주장했다.[26] 이와 같은 각 민족의 창세 신화의 바탕 위에서 어떤 것은 제도적인 종교 체제로 발전해 나갈 수 있었다.

그러나 무신론을 주장하는 유물론자들은, 종교는 고대로부터 "계급사회의 발생과 발전"에 따라 "원시적인 신화적 관념들"이 정착한 것이라고 주장한다. 유물론자들은 유신론자들의 종교적 신앙이 "영혼불멸과 신에 의한 세계창조"를 주장하면서 "세계를 '신의 의지'의 구현"이라고 설명하는 허구일 뿐이며, 또한 신을 지상의 왕 또는 지배자와 같은 것으로 보면서 이들의 종교적 신앙은 "노예를 소유한 상층권력을 신격화하고 노예제도를 찬미하는 신학설"에 지나지 않는다고 비판한다.[27]

2) 그리스 철학의 자연발생론

고대 동방에서 원시 종교가 정착하는 동안에 신의 존재와 신을 숭배하는 종교에 대해 회의하는 철학은 그리스에서 처음 발생한 것으로 인정되고 있다.[28] 과연 고대 신화와 종교에서처럼 인간사에 간섭하는 인격적 신이 있는가? 그런 신이 있다면 세상사에 어디까지 개입하는가? 고대 그리스의 식민지 밀레투스에서 철학의 비조(鼻祖) 탈레스(Thales of Miletus, B.C. 624경-545경)는 이렇게 신의 존재와 역할에 대해 가장 먼저 회의적 사유를 시작한 것으로 알려져 있다. 그는 만물의 근원을 물이라고 하여 처음으로 물이 변화하는 현상을 신의 개입 없이 설명하였기 때문이다. 그러나 그는 액체에서 기체로 또는 고체로 끊임없이 변화하는 물에는 신이 부여한 생명력이 이미 함유되어 있다고 생각했다. 그는 동방의 이집트를 여행하는 기회에 나일강의 진흙에서 작은 생물들이 많이 생겨나는 것을 관찰하면서 이런 사유를 하게 되었다고 한다. 한편 그의 친구이자 제자인 아낙시만드로스(Anaximander, B.C. 610-546)는 만물이 어떤 근원적인 실체로부터 유래했지만, 다시 그곳으로 돌아간다고 생각했다. 또 한 사람의 밀레투스 철학자 아낙시메네스(Anaximenes, B.C. 585-528)는 공기(Pneuma)가 만물의 근원이라고 주장했다. 그는 영혼도 공기이며, 공기가 탁해지면 물질이 되는 것으로 보았다. 이오니아학파(Ionian School)로 불리는 이 세 사람의 주장은 유신론을 벗어나지는 않은 것이다. 왜냐하면 이들의 사고는 물질 자체에 이미 신의 생명력이 주입되어 있다고 하는 생기론(生起論) 또는 물활론(物活論)에 바탕을 둔 것이었고, 이런 사고는 범신론의 범주에 속하는 것으로 보아야 하기 때문이다. 그렇지만 처음으로 관찰의 방법에 의해 자연적 발생을 주장한 것이므로 최초의 자연발생론(spontaneous generation)이라고 말할 수 있는 것이다. 이들은 유물론자들에 의해서는 유물론의 창시자로 여겨지고 있다.[29]

데모크리토스(Democritus, B.C. 460경-370경)와 에피쿠로스(Epicurus, B.C. 342-271)는 신의 존재와 창조를 좀 더 회의하는 입장에서 사색한 철학자들이었다. 원자론자로 불리는 데모크리토스는 생명은 태고의 진흙으로부터 생겨났다고 믿었다. 그래서 그의 뒤를 이은 에피쿠로스는 인간에게 최고의 선은 신에게 봉사가 아니라 자신의 쾌락일 뿐이라고 좀 더 무신론으로 나아가는 주장을 할 수 있었다. 헤라클레이

기독교, 과학적 무신론, 그리고 항일독립운동

3) 동양의 자연철학

철학적 사고의 변화는 동양에서도 마찬가지였다. 주(周)나라의 시조 문왕(文王: 1152-1056 B.C.)에 의해 저술된 것으로 알려진 주역(周易)은 동양에서의 신화시대를 마감하는 작품으로 꼽힌다. 이것은 명백하게 이원론적인 음양(陰陽)의 법칙으로서 그것의 순환에 따라 64개의 괘를 설정하고 길흉화복을 점치는 자연철학적 점서(占書)였다. 이것은 점차 오행론(五行論)과 결합하여 자연철학적인 동양사상의 핵심이 되었다. 중국의 자연철학은 노자(老子)와 장자(莊子)의 무위자연(無爲自然)의 도교사상, 공자의 천명(天命)에 따르는 수신제가치국평천하(修身齊家治國平天下)의 윤리학적 유교로 이어졌다.

인도에서 발생한 석가모니(釋迦牟尼)의 불교는 업보(業報)에 의한 윤회(輪回)의 법칙을 주장하는 자연철학적 교리에 기초하는 것이다. 그러나 힌두교는 여전히 고대신화적인 전통을 이어오고 있다. 동양 각국의 무속신앙은 아직 신화적인 요소를 간직하고 있다.

4) 기독교 창조론에서의 자연발생론

1세기에 로마제국에서 예수 그리스도에 의해 창립된 기독교는 처음에는 모진 박해를 받았다. 그러나 4세기 초에 이르러서 기독교는 콘스탄틴 대제(Constantine the Great, 재위 306-337)의 밀라노 칙령(313년)에 의해 로마제국에서 하나의 종교로 공인되었다. 그리고 테오도시우스(Theodosius I, 재위 379-395) 황제에 의해서 국교가 되었으며, 유스티아누스(Justinianus Ⅰ, 재위 527-565) 황제는 기독교의 자랑이었던 콘스탄티노플의 소피아 성당을 건축하였다. 그는 또 이교도적인 그리스 철학에 대해서는 아예 서적을 읽는 것조차 금지했다. 이렇게 해서 기독교는 로마제국이 멸망한 이후에도 중세기 동안 창세기적 창조론과 성삼위론(聖三位論)으로 서양사상을 지배할 수 있었다.

기독교적 창조론은 바실리우스(Basilius, 315-379)와 아우구스티누스(Augustinus, 354-430)에 의해 창세기에 기록된 신의 창조 명령이 태초에 일회적으로 시행되고 끝난 것이 아니라, 자연 속에 영원히 반영되어 있다고 보는 것이다. 그렇기 때문에 생물의 자연발생은 언제든지 가능한 것이다. 또한 토마스 아퀴나스(Thomas Aquinas, 1225-1274)는 인간을 괴롭히는 해충들이 부패물과 인간의 죄로부터 자연발생하는 것으로 주장하고 있다. 이들에 의하여 물활론적인 자연발생론은 기독교에서도 인정하는 교리가 되었다. 기독교가 전성기를 누리는 동안에 서양의 중세철학은 기독교의 교리를 넘어서는 주장을 하지 못하고 오직 '신학의 시녀'로서 기능할 뿐이었다.

2. 과학주의로의 전환

1) 종교개혁과 과학혁명

16세기 유럽에서 발흥한 인문주의 르네상스는 루터(Martin Luther, 1483-1546)와 칼빈(John Calvin, 1509-1564)에 의한 종교개혁을 촉발하였다. 르네상스는 이와 동시에 천동설에서 오류를 발견한 코페르니쿠스와 갈릴레오(Galileo Galilei, 1564-1642)에 의해 과학혁명을 촉진하였다. 이 과학 혁명가들에 의하여 공개적으로 주장되기 시작한 지동설

기독교, 과학적 무신론, 그리고 항일독립운동

은 이때까지 아리스토텔레스와 프톨레마이오스(Claudius Ptolemaios, 83 경-168경) 체계의 천동설을 설교하고 있던 기독교에 대해 과학적 회의를 불러일으키는 기폭제가 되었다. 그것은 유스티아누스 황제에 의해 금지되었던 그리스 고전을 다시 읽고 고대 그리스 철학자들의 사상을 재발견하면서 더욱 증폭되었다. 이 시대의 르네상스적 사조는 계몽의 시대를 거치는 동안에 그리스 자연철학자들의 자연발생론이 다시 소생하는 계기를 마련해주었다.

그러나 프란시스 베이컨(Francis Bacon, 1561-1626)이 '지식의 힘'을 믿고 귀납적 실증주의를 강조하는 17세기부터 각종 논제에 대해서는 관찰이나 실험으로 증명해야 한다는 과학적 사조가 확립되기 시작했다. 그래서 베이컨 이후에는 신의 존재와 생명의 기원에 대한 논쟁에 결정적 증거를 찾기 위한 관찰이나 실험이 갖가지 방식으로 진행되었다. 이러한 자연발생설 논쟁이 한 걸음 더 앞으로 나아갈 수 있게 만든 것은 르네 데카르트(Rene Descartes, 1596-1650)의 기계철학이었다. '나는 생각하므로 존재한다'(Cogito ergo sum)는 명제로 유명한 그는 생각할 수는 있지만 알지는 못하는 어떤 자연적인 조건이 충족되면, 생물의 자연발생은 어김없이 기계적으로 일어난다고 생각했다.

이 시기에 내과의사였던 반 헬몬트(Jan Baptista van Helmont, 1577-1644)는 어미가 낳은 것과 똑 같은 쥐를 인공적으로 만들어낼 수 있다는 제조법을 발표하였다. 알곡과 땀으로 더러워진 셔츠를 우유와 기름이 담긴 항아리에 담아두면, 이것들이 어떤 발효를 일으켜 21일 만에 쥐가 나온다는 것이다. 또한 혈액순환의 원리를 주창한 것으로 유명한 의사 윌리엄 하비(William Harvey, 1578-1657)는 '생물은 알에서 나온다'는 생물학적 사실을 발견하고서도 고전적 자연발생설을 완전히 부인하지 못했다. 그는 어떤 힘이 자연적 부패와 같은 과정에 작용함으로써 미생물들이 자연발생할 수 있다는 명제를 부정하지 못했기 때문이다.

2) 과학적 실험의 시대

(1) 17세기 후기

17세기에 데모크리토스의 원자론이 되살아난 것은 프랑스의 철학자 가생디(Pierre Gassendi, 1592-1655)에 의해서였다. 그는 원자의 필연적이며 기계역학적인 운동이 자연의 기본원리라고 인식했다. 그러나 그는 원자의 창조자와 운동의 궁극 원인자를 동일시하면서 신적 존재를 부정하지는 아니하였다. 1665년에 프란체스코 레디(Francesco Redi, 1626-1697)는 '썩은 고기에서 구더기가 자연발생한다'는 아리스토텔레스의 명제를 반박하는 실험을 했다. 그는 두 가지 실험을 실시하고 그 결과를 비교하여 결론을 내렸다. 그는 두 개의 병에 죽은 물고기를 넣고, 한쪽 병은 덮지 않고, 다른 병은 머슬린으로 덮었다. 그리고 그것들을 그대로 며칠 방치해두면, 덮지 않은 병 쪽에는 구더기가 발생했으나, 머슬린을 덮은 병에는 파리가 알을 까지 못했으므로 구더기가 발생하지 않았다. 이 실험으로 레디는 아리스토텔레스의 고전적 자연발생론은 부정할 수 있었으나, 살아 있는 생명체에 기생하는 기생충은 '자연발생한다'는 주장에 대해서는 반증하지 못했다.

그러나 레벤후크((Antonie van Leeuwenhoek, 1632-1723)가 현미경을 발명하자 많은 미생물이 관찰되면서 레디의 실험은 반론되었다. 현미경으로 많은 미생물이 새로 관찰되었지만, 미생물의 발생 원인을 알 수 없었기 때문이다. 그러므로 고전적 자연발생론으로 되돌아갈 수밖에 없었다. 이후부터 자연발생론은 육안보다는 현미경에 의한 관찰 자료를 근거로 과학적으로 새롭게 논의되어야 했다. 그러나 아직까지는 그리스 자연철학자들의 고전적 자연발생설의 범주에 머물러 있을 수밖에 없었다. 왜냐하면 당시의 과학이란 성능이 그다지 좋지 않은 현미경으로 관찰한 자료를 근거로 때로는 귀납적으로 때로는 추론으로 이론을 꿰맞추는 수준이었기 때문이다.

뉴턴(Newton, 1643-1727)이『프린키피아: 자연철학의 수학적 원리』(1687)에서 우주는 수학적 자연법칙에 의해 운행하는 기계와 같다고 설명함으로써 기계철학이 강화되었다. 뉴턴의 과학에 의해서 일상사에 개입하는 인격적 신의 역할은 더욱 축소되었다. 하나님이 창조한 우주를 연구하고자 했던 뉴턴의 의도와는 달리, 그의 과학적 견해는 기계적 유물론에 길을 열어주었다. 그러나 독일에서 라이프니츠(Gottfried Wilhelm Leibniz, 1646-1716)는 단자론을 새롭게 제안하였다. 기독교도였던 그의 단자(monad) 개념은 이제까지의 물활론적인 자연발생설 개념을 넘어 오히려 눈에 보이지 않게 우주에 충만한 원자 또는 극미(極微)의 원형체(原形体) 같은 것이 자연의 순환적 조건에 따라 우주에 변화를 만들어낸다고 생각했다. 그의 생각은 동양사상과 같은 것이다. 실제로 그는 동양의 이신론적『역경(易經)』에 심취해서 연구에 몰두하기도 했다.

(2) 18세기의 철학과 실증주의의 발전

18세기에 들어 라이프니츠의 단자론적 자연발생론은 프랑스에서 뷔퐁(G. L. Buffon, 1707-1788)과 영국에서 로마가톨릭 사제 니덤

(Needham, 1718–1781)에 의하여 약간씩 수정되어서 계승되었다. 그러나 레디의 실험 이후 100년 뒤인 1765년에 고전적 자연발생설을 부정하는 실험이 이탈리아의 동물학자 라자로 스팔란차니(Lazzaro Spallanzani, 1729–1799)에 의해 시행되었다. 그는 유기물 용액을 가열한 뒤에 공기에 접촉시키지 않고 밀폐된 용기에 보관하면, 그 용액에서는 미생물이 자연발생하지 않는다는 것을 실험으로 증명했다. 그는 공기에 있던 미생물이 유기물 용액에 접촉하는 순간에 용액 안으로 침투하는 것을 알고 있었다. 그러나 이 실험에 대해 고대 자연발생론 지지자들은, 스팔란차니가 유기물 용액을 너무 강하게 가열해서 '생명력'을 사라지게 했다고 주장했다. 그들은 밀폐된 용기 안으로 산소가 공급되지 않았기 때문에 그 안에서 미생물이 자연발생했다가 사멸했다고 반론했다. 독일의 철학자 칸트(Immanuel Kant, 1724–1804)도 생명 발생의 원인은 형이상학적인 것에도, 형이하학적인 것에도 있는 것이라고 주장하여 이 논쟁을 거들었다.

18세기가 끝나는 무렵에 다윈의 할아버지 에라스무스 다윈(Erasmus Darwin, 1731–1802)은 『동물계보 또는 생물의 법칙, *Zoonomia or the Laws of Organic Life*』(1796)에서, '부모 없이 태어난 생물'은 환경에 적응하면서 합목적적으로 변화해 나간다는 자연발생론적 진화 개념을 진술했다.[31] 이러한 그의 생각은 다음 세기에 라마르크(Jean Baptiste Pierre Antoine de Monet Chevalier de Lamarck, 1744–1829)에 의해 후천적 획득형질 유전설에 비슷하게 반영되었다. 이렇게 자연발생론에 대한 찬·반 양 진영에서 실험과 논쟁이 계속되면서 자연발생론은 19세기로 넘어가서도 생명력을 계속 유지할 수 있었다. 그러나 그것은 이제 고전적 철학 수준에서가 아니라, 보다 엄밀한 과학적인 수준

기독교, 과학적 무신론, 그리고 항일독립운동

에서 논의하는 것으로 변하게 되었다. 베이컨이 창시한 귀납적 방법은 이렇게 과학주의로의 전환을 가져오면서 결국 과학이 사상적 패러다임 전쟁에서 주도권을 잡는 계기를 만들었다.

3) 기계적 유물론

홉스(Hobbes, 1588-1679)는 1651년에 『리바이어던』이라는 책을 출판하여 통치자가 국민의 생명을 담보하는 사회계약 사상을 선포했다. 그에 의하여 신의 대리인으로 인식되었던 통치자는 이제 국민과의 계약자로 지위가 바뀌었다. 그러나 그는 통치자가 괴물이 되지 않고는 국민을 통치할 수 없다고 주장했다. 왜냐하면 국민이 통치자를 괴물로 만들거나 통치자가 권력을 위해 스스로 괴물이 되어야 하기 때문이다. 존 로크(John Rock, 1632-1704)는 『통치이론』에서 생명은 물론 재산까지 사회계약의 대상에 포함하면서 이제까지의 왕권신수설을 공개적으로 폐기했다. 홉스와 로크는 실증주의적 입장에서 유물론을 옹호했지만, 확실하게 무신론적 입장을 취하지는 않았다. 로크의 철학이 프랑스에 건너가자, 루소(Jean Jacques Rousseau, 1712-1778)는 『인간불평등기원론』(1754)과 『사회계약론』(1762)을 발표했다. 그는 정의에 무관심한 신을 거부하는 로크의 사상을 계승하고 인간 중심의 사회건설을 주장했다. 이들 3인은 흔히 사회계약설학파로 불린다. 그러나 프랑스 계몽사상의 중심에 섰던 백과사전학파는 기계적 유물론으로 나아갔다. 백과사전학파의 유물론은 자연을 역학적 법칙에 따라 운행하는 기계라고 보는 것이었으며, 신의 법칙을 찾는 뉴턴의 과학적 세계관에서 신을 추방한 것이었다. 1789년 프랑스 혁명에서 이들이 지향한 목표는 신의 간섭 없는 인간사회였다. 그렇지만 유신론적 관념이 완전히 사라진 것은 아니었다. 신은 다만 자연에서 법칙의 기안자일 뿐이고 집행자는 아닌 것으로 바뀌었다.

근대 철학에서의 특징은 철저한 논리의 방법을 더욱 중시하게 되었다는 것이다. 물론 철저한 증명을 요구하는 자연과학과는 달리 철학은 근본적으로는 추론적 가설이다. 그렇지만 이때부터는 철학적 주장도 가설적 추론에 머물지 않고, 자연과 사회의 현상을 귀납적으로 분석하고 이론적으로 설명하는 방향으로 발전하고 있었다.

4) 헤겔, 포이어바흐, 그리고 마르크스

19세기에 들어서면서 철학적 무신론에서 과학적 무신론으로 건너가는 과정에서 독일의 철학자 헤겔(Georg Wilhelm Friedrich Hegel, 1770–1831)과 포이어바흐(Ludwig Andreas Feuerbach, 1804–1872)가 징검다리를 놓았다. 헤겔의 철학은 모순과 대립이 보다 높은 단계에서 종합된다는 변증법적 정반합(正反合)의 논리를 적용한 것이다. 그렇지만 그의 철학에서 역사의 주체는 절대정신 또는 세계정신이었다. 헤겔은 1807년에 『그리스도교의 정신과 그 운명』과 『정신현상학』을 잇따라 발표하여 독일 관념론 철학의 꽃을 피웠다. 앞의 책은 그의 신학을 정리한 것으로서, 그리스도의 가르침의 핵심은 하나님의 나라를 만드는 것임을 갈파하고 있다. 그에 의하면 하나님의 나라는 신성한 것과 인간적인 것의 일치 위에 세워져야 하는 것이다. 그러나 헤겔은 인간이 하나님의 뜻에 따라 살아가려는 영혼과 욕망에 따라 살아가고 싶은 육체를 동시에 지니고 있기 때문에, 하나님의 나라는 '젖과

기독교, 과학적 무신론, 그리고 항일독립운동

꿀이 흐르는' 곳이라 할지라도 인간세계에서는 결코 세워질 수 없다고 단언한다. 뒤의 책은 인간정신이 낮은 도덕적 단계에서 절대적 진리의 장(場)인 그리스도교적 세계정신으로 상승하는 과정을 변증법적으로 기술하고 있다. 여기에는 단순한 감각적 의식에서 주체적 자기의식으로 변화하는 반성과 고립된 자기이성이 이질적인 공동체의 정신과 갈등을 극복하는 변증법적 과정이 진술되어 있다. 헤겔이 발전시킨 변증법은 관념론 철학의 최종적인 방법이었다. 마르크스는 헤겔에 대해서 "변증법이 헤겔의 수중에서 신비화되기는 했지만," 그가 "변증법의 일반적 운동 형태를 포괄적으로 또 알아볼 수 있게 서술한 최초의 사람"이라고 평가했다.[32] 마르크스는 『헤겔 법철학 비판』(1943)에서 헤겔의 관념론적 철학을 배척했지만, 그의 변증법에 대해서는 높이 평가하고 받아들였다. 이에 대해서 마르크스주의자들은 헤겔이 "인식의 전체 역사를 총괄하는 철학적 과학으로서의 변증법을 완성하고 사고의 변증법적 방법의 근본원리를 발견"했다고 칭송하고 있다.[33] 말하자면 마르크스의 역사적 유물론은 역사를 변증법적으로 보는 헤겔로부터 받아들인 것이다. 그러나 뒤에서 보게 되겠지만, 마르크스와 엥겔스가 유물사관을 과학적이라고 말하는 것은 오히려 다윈의 진화론에 더 크게 영향을 받은 것이다. 루터파 기독교 신자였던 헤겔이 변증법적 관념론 철학을 완성하고 죽은 뒤에 '헤겔 좌파'(또는 '청년 헤겔학파')가 등장했다.

이 가운데 루트비히 포이어바흐는 하이델베르크대학에서 신학을 공부하다가 포기하고 베를린대학으로 옮겨 헤겔의 강의를 들었다. 그는 신학과 철학과 자연과학을 두루 공부했다. 대학에서 강사 생활을 하던 그는 1830년에 『죽음과 불멸에 관한 고찰』을 익명으로 발표하여 기독교 교리를 반대하였다. 그는 개인적 영혼의 불멸을 부정하는 대신 인류의 보편적 이성과 유의식(類意識)의 불멸을 주장했다. 그가 이 책의 저자임이 밝혀지자 그는 교단에서 축출되었다. 그는 은둔생활로 들어가서 저술활동에 몰두했는데, 주저인 『그리스도교의 본질』(1841)에서 "종교는 최초의 자기의식"에 지나지 않는 것이기 때문에 신을 숭배하는 모든 종교를 부정하고 공격했다.[34] 그 가운데서도 그는 특히 기독교 신학과 제도를 통렬하게 비판했다. 더욱 놀랍게도 그는 신이 인간을 그의 형상대로 창조한 것이 아니라 인간이 신을 그의 형상대로 창조했다고 주장했다. 그의 철학은 근본적으로 무신론의 관점으로 전향하고 있었다. 그는 헤겔이 기독교적 신 개념에서 벗어나지 못했다고 비판하면서 인간을 단순히 '자연물'에 불과한 존재로 보았다. 말하자면 인간의 의식에 투사된 것이 신이며, 따라서 인간의 신 개념은 사람의 의식에 비치는 허상이라는 것이다. 또한 인간의 영혼은 개별적으로 불멸하는 것이 아니라 순환적 법칙에 따라 의식의 바다와 같은 곳으로 되돌아간다고 주장했다. 그에 의하면 이와 같은 조건에서 살아가는 인간들에게 신은 필요한 존재가 아니다. 신에게도 인간의 종교적 제의와 교리 같은 것이 필요하지 않다. 그것들은 인간을 위한 것이지 신에게는 필요 없는 것이다. 그는 인간에게는 신이 필요 없고 신에게도 인간의 종교적 섬김이 필요 없다고 주장하는 소위 인본주의적 무신론자(humanistic atheist)였다. 그는 마르크스와 엥겔스의 무신론적 유물론 형성에 절대적 영향을 끼쳤으면서도 자신이 무신론자라는 비판에 대해서는 극구 부인했다. 그러므로 포이어바흐는 무신론에 가장 가까이 다가간 유신론 철학자였다고 말할 수 있다. 이렇게 하여 포이어바흐는 철학적 무신론을 마감하는 철학자가 되었다. 포이어바흐는 마르크스주의자들로부터 "그의 사상적 영향 하에 19세기 혁명적 민주주의자들의 견해가 형성되었으며, 그는 철학 부분에서 마르크스와 엥겔스의 직접적인 선행자의 한 사람이었다"[35]는 칭송을 받고 있다.

Ⅲ. 과학적 무신론의 토대 형성

　새로운 실증주의 과학사상이 적용되기 시작하면서 과학적으로 진화론을 체계화시킨 첫 번째 과학자는 1809년에 『동물철학』을 발표한 프랑스의 라마르크였다. 그의 진화론은 용불용설(用不用說)로 불리는 것이다. 말하자면 생물계의 발전은 후천적으로 획득한 유전형질이 계속 자손에게 유전하면서 나타나는 변이에 의한 것이다. 그러나 라마르크의 비기독교적인 진화론은 그의 제자이자 유명한 고생물학자이며 프로테스탄트인 퀴비에(Georges Cuvier, 1769-1832)로부터 신랄한 비판을 받았다. 라마르크의 무신론적인 주장은 당시 기독교 사회였던 서구에서는 비판받을 수밖에 없는 것이었기 때문이다. 그 뒤에 자연발생에 관한 논쟁을 다룬 『창조의 자연사의 흔적』이 익명으로 나온 것은 1844년이었다. 이 책은 잠깐 논란을 불러일으켰으나, 내용이 너무 조잡했고 더구나 익명으로 발표되어 큰 문제가 되지 못하였다. 나중에 이 책의 저자는 출판업자 로버트 챔버스(Robert Chambers, 1802-1883)의 것으로 밝혀졌으나, 그는 당시 사회에서 비난을 두려워하여 이름을 숨겼던 것이다.

　과학적 무신론의 토대가 구체적으로 형성된 것은 마르크스와 엥겔스의 1848년 『공산당 선언』에서의 유물론과 1859년에 나온 다윈의

『종의 기원』에 의해서이다. 마르크스와 엥겔스의 초기 유물론 사상의 형성에는 18세기 프랑스 백과사전학파의 기계적 유물론과 헤겔과 포이어바흐가 영향을 미쳤고, 후기에는 다윈의 『종의 기원』에 나타난 생물학적 진화론이 크게 영향을 미쳤다. 마르크스와 엥겔스는 다윈의 진화론을 받아들이고서야 자신들의 유물론에 과학의 옷을 입혀 과학적 무신론의 원형을 만들 수 있었던 것이다. 이 장에서는 이런 역사적 발전 과정에서 나타난 이 두 가지 저작물들에 대해 살펴보겠다.

1. 마르크스와 엥겔스의 공산주의 유물론

1) 초기 공산주의 운동

유럽에서는 일찍부터 기독교적 공산주의 또는 공상적 사회주의 사상이 논의되고 있었다. 마르크스와 엥겔스에 이르게 되자 사회주의 사상은 우주의 사물은 오직 물질적 현상이며 인류사회의 역사는 변증법적으로 변화한다는 유물론적 공산주의로 변하게 되었다. 『데모크리토스와 에피쿠로스의 자연철학의 차이』(1841)로 박사학위를 받은 마르크스는 「라인신문」을 운영하다 추방되어 파리로 망명했다. 파리에서 「독−불연보」를 발간하면서 헤겔철학을 연구하던 마르크스는 엥겔스를 만나 사상적 동질성을 확인하고 평생 동지가 된다. 마르크스는 여기서 철학에 경제학을 접목하는 『경제학−철학 초고』(1844)를 발표했으나 다시 브뤼셀로 추방되었다. 그러나 마르크스는 최후의 철학적 무신론자 『포이어바흐에 관한 테제』(1845)에서 "지금까지 철학자들은 단지 세계를 여러 가지 방식으로 해석하기만 했다. 그러나 중요한 것은 세계를 개혁하는 것이다"[36]라고 주장했다. 마르크스의 관점에서 보면, 포이어바흐 역시 '자연물'로서의 주체적 인간이 대상으로서의 현실에서, 그것을 보고 느끼고, 역사적으로 활동하고 있다는 사실을 간과하는 사회적 문제를 가지고 있었던 것이다. 마르크스는 유물론에 바탕을 두는 관점은 포이어바흐의 영향을 받았음을 인정하면서도, 그의 철학에서 관념론적인 것에 대해서는 가차 없이 비판했다. 그리고 엥겔스와 공동으로 저술한『신성가족』(1845)에서 '종교는 인민의 아편'이라는 유명한 말과 함께 인간이 종교를 만들어낸 것이지 신이 종교를 만들어낸 것은 아니라고 주장했다. 그리고『독일 이데올로기』(1845)에서는 독일 관념론 철학을 비판하면서 그는 앞으로 사회적으로 실천하는 철학을 전개할 것임을 예고했다.[37]

드디어 1848년 2월에 마르크스와 엥겔스는 유물론을 바탕으로 세상의 모든 관념적인 종교와 사상들을 폐기해야 한다고 주장하는『공산당 선언』의 독일어 판본을 런던에서 처음으로 출판했다. 이것은 엥겔스가 기독교 교리문답 형식으로 적어둔 25개 조항의 "공산주의의 원리(원제: 프롤레타리아트 해방의 제조건에 관한 학설)"(1843)를 기초로 하였다.[38] 이것은 독일 망명 노동자 그룹인 "의인동맹"을 "공산주의자 동맹"으로 전환하면서 강령으로 선포한 것이다. 사실 이것은 그들이 꿈꾸던 프롤레타리아트 공산주의 사회를 현실세계에 세워보겠다는 정치적 야망을 표현한 것이라고 할 수 있다. 이렇게 하여 유물론적 공산주의 이론이 처음으로 역사적 모습을 드러냈다. 이 무렵 유럽 대륙에서는 사회주의 혁명의 열기가 고조되고 있었다. 마르크스와 엥겔스는 이러한 분위기에 고무되어 파리와 독일에서 그들이 주장하는 프롤레타리아 혁명운동에 직접 참가했다. 그러나 혁명운동이 모두 실패하자 두 사람은 1849년 영국으로 망명했다. 이후 이들은 죽을 때까지 영국에 눌러 살면서 자본주의를 공격하는 공산주의 이론을 연구하고 저술하고 출판하면서 공산주의 정치활동을 지도했다. 대륙에서의 혁명운동은 비록 성공하지 못했지만, 그 영향으로 독일에서는 국민의회가 성립(1848. 5.)하고, 프랑스에서는 제2공화국이 출범(1848. 12.)하는 계기가 되었다. 결국 독일에서는 통일 독일을 위한 헌법을 만들었다(1949. 3.). 혁명운동은 대륙에서 이렇게 크고 작은 변화들을 만들어냈다. 마르크스와 엥겔스는 런던에서 프롤레타리아 혁명이 가장 먼저 성공할 수 있는 국가는 산업자본주의가 가장 발전한 영국이 될 것이라고 예언하고 혁명의 폭풍이 도버 해협을 건너오기를 고대하고 있었다. 그러나 혁명의 열풍은 대륙에서 진압되어 곧 삭으라들고 말았다.

마르크스와 엥겔스의 초기 저작인『공산당 선언』은 전술한 바와 같이 헤겔의 변증법적 역사 철학과 포이어바흐의 철저한 반종교적 사상을 바탕으로 한 것이다. 그리고 그것에다 프랑스의 기계적 유물론과 영국 고전주의 경제학 이론을 비판적으로 접목하고 산업자본주의의 비인간성과 프랑스혁명(1789)의 역사적 실패 경험을 첨가해서 정치적 강령으로 완성한 것이다.[39] 마르크스를 연구했던 사람들 중에서는 마르크스가 공산주의 사회의 원형을 초기 기독교적 재산공동체에서 발견했다고 주장하기도 한다. 그러나 이런 주장은 그의 아버지가 유대교 랍비(후에 개신교로 개종했지만)였다는 사실과 그가 고등학교에서 성경과목 레포트의 성적이 좋았던 사실을 근거로 나온 허구적인 주장에 불과하다. 공산주의적 이상은 마르크스의 이론에서보다 영국 헨리 8세(Henry VIII, 1491-1547, 재위 1509-1547) 치하에서 국교회 설립에 반대하다가 처형된 로마가톨릭교회의 순교자 토마스 모어(Sir Thomas

More, 1477-1535)경이 쓴 『유토피아, *Utopia*』에서 보다 잘 나타나 있다. 마르크스와 엥겔스는 '유토피아'라는 말을 매우 싫어하고 『공산당선 선언』에서도 비판했으나, 역사적으로 나타난 결과를 보면, 그의 공산 주의 사회이론 역시 유토피아적인 것에 불과했다.

그들이 이상으로 삼았던 재산공동체 제도는 사유재산권이 발달하 기 이전에는 매우 다양한 형태로 존재했었다. 또한 마르크스 이외에 도 철학적으로 재산공동체적 사회주의 이론들을 주장했던 사람들이 적지 않았다. 그러나 마르크스 공산주의가 가장 유명한 사회주의 이 론이 되었다. 유물론적 공산주의 사상에서 보면, 인간은 물질적 생활 을 하고 있는 현실적 존재일 뿐이다. 그러나 인간은 물질적 생활에서 그의 욕구의 결과물, 즉 관념과 표상과 의식작용 등의 정신적 생산물 을 만들어낸다. 말하자면 인간의 물질적 생활이 발전하여 육체적 활 동과 정신적 활동이 분담되면, 상부구조 차원의 정신적 생산물인 종 교, 도덕, 법률, 정치와 철학 등을 만들어내게 되는 것이다. 따라서 물질적 발전에 따라서 인간의 물질적 하부 토대가 정신적 상부구조를 결정한다고 말할 수 있다. 문제는 이런 현실적 생활인 실천과정에서 인간의 소외가 발생하고 있다는 것이다. 이것이 바로 『공산당 선언』 에서 제시한 논쟁점이다. 마르크스와 엥겔스가 특별히 문제 삼고 있 는 것은 당시 대영제국이 선도하는 산업 자본주의 사회에서 산업노동 자에게 나타나는 물질적 소외, 즉 경제적 빈곤이었다. 마르크스와 엥 겔스는 이 문제를 『공산당 선언』에 담아 철학을 넘어 자본주의 사회에 서 프롤레타리아 계급혁명을 위한 테제로 끌고 갔다. 그래서 마르크 스와 엥겔스는 문제를 제기하는 것으로 끝나지 않고, 문제 해결을 위 한 실천적 방법론까지 제시했으며, 그들 자신이 이런 문제의 해결을 위한 투쟁의 선봉에 섰다. 그리고 그들은 프롤레타리아트에게 소외에서 해방되고 물질적 권리를 획득하기 위해서는 그들이 제시한 공산주의 이념과 행동에 따르라고 요구했다. 그들이 최종 목표로 제시한 것은 인간사회에서 모든 소외가 사라진 뒤에 실현될 공산주의적 유토피아 사회였다. 이와 같이 마르크스와 엥겔스가『공산당 선언』을 통해 프롤레타리아 혁명으로 자본주의 사회를 타도하고 프롤레타리아트 유토피아를 건설하겠다고 공언했음에도 불구하고 당시 영국 사회에서는 별로 주목하지도 않았다.

2)『공산당 선언』

"하나의 유령—공산주의라는 유령—이 유럽을 배회한다. 이 유령을 격퇴하기 위하여" 교황과 짜르(러시아 황제), 메테르니히(Metternich: 오스트리아 정치가)와 기조(Guizot: 프랑스 정치가), 프랑스 급진파와 독일 경찰 스파이 등 "옛 유럽의 모든 세력들은 신성동맹을 맺었다."[40] 이렇게 시작하는『공산당 선언』을 검토해보기로 한다.

(1) 부르주아와 프롤레타리아의 계급투쟁의 문제

마르크스는 일찍이 포이어바흐를 비판하면서 세상을 해석하기만 했지 아무 것도 변화시키지 못하는 철학자들에 대한 불만을 표명한 바 있다. 당시 마르크스는 영국의 초기 자본주의 산업사회에서, 빈곤을 벗어날 수 없는 노동자의 절망이나 노동자에게 부르주아에 대한 반항을 유발하는 '소외' 문제를 주목하고 있었다. 마르크스는 엥겔스와 함께 이것을 해결하는 방법은 피해자인 프롤레타리아 계급이 가해자인 부르주아 계급을 타파하는 혁명이라고 주장했다. 그들은 자본주의 세상에 변화를 가져올 수 있는 방법은 오직 프롤레타리아 혁명을 통해서만 가능하다고 보았다. 혁명을 위한 프롤레타리아 계급투쟁은 마르크스와 엥겔스의 유물론적 역사관을 이해하는 데 가장 중요한 문제이다. 그들은 인간사회의 물질적 생활의 발전을 연구하여 생산력과 생산관계 사이에서 역사적 합법칙성을 변증법적으로 이해하고 있다. 인류의 역사는 계급투쟁의 역사라는 것이다. 이것이 마르크스의 역사적 유물론, 사적 유물론, 또는 유물사관의 핵심이다. 자본주의 사회에서 계급은 생산관계에서 파생되는 것이다. 말하자면 생산수단의 소유자는 생산 노동자의 생산력을 착취하는 부르주아지 계급이 되고 생산수단을 소유하지 못한 자는 그의 노동력을 헐값에 팔아야 하는 프롤레타리아트 계급이 되는 것이다. 이 두 개의 계급은 자본주의 사회의 경제적 대립관계에 의해서 필연적으로 투쟁하게 된다. 프롤레타리아트는 폭력적 투쟁을 통해서 필연적으로 혁명을 승리로 이끌게 된다. 이것이 부르주아지와 프롤레타리아트 사이에 벌어질 계급투쟁의 변증법적 법칙이다. 부르주아지로부터 생산수단을 몰수하기 위해서 이제는 프롤레타리아가 정치적 지배계급이 되어야 하는 것이다. 이것이 프롤레타리아 독재라는 것으로 공산주의자들의 현실적인 목적은 여기에 있다.

이 목적을 위해서 프롤레타리아트에게는 조국 내에서뿐만 아니라, 국제적 연대가 필요하다. 이런 프롤레타리아트 투쟁을 고취하기 위한 선동에는 이렇게 주장하는 부분도 있다. "요즘 사회의 최하층인 프롤레타리아트는 공적(公的) 사회를 이루고 있는 겹겹의 상부구조 전체를 폭파하지 않고서는 일어날 수도 없고 허리를 펼 수도 없는 것이다."[41] 이런 조건에서 현대 산업의 발전에서 "부르주아지가 생산하는 것은 결국 자신의 무덤을 파는 것이다. 그러므로 부르주아지의 몰락과 프롤레타리아트의 승리는 양자에게 똑같이 불가피한 것이다."[42] 왜냐하면 부르주아지는 탐욕적 무한경쟁에 의해 점점 소수가 되는 반면에, 프롤레타리아트는 점점 다수가 될 것이기 때문이다.

(2) 프롤레타리아와 공산주의자의 관계

공산주의자는 "노동계급의 당들과 대립하는 별도의 당을 결성"하지 않고, 또한 "전체 프롤레타리아트가 가지는 이해와 별도로 분리된 이해를 가지지 않는다."[43] 이것은 공산주의자에게 프롤레타리아트 계급투쟁의 성공을 위해서 분파적 이해(利害)를 버릴 것과 국제적 보편성을 가질 것을 요구하고 있는 선언이다. 그러나 사실상 공산주의자들이 공산주의 사회의 성공을 위해서 가장 중요하게 여기는 것은 "프롤레타리아 독재"라는 개념이라고 실토하고 있다.[44] 왜냐하면 공산주의 혁명을 성공적으로 수행하기 위해서는 현실정치에서 "프롤레타리아 독재"는 반드시 필요한 것이기 때문이다. 이 개념은 『공산당 선언』을 발표할 당시에는 없었던 것이나, 1852년에 마르크스에 의해서 정식화된 것이다. 그러나 이미 이 선언에서도 이 개념을 이렇게 표현하고 있다. "공산주의자의 당면 목적은 다른 프롤레타리아 당들과 마찬가지로, 프롤레타리아트를 하나의 계급으로 형성시키고, 부르주아지 지배를 타도하며, 프롤레타리아트가 정치권력을 장악하도록 하는데 있다."[45] 말하자면 공산주의자는 부르주아지를 타도하는 공산주의 혁명에 성공하기 위해 전략적으로 다수의 프롤레타리아트를 앞세워야 한다는 것이다.

공산주의는 부르주아지 사회에서의 "부르주아적 개성, 부르주아적 독립성, 부르주아적 자유의 폐지를 목표"로 한다고 선언한다.[46] 그리고 이것들을 공산주의 사회에서 프롤레타리아 계급의 것들로 대치시키려고 한다. 또한 자본주의 사회에서의 사유재산은 개인의 게으름을 조장하고 사회의 파멸을 가져올 것이다. 그러므로 게으른 개인은 일소되어야 하고, 사유재산은 폐지되어야 한다. 공산주의 사회는 나아가서 가족제도를 폐지하면서 나라와 아이들의 가정교육을 사회교육으로 바꾸고[47], 교육과 여성도 사회적 공유제도 아래 두자고[48] 주장한다. 나아가서는 나라와 국적까지 폐지될 것이라고 주장한다.[49] 이렇게 공산주의는 자본주의 사회 제도를 모조리 폐지할 것을 선언한다. 여기서 더욱 중요한 것은 공산주의 사회는 이제까지의 "영원한 진리, 모든 종교나 도덕을 새로운 토대 위에서 구성하는 대신에 폐기"하고, "이제까지의 모든 역사적 경험과 반대로 행동한다"[50]고 선언하고 있는 것이다. 이런 사상은 인류 역사에서 비인간적인 독재자 몇 명이 발상했던 적이 있으나 현실적으로 성공한 예는 없었던 것이다.

마르크스와 엥겔스는 프롤레타리아의 정치적 지배를 이용하여 10개의 테제[51]를 실천할 것을 구체적으로 다시 제안하고 있다. 『공산당 선언』에 의하면, 이러한 조치가 성공적으로 시행된 이후에는 부르주아 사회가 몰락하고 사회주의 사회를 거쳐 공산주의 사회로 이행된다. 이러한 "발전과정에서 계급적 차별이 없어지고……공권력은 정치적 성격을 잃게 된다." 그렇게 되면 프롤레타리아트가 "한 계급으로서 가지는 자신의 지배권도 폐지하게 될 것"[52]이고, 궁극적으로는 국가조차 폐지될 것이라고 마르크스와 엥겔스는 예언하고 있는 것이다.

기독교, 과학적 무신론, 그리고 항일독립운동

(3) 사회주의 · 공산주의 문헌

마르크스와 엥겔스는 과학적 프롤레타리아 사회주의를 선언하고, 이전의 모든 사회주의를 열거하면서 비판하고 있다.

① 반동적 사회주의(Reactionary Socialism)

㉠ 봉건적 사회주의(Feudal Socialism)는 영국과 프랑스의 귀족들이 그들에게서 지배계급의 지위를 빼앗아간 부르주아지를 문서적으로만 비난하면서, 프롤레타리아트의 이익을 지지하는 것처럼 행동하고 있다. "목사가 영주와 손잡고 나아갔듯이 성직자 사회주의(Clerical Socialism)는 봉건적 사회주이와 손잡았다."[53] 그리고 기독교 사회주의(Christian Socialism)는 기독교적 금욕주의에 사회주의의 색채를 가미한 것이며, 봉건적 사회주의와 손잡고 '귀족의 울화에 대해 뿌려주는 성수'에 지나지 않는 것이다.[54]

㉡ 시스몽디(Sismondi)의 쁘티 부르주아 사회주의(Petty-bourgeois Socialism)는 프롤레타리아를 비참한 상태로 만든 것이 자본주의 체제 자체에 있다는 것을 파악하지 못하고, 단순상품경제를 이상화함으로써 올바른 실천으로 나아가지 못했다.

㉢ 마르크스와 엥겔스는 독일 사회주의가 스스로 "진정한"(true) 사회주의를 자처하고 있는 것에 대하여 이를 부정한다.[55] 왜냐하면 문헌적인 이론만 있지 실천이 없는 독일 사회주의는 아무런 의의를 갖지 못하기 때문이다.

② 보수적 사회주의 또는 부르주아 사회주의

마르크스는 프랑스의 '사회주의적 부르주아' 철학자이며, 무정부주의자이며, 『철학의 빈곤』을 저술한 프루동(Prodhon, 1809-1865)[56]을 『공산당 선언』에서뿐만 아니라, 프루동의 책 이름을 거꾸로 쓴『빈곤의 철학』을 출판하면서까지 가혹하게 비판했다. 프롤레타리아트가 국가적 독재 권력을 쟁취하는 혁명을 통해서 부르주아적 생산관계를 폐지해야 한다고 주장하는 마르크스와 엥겔스와 달리, 프루동은 자본주의의 지속적 유지에 기초한 행정개혁을 주장하는 보수적 사회주의(Conservative Socialism) 또는 부르주아지 사회주의(Bourgeois Socislism)를 제시하고 있기 때문이다.

③ 비판적-공상적 사회주의 · 공산주의(Critical-Utopian Socialism and Communism)

프롤레타리아트와 부르주아지의 투쟁이 아직 발전되지 못했던 초기에 생시몽(Saint-Simon), 푸리에(Fourier), 오웬(Owen) 등이 세웠던 "본래의 사회주의 · 공산주의 체계"[57]는 당시에는 혁명적인 것으로 역사적 의의를 가지고 있는 것이다. 그러나 이후에 나타난 추종자들은 반동적 종파를 형성하는 오류에 빠졌다. 프롤레타리아트와 부르주아지의 최초의 투쟁이 발생한 뒤에 공상적 사회주의는 전반적인 금욕주의와 평등주의를 주장하고 있다. 그러나 이 모든 것을 극복하고 난 뒤에야 비로소 새로운 사회과학, 새로운 사회법칙에 의한 공산주의가 태어날 수 있었다. 마르크스와 엥겔스의『공산당 선언』이 바로 그런 새로운 공산주의의 탄생을 알리는 선언인 것이다.

결국 공산주의 사회와 다른 사회주의 사회의 차이는 이렇다. 사회주의 사회는 "각자 자신의 능력에 따라 일하고 각자 자신의 성과에 따라 받는다." 그러나 공산주의 사회는 "각자 자신의 능력(형편)에 따라

기독교, 과학적 무신론, 그리고 항일독립운동

일하고 각자 자신의 필요에 따라 받는다."[58] 그러나 현실적으로 등장했던 공산주의 국가의 프롤레타리아 독재체제는 많이 일해도 적게 받는 현상을 보여주었을 뿐이다.

(4) 기존의 여러 반대파에 관한 공산주의자의 입장

『공산당 선언』에서 공산주의자는 "당면 목표의 달성을 위해, 노동계급의 당면한 이익을 위해" 각국의 현실적 조건에서 "끊임없이 노력한다"[59]고 선언한다. 또한 공산주의자는 "독일에 주된 관심을 기울이고" 있지만, "모든 곳에서 기존의 사회와 정치적 질서를 반대하는 모든 혁명을 지지한다"고 선언했다. 마르크스는 『공산당 선언』의 마지막 구절에서 혁명을 고취하는 말을 이렇게 선포한다.

> 지배계급을 공산주의자의 혁명에 떨게 하라. 프롤레타리아는 그들의 사슬밖에 잃을 것이 없으며 얻을 수 있는 세계를 가지고 있다. 전 세계 노동자들이여, 단결하라![60]

결국에는 이러한 프롤레타리아트의 계급투쟁에 의해 부르주아지는 멸망할 수밖에 없으며, 부르주아지의 모든 재산은 만인이 필요에 따라 나누어 쓸 수 있는 공동의 것이 된다는 이론이다. 프롤레타리아 혁명이란 이런 사회를 촉진하는 과정이며, 그 결과는 만민이 평등하게 소유하고 능력에 따라 일하고, 필요에 따라 소비하는 공산사회가 실현되는 것이다. 현실성을 배제하고 이론적으로만 본다면, 이보다 더 좋은 사회가 만들어질 수 있겠는가? 그러나 각자 다른 개성과 욕망을 가진 인간들이 이런 사회를 만들고 유지하기란 전지전능한 신에게 맡겨도 쉽지 않은 일일 것이다. 그러나 마르크스와 엥겔스에게는 이런 사회가 변증법적 역사의 발전단계에서 신의 개입 없이 프롤레타리아트 혁명에 의해서 필연적으로 만들어질 수밖에 없는 사회라고 주장했다.

3)『공산당 선언』에 대한 비판

앞에서 보았던 바와 같이『공산당 선언』은 인류 사회역사를 유물론적으로 이해할 뿐만 아니라, 앞으로 공산주의 사회로의 발전은 필연적이라고 예언하기까지 한다. 말하자면 마르크스와 엥겔스는 모든 진리와 종교와 철학적 사상들을 폐기하고 유일하게 남게 될 종교적 공산주의 사회에서 예언자로 군림하려고 하는 것이다. 신이 없는 종교적 공산주의 제도에서 예언자는 그 자신이 교주가 되므로 최고의 권위를 가질 수밖에 없다. 그러나 예언은 실현되지 않으면 진리가 아니다. 진리가 아닌 예언은 오류이므로 폐기되어야 하는 것이다. 공산주의 이론은 이후에 계속 수정되었지만,『공산당 선언』에 나타난 핵심사상은 마르크스와 엥겔스의 권위에 의해 거의 그대로 유지되었다. 그리고『공산당 선언』의 핵심은 프롤레타리아 혁명운동을 정당화하는 계급투쟁이다. 마르크스는 이후에『공산당 선언』의 이론적 체계화에 힘을 쏟아『자본론』을 썼으나, 그가 쓴 1권에서 새로 주장한 것은 계급투쟁의 원인이 되는 잉여가치론뿐이다. 엥겔스 역시 다윈의『종의 기원』에 나타난 생물학적 진화론을 끌어들여 공산주의 이론을 과학적으로 위장하기 위하여『반듀링론』을 썼다. 마르크스가 죽은 뒤에 엥겔스는 마르크스가 못 다 쓴『자본론』2권과 3권을 완성하는 데 주력했었다. 그러므로『공산당 선언』에 나타난 마르크스와 엥겔스의 예언의 바탕인 계급투쟁에 대해서는 간략하게나마 비판적으로 다시 살펴보지 않을 수 없다.

마르크스와 엥겔스에 의하면『공산당 선언』에서 주장한 계급투쟁은 인류역사의 원시시대에서부터 시작된 것이다. 그들은 사회적 생산관계가 이 투쟁의 원인을 만들고 또 이끌어왔다고 주장한다. 그리고 생산수단을 소유한 소수의 지배계급은 생산수단을 소유하지 못한 다수의 피지배계급을 거느렸다. 봉건제도를 무너뜨린 자본주의 사회에 이르러서 계급형태는 지배적 부르주아와 피지배적 프롤레타리아로 바뀐 것뿐이다. 마르크스는 프롤레타리아가 계급투쟁에서 승리하여 프롤레타리아 독재를 통해서 점차 계급 없는 사회를 만들고, 마침내는 유토피아적인 공산주의 사회를 실현할 것이라고 예언했다. 그의 예언에 의하면 부르주아 사회가 필연적으로 붕괴되는 이유는 탐욕적인 부르주아가 점점 자기 이윤을 극대화하기 위해 생산수단을 기계화하고 프롤레타리아의 임금을 착취하는 경쟁을 하기 때문이다. 점점 다수가 되는 프롤레타리아트는 해고의 위협과 착취에 대항해서 소수의 부르주아지와 계급투쟁을 하지 않을 수 없게 되는 것이다. 그렇게 되면 다수인 프롤레타리아의 승리는 필연적이다. 마르크스와 엥겔스의 주장은 자본주의 사회제도가 전적으로 부르주아지 독재에 의해 지배되고 부르주아지가 전혀 견제를 받지 않는다면, 현실화될 수 있는 것일지도 모른다. 그러나 자본주의 사회는 자체적으로 부르주아의 탐욕을 견제하는 장치를 가지고 있다. 개인적으로는 종교적 절제의 윤리와 노블레스 오블리쥬(Noblesse oblige) 정신이다. 그리고 사회적으로는 1인 1표제의 민주적 투표에 의해 선출되는 국민의 대표들이 프롤레타리아트의 표를 얻기 위해 자본가의 일방적인 탐욕을 견제하는 법제를 만들지 않을 수 없기 때문이다. 자본주의 사회는 이렇게 마르크스와 엥겔스가 지적한 내재적 모순들을 자체적으로 해결하는 능력과 제도를 가지고 있는 것이다. 마르크스와 엥겔스의 주장은 자본주의 사회의 자체적 해결 능력을 간과하여 자본주의 사회를 아예 폐지 대상으로 삼았던 것이다.

마르크스와 엥겔스는 부르주아지는 프롤레타리아트를 착취하기 때문에 계급투쟁과 사회혁명을 통해 자본주의 사회가 붕괴되는 것을 막을 수 없다고 예언했다. 그리고 프롤레타리아 독재는 마침내 계급은 물론 국가마저 없어지게 할 것이라는 예언도 했다. 그러나 그동안 공산주의 혁명에 성공했던 국가에서 마르크스와 엥겔스의 예언을 실현하기 위해 공산주의자들은 수많은 사람들을 반동으로 몰아 숙청, 처형, 강제수용소 수용 등 비인간적 행동을 서슴없이 자행했다. 그럼에도 불구하고 그 결과는 그들의 예언과 반대로 나타났다. 『공산당 선언』이 오류였다고 밖에 달리 할 말이 없게 된 것이다.

그렇다면 『공산당 선언』의 오류의 원인은 무엇인가? 그것은 바로 잉여가치착취설이다. 마르크스는 그의 『자본론』 1권에서 계급투쟁의 원인이 되는 부르주아의 잉여가치 착취를 설명하기 위해 C(투하자본=c+v)가 C′(생산물 가치=c+v+s)로 가치가 증식되는 과정을 정식화하고 있다.[61] 여기서 본래의 생산물의 가치를 만드는 투하자본 C는 원재료(c)와 임금(v)뿐이라고 보았다. 그러므로 원래의 생산물 가치는 투입된 원재료와 생산자의 노동시간에 지급한 임금과 같은 것이어야 한다. 그런데 부르주아는 이것을 C′로 값을 매겨서 판매한다. C′에는 잉여가치 s가 덧붙여져 있다. 마르크스의 관점에 의하면 C′의 구성요소인 잉여가치(s)는 원재료(c)에 아무리 많이 투자해도 그것만으로는 생겨날 수 있는 것이 아니다. 오직 프롤레타리아의 노동(v)이 있었기 때문에 생겨날 수 있는 것이다. 다시 말하자면 잉여가치는 프롤레타리아의 노동(v)이 없으면 생겨날 수 없는 것이다.[62] 이것이 마르크스와 엥겔스가 주장하는 잉여가치설이다. 그러므로 마르크스와 엥겔스는 잉여가치(s)가 노동을 제공한 프롤레타리아의 몫이 되어야 한다고 주장한다. 엥겔스는 잉여가치를 발견한 것이 마르크스의 최대 업적이라고 칭송했다.

마르크스 공산주의 이론에서 프롤레타리아의 계급투쟁의 동력을 유발하는 것이 바로 노동자의 몫인 잉여가치를 자본가가 착취하고 있다는 잉여가치착취설 주장이다. 오늘날에도 이런 관점에서 자본주의를 비판하는 경제학자들이 적지 않다. 그렇다면 잉여가치는 프롤레타리아의 노동만으로 생겨나는 것인가? 마르크스 이론에 의해서 잉여가치를 공식화하면, $s = C' - C(c+v)$가 된다. 그러나 잉여가치는 마르크스가 인정하는 투하자본(원재료+노동자의 임금)과 노동만으로 생겨날 수 있는 것이 아니다. 왜냐하면 마르크스의 주장은 원재료와 노동자의 임금외에 기타 부문에 투하된 초기자본을 무시하고, 노동만을 일방적으로 지나치게 강조하는 단면적 사고에서 오류가 발생한 것이기 때문이다.

노동자의 임금(v)이 적정해야 한다는 견해에는 누구나 동의한다. 그러나 여기서는 임금이 적정한 것인지는 논외로 하고 마르크스의 잉여가치설 공식을 객관적으로 공정하게 논의해보기로 하자. 마르크스의 공식에서 잉여가치(s)는 이미 투하자본이 지급한 노동자의 임금과 원재료로 만들어진 것이다. 사실 원재료 c에는 잉여가치를 획득하기까지의 운송, 저장, 광고 등의 판매비용과 설비의 감가상각비 등이 포함되어 있어야 한다. 좀 더 세밀하게 살펴보면 이미 노동자에게는 임금이 지급되었다. 때때로 잉여가치가 손해(−)로 나타나는 경우에도 손해는 투하자본가에 귀속될 뿐, 노동자는 받은 임금을 돌려주지 않으므로 손해를 입지 않는다. 그렇다면 마르크스의 공식에서 나타난 논리로 보았을 때, 잉여가치는 원재료와 임금을 지급한 투하자본(C)에게 귀속되는 것이 당연한 것이 아닌가? 왜냐하면 위험을 걸고 전쟁에서 승리한 자에게 전리품이 돌아가는 것은 인간사회에서 역사적으로 공인된 규칙이기 때문이다. 자본의 투자도 마찬가지다. 잉여가치가 자본가에게 귀속되어야 할 이유는 바로 이런 위험을 투하자본이 부담하기 때문이다. 일상에서도 노동자가 임금이라는 보상이 없다면 노동을 하지 않듯이, 자본가도 잉여가치라는 보상이 없이 손해를 보는 투자를 하지 않을 것이다. 그렇게 되면 노동자가 일할 곳도 받아야 할 임금도 없다. 아무도 일하지 못하는 사회, 다시 말해서 아무도 소득을 얻지 못하는 사회가 되는 것이다. 이런 사회에서 정부와 노동자가 과연 공멸하지 않고 지탱할 수 있을 것인가? 이런 의문에 대해서는 프롤레타리아 혁명에 성공해서 공산당이 집권했던 국가의 역사가 대답을 말하고 있다. 말하자면 공산주의 이론대로 투하자본을 정부가 담당했던 국가들은 계속 투하자본(C)의 손해를 감수하던 끝에 자본이 고갈되어 스스로 붕괴했거나 공산주의 체제를 자본주의 체제로 전환하는 방법으로 개혁하지 않으면 안 되었다는 사실이 말해주는 것이다. 이런 사실은 신적인 권위로 『공산당 선언』에서 설교했던 마르크스와 엥겔스의 예언이 오류라는 것을 증명하는 것이다. 물론 자본주의 사회에서도 적정 이상의 잉여가치가 발생하면, 자본가가 독식하지 않고, 노동자에게도 추가 임금을 지급하는 방법을 법제화하는 것이 건전한 사회발전을 위해서 정당한 것이 아닐 수 없다.

2. 다윈의 생물학적 진화론[63]

1) 다윈의 『종의 기원』 출판

다윈이 케임브리지대학에서 신학공부를 마쳤을 때(1831) 해군 함정 비글호(HMS Beagle)를 타고 탐사여행을 할 기회가 주어졌다. 다윈이 5년 동안 비글호 탐사여행을 끝내고 귀국했을 때(1836) 다윈은 갈라파고스 제도 세 개의 섬에서 수집한 세 가지의 핀치새(finch bird) 표본을 생물학자 존 굴드(John Gould, 1804-1881)에게 보냈다. 그런데 굴드는 뜻밖에도 다윈이 보낸 세 가지 표본은 각각 다른 종이라고 판정했다. 굴드에 의하면, 그것들은 하나의 종에서 나온 후손들이 다른 종으로 변했다는 것이다. 그래서 다윈이 표본들을 다시 조사해보니 그것들은 남아메리카에서 날아온 핀치새의 후손들이 갈라파고스 세 군데의 섬에서 따로 살았던 것이었다. 그런데 존 굴드가 다른 종이라고 판정한 근거는 부리가 다르다는 것이었다. 그러나 당시의 분류학적 관점에서 보면 이것은 '변종'이라는 의미였다. '변종'은 같은 종 안에서 부분적으로 변이된 개체이다. 다윈은 이때부터 격리된 자연조건에서 종의 변이가 일어날 수 있는 원인과 한계에 관심을 두고 연구하기 시작하였다. 다윈은 동물 사육업자들이나 화훼업자들이 인공적인 선택으로 품종개량 작업을 하는 것을 관찰하고 나서는 자연에서 이런 방식의 변이가 계속적으로 일어나면, 새로운 종이 생겨날 수 있다고 추론하게 되었다. 그는 자연에서 변이를 일으키는 원인은 생존경쟁에서 살아남은 생존자가 후손에게 대물림하는 유전적 특성이 대대로 축적되는 것에 있다고 생각했다. 이런 생각은 이미 제안된 라마르크의 용불용설의 변형에 지나지 않는 것이었다. 그러나 그는 이것에 '자연선택'(Natural Selection)이라는 이름을 붙였으며, 이 합성어에 '자연'이라는 말이 들어간 것은 선택 행위의 주체가 '자연'이라는 것을 의미하는 것이다.

그러나 자연선택에 의한 진화이론을 다윈보다 먼저 발표하려고 했던 사람은 월리스(Alfred Russel Wallace, 1823-1913)였다. 당시 말레이시아에 있었던 월리스는 그가 작성한 논문과 편지를 1858년 다윈에게 보내면서 그 해의 린네학회(Linnean Society)에서 대신 발표해줄 것을 요청했다. 월리스의 논문 제목은 "원형으로부터 무한정 멀어지려는 경향성에 관하여"였다. 이것을 읽어본 다윈은 놀라지 않을 수 없었다. 왜냐하면 다윈이 그동안 생각하고 있던 것과 월리스의 이론이 너무나 흡사했기 때문이다. 다윈의 이론은 아직 미완성 상태였다. 자칫하면 다윈의 연구와 노력이 빛을 잃을 위기에 처한 것이다. 다윈은 지질학자이며 친구인 찰스 라이엘(Charles Lyell, 1797-1875)과 이 문제를 상의했다. 그 해 린네학회 회장은 다윈의 친구 후커(Joseph Dalton Hooker, 1817-1911)였으며 그가 사회를 했다. 다윈은 린네학회에 출석하지 않았지만, 대신 라이엘이 나서서 다윈과 월리스의 '공동논문'(joint paper)이라고 하면서 두 사람의 논문을 발표했다.[64] 월리스의 논문은 다윈에게 보낸 것이었고, 다윈의 논문은 아직 계획서일 뿐이었다. 이후에 다윈은 연구와 집필을 서둘러 다음 해인 1859년에 『종의 기원』을 발표하였다. 그렇지만 멀리 말레이시아 외딴 섬에 떨어져 있어서 도움을 받을 수 없었던 월리스는 런던에서 벌어진 사태에 대해 아무 것도 알 수 없었다.[65] 다음 해에 다윈의 『종의 기원』이 출판된 이후부터 진화에 대한 논쟁의 주도권이 다윈에게로 쏠리게 되었다. 이로 인하여 월리스와 그 이전에 나왔던 진화론적 주장은 모두 묻혀 버리게 된 것이다. 라마르크 추종자들은 다윈이 라마르크의 것을 그대로 베낀 것이라고 항의했지만 이런 주장도 곧 가라앉고 말았다.

다윈이『종의 기원』을 발표한 것보다 11년 앞서 1848년에 마르크스와 엥겔스는『공산당 선언』을 발표했었다. 그러나『공산당 선언』이 발표되었을 때, 이를 지지하는 사람들은 프롤레타리아트에 속하는 소수의 산업노동자들과 독일 사회주의 운동가들뿐이었다. 주로 항의와 파업으로 나타난 이들의 저항은 각국 정부에 의해 즉각 진압되었으므로 그들의 세력은 매우 미약한 것이었다. 마르크스와 엥겔스의 공산주의 유물론은 헤겔의 변증법적 철학과 포이어바흐의 휴머니즘적 무신론을 비판적으로 발전시킨 철학적 유물론의 하나일 뿐이었다. 따라서 크게 문제를 삼을 것이 못되었다. 그러나 다윈이『종의 기원』을 출판했을 때는 사정이 달랐다. 영국 상류 지식인 사회와 기독교에서는『종의 기원』을 놓고 심각한 찬반 논쟁이 일어났기 때문이다. 특히 기독교는 반박에 나서지 않을 수 없었다. 왜냐하면 다윈은 이 책에서 창세기의 창조기사를 부정하고 있기 때문이다. 『종의 기원』은 다윈이 비글호 항해에서 얻은 관찰 자료를 귀납법적인 방법으로 정리하여 직설적으로 서술하고 있는데 이것은 당시 과학에서는 새로 등장한 기술 방법이었다. 아직까지 과학은 관찰 도구로서 사용하는 저배율의 현미경과 실험자의 부주의 등으로 미생물의 존재나 번식 과정을 명확하게 파악할 수조차 없었다. 미생물에 대해서는 제대로 설명할 생물학적 이론조차 없었다. 그래서『종의 기원』에 나타난 다윈의 주장은 그 당시의 생물학적 수준에서는 반론할 수 없는 것이었다. 왜냐하면 그때까지 그런 방법으로 꼼꼼하게 생물을 관찰한 사람도 없었고, 그런 귀납법적 방법에 의하여 생물학 이론을 구성한 전례도 없었기 때문이다. 그러나 새로 등장한 다윈의 진화론이 서구의 사상적 주도권을 장악하고 있던 당시의 기독교 교리에 대해서 회의적인 반론을 제기하는 계기가 된 것은 사실이다. 그렇지만 일반인들은 대부분 생물이 성경에 서술된 창조의 역사에서 생겨난 것이며, 그 후에는 생식에 의하여 태어난다고 생각하고 있었다. 약간 회의적인 사람들조차도 기독교에서 용인하는 생물발생의 두 번째 방법, 즉 신의 창조력이 배어 있는 물질이나 부패물에서 자연발생할 수 있다는 생각 이외에는 할 수 없었다.

2)『종의 기원』: 생물학적 진화론

다윈이『종의 기원』에서 제시한 이론을 한 줄로 요약하면 이렇다. 창조자(Creator)에 의하여 숨을 쉬게 된 최초의 한 개 또는 몇 개의 생물적 종의 자손들이 자연선택에 의한 변이의 축적에 의하여 다른 종으로 진화했으며, 지금도 진화하고 있다. 이러한 다윈의 진화론을 비판하자면 종과 변이와 자연선택이라는 세 가지 중심 개념의 파악이 중요하다. 이 세 가지 개념만 제대로 이해하면 다윈의 이론은 어려울 것이 없다.

(1) 종─변종─공통 조상

다윈은 '종'(species)이라는 말과 함께 변종, 원(시)종, 초기종(공통조상) 등의 용어를 쓰고 있다. 다윈의 시대에 자연적 '종'에 대한 분류는 스웨덴의 식물학자 린네(Carl von Linne, 1707-1778)의 분류 방법을 따르고 있었다. 린네는 자연계를 먼저 광물계, 식물계, 동물계의 3계로 나누고, 계 밑에 강─목─속─종이라는 단계를 두어 전체적으로는 5단계의 계통으로 분류했다. 린네는 종 하위에 '변종'을 넣어 두었는데 이는 현대적 분류법에서는 품종 또는 아종을 의미하는 것이다. 그러므로 다윈도 처음에는 린네의 분류법에 따라 종과 '변종'을 이해하고 있었다고 보아야 한다. 린네의 기준에 의하면, 일차적으로 종이란 서로 다르게 구분할 수 있는 특징을 가진 생물의 분류단위를 뜻한다. 그리고 이것은 하나님이 '종류별로' 창조하신 것이다.

그러나 다윈이 말하는 종의 개념은 그때까지 일반적으로 알고 있던 린네의 '종'의 개념을 바꾸어놓은 것이다. 다윈에 의하면 어떤 종의 자손은 점진적으로 조상과는 다른 '변종'이 되고 나아가 자연선택에 의한 변이의 누적에 의해 다른 '종'이 될 수 있는 것이다. 그러므로 최초의 생명체인 원시생물 또는 어느 종의 조상 개체 이외에는 모든 생물 개체가 그 '종 안에서의 변종'이다. 새로운 종으로 분류될 수 있는 조상 개체가 나타나면 그것에는 새로운 '종'의 공통조상이라는 이름이 붙여지게 되고, 그 후손들은 다시 변종이 되기 시작하는 것이다. 다윈에 의하면 이런 과정이 반복되면서 진화가 일어났고, 오늘날 생물의 각 '종'은 이렇게 진화되어온 생물의 역사적 결과물이다.

다윈이 살고 있던 무렵에 대영제국의 빅토리아 여왕 시대 사람들은 '종'이란 하나님이 창조하신 것이므로 '종'은 불변하는 것으로 알고 있었다. 그런데 이런 유형론(類型論)적 상식이 다윈에 의해 뒤집혀진 것이다. 다윈의 이론대로라면, 사람은 당시 사람들의 믿음대로 "하나님의 형상"으로 창조된 특별한 존재가 아니라, 원숭이에서 진화된 동물의 하나에 불과한 것이 되기 때문이다. 그로 인하여 사람들은 큰 충격을 받지 않을 수 없었다.

(2) 변이–진화

생물은 어느 개체도 똑 같지 않게 태어난다는 것이 사실이다. 이것은 생물의 다양성이 발현되는 것이다. 그런데 다윈은 이런 메커니즘(mechanism)을 변이라고 부른다. 생물에서 변이가 만들어지는 직접적인 실례는 과학적인 실험 이외에도 식물재배를 하는 화훼업자나 동물사육을 하는 목축업자들이 품종 개량을 위해 인공적으로 잡종교배를 하는 것에서 볼 수 있다. 다윈은 이렇게 인공적으로 품종의 변이를 일으킬 수 있는 것과 마찬가지로 자연에 의해서도 똑 같은 변이가 만들어진다고 생각했다. 그러나 이러한 변이는 종내(種內) 변이에 한정되는 것이다. 인공적으로 일으킨 변이가 종간(種間) 변이로 유전되는 것은 현실적으로 관찰되지 않았다. 그래서 다윈은 자연에서의 변이는 매우 느리게 점진적으로 누적되고 보존되면서 진행된다고 한다. 말하자면 자손은 부모로부터 조금씩 다르게 태어나서 변종이 되며, 이렇게 사소한 변이들이 오랜 시간 동안 축적되면, 다른 '종'으로 변화할 수 있다는 것이 곧 다윈의 진화이론이다.

그런데 다윈의 시대에는 아직 유전자가 발견되지 않았던 때이므로 자손에게 나타나는 변이가 부와 모의 유전자의 조합 현상이라고는 생각하지 못했다. 대신에 그는 '전체적인 창조'라는 뜻을 가진 그리스어

기독교, 과학적 무신론, 그리고 항일독립운동

를 사용하여 범생설(pangenesis)이라는 것을 주장했다. 다윈은 범생설에서 제뮬(gemmule)이라는 부모의 형질 입자가 자손에게 그대로 유전된다고 가정했다. 그런데 그는 부모로부터 유전되는 제뮬에는 라마르크가 제안한 후천성 유전, 곧 후천적으로 획득된 형질이 들어 있는 것으로 생각했다. 다윈은 이러한 제뮬이 자손에게 유전되면서 변이를 일으키는 것으로 보았던 것이다.[66] 그러나 이런 가정은, 왓슨(James Watson, 1928-)과 크릭(Francis Crick, 1916-2004)이 1953년에 유전자의 실체인 유전물질 즉 DNA(deoxyribo nucleic acid) 구조를 발견하면서 폐기되어야 했다. 현대 유전학에 의하면, 자손에게 나타나는 형질은 부모의 DNA 조합에 의해서만 발현된다는 사실이 밝혀진 것이다. 다만 현대 유전학자 일부는 라마르크의 이론을 "후성유전설"이라고 이름 붙여서 다시 주장하기도 한다.

(3) 자연선택, 자연도태, 적자생존

생물의 각 개체는 부모에게서 물려받은 자신의 신체적 기능과 주위의 환경에 의하여 생존활동이 제한될 수밖에 없다. 그리고 먹이를 놓고는 같은 종끼리도 경쟁을 해야 한다. 또한 생존하기 위해서는 상위 포식자를 피할 수 있어야 한다. 생물은 이렇게 생존을 위해 생사를 다투는 경쟁 생활을 하면서도 한편으로는 배우자를 만나 짝짓기하고 출산한 자손들을 안전하게 키워내는 일에 계속적으로 성공해야 한다. 이러한 생활 조건의 위험들을 모두 극복해야만 생물은 자손을 번식하여 자신의 '종'을 유지할 수 있다. 만약 어느 것 하나라도 실패하면 그런 '종'은 바로 멸종되고 만다. 다윈은 이 과정에서 조상으로부터 유리한 형질을 물려받은 개체가 자연에서의 생존경쟁에서도 유리

할 것이라는 주장을 내놓고 있다. 이것이 다윈이 말하는 자연선택 이론이다. 다윈이 '자연선택'이라는 용어를 사용한 이유는 인위적인 사육 또는 재배하는 조건하에서 인공선택으로 동식물에게 품종의 변이를 일어나게 할 수 있다는 사실이 동일하게 자연의 선택에 의해서도 일어날 수 있다는 것을 강조하기 위해서이다.[67] 그래서 다윈은 "아무리 경미한 변이라도 유용한 점이 있으면 보존되는 이 원리를, 인간의 선택능력과 구별하기 위해 나는 자연선택이라는 용어로 부르기로 했다"고 말하고 있다. 그러므로 이 말에는 '보존의 원칙'과 '최적자 생존'의 원칙이 내포되어 있다.[68] 다윈은 여기에다 맬더스(Thomas R. Malthus, 1766-1834)의 『인구론』에서 '생존경쟁'(struggle for survival) 이론을 덧붙여 놓았다. 즉 제한된 생존환경 조건에서 생존경쟁에 유리한 개체는 살아남고 불리한 개체는 도태되는 것이 '자연선택'이라는 이론으로 만들어진 것이다. 그래서 자연선택과 자연도태라는 말은 동의어로 번역된다. 오늘날 우리는 '적자생존(survival of the fittest)'이라는 말을 잘 이해하고 있는데, 이는 '자연선택'과 같은 개념이다. 다윈도 『종의 기원』 개정 5판(1869년)부터는 윌리스의 비판과 충고를 받아들여 '적자생존'과 '자연선택'을 같은 뜻으로 사용하면서, 오히려 '적자생존'이 더 정확한 표현이라고 했다.[69] 이렇게 알고 보면 다윈의 진화론은 매우 단순한, 사실과 다른 매우 엉성한, 추론에서 점진적으로 '진화'해온 이론이다.[70]

그런데 문제는 현대 진화론자들의 저서에서도 '자연선택'이라는 용어에는 진화를 위한 어떤 미지(未知)의 능력이 있는 것처럼 사용되고 있다는 것이다. 진화론이 종교적 도그마(dogma)로 '진화'해온 이유가 바로 이 말의 뜻에 숨겨져 있다. 말하자면 현대 다윈주의자들조차

'진화'를 물활론적 용어로 사용하고 있다. 결국 '자연선택'이란 말에서 '자연'이란 다윈이 말한 '창조자'(조물주: Creator)와 동의어가 되는 것이다. 다윈은『종의 기원』'서론'의 끝에서 "나는 자연선택이 변화의 가장 중요한 방법이기는 하지만, 그 유일한 방법은 아니라는 것을 확신"하고 있다고 말했다.[71] 그런데 다윈은『종의 기원』에서는 변이의 원인에 대해 자연선택 이외에는 설명한 것이 없다. 다만 앞에서 설명한 바와 같이 라마르크적인 후천성 유전설과 같은 제뮬설을 다른 기회에 피력한 적은 있다. 그리고 그는 자연선택에는 어떤 목적이나 방향성이 없음을 강조하고 있다.

3) 생물학적 진화론에 대한 초기 논쟁들

(1) 초기 지지자들

당시 영국 빅토리아 여왕 시대의 사조는 자연에도 진보를 향한 목적론이 하나님의 섭리로서 적용되는 것으로 보고 있었다. 그 때문에 일반적으로는 다윈의 진화론을 이와 크게 다르다고 생각하지는 않았다. 왜냐하면 그가 케임브리지대학에서 신학을 공부했고 열렬한 신자인 그의 아내 엠마(Emma) 덕분에 최소한 목적론자로는 인정되고 있었기 때문이었다. 다만 다윈의 주장이 창세기의 창조기사와 다른 것이 문제되었을 뿐이다. 다윈은 그저 하나님의 유형별 창조를 과학적으로 의심하는 사람으로 이해되었다. 이런 경향에는 그의『종의 기원』의 마지막 구절에 쓰인 "창조자"(the Creator)라는 말도 효과적으로 작용했다고 할 수 있다. 다윈은 그의『종의 기원』마지막 구절에서 "생명은 그 몇 가지 능력과 함께 맨 처음에는 창조자(the Creator)에 의해 소수의 또는 한 개의 형태에 불어넣어졌으며" 라고 진술하고 있다.[72] 따라서 다윈 자신은 불가지론자라고 말하고 있지만, 당시 그가 『종의 기원』에서 서술한 자연선택론은 자연목적론자의 과학적 주장으로 이해되는 것이 당연했다.[73] 그러나 『종의 기원』은 그동안 공개적으로는 성역으로 간주되었던 성경에 대해 대담한 도전의 서막이었다. 들불처럼 번진 논쟁의 불꽃은 유럽 대륙과 아메리카 대륙에까지 번져나가게 되었다. 논쟁의 불길은 영국에서 시작하여 유럽대륙은 물론 아메리카 신대륙에까지 번져나갔다.

① 다윈을 열렬하게 지지했던 대표적 인물로는 토머스 헉슬리 (Thomas H. Huxley, 1825-1895)를 들 수 있다. 그는 다윈의 책을 처음 읽고, "진작 이런 생각을 못했다니 정말 어리석었군."[74]이라고 한탄했다고 전해진다. 그는 '다윈의 불도그'라고 불릴 정도로 다윈의 자연선택설을 앞장서서 옹호하고 나섰다. 그는 1860년 옥스퍼드 대학에서 옥스퍼드 주교 사무엘 윌버포스(Samuel Wilberforce)와의 사이에 벌어진 '옥스포드 논쟁'에서 다윈 대신 나섬으로써 유명해졌다. 윌버포스가 "원숭이가 조상이라면 당신의 할머니 또는 할아버지 어느 쪽입니까?" 라고 묻자, 그는 "자기의 재능과 영향력을 과학적인 문제를 조롱하는 데 쓰는 사람과 혈연관계를 맺기보다는 차라리 원숭이를 할아버지로 택하겠소"라고 응수했다고 보도되었다.[75] 이 사건은 당시의 언론 보도에서 헉슬리가 무례를 범했던 반면, 윌버포스는 훌륭한 연설을 했다는 평가를 받았다. 그렇지만 이 당시의 평가는 후대의 과학자들에 의해서 완전히 뒤바뀌게 되었고[76], 이렇게 뒤바뀐 평가가 현재는 정설이 되어 있다. 이것은 시대적 주류사조(主流思潮)의 패러다임이 변

기독교, 과학적 무신론, 그리고 항일독립운동

하면, 어떤 사건의 평가도 완전히 뒤집혀질 수 있음을 보여주는 사례라고 하겠다. 헉슬리는 과학자(scientist)라는 말은 미국에서는 기술자(technical practitioner)를 의미하는 저속한 말이므로 영국에서는 과학지식인(man of science)이라고 써야 한다고 주장하고 자신을 그렇게 불렀다.[77]

헉슬리는 자신을 불가지론자라고 주장했지만 사실상 무신론자라고 할 수 있다. 다윈도 헉슬리와 같은 입장이라고 표명했다. 그러나 헉슬리는 다윈의 점진적 변이를 부정하고 돌연변이를 주장했다. 헉슬리는 변이에 대한 그의 이해가 다윈의『종의 기원』이론과 다르다는 것을 알고 있으면서도 다윈을 열렬히 옹호했다. 헉슬리는 다만 "자연지식 영역의 확장을 위한 가장 강력한 수단"[78]으로 다윈의 공동조상 이론을 옹호했으며, 자기의 필요에 따라 그의 이론을 이용했던 것이다. 헉슬리는 다윈의 이론을 다른 것과 구별해서 가장 먼저 "다윈주의"라고 불렀다. 헉슬리는 창조주의를 반대하면서 동시에 다윈주의도 비판하는 자들에게는 "그렇다면 당신이 내놓을 대안은 무엇이냐?"고 공격했다고 한다.[79] 사실 이런 공격을 당하면 즉각 반격할 수 있는 사람이 별로 없다. 창조주의를 반대하는 입장에서는 다른 대안이 없기 때문에 침묵할 수밖에 없다. 다윈을 위한 논쟁에서 상대방을 효과적으로 공격하는 그의 순발력과 행동은 뒤에 진술하게 될 그의 손자 줄리안 헉슬리(Julian Huxley, 1887-1975)에게 진화론적으로 전수되었을 뿐만 아니라 모든 다윈주의자들에게 사고와 행동의 방식을 결정하는 지침이 되었다. 그의 행동은 다윈의 지지자이면서도 라이엘과 후커와는 달리 자기의 주관적 입장을 강력하게 표명하고 있다고 할 수 있다.

② 마르크스와 엥겔스는 다윈의 이론을 열렬히 지지했을 뿐만 아

니라, 자기들의 유물론에다 옮겨 심었다. 말하자면 그들의 공산주의가 철학적 유물론에서 유물진화론 즉 '과학적 사회주의'로 탈바꿈을 하게 된 것은 다윈의 『종의 기원』에 힘입은 바 큰 것이다. 다윈의 『종의 기원』은 마르크스와 엥겔스의 후기 사상에 결정적인 영향을 준 것이었고, 이런 영향으로 과학적 무신론의 원형이 생겨났다. 뒤에서 이 논쟁에 대한 논의를 상술할 것이다.

③ 아사 그레이(Asa Gray, 1810-1888)는 신대륙 아메리카에서 다윈 이론을 전파하는 선봉에 섰다. 그러나 프로테스탄트인 그는 변이에 대해서는 신적 영역으로 간주해서 다윈과 다른 입장을 취했다.

④ 스펜서(Herbert Spencer, 1820-1903)는 다윈의 책을 읽고 그의 사회 이론에도 자연선택에 의한 진화 개념을 적용했다. '적자생존'이라는 용어도 그가 처음 쓴 것이다.

⑤ 프란시스 골튼(Francis Galton 1822-1911)은 다윈의 이종사촌으로서 다윈의 진화론에서 우생학(eugenics) 이론을 만들어냈다. 진화론에 기초한 우생학은 뒤에 백인 우월주의, 히틀러의 유대인 박해, 인종 및 민족차별 등의 문제를 만들어내는 토대가 되었다.

⑥ 독일의 생물학자 에른스트 헥켈(Ernst Haeckel, 1834-1919)은 다윈의 진화론을 뒷받침하여 배(胚)발생도와 생물계통수(1866)를 만들어 발표했다. 그러나 이것들은 후에 허위로 밝혀졌다.

(2) 반대자와 실험들

다윈이 『종의 기원』을 발표하자 기독교 성직자들이 가장 먼저 들고 일어났다. 앞에서 말한 '윌버포스 논쟁'은 그 대표적인 예이다. 이외에 가장 먼저 다윈에 반대했던 사람들은 다윈을 초기에 도와준 사람들이었다. 케임브리지 대학에서 다윈에게 지질학을 가르쳤던 세지위크(Adam Sedgwick, 1785-1873) 교수와 다윈의 승선을 허락하고 함께 항해를 했던 비글호의 선장 피츠로이(Robert Fitzroy, 1805-1865)는 적극적으로 다윈을 반대하고 나섰다. 사실 다윈이 진화의 개념에 착안하게 된 것은 당시 지질학자로서 세지위크와 쌍벽을 이루고 있던 찰스 라이엘의 『지질학 원리』라는 책을 읽은 것이 하나의 바탕이 되었다. 피츠로이는 자기가 읽었던 이 책을 항해 중에 읽어보라고 다윈에게 주었던 것이다. 그러나 이 책을 읽은 다윈은 그의 스승 세지위크와 비글호 선장 피츠로이의 견해와는 정반대로 나아갔다.

① 피츠로이와 세지위크는 『종의 기원』이 나온 후에 다윈을 가장 먼저 격렬하게 비난하면서 반대 활동에 나섰다. 특히 피츠로이는 다윈이 『종의 기원』을 쓰게 된 것은 그가 다윈을 비글호에 태워준 것과 『지질학 원리』를 다윈에게 주었기 때문이라고 자책하면서 괴로워하다가 자살했다. 그러나 후세의 일부 기록(브리태니커 백과사전 등)은 피츠로이의 자살은 정신병이 원인이었다고 기술하고 있다.

② 영국의 저명한 생물학자 리차드 오웬(Richard Owen, 1804-1892)은 한 때 다윈의 친구였으나, 『종의 기원』을 비판하면서 토마스 헉슬리와 논쟁하였다. 이들 사이에 벌어진 논쟁은 당시 과학계의 주도권을 다투는 양상으로까지 전개되었다.

③ 훼웰(William Whewell, 1794-1866)은 『귀납적 과학철학, *The Philosophy of the Inductive Sciences*』(1840)을 저술하여 통섭의 개념을 정립했던 과학철학자인데, 다윈의 『종의 기원』이론을 인정하지 않았다.

④ 물리학자 존 허셜(John F. W. Herschel 1792-1871)은 결정론적인

물리학의 관점에서 보면, 우연적 발생이 개입될 수 있는 다윈의 귀납법적 진화론은 쓰레기와 다름없는 이론이라고 하면서, "자연선택은 돼지를 살 때 흥정하는 이론"이라는 말로 다윈의 진화론을 혹평했다.[81]

⑤ 스위스 태생으로 미국에서 초기 자연사 연구를 주도했던 루이스 아가시즈(Louis Agassiz, 1809-1879)는 다윈의 『종의 기원』을 비판하여 "과학적으로 잘못된 것으로 진실성이 결여되어 있으며 방법론이 비과학적이며, 그 성향이 유해하다"고 주장했다.[82]

⑥ 아우구스트 바이스만(August Weismann, 1834-1914)은 꼬리를 잘라낸 쥐를 계대(繼代) 실험하여 획득형질이 유전하지 않는다는 사실을 입증했다. 그의 『유전에 관하여』(1883)는 직접적으로는 라마르크의 용불용설(用不用說)을 부정하는 것이었으나, 다윈의 진화론에도 피할 수 없는 반증이 되었다. 그럼에도 불구하고 그는 다윈의 자연선택론을 지지하는 후대의 다윈주의자들에 의해서 뛰어난 진화생물학자로 추앙받고 있기도 하다.

다윈의 『종의 기원』을 직접적으로 반대하지는 않았지만, 그의 생물학적 진화론을 반증하는 과학자들의 이론이나 실험이 있었다. 동시대의 대표적으로 독일의 생물학자 비르효(Rudolf Virchow, 1821-1902)는 다윈이 월리스와 공동논문을 발표하던 1858년에 『세포병리학』에서 모든 생물의 세포는 세포에 의해서 생겨난다는 생물속세포설을 이미 발표했다. 이것은 분명하게 다윈의 진화이론을 부정하는 것이었다. 그러나 다윈은 이를 알지 못하고 있었다. 그렇지만 다윈의 생물학 진화론을 결정적으로 반증하는 과학적인 실험은 파스퇴르(Louis

Pasteur, 1822-1895)에 의하여 수행되었다. 파스퇴르는 한층 발달한 현미경을 자체 제작하여 박테리아 등을 관찰하였기 때문에 그것들의 생명 현상을 잘 알고 있었다. 그는 이런 지식을 바탕으로 유명한 백조목 (S형) 플라스크 실험을 통해 생물은 부모로부터만 발생한다는 생물속생설(生物續生說, biogenesis)을 확립했다. 프랑스 과학아카데미는 자연발생설의 논쟁에 종지부를 찍는 실험에 성공하는 자에게 거액의 상금을 걸었는데, 파스퇴르는 이 상금을 획득했다. 파스퇴르는 이 실험을 바탕으로 하여 1861년 『자연발생설 비판』을 출판함으로써 유물론적인 또는 물활론적인 자연발생설에 종지부를 찍는 듯 했다. 그가 주장한 생물속생설은 생물의 생명은 오직 그 부모의 생식에 의해서만 물려받을 수 있다는 것이기 때문이다. 그렇다면 최초의 생명은 종류별로 신에 의하여 창조되는 것일 수밖에 없다. 이는 다윈의 진화론을 완전히 부정하는 것이었으나, 당시 프랑스에서 일어난 과학적 사건이 영국에는 제대로 알려지지 않았다. 그리고 오스트리아의 수도사이자 생물학자인 멘델(Gregor J. Mendel, 1822-1884)이 7년의 연구 끝에 1865년 『식물의 잡종에 관한 연구』에서 생물의 유전법칙을 발표한 것도 그랬다. 멘델이 발표한 유전법칙은 부모의 유전형질에 의해서 자손의 유전형질이 결정된다는 것으로, 후천적 형질이 유전된다는 다윈의 주장, 즉 자연선택에 의한 변이의 축적이 자손의 종을 바꿀 수 있다는 이론을 부정하는 것이었다. 이것도 영국에서는 다윈의 생전에 널리 알려지지 못했다.

여기서 가장 주목되는 것은 생물학의 기둥원리로 인정되고 있는 세포속세포설과 생명속생설, 그리고 멘델의 유전법칙이 세상에 제대로 알려지지 못하고 뜻하지 않게 변수를 만나 뒤안길로 밀려나고 말

앉다는 사실이다. 마르크스와 엥겔스가 다윈의 진화론을 공산주의 유물사관에 받아들이자 공산주의자들이 다윈을 지지하고 나섰기 때문이다. 파스퇴르와 멘델의 이론이 제대로 알려지고, 마르크스와 엥겔스가 다윈의 진화론을 그들의 유물론에 접목하지 않았더라면, 다윈의 진화론은 과학적으로 이때 이미 폐기되어야 마땅한 것이었다.

4) 『종의 기원』에 대한 비판

(1) 다윈 이론의 4가지 난점

다윈은 『종의 기원』 제6장에서 이미 그의 이론이 성립하기 위해서는 4가지 난점이 있다고 고백하고 있다.[83] 다윈은 이 문제에 대해 스스로 대답하고 있으나 그의 대답은 과학적인 설명이라고 할 수 없는 것들이며, 이 문제들은 현대 다윈주의 진화론자들에 의해서도 아직까지 충분히 설명되지 않고 있다.

① 첫째는 종간(種間)의 점진적 분화(分化) 과정에서 중간종(中間種)이 발견되지 않고 있다는 난점이다. 다윈은 중간종이 멸종했기 때문이라고 설명하고 있으나, 이것은 만족할 만한 대답이 못된다. 왜냐하면 다윈의 점진적 변이론은 작은 변이가 계속 발생하여 누적되는 것이기 때문에 중간종도 반드시 계속적으로 생겨나야 하는 것이다. 그런데 중간종의 증거가 없다면 다윈의 이론은 더 이상 설득력이 없는 것이다. 헉슬리도 이 때문에 점진적 변이가 아닌 돌연변이 가능성을 주장했으나, 다윈은 오직 점진적 변이론을 주장했다. 각 지층대의 화석에서도 중간 종은 아직까지 발견되지 않고 있다. 특히 캄브리아기

기독교, 과학적 무신론, 그리고 항일독립운동

에 폭발적으로 늘어난 각종 생물의 종류는 다윈의 점진적 진화론으로는 설명이 되지 않는다. 그동안 중간종 화석이라고 주장한 것들이 몇 가지 있었으나 결국에는 멸종된 생물의 화석이거나 조작된 것으로 밝혀졌다.

② 둘째는 생명체의 눈(眼, eye)과 같은 각 기관(器官)들에 대해서도 앞에서와 같이 중간 형태를 볼 수 없다는 것이다. 눈과 같이 복잡한 기관이 목적성이 없는 점진적 진화의 방법에 의해 생겨날 수 있는지에 대해서는 다윈조차 의심했다. 그는 이 주장이 부정되는 증거가 나온다면, 그의 진화론 전체가 무너질 것이라고 우려했다. 그러나 이것은 화석에서 증거가 발견될 수 있는 문제가 아니다. 이런 난점들 때문에 현대 신다윈주의자들은 돌연변이설을 주장하고 있다. 현대에 등장한 지적설계론자 마이클 비히 등은 '환원 불가능한 복잡성' 이론으로 이 문제를 반론하고 있다.

③ 셋째는 본능의 문제이다. 다윈은 생물의 본능이 습성의 변화를 축적하여 나타난 것으로 설명한다. 그러나 본능은 습성이 아니라, 생물이 태어나면서부터 가지고 있는 행동의 기본 유형이라고 이해되는 것이다. 다시 말해서 학습이나 경험에 의하여 획득되는 것이 아닌 부모에게서 물려받은 행동양식이나 능력인 것이다. 그런데 다윈은 본능은 창조된 것이 아니라, 자연선택이라는 일반적 법칙의 결과라고 설명하면서, 본능에 대한 그의 주장이 논리적인 것은 아닐지도 모르지만 사상적으로는 크게 만족하는 것이라고 말한다. 다윈이 이런 사상의 바탕에서 쓴 것이라면, 그의『종의 기원』은 과학적인 것이 아니라 그의 사상의 만족을 위해서 쓴 것이라고밖에 달리 말할 수 없다.

④ 넷째는 종간교배(種間交配)에서 불임(不姙)현상이 나타나는 문제

이다. 다윈은 이 문제에 대해서 "전혀 알지 못하지만," 이러한 사실들이 "종이 원래 변종으로서 존재하였다는 소신에 어긋나는 것이라고는 나에게 생각되지 않는다"고 주장한다. 이 문제에 대한 검증은 "생식장벽"을 설명하면서 자세하게 검토하기로 한다.

(2) 생식장벽

다윈이 스스로 고백한 그의 진화론의 난점을 이해하고 나면, 그 다음에 제기되는 문제는 과연 생명체의 변이라는 것이 종내 다양성의 발현을 넘어 다른 종으로 사실적으로 바뀔 수 있는가에 대한 생물학적 의문이다. 왜냐하면 다윈의 이론은 만물이 "종류대로" 창조되었다는 창조주의적 믿음과 또한 린네의 유형론적 종의 개념과 정면으로 배치되기 때문이다. 그런데 1940년대에 데오도시우스 도브잔스키(Theodosius Dobzhansky, 1900-1975)[84], 줄리안 헉슬리[85], 그리고 에른스트 마이어 등 현대진화종합설(modern evolutionary synthesis) 그룹[86]은 다윈의 진화론을 멘델과 드 브리스(Hugo de Vries, 1848-1935)의 유전학과 결합하면서, 종의 개념을 새롭게 정의했다. "종이란 실제로 또는 잠재적으로 교배가 이루어지는 개체군의 자연 집단이며, 이들은 다른 집단과 생식적으로 격리되어 있다."[87] 이들의 정의에는 '생식장벽(reproductive barrier)'[88]이라는 개념이 종 단위를 구분하는데 쓰인다는 의미가 들어 있다. 그러나 이 책에서는 현대진화종합설 그룹과는 달리 현실적으로 '생식장벽'이라는 생물학적 현상을 이용하여 다윈의 이론을 비판하고자 한다.

'생식장벽'이라는 말은 생물은 종이 다르거나 지역과 시간, 그리고 생식기 구조 등에 차이가 있으면 생식을 할 수 없다는 뜻이다. 다윈

당시의 린네 분류법에 의하면, '생식장벽'의 개념은 오늘날과 달리 종의 상위에 있는 속 단위를 구분하는 기준으로 되어 있었다. 생물학적 진화론은 하등생물이 고등생물로 진화한다는 것이므로 이런 차이는 다윈의 진화론을 검증하는 일에 크게 영향을 미치지는 않는다. 하나의 종 또는 속이 생식적 장벽을 극복하고 결국에는 다른 종 또는 속으로 진화하는 것이 사실이라면 진화론은 정당한 이론으로 성립할 것이기 때문이다. 따라서 문제는 다윈이 주장하는 변이가 실제로 '생식장벽'을 뛰어넘을 수 있느냐의 여부에 달려 있는 것이다.

생물의 생식장벽은 다윈 시대에는 그 원인을 제대로 알지 못했던 것이었으나, 현대의 생물학계에서도 깊이 다루기를 꺼려하는 문제이다. 왜냐하면, 이와 관련한 문제는 다윈의 핵심이론인 자연선택론이 틀린 것이라는 사실을 증명할 뿐만 아니라, 진화론 전체를 무너뜨리는 요소를 내포하고 있기 때문이다. 따라서 진화론적 입장에 서있는 현대의 생물과학은 이 생식장벽을 제대로 다루지 않고 종 분류의 기준에만 적용하려고 하는 것이다. 그러나 생물의 생식장벽을 자세히 살펴보면, 이것은 다윈이 주장하는 변이가 소진화(=종내 변이, 품종개량, 변종, 아종)까지는 가능하지만, 종을 뛰어넘는 대진화(=종간 변이, 종의 분화)는 불가능하다는 증거임을 알 수 있다.

생물들에는 두 가지의 생식(reproduction) 유형이 있다. 첫째, 무성생식을 하는 생물은 부가 없이 모체의 유전자를 그대로 물려받으므로 생식장벽이나 변이가 있을 수 없다. 그러므로 생식장벽은 유성생식 생물에게서만 일어나는 것이다. 둘째, 유성생식은 부의 정자를 모의 난자가 수정하는 순간에 부와 모의 유전자 결합이 이루어지며, 자손의 몸체가 형성되기 시작한다. 유성생식에서는 부모의 정자와 난자에 있는 각각의 유전자가 결합하여 새로 자손의 유전자를 만드는 과정에서 부적합 조건에 의해 사소한 변이가 일어날 수 있다. 그런데 생식장벽은 아예 부와 모의 유전자 결합자체가 불가능한 것이다.

생식장벽을 살펴보자면, 먼저 생식행위를 기준으로 전(pre-zygotic)과 후(post-zygotic)로 나누어보아야 한다. 생식행위 전의 생식장벽에 대해서는 이종(異種) 생물들은 우선 생식기 구조가 틀리므로 생식행위를 할 수 없다. 다른 종의 생물이 동일지역에서 섞여 생활하면서 생식행위를 하지 않거나, 같은 종일지라도 격리되어 생식행위를 할 수 없는 것은 모두 생식행위 전의 생식장벽에 속한다. 생식행위 후의 생식장벽은 암수의 정자와 난자가 결합하는 수정 과정에서 일어난다. 암수가 생식행위를 했다고 하더라도 여러 가지 원인으로 수정이 되지 않으면, 결과는 불임으로 끝나고 자손은 태어날 수 없다. 왜냐하면 수정은 무조건 되는 것이 아니기 때문이다. 그런데 생식행위 후에 수정이 안 되는 생식 장벽의 이유가 확실히 밝혀진 것은 1990년에 시작되었던 게놈 프로젝트(genome project)가 2003년에 완료된 이후이다. 여기서 밝혀진 바에 의하면, 각 생물은 유전물질인 DNA의 구조, 수, 구성물질 및 수정과정에 개입하는 성(性)분비물의 화학적 성분과 기능 등이 각각 다르다. 이런 것들이 다른 종의 정자와 난자의 수정을 방해하기 때문에 생식장벽이라는 현상이 발생하는 것이다.

생식장벽 현상에 의해서 두 가지 결과가 나타날 수 있다. 첫째는 어떤 종의 난자도 다른 종의 정자를 받아들이지 않는다. 말하자면 다른 종간에는 억지로 생식행위를 했다하더라도 앞에서 말한 이유들 때문에 수정이 일어나지 않는다. 둘째는 말과 당나귀, 그리고 호랑이와 사자 같이 근린종이 교배하여 억지로 생식에 성공하는 경우에도 그 자손은 불임이 된다. 말하자면 불구 자손이 태어나는 것이다. 그러므로 이종교배를 통해서 태어난 잡종 개체를 하나의 '초기종'으로 볼 수는 있지만, 불임이라는 생식장벽에 의해 새로운 '종'으로 자손을 번식하는 것은 불가능하다.

근린종이나 이종간의 생식행위에서 '초기종'이 태어나는 경우를 가정하고 이 '초기종'의 번식 문제에 대해서 좀 더 살펴보기로 한다. 만약 이러한 '초기 종' 하나가 정말 아주 '우연하게' 생식 가능한 상태로 태어났다고 해도, 그 '초기 종'이 생식행위와 자손을 출산하기 위해서는 실제 수정이 가능한 '초기종'의 암수가 서로 짝짓기를 할 수 있어야 한다. 다시 말해서 이 '초기종'의 자손이 '종'으로 계속 번식하려면, 그의 자손이 불임이 아니라 생식 가능한 상태에서 암수가 짝을 맞출 수 있게 동일지역에서 동시적으로 태어나야한다. 그러나 생식 가능한 '초기종'의 암수 자손이 자연적 조건에서 이렇게 태어날 가능성은 사실상 없다는 것이 문제이다. 왜냐하면 수학적 확률의 원리에서 보면, 극히 낮은 확률의 사건이 동일 지역에서 동시적으로 겹쳐 일어나거나 연속적으로 발생한다는 것은 사실상 불가능하기 때문이다. 아주 '우연하게' 어떻게 하나의 '초기종'이 생겨났다고 해도, 이러한 '초기종'은 짝짓기 상대를 만날 수 없는 생식장벽 때문에 혼자 살다가 죽는 수밖에 없다. 그러므로 생물이 억지로 근린종이나 이종간 생식행위를 해서 제1대 초기종을 출산한다고 해도, 그 이후에는 모두 생식행위 전후의 생식장벽에 막히는 결과에 이를 것이다. 만약 근린종이 교배하여 자손의 생식에 성공하는 경우가 있다면, 그것은 근린종이 아니라 같은 종의 생물을 잘못 분류한 경우일 것이다. 결국 다윈의 자연선택에 의한 종의 변이는 생식장벽에 막혀서 발생 불가능한 것이라는 사실이 입증된다.

(3) 광합성 작용: 식물과 동물 사이의 장벽

피터 크뢰닝(Peter Kröning, 1937-2003)은 식물의 광합성에 관해 오랫동안 연구를 한 생물학자로서 식물과 동물의 사이에는 광합성 작용이라는 또 하나의 건널 수 없는 장벽이 있음을 알려준다. 광합성 작용이란 식물이 섭취한 무기물과 태양의 빛 에너지가 식물의 엽록체에서 자신에게 필요한 에너지원인 탄수화물과 같은 유기물질로 변환하는 화학작용을 말한다. 이때 식물은 이산화탄소를 흡수하고 산소를 내놓는다. 식물은 광합성 작용을 이용하여 영양분을 자체 생산하는 독립 영양체이다. 광합성 작용은 엽록체를 가진 깊은 바다 속의 해조류나 지구상 그 어떤 식물도 할 수 있는 것이지만, 동물에게는 불가능한 것이다. 그래서 동물은 종속 영양체이다. 어떻게 엽록체의 미세한 조직들이 이처럼 복잡한 광합성을 완벽하게 이루어낼 수 있을까? 이 질문에 대해 그는 먼저 유물론적 "자연발생론자들이 광합성작용을 되짚어보려 하지 않았다는 사실이 놀라울 따름"이라고 말한다. 크뢰닝은 파스퇴르의 "생명체는 오직 생명체로부터 생성될 수 있다"는 말을 인용하면서, 이 말은 "자연발생론을 주장하는 사람들이 아무리 필사적으로 저지하려 해도 오늘날까지 그 타당성을 전혀 잃지 않고 있다"고 강조해마지 않는다. 크뢰닝은 광합성 작용이란 "완벽하게 이루어지거나 아니면 제 기능을 하지 못하거나 둘 중의 하나"이지 "점진적 발전이란 건 없다"[89]고 단호히 말한다. 여기서 인용한 크뢰닝의 말들은 진화의 단계에서 동물이 식물에서 진화했다는 연결고리가 없음을 결정적으로 입증해주는 생물학자의 확고한 증언이다.

(4) 돌연변이 '초기종'의 가능성

점진적 변이의 누적이 진화의 원동력이라고 주장한 다윈은 '돌연변이' 진화를 적극 부정했다. 하지만 그의 추종자인 골드 슈미트(Richard Goldschmidt 1878–1958)는 25년 동안이나 집시나방(gypsy moth, Lymantria)의 계대 실험을 했지만, 새로운 '초기종'은 물론 '중간종'조차 만들어내지 못했다. 그래서 그는 1940년『진화론의 물질적 기초, *Material Basis of Evolution*』에서 '초기종'이 생겨날 수 있는 길은 돌연변이 밖에 없다고 주장했다. 그는 이런 '초기종'을 "희망적 괴물(hopeful monsters)"이라고 불렀다. 이 말은 다윈의 점진적 진화론이 실제로는 불가능하지만, 희망적으로는 돌연변이에 의해서 가능하지 않겠느냐는 뜻으로 절망의 역설을 주장하는 것이다. 그의 주장은 실험의 결과였으므로 누구도 반론을 제기하지 못했다. 그래서 그의 주장은 신다윈주의(New Darwinism)[90]라고 불리면서, 다윈의 점진적 진화론과 유전학 이론을 결합하여 점진적 진화론을 주장하는 현대진화종합설과 경쟁하는 이론이 되었다.

현대의 진화론의 거장으로 도킨스와 쌍벽을 이루었던 고생물학자 굴드(Stephen Jay Gould, 1941–2002) 역시 점진적 진화론의 아킬레스건인 중간 화석의 부재를 변명하기 위해서는 슈미트의 주장을 빌려야 했다. 굴드는 1972년 엘드리지(Niles Eldredge)와 공동으로 "단속평형설"(Punctuated equilibrium)을 제안했다. 이것 역시 돌연변이에 의해서만 새로운 '초기종'의 출현이 가능하다는 주장이다. 그러나 신다윈주의자들이 주장하는 것과 같이 돌연변이에 의해 하나의 '초기종'이 출현했다고 하더라도 앞에서 설명한 바와 같이 '생식장벽'에 막혀 새로운 종의 출현은 불가능하다는 결과가 나타날 것이다. 물론 진화론자들은 아주 긴 시간이 지나는 동안에는 이런 돌연변이가 '우연하게' 성공하는 것이 가능하다고 주장하고 있다. 하지만 이것은 말장난에 불과한 것이고, 무지한 일반 사람들을 속이는 거짓말에 지나지 않는다. 왜냐하면 지구상에는 수많은 종이 있었고, 지금도 수많은 종이 살고 있는데 이것들이 '하나 또는 소수의' 원시 생물에서 점진적 변이 또는 돌연변이에 의해서 변이된 것이라고 한다면, 특히 캄브리아기에는 수많은 종이 동시에 폭발적으로 나타났다는 사실에서 본다면, 그 많은 종들이 '우연하게' 점진적 또는 돌연변이에 의해 발생한 것이라고 볼 수는 없는 것이다. 만약 종의 진화가 그렇게 진행되는 것이라면, 그러한 우연은 오늘날에도 일어나야 하는 것이다. 수백만 개의 종이 생존하고 있는 오늘날 우리는 변이된 '초기종'을 오히려 일상적으로 쉽게 볼 수 있어야 할 것이다. 이렇게 본다면 돌연변이 이론도, 점진적 변이 이론도 모두 허구라는 사실이 드러난 셈이다. 이와 같이 다윈의 진화론을 검증하고 내릴 수 있는 결론은, 진화의 개념을 나누어서 생물에게 개체의 다양성의 발현을 '소진화'라고 부르는 것은 가능해도 생식장벽을 뛰어넘어 다른 '종'이 된다는 개념의 '대진화'는 사실상 불가능한 거짓 이론이라는 것이다. 식물과 동물 사이를 가로막고 있는 광합성 장벽과 유성생식 동물의 생식장벽은 바로 이런 사실을 과학적으로 증명해주는 진리이다. 결론적으로 '초기종'은 발생 가능성도 번식 가능성도 없는 다윈의 허구적 가설에만 존재하는 '희망적 괴물'이라고 할 수밖에 없다.

(5) 현대 유전학에서의 돌연변이와 기형

현대 유전학의 발달에 따라 우리가 이미 상식적으로 알고 있는 인간의 생식 메커니즘을 통해 다윈의 자연선택론에 대해서 검증해보고 자 한다. 생물학적으로 보면 인간은 각각 23개의 유전자를 가진 부모 의 정자와 난자의 결합으로 만들어진 46개의 유전자 배아가 성장한 것이다. 이 과정은 직접적인 생식행위를 통해서나 인공수정을 통해 서나 가능한 것이다. 인간이 각각 다른 형태로 태어나는 것도 유전적 인 메커니즘에서 보면 일종의 자연선택이다. 여기서 우리가 주목하 는 것은 이 과정에서 나타나는 자연선택의 한계에 관한 문제이다. 그 런데 다윈이 주장하는 자연선택에 의한 변이는 이 정도에 그치지 않 고 다른 종으로까지 진화할 수 있다는 것이다. 다윈이 주장했던 점진 적 변이나 신다윈주의자들이 주장하는 돌연변이의 문제가 모두 그런 것이다. 모든 생물의 변이는 수정하는 순간부터 시작하여 태어날 때 까지 모든 과정에서 일어날 수 있는 것으로 알려져 있다. 정자와 난자 라는 성세포가 결합하는 순간부터 배아는 자체적으로 2배, 4배, 8배 16배, 32배.....와 같이 계속 배수체로 분열하면서 성장한다. 모태에 서 이렇게 성장이 진행되는 동안 배아에 전해진 부모의 유전 정보가 배아의 몸에서 표현된다. 생물학적으로 말하자면 부모의 유전자형이 표현형으로 실체화되는 것이다.

우리는 앞에서 이미 난자는 다른 종의 정자를 받아들이지 않는다 는 생식장벽 문제를 검토했기 때문에, 다윈의 변이론이 어디까지 타 당한 것인지에 관해서는 쉽게 결론을 내릴 수 있다. 자손에게 나타나 는 표현형은 부모에게서 물려받은 유전자형의 범위에서 조합될 수밖 에 없는 것이다. 그렇기 때문에 부모의 '종'의 유전자에 다른 '종'의 유 전자가 섞여 들어가지 않는다면 돌연변이는 불가능하다. 그런데 다 른 종의 유전자는 생식장벽 때문에 서로 섞일 수 없다. 그렇다면 자손의 번식과 대물림을 아무리 많이 해도 변이는 부모의 유전형질의 범위 내에서만 가능할 수밖에 없는 것이고, 따라서 조상의 종을 벗어날 수 없는 것이다. 변이는 부모 유전자의 결합 과정에서 일어나면서 표현형의 차이로 나타나는 것이다. 그렇기 때문에 우연한 변이는 없는 것이다. 여기서 변수는 부모의 성세포에 내재된 유전형질이므로 총체적인 변수도 부모의 종에 속하는 유전형질의 한계범위를 넘어갈 수가 없다. 그러므로 자손에게 일어날 수 있는 변이도 이 한계 내에서만 허용된다. 자손은 부모의 유전형질이 조합되는 결과에 의해서 태어난 표현형일 뿐이다. 부모가 인간이라면 인간 유전형질의 범주를 벗어나는 표현형의 자손을 결코 만들어낼 수 없는 것이다. 다시 말해서 생물은 부모의 유전자 조합에서 벗어나는 표현형을 결코 만들 수 없다. 따라서 점진적 변이든, 돌연변이든, 다른 종으로의 종간변이는 유전학적으로 결코 일어날 수 없다.

또한 기형(畸形)의 문제를 검토해보기로 하자 기형도 하나의 변이인 것은 틀림없지만 새로운 종으로의 돌연변이는 아니다. 기형은 유전자 형질의 조합과정에서 또는 배아 성장 과정에서 어떤 결함이 있었기 때문에 나타나는 현상이다. 결함의 원인은 유전자의 결손과 유전자 조합에서 일어나는 부정합 등의 유전자 문제와 체액의 부조화, 또는 X−선 조사, 어떤 영양물질의 과부족 등 생리화학적인 외부충격에 의해서 유전자가 손상을 입는 경우에 발생되는 것으로 알려지고 있다. 그러나 이제까지 관찰된 사실에 의하면 기형은 모두 부모보다 열등한 표현형으로 나타났다. 이런 기형의 경우에도 정상적인 유전형질을 가진 배우자와 결합하면, 다음 세대에서 단계적으로 정상화되기도 한다. 또한 체내 유전자의 손상은 자체적으로 복구하는 기능이 있는 것도 사실이다.

그런데 진화론자들은 이런 현상을 거꾸로 해석하여 열등한 기형만 이 태어나는 것이 아니라 언젠가는 우수한 기형도 태어날 수도 있지 않느냐고 강변한다. 그러나 이제까지 검토한 바와 같이 정상적인 유전자 조합을 벗어난 표현형은 어떤 오류를 내포한 것이고, 그것이 기형으로 표현되는 것일 뿐이다. 우리는 변수가 아무리 많아도 변수의 조합은 변수의 총체적 계수(計數)의 범위를 벗어나지 못한다는 진리를 이성적으로 이미 이해하고 있다. 다만 우리는 아직 유전자 조합처럼 변수가 워낙 많을 경우에는 그 변수에서 나타나는 총체적 경우의 수를 정밀하게 모두 계산하지 못할 뿐이다. 그러므로 유전적 형질에 아무리 많은 변수가 있을지라도 자손에게 표현되는 것은 부모의 종에 속하는 유전형질일 뿐이다. 다시 말해서 자손에게 나타나는 표현형의 한계는 부모의 유전자 형질의 범위 내에서만 일어날 수 있는 것이며, 이런 것은 다양성의 발현일 뿐이다. 그러므로 종간 변이는 결코 일어날 수 없는 것이라고 결론지을 수 있다. 부모의 유전자 조합의 한계를 초월한 돌연변이가 일어난다면, 그것이야말로 신적인 개입에 의해서만 가능한 것이다. 창조주의의 유형론을 부정한다면, 결국 자연발생설에 기댈 수밖에 없다. 그러나 이제까지의 철학적 무신론에 의한 자연발생론은 부정되었고, 다윈의 생물학적 진화론에 의한 자연선택론도 이와 같이 검증을 통해 부정되고 있는 것이다.

(6) 현대종합설 진화론자 마이어의 견해에 대한 비판

『종의 기원』은 다소 애매하지만, 유신론적 해석이 가능했다. 다윈은 생명의 제1원인으로서 창조주의 창조를 부정하는 데까지 이르지는 못했기 때문이다. '현대종합설 그룹'의 일원으로서 저명한 다윈주의자인 에른스트 마이어는 이에 대해서 "다윈이 생각한 종의 특징은 유형론적 종의 개념과 유명론적 종의 개념을 혼합한 것"이라는 애매한 말로 설명하고 있다.[91] 그러나 『종의 기원』은 당시까지 주류 사조로서 성경과 린네의 이론으로 설명되었던 "종류대로" 창조되었다는 창조주의적 유형론을 전적으로 부정하는 내용이었다. 그리고 '진화에는 목적성이 없다'는 다윈의 주장에서 유형론적 종의 개념을 전혀 발견할 수 없다. 다윈은 다만 창조주의 창조가 '한 개 또는 소수의'(one or a few) 원시 생명체만 만든 것으로 생각했을 뿐이다. 마이어는 다윈의 변이의 원천적 동력을 가리키는 자연선택론에 대하여, "소크라테스 이전부터 데카르트, 라이프니츠, 칸트에 이르기까지 모든 철학서에도 이처럼 독특한 이론은 없었다. 다윈의 이론은 사실상 목적론을 기계론적인 설명으로 밑바탕에서부터 치환하게 했다"고 평했다.[92] 그리고 전체적으로는 "세계에 대한 그의 재해석은 정적인 상태 또는 항상상태였던 세계를 진화하는 세계로 바꾸어 놓았으며, 이보다 더 중요한 점은 우주에서 차지하는 인간의 독특한 위치를 동물 진화 과정에서 나타나는 한 단계로 바꾸어 놓은 점"이라는 평도 했다.[93] 그러나 앞에서도 비판했듯이 마이어는 허구적 다윈의 가설을 마치 사실인 것처럼 찬양하고 선전한다. 마이어는 다윈의 이론에 대해 다음과 같이 평가하고 있다.

① 다윈이 『종의 기원』을 출판했을 때, 진화적 사고는 이미 널리 퍼져 있었다(Toulmin 1972: 326). 언어학과 사회학에서는 특히 그랬다. 진화적 사고를 '그럴 듯한 과학의 개념'으로 만든 사람이 바로 다윈이

다. 그럼에도 불구하고 진화주의를 다윈주의로 언급하는 잘못이 나타나고 있다. 생물학에서 진화주의의 존재는 뷔퐁(Buffon), 라마르크, 지오프로이(Geoffroy), 챔버스(Chambers)를 비롯하여 독일의 많은 학자들에 의해 유지되었다. 비록 다윈의 진화주의가 승리하긴 했지만, 명확히 그 창시자는 아니다.[94]

② 그러나 자연선택을 비롯한 다윈 패러다임의 여러 측면들은 앞에서 살펴보았듯이, 19세기 중엽을 풍미하던 많은 이데올로기들과 완전히 상충되었다. 특수 창조에 대한 믿음 및 자연 목적론의 설계 주장과 함께 본질주의(유형론), 물리주의(환원주의), 목적원인론(목적론) 등이 다윈의 사고와는 철저히 반대되었다. 이러한 교리에 따르는 사람들은 다윈의 연구에 자신들을 경악시키는 반대가 있음을 알았다. 그러나 …… 이 세 가지 이데올로기는 하나하나 패배했으며, 이들의 소멸과 함께 생물계에서 결정주의, 예견성, 진보, 완벽성 등의 개념들도 약해졌다.[95]

③ 다윈이 내세운 새로운 중요한 개념들 중 일부, 즉 변이진화, 자연선택, 우연과 필연의 상호관계, 진화에 있어 초자연적인 힘의 배제, 생물계에 있어서 인간의 위치 등을 비롯한 몇 가지 다른 이론들은 과학 이론일 뿐만 아니라 그와 동시에 중요한 철학적 개념이며, 또한 이런 개념들로 이루어진 세계관을 특징적으로 만들었다.[96]

④ 특수 창조를 부정하는 것만으로도 이전에 널리 퍼져 있던 세계관의 붕괴를 의미한다. 이러한 점이 바로 세지위크(Sedgwick)나 아가시스(Agassiz) 등과 같은 과학자뿐만 아니라 훼웰(Whewell)과 허셜(Hershell) 등과 같은 철학자들까지도 다윈을 심하게 반대했던 이유였다. '창조주의를 대신할 세계관이 이전에 어디에 있었는가?' '만약에

있었다면 그것은 무엇이었으며, 어떻게 규정지을 수 있었는가?'[97]

마이어의 주장을 보면, ①번 평가는 사실을 그대로 말하고 있다. 그러나 ②번 평가에서 다윈이 물리주의와 결정주의를 패배시켰다고 말하면, 다윈의 이론은 과학이 아니라고 말하는 것과 같은 주장이다. 왜냐하면 과학은 물리주의와 결정주의를 기초로 하기 때문이다. 다윈과 마찬가지로 다윈주의자들의 주장도 이처럼 앞뒤가 맞지 않는 것이다. ③번 평가는 다윈의 이론을 하나의 가설이라고 보는 입장에서는 다윈주의자들의 지나친 자화자찬으로 볼 수밖에 없다. 다윈의 진화론은 과학이 아니라 검증이 필요하지 않는 철학일 뿐이다. ④번 평가에 창조주의를 반대하기 위해서 다른 대안이 없다면, 마이어도 다윈의 진화론을 진리처럼 주장해도 좋다는 토마스 헉슬리와 다를 바 없는 억지 주장을 하고 있는 것이다. 이와 같이 마이어는 다윈의 이론에 근거하여 창조주의를 반대하는 다윈주의자들이 매우 정당하게 과학자의 길을 가는 것처럼 말한다. 그러나 그의 말은 창조주의를 반대하는 세계관을 가진 자들은 사실 다른 대안이 없으므로 어쩔 수 없이 진화론을 받아들일 수밖에 없다는 입장을 고백하는 것에 다름 아니다.

다윈주의자 마이어는 현실적으로 다윈주의의 "의미들 대부분은 명확히 다윈의 생각을 잘못 이해하고 있거나, 잘못 표현하고 있다"고 인정했다. 그리고 "진화의 종합설이 진행되는 동안과 그 이후에는 〈다윈주의〉라는 용어가 자연선택의 영향에서 나타나는 진화의 적응 변화와 변형 진화 대신 변이 진화를 의미하는 것으로 받아들여졌다"[98]고 고백했다. 이 말은 이제 현대 진화론은 다윈의 본래적인 '진화'의 개념이 현대진화종합설과 신다윈주의를 거쳐 '변이 진화' 개념으로

기독교, 과학적 무신론, 그리고 항일독립운동

바뀔 수밖에 없다는 의미이다. 그렇다면 마이어가 말하는 '변이 진화' 는 어떤 생물학적 현상을 가리키는 것인가? 마이어는 이것이 어떤 구체적인 생물학적 현상을 가리키는 것이라고 말하지 않고, 다만 그는 이렇게 설명하고 있을 따름이다.

> 진화의 종합설이 나오는 동안에 발전된 새로운 다윈주의는 자연선택과 방황과정에 대한 균형적인 강조를 비롯하여, 이밖에 전체적으로는 진화도 아니며 특별한 경우에는 자연선택도 아닌 결정론적 과정이 아니라 오히려 이 두 가지 모두 확률론적 과정이라는 믿음, 다양성의 근원이 진화의 한 요소로 중요한 만큼 적응도 중요하다는 믿음, 그리고 생식적 성공을 위한 선택이 생존하기 위한 질적 특징의 선택만큼 진화에 있어 중요하다는 점을 인식한다는 점으로 특징지워진다.[99]

여기에서 마이어는 다윈의 진화론은 이미 오류인 것이 판명되었으니 '새로운 다윈주의'의 입장에서는 '믿음'과 '인식'이 중요한 특징이라고 말하고 있는 것이다. 이것은 마이어가 다윈주의는 과학이 아니라 믿음과 인식의 문제라는 것을 시인하는 말이다. 그리고 그는 진화론자답게 새로운 변명을 늘어놓는다. "어떤 사건이 〈흔히(usually)〉 일어난다고 하여도, 반드시 항상 일어남을 의미하지는 않는다. 진화적 과정이 보여주는 영원히 존재하는 다양성을 반드시 기억해야 할 것이다."[100] 마이어의 이 말은 다윈주의자들에게 어제의 다윈주의가 오늘 부정되는 사건이 일어날 수 있지만, 그에 대한 다른 대답을 새롭게 준비하라고 지시하는 비밀지령과 같은 의미에 다름 아니다. 그러나 이미 다윈이 주장하는 '변이'는 라마르크적인 후천적 획득형질의 유전이라는 오류를 다시 반복하고 있다는 사실과 오늘날 변이의 한계는 부모의 유전형질 범위 내에서만 가능하다는 사실을 이미 알고 있는 우리에게는 마이어의 고백이 다윈의 진화론에 대해 스스로 사망 선고하는 말로밖에는 들리지 않는다. 그리고 마이어는 이 말에서 돌연 변이를 의미하는 '변형 진화'도 틀렸다는 것을 실토하고 있는 것이다. 그렇다면 다윈의 생물학적 진화론에서 무엇이 남아있다는 말인가?

현대 다윈주의자들이 이미 사망 선고된 다윈의 생물학적 진화론을 이런 식으로 억지스럽게 꾸려가는 것을 과학이라고 어찌 말할 수 있는가? 과학이론은 검증에서 실패하면 폐기되어야 하는 것이다. 다윈의 진화론을 이렇게 현대의 과학적 방법으로 검증해보면, 그것은 이제 오류를 도저히 부정할 수 없는 19세기 물활론적 자연발생론이다. 그런데도 현대 다윈주의자는 창조주의를 부정하기 위한 믿음의 방편으로 억지 주장을 굽히지 않고 있는 것이다. 결국 다윈의 진화론은 종 안에서 일어나는 다양성의 발현이라는 품종의 변화를 귀납적으로 종합하여 상위 분류 단계인 '종'에까지 확대 적용하려고 했던 추론의 오류라고 볼 수밖에 없는 것이다.

다윈이 『종의 기원』의 마지막 구절에서 진술한 구절을 다시 생각하면서 비판적 결론을 맺도록 하자. "창조자"(the Creator)에 의하여 불어 넣어졌다는 "생명"이 "이 행성이 확고한 중력법칙에 의해 회전하는 동안에 그토록 단순한 발단에서 극히 아름답고 경탄할만한 무한의 형태가 산출되었고 지금도 산출되고 있다는 견해에는 장엄함이 있다." 이 진술을 보면 결국 이신론자의 주장이라고 말하지 아니하면 달리 무엇이라고 말할 수 있는가? 다윈이 자연선택론을 '중력법칙'과 같은 자연법칙으로 생각했다면, 그것은 결국 고대부터 내려온 자연발생론이 그의 이론대로 약간 진화된 '변종'일 뿐이다. 그럼에도 현대의 다윈주의자들은 이런저런 새로운 이론을 덧붙이면서 누더기가 된 다윈의 진화론을 과학이라고 주장하고 있는 것이다. 왜냐하면 현대의 다윈주의자들은 다윈과 달리 무신론자가 되어 있기 때문이다. 다윈주의가 부정되면 그들의 반창조주의적 무신론도 근거가 없어지기 때문이다.

그래서 현대의 진화론에 대한 문제는 다윈의 생물학적 진화론을 반박하는 것만으로 끝나는 것이 아니다. 마이어가 말하는 '다윈주의'의 무신론적 입장을 이해하기 위해서는 먼저 그것의 발전배경이 되는 마르크스 공산주의의 무신론적 유물론과 결합되는 과정을 이해해야 된다. 왜냐하면 마르크스와 엥겔스의 유물사관은 다윈의 진화론을 발판으로 유물 진화론으로 진화한 것이고, 과학적 무신론의 원형이 된 것이기 때문이다. 마르크스와 엥겔스가 다윈의 생물학적 진화론을 받아들여 과학적 무신론의 원형으로 발전하는 과정을 살펴보기로 한다.

Ⅳ 과학적 무신론의 발전[101]

　마르크스와 엥겔스는 헤겔의 변증법과 포이어바흐의 반종교론에 바탕을 두고 철저한 무신론으로 나아갔다. 다윈은 성경의 창조 기사를 그대로 믿지 않은 것은 사실이며, 스스로 불가지론자라고 말했다. 케임브리지 대학에서 신학을 공부했던 그가 교회에 나가지 않았던 이유가 근본적으로는 여기에 있는 것이다. 다윈이 남긴 저작들의 전체적인 문맥에서 보면, 그는 이신론자라고 보는 것이 맞다. 일반사회 또는 과학계에서는 대부분 다윈주의자들이 무신론을 주장한다. 다윈주의를 자처하는 저명인사들이 거의 과학적 무신론에 빠져 있기 때문이다. 그런데 기독교 안에서도 다윈주의자들이 있는데 그들은 대부분 이신론적 입장인 유신진화론을 주장하고 있다. 기독교 다윈주의자들은 예수 그리스도와 성경보다 다윈과『종의 기원』을 택하고 있다. 그리고 일반사회나 과학계의 다윈주의자들은 다윈의 생물학적 진화론을 넘어 과학적 무신론으로 나아갔다. 이러한 결과는 과학적 무신론의 형성 과정에 대한 역사적 이해가 없으므로 나타난 현상이다. 알고 보면 과학적 무신론은 마르크스와 엥겔스의 유물론과 다윈의 진화론이 결합한 결과에서 생겨난 것이다. 그러나 그것은 마르크스와 엥겔스, 그리고 그들의 추종자들에 의하여 계속 발전하였으며,

서유럽에서 계속된 논쟁을 거쳐 러시아로 들어갔다.

1. 마르크스와 엥겔스, 그리고 다윈의 접촉

1) 『종의 기원』 독서와 편지들

1848년에 『공산당 선언』을 발표하고 공산주의 운동을 하던 마르크스와 엥겔스가 다윈의 생물학적 진화론을 처음 알게 된 것은 1859년에 출판된 다윈의 『종의 기원』을 엥겔스가 먼저 읽으면서였다. 엥겔스는 이 책을 읽고 나서 곧바로 마르크스에게 추천하는 편지를 썼다. 『마르크스 평전』에서 자크 아탈리(Jacques Attali)는 다음과 같이 쓰고 있다.

> 엥겔스는 즉각 이 책을 읽고서 거기에서 진화의 감각을 발견하고 매료되었다. 그는 그것에 관해 마르크스에게 열정적으로 얘기하면서 다윈도 그들 편이라고 말했다. 왜냐하면 다윈도 그들처럼 인류에 관해 일종의 비종교적 역사를 믿고 있으며, 시장이 강요하는 경쟁과 모든 것에서 '생존을 위한 투쟁'으로 묘사했기 때문이라는 것이다. 엥겔스는 그를 꼭 만나야 한다고 말했다. 사실 그들은 서로 아주 가까운 거리에 살고 있었다.[102]

마르크스는 이 편지를 받는 무렵에 거의 10년이나 걸려 연구했던 『정치경제학 비판을 위하여』(1859)를 출판했다. 그러나 마르크스는 엥겔스의 편지를 받고서도 1년이 지나서야 다윈의 책을 읽어보았다. 다윈의 『종의 기원』을 읽어보고 나서 그는 세계를 하나의 계통으로 생각하는 다윈에게서 역사를 보는 방식을 새롭게 발견하게 되었다. "그는 자신이 연구한 경쟁의 법칙과 다윈이 세상에 내놓은 자연도태설 사이의 유사성에 놀라움을 금치 못했다."[103] 마르크스는 이 책을 읽고 나서 엥겔스에게 바로 편지를 보내서 돈을 구걸하는 내용과 함께 "다윈이 동물들과 식물들을 통해 영국 사회의 특징인 분업과 경쟁, 시장 개방, 혁신, 생존을 위한 투쟁 등을 발견한 것에 대해 나는 놀랐네"라고 썼다.[104] 이 말은 마르크스와 엥겔스가 다윈의 생물학적 진화론을 받아들여 변증법적 사회주의 유물사관을 만들어내는 신호탄이었다. 그리고 그들은 이것을 '과학적 사회주의'라고 불렀던 것이다.

마르크스는 생전에 런던에서 경제적으로 늘 궁핍하였으며, 엥겔스의 도움을 받지 않으면 생활을 할 수 없는 처지였다. 엥겔스는 마르크스의 재능이 자기보다 뛰어나다는 사실을 인정하고, 두 사람의 대의를 위해 마르크스를 지원하는 데 마다하지 않았다. 그들이 영국에서 이렇게 생활하는 동안에도 마르크스와 엥겔스는 다윈의『종의 기원』을 읽고 그의 생물학적 진화론을 수용하여 공산주의 유물론 사상에 접목하고 있었던 것이다. 1862년 가을 마르크스는 '다윈의 영국 불독'으로 부르는 토마스 헉슬리의 자연도태설에 관한 강연회 시리즈에 참석했다.[105] 마르크스는 여기서 헉슬리의 강의에 홀딱 반했다고 한다. 그래서 다시 다윈에게 가까이 할 생각을 하였다. 사실 다윈은 그의 집에서 32km밖에 떨어지지 않은 곳에 살고 있었다. 마르크스는 다윈에게 편지를 보내 앞으로 출판되는 자신의 책들을 헌정하겠다고 제의하는 등 호감을 표시했으나, 다윈은『공산당 선언』을 발표한 자가 내미는 손을 잡지는 않았다. 그러나 마르크스는 다윈의『종의 기원』을 열심히 읽었다. 그리고 다시 엥겔스에게 보낸 편지(1862)에서,

기독교, 과학적 무신론, 그리고 항일독립운동

헤겔은 부르주아 사회를 정신적인 동물의 왕국이라고 묘사했지만, 다윈은 동물의 왕국을 부르주아 사회로 묘사했다고 썼다. 이 말은 마르크스가 『종의 기원』을 읽고 다윈의 생물학적 진화론과 그의 사적 유물론을 동일시하고 있음을 보여주고 있다. 공산주의 창시자 두 사람의 편지는 다윈이 그들의 후기 사상 형성에 결정적으로 영향을 미쳤음을 정확히 보여주고 있는 것이다.

이들은 유럽대륙에서 혁명운동에 실패했음에도 불구하고 런던에서 정치적 활동을 계속했다. 그러나 독일에서는 전독일노동자동맹이 결성(1863)되는 등 급진적 노동운동의 성과가 나타나기 시작했다. 마르크스와 엥겔스는 공산주의 혁명운동을 국제적으로 확대하기 위해 1864년에 제1인터내셔널로 통칭되는 국제노동자협회(International Working Men's Association)를 조직하고 이 조직을 지도했다. 이 조직의 결성은 국가 간의 전쟁을 반대하는 '국제평화'와 '노동자에게는 조국이 없다'는 등 프롤레타리아 혁명을 위한 국제적 연대를 실천하는 출발점이었다. 이 조직은 제네바, 로잔, 브뤼셀 등지에서 결성되었다. 그리고 마르크스는 1867에 출판한 『자본론』 1권에서 다윈을 인용하는 등, 다윈의 영향에 힘입어 공산주의 사회발전 이론을 진화론적으로 확대 발전시킬 수 있었다는 사실을 보여주고 있다.

2) 『자본론 1』에 나타난 다윈의 영향

마르크스는 1867년 『자본론 1』 초판을 출간했다. 마르크스는 다윈에게 자신을 '충심의 숭배자'라고 쓴 편지와 함께 『자본론 1』 초판 한 권을 보냈다. 그러나 다윈은 그 책을 읽을 만한 능력을 갖고 있지 못하다고 정중하게 사과하면서 잘 받았다고 답신을 보내는 것으로 인사를 끝냈다. 마르크스는 3권으로 된『자본론』을 생전에 완성하지 못하고 1883년 죽었다. 나머지 두 권은 엥겔스에 의하여 완성되었다. 다윈이 1882년에 죽은 뒤에 마르크스가 보낸『자본론 1』초판이 그의 집에서 발견되었다. 그것은 전체 802페이지 가운데 앞의 104페이지까지만 페이퍼 나이프로 잘려 있었고 나머지는 그대로였다.[106] 이것은 마르크스가 이 책 후반부에서 다윈에 관해 언급한 부분을 다윈이 보지 못했다는 것을 의미한다.[107] 그런데 마르크스는『자본론 I』에서 노동자의 도구를 기능과 목적에 적합하게 개량하는 것에 대해서 다윈을 인용하여 이렇게 설명하고 있다.

다윈은 그의 획기적인 저서 『종(種)의 기원(起源)』에서 동식물의 자연적 기관(器官)에 대해 다음과 같이 말하고 있다. "동일한 기관이 여러 가지 일을 하지 않으면 안 되는 한, 하나의 특수한 목적에만 봉사해야 하는 경우에 비해 자연도태가 형태상의 작은 변이(變異)를 덜 세밀하게 보존하거나 거부하기 때문에, 그 기관은 변하기 쉽다. 예컨대 여러 가지 물건을 베는데 쓰이는 칼은 거의 온갖 형태를 가질 수 있으나, 어떤 한 가지 용도만을 위해 만들어진 도구는 특수한 형태를 취해야만 한다."[108]

마르크스는 기계에 대해 잉여가치(剩餘價値)를 생산하기 위한 수단으로 정의하면서, 산업혁명의 시발점이 된 존 왓트(John Wyatt)의 방적기의 발명(1735)과 기계의 발달을 논의한다. 여기서 그는 다윈이 자연의 '기술사'에 대해서 관심을 돌리고 있었으며『종의 기원』은 '자연의 기술 형성사'로서 저술된 것이라고 말한다. 그리고 그는『자본론 I』

기독교, 과학적 무신론, 그리고 항일독립운동

을 『종의 기원』에 비교해서 "그와 동일한 주의를 돌릴만한 가치"가 있는 "인간사회의 생산적 기관의 형성사"라고 말한다. 마르크스는 다윈과 자신의 양자 관계를 각주에서 다음과 같이 말하고 있다. 여기에는 다윈의 생물학적 진화론과 마르크스 유물사관의 핵심 개념이 서로 잘 비교되고 있다.

다윈(Darwin)은 자연의 기술사 [즉, 생명의 유지를 위해 생산도구의 역할을 하는 동식물의 기관(器官)들의 형성]에 관심을 돌리고 있었다. 인간사회의 생산적 기관의 형성사 [즉, 모든 사회조직의 물질적 기초가 되고 있는 기관의 형성사]에도 그와 동일한 주의를 돌릴만한 가치가 있지 않은가? 그리고 그것은 더 용이하게 저술할 수 있지 않겠는가? 왜냐하면, 비코(Vico)[109]가 말하고 있는 바와 같이, 인간의 역사는 우리가 만들었지만 자연의 역사는 그렇지 않다는 점에서 양자는 차이가 있기 때문이다. 기술학(技術學)은 인간이 자연을 다루는 방식, 인간이 자신의 생명을 유지하는 생산과정을 밝혀주는 동시에, 인간생활의 사회적 관계들과 이로부터 발생하는 정신적 관념들의 형성과정을 밝혀준다. 이 물질적 기초를 사상(捨象)하고 있는 모든 종교사(宗敎史)는 무비판적이다. 안개처럼 몽롱한 종교적 현상의 현세적 핵심을 분석에 의해 발견하는 것은, 현실의 생활관계들로부터 그것들의 천국형태(天國形態)를 전개하는 것보다는 훨씬 더 쉬운 일이다. 후자의 방법이 유일하게 유물론적(唯物論的)인, 따라서 유일하게 과학적(科學的)인 방법이다. 자연과학의 추상적 유물론(즉, 역사와 역사적 과정을 배제하는 유물론)의 결함은, 그 대변자들이 일단 자기의 전문영역 밖으로 나왔을 때에 발표하는 추상적이며 관념론적인 견해에서 곧 드러난다.[110]

다윈의 진화론이 이렇게 마르크스의 후기 사상에 영향을 미치게 된 배후에는 『종의 기원』을 먼저 읽은 엥겔스가 다윈이 서술한 진화론에 감동을 받아 마르크스를 권유했고, 마르크스 자신이 또한 다윈을 열렬히 받아들인 사실이 있었던 것이다. 마르크스는 다윈이 보여준 생물의 "현실의 생활관계들"에서 "그것들의 천국형태(天國形態)를 전개"하는 방법을 유물사관에 적용했다. 그리하여 "유일하게 유물론적(唯物論的)인" 것이 "유일하게 과학적(科學的)인 방법"이라고 주장할 수 있게 되었다. 말하자면 진화론적으로 유물사관을 전개하여 과학적 사회주의라고 주장했던 것이다. 마르크스와 엥겔스의 『공산당 선언』에 나타나 있는 초기 공산주의 사상이 다윈의 진화론과 일체로 결합하여 과학적 무신론으로 발전하는 과정은 엥겔스의 『반듀링론』에서 잘 나타나고 있다. 다윈의 진화론으로 인하여 마르크스와 엥겔스 두 사람의 후기 사상이 크게 변모하게 된 것이다. 마르크스와 엥겔스의 전기 사상에서 후기 사상으로의 전환을 나타내는 대표작 『반듀링론』에서 다윈의 생물학적 진화론에 의해 영향을 받은 부분과 후일 생명의 기원을 쓴 오파린의 화학적 진화론에 영향을 끼친 부분을 간략하게 살펴보기로 한다.

2. 엥겔스의 『반듀링론』 등

1) 듀링과의 논쟁

오이겐 듀링(Eugen Dühring, 1833-1921)은 대학교수이며 독일 사회민주당 당원으로 마르크스와 엥겔스의 반대파에 속해 있었다. 그런데 그가 마르크스의 『자본론 I 』과 다윈의 『종의 기원』을 신랄하게 비판하면서 세력을 늘려가고 있었다. 이런 사정 때문에 마르크스와 엥겔스는 듀링을 그대로 두고 볼 수 없게 되었다. 엥겔스는 듀링을 반박하는 논문들을 쓰기 시작했고(1876-1878), 이것들을 모아서 『오이겐 듀링씨의 과학혁명』이라는 이름으로 출판했다(1878). 후에 『반듀링론』이라고 불리는 이 책이 나오면서 마르크스와 엥겔스의 공산주의는 체계적인 과학적 이론의 틀 안에서 이해될 수 있게 되었다. 말하자면 이 책의 출판을 계기로 이때까지 공상에 머물러 있던 마르크스와 엥겔스의 사회주의가 과학적인 사회주의가 되었다는 것이다. 뒤에서 보게 되겠지만, 이 책에서 엥겔스는 다윈과 그의 생물학적 진화론을 열렬히 옹호할 뿐만 아니라, 공산주의 이론의 변호에 적극 이용하고 나아가서 과학적 사회주의라고 자칭하고 있다. 다윈의 생물학적 진화론과 마르크스와 엥겔스의 공산주의 유물사관이 이렇게 결합하여 과학적 무신론이라는 새로운 '변종'으로 진화하게 된 것이다.

『반듀링론』은 '과학적 무신론'의 발전에서 획기적인 저술이다. 엥겔스는 이것을 쓰는 동안 유물론에 다윈의 진화론을 완전히 접목함으로써 공산주의 사상이 유물진화론, 즉 과학적 무신론으로 변신하도록 만들었다. 『반듀링론』은 이후에 기독교는 물론 인류사회 역사에 피비린내를 몰고 올 가공스런 폭탄이 되었다. 그러나 당시에는 누구도 이를 감지하지 못했다. 오히려 엥겔스의 『반듀링론』은 마르크스의 『자본론』과 함께 공산주의자들에게 성서처럼 학습해야 하는 교본이 되었다.

2) 논쟁의 결과: 공상에서 과학으로의 사회주의 발전

엥겔스는 『반듀링론』 제2판 서문(1882)에서 "독일 관념론철학에서 정립된 변증법을, 의식적으로 자연 및 역사를 유물론적으로 파악하는 데 적용하려 한 것은 아마 맑스와 내가 처음일 것"이라고 진술하고 있다.[111] 그는 변증법이 "자연, 인간사회 및 사유의 운동과 발전의 일반 법칙에 관한 과학"이라고 주장한다. 말하자면 변증법은 우주의 모든 현상을 설명하는 과학적 통일 이론이라는 것이다. 엥겔스에 의하면 "변증법적이자 동시에 유물론적으로 자연을 파악하는 데는 수학과 자연과학에 관한 지식이 필요하다"[112]. 그런데 마르크스는 수학에 정통한 사람이지만, 자연과학에 대해서는 두 사람 다 "겨우 단편적이고, 불규칙적이며, 산만하게 이해하고 있었다"고 엥겔스는 실토한다. 말하자면 그동안에 일어난 자연과학의 진보는 그의 이론적 작업의 거의, "아니 전부를 불필요하게"만들었다는 것이다. 그래서 그는 사업을 그만 두고 런던으로 돌아가서 8년간의 시간을 바쳐 수학과 자연과학에 대해 "환골탈태"의 과정을 거쳤다고 고백한다.[113] 그러고 나서 듀링이 마르크스와 다윈을 비판하는 논문들을 발표하자 엥겔스는 과학적으로 듀링을 반박하는 논문들을 썼다. 『반듀링론』은 이 논문들을 편집하여 출판한 것이다. 이렇게 해서 이 책은 듀링의 주장을 반박하면서 엥겔스와 마르크스의 인류사회의 정치와 철학의 역사적 발전에 관한 사상을 그들 나름대로의 과학적 방법으로 정리한 것이 되었다. 이 책은 마르크스가 죽기 전에 직접 원고를 다 읽고 출판에 동의한 것이므로 양자가 공동 저술한 것이나 다름없고, 실제로도 책의 일부는 마르크스가 직접 쓴 것이다.

기독교, 과학적 무신론, 그리고 항일독립운동

『반듀링론』은 3부로 구성되어 있는데, 철학을 다루고 있는 제1부의 제7장과 제8장에서 유기체에 관련한 논문을 싣고 있다. 그 중에서 제7장은 듀링이 다윈의 진화론을 비판한 것에 대해 엥겔스가 반박하는 논문이다. 제7장의 논문 내용을 살펴보면, 엥겔스가 다윈의 입장을 얼마나 열렬히 옹호하고 있는지를 알 수 있고, 제8장에서는 엥겔스에 의해 제시된 유물진화론의 생명관을 엿볼 수 있다. 그는 또한 『반듀링론』에 소개된 공산주의의 과학주의적 입장을 알리기 위하여 이 책에서 3개의 장을 따로 뽑아서 편집한 소책자 『공상에서 과학으로의 사회주의 발전』(1882)을 출판했다. 이 소책자의 출판은 그 이름이 의미하는 바와 같이 그의 사회주의는 이제 공상이 아니라 '과학적 사회주의'로 발전했다는 것을 극명하게 선언하는 것이었다. 이것은 마르크스와 엥겔스가 공산주의를 '과학적 사회주의'로 주장하는 전환점이 된 것이다. 그는 이 소책자의 서문에서 이렇게 썼다. "사회주의 발전사에 대한 개략적인 서술 속에서 칸트-라플라스의 우주론, 현대 자연과학과 다윈, 독일 고전철학과 헤겔"을 만나면 "놀라게 될 것"이지만, 과학적 사회주의는 본질적으로 독일산(産)임이 분명"하다. 그러나 이 책이 예상 외로 국제적인 호응을 얻게 되자 다음 해에 나온 독일어 3판에서는 "독일산"이라는 말은 잘못 쓴 것이므로 "국제적인 산물"이라는 말로 바꾼다는 각주를 끼워놓았다.[114] 이것은 공상적 사회주의를 과학적 사회주의로 발전시킨 그와 마르크스가 독일인임을 자랑하고 싶었던 사실을 암시한다. 그러므로 그의 말 바꾸기는 과학적 사회주의로의 발전이 『세계의 체계에 대한 해설』의 저자인 프랑스의 천체역학자 라플라스(Pierre-Simon, Marquis de Laplace, 1749-1827)와 생물학적 진화론의 창안자 영국인 다윈에 의해서 크게 빚지고 있다는 사실을 인정하는 것에 다름 아니다. 이것은 그와 마르크스가 과학적 사회주의에 큰 자부심을 가지고 있다는 사실과 또한 다윈을 인용함으로써 그들이 주장하는 과학적 사회주의가 다윈의 과학적 권위에 크게 기대고 있다는 사실을 보여주는 것이다. 이 소책자는 『공산당 선언』과 함께 공산주의 이해를 위한 입문서로 알려지고 있는 것이며, 공산주의자에게는 필독서이다.

3) 『반듀링론』 등에 나타난 다윈의 영향

『반듀링론』은 전체적으로는 1, 2장의 "서설"과 "철학"을 다루는 제 1부의 14개의 장, "정치경제학"을 다루는 제2부의 10개의 장, 그리고 제3부의 "사회주의"를 다루는 5개의 장 등 총 31개의 장으로 구성된 방대한 분량이다. 한 개의 장이 한 개의 논문으로 된 것이다. 우리가 이 모든 것을 다 검토할 필요는 없다. 그러므로 그의 입장을 설명하는 '서설'과 '과학적 무신론'의 발전과 관련하여 다윈을 적극적으로 옹호하고 그의 영향을 가장 잘 드러내는 제1부 제7장의 "자연철학 · 유기계"를 살펴보고 난 다음에는 과학적 무신론의 완성자 오파린의 『생명의 기원』의 지침서가 된 제8장 "유기계(결론)"를 살펴보는 것으로 그치겠다.

(1) '과학적 사회주의'

엥겔스는 먼저 "서설"에서 그들의 이론을 '과학적 사회주의'라고 주장하는 이유로 "유물론적 역사관과 잉여가치를 통한 자본주의적 생산의 비밀의 폭로"를 들고 있다. 그는 이것을 전적으로 마르크스의

기독교, 과학적 무신론, 그리고 항일독립운동

공적으로 돌리면서 "위대한 발견"이라고 주장하고 있다.[115] 그는 또한 자본주의에 의한 대공업과 세계시장은 생산의 무정부성과 상업전쟁이라는 국가 전체의 존망이 걸린 투쟁으로 몰아넣었으며, 여기서 "패배한 자는 사정없이 쫓겨났다"고 주장하고 있다. 그는 자본주의 사회에서 나타나는 이런 현상을, 동물의 자연적 상태가 "훨씬 더 증폭된 힘으로" 인류사회에 옮겨진 것이라고 본다. 그는 이것을 가리켜 "다윈이 말한 개체의 생존투쟁"이라고 했다.[116] 말하자면 다윈의 자연도태(자연선택) 이론을 공산주의 프롤레타리아의 계급투쟁에다 비유하고 있는 것이다. 그렇게 되면 프롤레타리아가 생존을 위해 계급투쟁과 혁명운동을 해야 한다는 마르크스와 엥겔스의 주장은 자연적인 것이며, 따라서 과학적인 것으로 정당화될 수 있기 때문이다.

(2) 유물론에서의 생명

엥겔스는 먼저 자연과학의 이해가 에너지 보존법칙이라는 양적 측면에서 에너지의 전화(轉化)라는 동적 측면으로 바뀌게 되면서 자연과정의 변증법적 성격을 의식하게 되었다고 한다. 엥겔스에게 이것은 곧 "세계의 밖에 있는 창조자의 최후의 흔적도 소멸"하는 것을 의미했다. 또한 엥겔스는 생물학에 대해서 "생물학이 진화론의 각광 하에서 연구된 이래, 유기적 자연계에서도 종래의 고정적인 분류 경계선이 무너져" 종의 유형적 분류에서의 "구별의 특징이 그 절대적 타당성을 상실"하고 있음을 주장하고 있다.[117] 동시에 성경에서의 "종류대로"의 창조설도 부정되었다. 말하자면 생물학의 분류체계에서 다윈의 진화론이 그때까지의 정설이었던 린네의 유형론적 분류체계를 무너뜨렸다는 것이다. 엥겔스는 이러한 관점에서 유물사관도 진화론과 같이 과학적이라고 주장하고 있다. 그뿐만 아니라 그들이 유물사관에 의해 만들어낸 과학적 사회주의가 종래의 모든 관념론적 사상을 무너뜨리게 될 것이라고 강조하고 있다.

엥겔스는 먼저 듀링이 세계의 발전에 대해 상당히 정통해 있으므로 "생명의 발생"에 관해서도 그럴 것이라고 기대하고 있음을 전제한다. 그러나 곧 엥겔스는 듀링이 "좀 더 자세하게 이야기하는 것을 회피한다"고 비난의 포문을 연다. 그리고 엥겔스는 유물론의 바탕에서 생명현상은 "단백질의 화학작용"이라고 말한다.[118] 그리고 헤겔이 『논리학』에서 "목적론(Teleologie) 또는 목적설을 매개로 하여 화학작용에서 생명으로 이행하고 있다"고 말하고 있음을 유신론적이라고 비판한다. 엥겔스는 여기서 듀링의 목적개념(Zweckbegriff)은 헤겔의 유신론적 개념을 차용한 것임에도 불구하고 "자신의 고유한 근저적인 과학"이라고 말한다고 비판한다. 그리고는 삼단논법의 결론을 제시하면서, 듀링의 말은 헤겔적인 '서투른 수작'일 뿐이라고 듀링에게 모욕을 가한다.[119] 또한 듀링이 다른 사람의 "유심론적 활동"에 대해서는 "무한한 도덕적 분노"를 느끼는 유물론자인데, 정작 듀링 자신이 유신론적으로 "본능적인 감각은 주로 이 감각의 발휘에 따른 만족을 위하여 창조된 것"이라고 말하고 있다고 비난하고 있다.

(3) 다윈에 대한 듀링의 비판 및 듀링에 대한 엥겔스의 비판

엥겔스는 이어서 듀링이 다음과 같이 다윈을 공격했음을 열거한다.[120]

다윈이 맬더스의 인구론을 경제학에서 자연과학으로 이식하였다는 점, 그

기독교, 과학적 무신론, 그리고 항일독립운동

가 동물사육자의 관념에 사로잡혔다는 점, 그가 생존경쟁설(Kampf ums Dasein)로서 비과학적인 엉터리 글을 쓴다는 점, 그리고 또 다윈주의 전체는 라마르크에게서 차용한 것을 제외하면 인간성에 대립하는 일종의 야수성에 불과하다는 점 등

엥겔스는 다윈이 생물의 종이 변화한다는 개념을 연구여행에서 얻었고, 돌아와서는 인공배양과 자연관찰을 통해 이러한 종의 가변성을 어느 정도 확인하였다고 주장한다. 엥겔스의 이해에 의하면 생존경쟁은 생존의 싸움터에서 아무리 미미하더라도 유리한 "개체적 특질"을 가진 개체가 생존할 가능성이 많아지게 되는 것이다. 다수의 생존자들이 가진 "개체적 특질"은 후대에게 "유전하는 경향"으로 나타나고, "유전의 누적으로 인하여 일단 획득된 방향으로 더욱 강화된다." 그러므로 종은 다윈의 이론과 같이 자연도태, 다시 말하자면 적자생존에 의하여 변화하는 것이다.[121] 엥겔스는 이런 것들은 다윈이 탐구하여 얻은 실증적인 결과라고 주장한다.

그러나 엥겔스는 듀링이 이와 같은 "실증적인 측면에 깊이 들어가기"를 꺼리면서, 그 자신은 언제까지나 도덕적으로만 분노하고 있다고 비난한다. 말하자면 듀링이 다윈의 생존경쟁에 대해 "먹이의 약탈과 약육강식이 수행되고 있는 동물계 내부에서만 볼 수 있는 현상"이므로 "동물적"인 것이라고 비난하고 있다는 것이다. 엥겔스는 다윈이 멜더스의 학설을 빌려온 것이라는 듀링의 지적을 시인하면서도, 듀링이 다윈의 생존경쟁의 관념은 인구과잉에 관한 맬더스의 견해와 동일한 결함을 갖고 있다고 주장하는데 대하여 비판한다. 엥겔스는 이런 생존경쟁은 동물계에만 있는 것이 아니라, 식물계에도 있음을 도

덕가 듀링은 모르고 있다고 반박하면서, 듀링은 다만 "도덕적인 분노" 때문에 "자연의 모든 행동에 관한 법칙과 지식을 동물의 세계"에 국한시키고 있다고 반박한다. 그러나 듀링은 다윈이 "자연의 모든 행동에 관한 법칙과 지식을 동물세계에서 탐구한 것"[122]이라고 말한 것뿐이었다. 그러므로 듀링은 식물계에서도 이런 법칙이 적용되는지를 논의할 필요가 없었다.

듀링이 다윈주의는 "그 변화의 차이를 무에서 산출한다"[123]고 지적한 것에 대하여, 엥겔스는 다윈이 "각 개체의 변화를 일으키는 원인을 무시"하고 그 변화의 원인을 발견하지 못했다고 시인한다. 그러나 엥겔스는 다윈의 문제의식은 원인에 대한 것이 아니라, "이 원인의 결과가 지속적인 의미를 갖는 그 합리적 형식을 발견하는데 있었다"고 변호한다.[124] 그리고 엥겔스는 다윈이 "그의 발견을 너무나 광범한 영역에 적용하여 그것을 종의 변화의 유일한 지렛대로 삼은 나머지 개체의 변화원인을 무시했다는 점은 진보를 성취한 사람들의 공통적인 결점"이라고 말하면서 다윈의 약점을 변호한다. 엥겔스의 이러한 주장은 모두 다윈과 그의 이론을 옹호하기 위한 것들이나, 세부적으로 검토해보면 다윈의 이론과 일반 과학적 이론을 왜곡하는 주장이 적지 않다. 여기서 한 가지 중요한 점은 엥겔스가 "다윈주의 전체는 라마르크에게서 차용한 것"이라는 듀링의 주장을 시인하고 있다는 것이다.[125] 다윈주의와 라마르크주의를 동일시하는 이러한 관점은 이후 공산주의자에게 공통적으로 계승되고 있으며, 후에는 더 유물론적인 라마르크주의로 기울어지게 하는 원인이 된다.

기독교, 과학적 무신론, 그리고 항일독립운동

(4) 헤켈의 적응과 유전에 대한 논쟁

엥겔스의 설명에 의하면, '다윈의 독일 불독'이라고 불리는 헤켈은 자연도태론의 개념을 적응과 유전의 교호작용으로 확대하여, "적응은 진화의 변화적 측면을, 유전이 그 보존적 측면"을 나타내는 것으로 주장했다. 그러나 듀링은 "자연이 주기도 하고 빼앗기도 하는 생활조건에 대한 진정한 적응은 관념에 의하여 규정받는 충동과 행동을 전제로 한다"고 말한다. 그리고는 식물이 태양광을 더 많이 받을 수 있는 방향으로 성장하는 것은 자극에 의한 작용인데, 이것을 "비유가 아니라 진정한 의미에서 적응이라는 말을 쓴다면 이것은 개념 속에 유심론적 혼란을 끌어넣는 것"이라고 헤켈을 비판했다.[126] 여기서 엥겔스는 듀링이 헤켈을 비판한 것을 반박하기 위하여 덤벼든다. 엥겔스는 듀링에 대해 "듀링씨가 자연에 목적 개념을 적용시키기 위하여 갖은 노력을 다했음을 우리는 이미 알고 있다"고 비판하면서, 듀링이 청개구리 등의 보호색과 벌레를 잡아먹는 식물의 먹이 획득 행태를 "합목적적으로 적응하고 있는 것"의 예로 제시했던 사실이 있었음을 지적한다. 엥겔스는 또 "적응은 관념의 영향을 받아야 한다"는 듀링의 말을 인용하고, 이 말을 "목적적 행위가 관념에 의해서 매개되어 의식적, 의도적인 것으로 되어야 한다"는 뜻으로 말했다고 해석한다. 그리고 엥겔스는 듀링의 말을 왜곡해서 듀링이 "현실철학에서 늘 보는 목적적 창조자, 즉 신에 도달하였다"고 동료 유물론자를 과도하게 비판하고 있다.[127] 듀링이 여기서 '적응'이라는 말을 하는 것은 "유심론적 혼란을 끌어넣는 것", 다시 말해서 '목적 개념'을 적용시키려는 의도를 가졌던 것이 아니라, 유물론자의 입장에서는 자연의 조건에서 '적응'이라는 말은 '비유적으로만 써야 한다'는 뜻으로 말한 것이다.

이런 뜻의 말을 두고 엥겔스가 반박하는 것을 보면, 엥겔스는 듀링의 말을 오해하고 있거나 아니면 일부러 왜곡하고 있는 것이다.

또한 유전에 관련해서 엥겔스는 듀링이 "유기계 전체가 하나의 원시생물에서" 나왔다고 주장하는 다윈주의는 "잘못된 길로" 빠진 것이라고 비판하는 것을 반박하고 있다. 엥겔스는 그 근거로 다윈의『종의 기원』제6판 "끝에서 두 번째 페이지"에 대하여 언급하고 있다[128]. 엥겔스는 여기서도 자신이 왜곡한 사실을 반박의 근거로 사용하고 있다. 엥겔스는 다윈이 "자신은 '모든 생물을 별개의 피조물로 보지 않고 몇 개 소수의 생물의 직계자손'으로 본다고 명백히 밝히고 있다"고 말했다고 주장하면서, 듀링이 "하나의 원시생물"이라고 말한 것에 대하여 반박하고 있다. [129] 말하자면 다윈은 "소수의 생물"이라고 말했지 "하나의 원시생물"이라고 말하지 않았다는 것이다. 그러나 엥겔스가 인용한 구절의 전체 서술을 보면, 다윈은 "우리가 모든 생물을 특수한 창조물로서가 아니라, 캄브리아계 최초의 층이 퇴적되기 훨씬 이전에 생존한 어떤 소수의 생물에서 계통을 이은 자손으로 볼 때, 그러한 모든 생물들은 고귀하게 되는 것처럼 내게는 생각된다"[130]고 말했다. 다윈이 했던 이 말의 정확한 뜻은 최초의 생명발생에 관한 그의 생각을 나타내는『종의 기원』마지막 구절에 보다 명확하게 나타나 있다. [131]

생명이 그것의 여러 가지 능력과 함께 최초에 조물주에 의해 소수의 또는 하나의 형태로 불어넣어졌다는. 그리고 이 지구가 불변의 동력 법칙에 따라 계속 회전하고 있는 동안에 그렇게 단순한 발단으로부터 가장 아름답고 가장 놀라운 무한한 형태가 발생되었고, 또 진화되고 있다는 견해에는 장엄함이 있는 것이다.

기독교, 과학적 무신론, 그리고 항일독립운동

여기서 다윈이 "소수의 또는 하나의" 형태(a few forms or into one)라는 말에서 문맥상의 강조점은 앞의 "소수의"에 있는 것이 아니라 뒤의 "하나"(one)에 초점을 맞추고 있는 것이 분명하다. 이렇게 전체적인 맥락을 보면 엥겔스가 다윈의 "몇 개 소수의 생물"이라는 말 한마디와 듀링의 "하나의 원시생물"이라는 말 한 마디를 맞대놓고, 듀링이 다윈을 잘못 비판하고 있다고 공격하는 것은 타당성이 없는 것이다. 엥겔스는 여기서 헤켈이 "이것은 모두 그 원생적인 단충(單蟲)형태에서 서로 독립적으로 발전한 것"이라는 말을 했다고 인용하고 있다.[132] 헤켈의 "원생적인 단충형태"는 "모든 유기적 생물의 원형생물로서 완전히 동질적이고, 구조가 없고, 형태가 없는 단백질 덩어리"이며, "세포 발생 이전의 형상체"로서 식물과 동물이 분화되었던 "자연발생적인 생물 형태"이다.[133] 이것은 명백히 듀링이 말한 "하나의 원시생물"을 뒷받침하고 있다. 헤켈은 식물계와 동물계와 단세포 생물계는 각각 다른 계통에서 독립적으로 발전한 3개로 보고 있는데, 그렇다면 지구상의 생물들은 3개의 "원생적인 단충형태"의 계통에서 발전한 것일 수밖에 없다. 그런데도 듀링이 헤켈을 공격했다고 엥겔스가 나서서 반격하고 있는 것은 엥겔스가 듀링과 헤켈의 주장을 제대로 이해하지 못하고 있음을 나타낸다.

현존하고 있는 생물의 종이 수백만 개라고 알려진 상황에서 조상이 하나이냐, 또는 3개이냐는 것은 문제의 본질이 아니며 어느 것이 옳은지 확인될 수 있는 것도 아니다. 또한 그렇게 중요하게 논쟁할 것도 아니다. 이런 문제는 다윈이 수백만 개로 변화해온 종의 혈통관계를 진화된 것이라고 말하면서도, 진화의 원인을 제대로 설명하지 않았다는데 있기 때문이다. 사실 "원시생물"이란 말은 다윈은 물론 그 이전의 철학자들이 숱하게 사용했던 말임에도 엥겔스는 듀링의 "원시생물들은 원시 유태인인 아담과 대비시켜 될 수 있는 대로 악평하기 위하여 듀링씨가 발명한 것"이라고 말하고 있다. 엥겔스가 이런 식으로 듀링을 반박하는 것은 사실의 진위조차 혼돈한 것으로 만들고 만다. 그럼에도 엥겔스는 뒤에서 아담은 원시 셈족의 사람이었고, 창세기의 노아 홍수 이야기가 중동 지방에서의 고대 이교도의 종교 신화의 한 구절임에도 이를 모르고 있는 것은 듀링의 불행이라고 비꼬아 말하고 있는 것을 보면, 엥겔스는 다윈을 비판하는 듀링을 공박하기 위하여 억지 주장을 하고 있음을 나타낸다.

이렇게 엥겔스가 듀링의 말을 꼬투리 잡아 심하게 공박하는 것은 학문적 논쟁에서 보면 품위를 잃은 짓이며 정당하지도 않은 주장이다. 그렇다면 이것은 당시 마르크스와 엥겔스의 사정이 학문적 품위나 주장의 정당성을 고려할 여유가 없었다는 증거라고 볼 수 있다. 당시 듀링과 엥겔스 사이에 벌어진 이 논쟁은 듀링이 먼저 다윈과 마르크스를 공격함으로써 촉발된 것이기는 하나, 사실상 이 논쟁은 독일 사회민주당 안에서 듀링과 엥겔스 양쪽 진영이 세력 확장과 주도권을 놓고 벌어진 경쟁과 연계되어 있었던 것이다. 이와 같은 우여곡절이 있었지만, 이후 독일 사회민주당은 듀링의 지지자였던 에두아르트 베른슈타인(Eduard Bernstein, 1850-1932)이 주도권을 잡고 유럽 사회민주주의 형태로 발전하면서 러시아 공산당의 마르크스-레닌주의와 세계 사회주의의 양대 산맥을 형성하게 된다.

(5) 생명의 기원 및 변화의 원리에 대하여

엥겔스는 "자연과학이 아직까지 유기물이 계통 없이 탄생할 수 있다는 것을 증명하지 못했다"고 시인하고, "생명의 기원에 관해서 아직까지도 단언할 수 있는 것은 오직 그것이 화학적 방법으로 출현하였을 것이라는 것뿐이다"고 말하고 있다.[134] 또한 "아직까지는 아무리 대담한 자연발생론자라 하더라도 다만 박테리아나 곰팡이 종류나 기타 대단히 원시적인 유기물만이 이 방법으로 창조할 수 있다고 주장했을 뿐, 곤충이나 어류나 조류나 포유동물이 창조될 수 있다고 주장하지는 않았다"고 실토하고 있다. 이어서 듀링은 생명의 기원문제에 대해서 매우 주목을 끄는 말을 하고 있는데, "유기적인 자연산물"의 연관이 계통에 의해서 발생된 것이 아니라면, "혈통관계가 끊어진 곳에서" 별개의 조상이 출현했어야 할 것이며, 그렇다면 결국 "다시 창조자와 이신론에 도달하게 된다"[135]고 시인하고 있는 것이다. 이 말은 듀링을 공박하는 말이 아니라 유물론자로서 이신론자에 속하는 다윈의 진화론을 옹호함에 있어서 엥겔스가 처해 있는 심각한 딜레마를 고백하는 말이다. 그렇다면 이 말은 자연발생론을 주장하는 유물론자들의 이론적 한계를 인정하는 엥겔스의 독백이라고 볼 수밖에 없다. 왜냐하면 다윈은 결코 유물론적으로 진화론을 설명한 것이 아니었음에도 엥겔스는 유물론적으로 다윈의 이론을 지지하고 수용하고 있기 때문이다. 그래서 엥겔스는 다윈이 자연도태를 설명하면서 변화의 보존을 표현한 것이지 변화의 원인을 표현한 것이 아니었다고 주장하는 것이다. 아직 변화의 원인이 자연도태라는 다윈의 이론을 완전히 인정하지 못하기 때문이다.

엥겔스는 듀링의 글에서 "단순한 성(性)적 구성의 행위만을 이 특성 발생의 근본원리"라는 말을 인용하면서, 이것은 다윈의 자연도태를 왜곡하는 듀링의 "자유 창작물이요 상상물"이라고 반박하고 있다. 그리고 엥겔스는 "이 따위 왜곡"이나 하는 듀링의 "심오한 사상"을 이해하기 위해서는 다음과 같은 듀링의 글이 도움이 될 것이라면서 인용해놓고 있다.[136]

> 만일 생식의 내적 도식 중에서 그 어떠한 독립적인 변화의 원리가 발견되었다면 이 사상은 완전히 합리적이었을 것이다. 왜냐하면 일반적 발생의 원리와 성적 생식의 원리를 통일적으로 파악하고 또 좀 더 높은 입장에서 이른바 자연발생을 재생산(생식)과 절대적으로 대립하는 것으로 보지 않고 오히려 하나의 생산(발생)으로 보는 것이 자연적인 사고방식이기 때문이다.

이 말에서 보면 듀링은 유물론적 자연발생설을 신봉할 수밖에 없는 마르크스주의자로서, 변화의 원리가 빠져 있는 "이 사상" 즉 다윈의 생물학적 진화론에 대해 "완전히 합리적"이지는 않다는 것을 주장한 것이다. 아직까지 유전자의 구조와 메커니즘(mechanism)이 발견이 되지 않았던 당시에 듀링은 '생식의 내적 도식'(생식의 내적 과정)에 대해 잘 모르고 있었다. 그러므로 이 글은 듀링이 자연발생과 재생산(생식)을 좀 더 높은 차원에서 통일적인 하나의 발생원리로 생각할 수 있는 방법은 없는지에 대해서 질문하는 내용을 쓴 것이다. 이렇게 보면 듀링은 생명의 발생에 대해 매우 합리적인 논구를 하고 있을 뿐이다. 그런데 역시 생식 메커니즘을 잘 모르고 있는 엥겔스가 듀링을 가리켜 "이 따위 허풍을 떨 수 있는 바로 이 사람이 부끄러운 줄도 모르고 '잠꼬대' 운운하면서 헤겔을 비난하고" 있다고 억지스럽게 공박하고 있는 것이다. 엥겔스의 이런 행태는 『공산당 선언』에서 수단과 방법을 가리지 말고 프롤레타리아 혁명을 수행하라고 선동한 사람의 특성을 여지없이 보여주는 것이다.

사실 변화의 원리에 대해서는 마르크스와 엥겔스의 변증법이나 다윈의 진화론이나 다 같이 관념론적인 가설이지 입증된 과학은 아니다. 그리고 진화론에서의 생물학적 변화의 원리는 다윈에 앞서 라마르크가 그의『동물 철학』에서 제시한 용불용설에 먼저 나타나 있다. 이 사실을 알고 있는 엥겔스는 "다윈이나 또는 다윈을 추종하는 자연과학자들 그 누구도 라마르크의 위대한 공적을 과소평가하려 하지 않았다"고 진술하고 있다. 그러나 엥겔스는 라마르크 이후 두 가지 과학, 발생학과 고생물학에서 "특이한 일치"가 발견되었고, "이 일치는 진화론(Die Entwicklungstheorie)에 가장 확고한 기초를 부여했다"고 주장한다. 그런데 엥겔스가 "특별한 일치"를 발견했다고 말한 것은 당시 독일에서 헤켈이 생물의 배 발생도 및 생물계통수를 발표한 것과 프랑스의 퀴비에가 각 지층에 묻힌 화석을 연구하여 지질연대와 화석연대를 결정하는 방법을 발표한 것을 가리킨다. 말하자면 헤켈과 퀴비에가 발표한 앞의 학설들이 생물학적 진화론과 일치하는 것을 발견했다고 주장하는 것이다. 그렇지만 헤켈의 배 발생도와 생물 계통수는 뒤에 과학적으로 오류인 것이 판명되었고, 퀴비에의 화석연구에서는 중간 화석이 없다는 것이 증명되었을 뿐이다. 엥겔스는 이런 사실을 예견했었는지 용의주도하게도 "진화론 자체는 아직 연륜이 짧다"고 하면서, "연구가 진행됨에 따라 종의 진화과정에 관한 오늘날의 엄격한 다윈의 견해가 많은 수정을 받을 것임은 의심할 수 없는 사실"이라고 말해놓고 있다.[137] 엥겔스의 말은 정확히 오늘날의 다윈주의를 반영하고 있다. 다윈의 이론은 이제 다윈의 원래 주장과는 전혀 다르게 변형되었기 때문이다. 그러나 오늘날 변형된 이론도 사실과는 다른 허구적인 가설에 지나지 않는 것이다.

그리고 엥겔스는 다윈의 "유기적 종의 진화에 관하여" 듀링이 가지고 있는 견해를 비판하고 있다. 듀링은 "종의 …… 가변성은 용인할 수 있는 하나의 가정"이므로 "동종의 자연산물이 어떠한 계통에 의하지 않고 서로 독립하여 병존한다"는 것도 가정적으로 용인할 수 있는 것이라고 말했다. 이것은 듀링이 자연발생과 생식발생을 모두 인정하고 있음을 의미한다. 그러므로 듀링은 생식발생에 의한 계통이 매개하는 종의 변화는 "자연에 대해 부차적으로 작용하는데 불과"한 것으로 보면서 이 두 가지의 발생원인에서 우연히 동종의 자연산물이 나타날 수 있다고 가정하는 것이다. 따라서 듀링에게 만물의 특질이 심오하게 서로 다른 이유와 근거는 "우주의 제 관계"에 의한 생존조건에서 찾아야 하는 것이고, "그 반면에 다윈이 역설하는 자연도태는 이차적으로만 문제"가 되는 것이다. 듀링의 견해에서는 다윈의 진화이론은 제한된 이차적 범위에서만 유효한 것이며, 이것은 형태변화(Metamorphose)와 혼동할 소지가 있으므로 주의해야 하는 것이다. 그러므로 듀링에게는 오히려 구성(Komposition)이라는 말을 쓰는 것이 분명하다. 앞에서 엥겔스가 지적했듯이 다윈의 자연도태 이론이 변화의 보존만을 다룬 것이라면, 다윈의 이론은 구성적인 변화를 논의한 것에 불과한 것이기 때문이다. 사실 변화의 원리는 훨씬 뒤에 제임스 왓슨과 프란시스 크릭에 의하여 유전자의 조합에 있음이 밝혀졌다. 그런데 엥겔스는 듀링의 말의 뜻을 제대로 이해지도 못하고 말꼬리를 잡고 늘어지면서 "니벨룽겐의 반지의 작가와 비견될 수 있다는 것을 축하하자"고 비아냥거림과 공박을 동시에 퍼붓고 있는 것이다.[138]

　　　　　　　　기독교, 과학적 무신론, 그리고 항일독립운동

여기까지 다시 살펴보면, 유물론자 듀링은 다윈의 진화론이 아직 합리적인 근거를 가지고 있지 못하다는 사실을 지적했고, 같은 유물론자 엥겔스는 다윈을 옹호하기 위하여 듀링을 왜곡하고 막무가내로 공격하고 있음을 볼 수 있다. 엥겔스는 유물론자 듀링을 왜곡하여 맹렬히 반박하는 것과는 반대로, 이신론적인 다윈의 잘못된 이론은 맹렬히 옹호하고 있다. 이것은 다윈의 진화론을 유물사관에 이미 끌어들였기 때문이다. 여기서 엥겔스는 공산주의 창시자로서 같은 공산주의자끼리도 경쟁에서 적이 되면 서로가 처절한 공격의 대상이 될 뿐이며, 필요하면 적과도 연합할 수 있다는 사실을 보여주고 있다. 이후에 나타난 공산주의 역사에서 보면 그의 추종자들이 정치적 권력 투쟁에서 이와 같은 일을 그대로 답습하고 있는 사건들을 수없이 많이 보게 된다.

(6) 엥겔스의 유기체 이론: 세포와 감각

엥겔스는 『반듀링론』 제1부 제8장 "자연철학·유기계(결론)"[139]에서 듀링이 무기물에서 유기물인 단백질의 형성, 단백질과 세포, 그리고 생명의 출현 등에 관련하여 논의한 것에 대하여 비판하면서 그의 유기체 이론을 전개한다. 엥겔스는 여기서 종의 기원만을 다룬 생물학 제2차 법칙인 다윈의 생물학적 진화론 영역을 벗어나 제1차 법칙인 생명의 기원에 관련한 영역으로 한 발짝 들어간다. 말하자면 엥겔스는 자기도 모르는 사이에 나중에 오파린에 의하여 개척되어야 할 생명의 기원 논의를 한발 앞서 시작한 것이다. 이 8장은 뒤에 오파린의 『생명의 기원』에 결정적인 영향을 미치고 있다는 사실을 뒤에서 보게 될 것이다.

엥겔스는 먼저 듀링의 수학 및 자연과학에 관한 박식을 '보잘 것 없는' 것으로 평가한다. 왜냐하면 듀링이 "유기물에 관한 학문(생물학)에서 진화라는 말 대신에 구성이라는 말을 쓰자고 제안한 것을 보면" 듀링이 스스로 무식을 폭로하고 있기 때문이다.[140] 그리고 엥겔스는 듀링이 "중력의 작용을 받는 원자"라는 말을 쓴 것을 꼬투리 잡아서 맹렬하게 공박한다. 엥겔스는 듀링의 이 말이 "원자와 분자 사이의 구별"도 하지 못하는 것이라고 하면서 "원자는 중력이나 다른 역학적 또는 물리학적 운동 형태에 의하여 존재하는 것이 아니라 화학적 작용에 의해서만 존재한다는 것은 잘 알려져 있다"[141]고 주장한다. 분자를 구성하는 것이 원자라는 것은 당시에도 과학적 상식으로 알려진 사실이다. 그런데 분자가 중력의 작용을 받는 것이라면 그 구성물인 원자가 그 작용을 받지 아니한다고 어찌 말할 수가 있는가? 그리고 원자는 화학적 작용에 의해서 존재하는 것이 아니라 본래 원자로 존재하는 것이다. 오늘날 현대인의 상식수준에서 보아도 듀링과 엥겔스 사이에 누구의 주장이 옳고 그른지는 중학생이면 다 알 수 있을 것이다.

그리고 엥겔스는 "유기체는 가장 저급한 것을 제외하면 모두가 세포 즉, …… 단백질 덩어리로 되어 있으며, 이 세포는 그 내부에 세포핵을 가지고 있다"고 설명한다. 엥겔스에 의하면, 모든 "세포는 반복되는 세포분열에 의하여 동물의 알 속에 있는 배종이 수정 뒤에 차차 완전한 동물로 발육"하는 것이며, 동일한 방식으로 증식하며, 발육하고, 성장해서는 "소모된 조직의 교체"가 일어난다. 엥겔스는 이렇게 유기체가 형성되는 '발육'의 과정을 설명하면서, 이 과정을 '구성'이라는 말로 쓰자고 제안한 듀링에 대해서 "무식을 폭로"하고 있다고 또 한 번 공박한다. 그런데 다윈은 진화의 원인에 대해서는 자연도태에 의한 변이에 대해서 언급했을 뿐, 달리 설명하지 않았다. 그래서 듀링은 '진화'의 원인으로서 변이라는 것을 단순히 구성의 변화를 의미하는 것으로 이해하고 있다. 그러나 듀링은 유기체의 형성과정인 '발육'을 '구성'이라는 말로 쓰자고 한 것이 아니라, 다윈의 '진화'는 단순히 유기체의 '구성'의 변화를 의미하고 있다고 주장한 것이다. 이런 논쟁에서 현대인의 과학적 상식에서 보아도 엥겔스가 무식한지 듀링이 무식한지를 금방 알 것이다.

엥겔스는 생명에 대해 "무기계도 역시 자기를 완성하는 운동의 체계이다. 그러나 …… 물질 순환의 매개와 고유한 배열이 시작되었을 때 비로소 좁고 엄밀한 의미에서 진정한 생명을 말할 수 있다"는 듀링의 말을 인용하고 있다.[142] 여기서 "물질 순환의 매개"라 함은 신진대사를 뜻하는 것이며, "고유한 배열"이란 생명체의 기관의 구성을 의미하는 것이다. 그런데 엥겔스는 듀링을 반박하여, 배열이라는 관점에서 보면 단세포 동물은 무생물로 취급되어야 할 것이며, 순환이라는 관점에서 보면 모든 식물과 "심장이 없거나 또는 다수의 심장을 가지고 있는" 동물은 무생물이라고 해야 할 것이라고 주장한다. 엥겔스의 이런 반박은 현대생물학에서 보면 순전히 억지이다. 그러나 유물론자 세계에서의 법은 터무니없는 억지라도 권위나 세력이 큰 자가 이기는 것이다.

억지스러운 엥겔스의 비판은 계속된다. 듀링은 자연계의 "모든 유기체의 근저에는 한 가지 유형이 있다"고 하면서, 이 유형은 "가장 불완전한 식물의 가장 저급한 활동 속에서도 벌써 그 일반적인 본질을 완전히 드러내고 있다"고 말했다.[143] 엥겔스는 이러한 듀링의 주장은 "완전히 무의미한 주장"이라고 일축한다. 그리고 "유기계에서 볼 수 있는 가장 단순한 유형은 세포"라고 하면서, "세포보다 훨씬 저급한" 최하급 유기체라는 것들을 열거하고 있다. 원생 아메바, 어떠한 분화도 없는 단순한 단백질 덩어리, 기타 일련의 적충(Monere)과 수관이 있는 모든 해초류(Siphoneen)가 그것들이다. 엥겔스는 앞에서 서술한 바와 같이 듀링이 세포를 모르고 있다고 공박하고 있는 것이다. 생물은 모두 세포로 구성되어 있다는 세포학 이론은 당시에도 이미 독일에서 비르효에 의하여 발표되어 있었고 엥겔스도 알고 있다. 그런데도 엥겔스는 세포가 아닌 단백질 덩어리를 최하급 유기체에 포함시키고 있다. 말하자면 엥겔스가 저급한 유기체들에 단백질 덩어리를 포함시키고 있는 것은 생명체로 인정하고 있다는 뜻이므로 그의 말에 스스로 모순을 드러내고 있는 것이다. 이에 대해서 엥겔스는 "세포보다 훨씬 저급한" 생물들은 모두 "그 본질적인 성분이 단백질이고, 따라서 단백질 기능을 수행함으로써, 다시 말하자면 살고 죽음으로써 고급 유기물과 연결되어 있는 것에 불과하다"[144]고 설명한다. 엥겔스는 이렇게 세포 이전의 단백질 자체를 생물로 보는 그의 독특한 유물론적 생명관을 진술하고 있는 것이다. 이것은 그대로 공산주의자들의 생명관의 교의(敎義)가 되었다. 엥겔스의 관점에서 생명체는 단백질 덩어리에 지나지 않는다. 그러므로 그에게 생명은 단백질의 화학작용으로 보일 수밖에 없다. 우리는 이런 과학적 무신론의 가설을 뒤에서 논술하는 오파린의 『생명의 기원』에서 발견할 수 있다.

엥겔스는 감각을 동물계의 특징으로 보는 듀링의 관점을 반박하기 위하여 "식물과 동물 사이의 경계는 감각으로의 비약이 완성된 점"에 있다는 듀링의 말을 인용하고 있다. 듀링에 의하면 이 경계는 "이렇게 외면적으로 불확정적인 또는 확정할 수 없는 형태를 통해서 논리적으로 요구되는 것"이다. 그리고 "식물에는 완전히 그리고 영원히 감각의 흔적이 없고 또 감각에 대한 소질도 없다." 엥겔스는 이러한 듀링의 말 외에도 헤겔의 『자연철학』에서 "감각은 특수한 분화로, 동물의 절대적인 특성"이라는 말까지 끌어다 놓고 두 사람을 동시에 비판하기 시작한다.[145] 여기서 첫째로는 듀링이 헤겔의 말을 "최후의 궁극적 진리"라고 인용한 것을 "서투른 수작"이라고 비꼬고 있다. 둘째로는 동물에게만 감각이 있다는 이 두 사람의 말에 대해 엥겔스는 식충식물을 예로 들어 반박하고 있다. 셋째로 엥겔스는 듀링이 원생동물과 식충류 등은 어떤 신경기관의 흔적이 없다고 한 말과 생리학적으로 "감각은 그 어떤 신경기관이 현존하는 것과 결합되어 있다"고 한 말을 반박하고 있다. 엥겔스는 "감각은 반드시 신경과 결합되어 있는 것이 아니라 오히려 상세히 확증되지 못한 일종의 단백체와 결합되어 있는 것"이라고 반박하고 있다. 이 두 사람의 논쟁을 보면 당시의 생물학 수준을 알 수 있다. 그런데 엥겔스는 여기서 듀링이 다윈에게 "동물은 식물에서 진화한 것인가?"라고 질문한 것을 두고, "형체를 형성하는 도식화를 매개로 하여 수행되는 신진대사야말로 생명과정의 특징이다"[146]라는 것밖에는 말할 줄 모른다고 듀링을 또 다시 핀잔한다.

(7) 엥겔스의 생명관

듀링에 대한 비판을 마친 엥겔스는 이어서 자신의 생명관에 관한 진술을 시작하겠다고 하는데, 이 부분 역시 유물론자의 생명의 기원론과 관련하여 매우 중요하다. 왜냐하면 뒤에 오파린이 화학적 진화론을 다룬 『생명의 기원』에서 여기에 나오는 엥겔스의 말을 그대로 인용하여 그의 이론을 정당화하는 근거로 삼고 있기 때문이다.

그렇지만 엥겔스는 아직도 듀링을 비난하는 것을 멈추지 못하고 있다. 그는 먼저 "유기적인 신진대사가 생명의 가장 일반적이고 가장 특징적인 현상"이라는 것은 30년 동안이나 알려진 과학적 상식이라고 전제한다. 엥겔스는 듀링이 이것을 "형체를 형성하는 도식화에 의한 신진대사"라는 말로 바꾸어 놓았지만, 이것들은 모두 "생명을 생명이라고 정의하는 것과 똑 같다"고 주장한다. 왜냐하면 엥겔스는 "신진대사는 생명이 없어도 일어나는 것"이라고 이해하기 때문이다. 엥겔스는 그러한 예로서 "유황을 연소시켜 유황산을 제조하는" 과정과 "트라우베((Moritz Traube)의 인공세포"[147]에 의한 피막 실험을 제시하고 있다. 그러나 현대 과학상식으로 보면, 엥겔스가 이것을 생물의 신진대사와 같은 것으로 보면서 듀링을 비난하는 것은 말도 되지 않는 억지를 쓰는 것이다. 신진대사는 생명체에게만 있는 섭취와 배설 작용을 가리키는 말이기 때문이다. 엥겔스가 생명이 없는 신진대사라고 본 앞의 예는 화학적 작용일 뿐이고, 뒤의 예는 삼투압 현상을 말하는 것에 불과한 것이다.

엥겔스는 이러한 신진대사만으로는 생명을 설명할 수 없다고 주장하면서 공산주의 유물론에서 가장 유명한 명제 중의 하나인 "생명은 단백질의 존재양식"[148]이라는 말을 한다. 그리고 "단백질의 존재양식은 이 물체의 화학적 성분의 부단한 갱신에서 성립"하고 있다고 한다. 엥겔스는 이 말을 바꾸어서 이렇게 다시 말한다. "생명이 있는 곳이면 어디서나 이 생명이 단백질과 함께 있는 것을 본다. 그리고 아직 분해되지 않은 한 개의 단백질이 있는 곳이면 어디서나 예외없이 생명현상이 있는 것을 발견한다."[149] 엥겔스의 생명론은 이렇게 "이미 모든 본질적인 생명현상들"을 보여주는 "단백질 덩어리"가 "가장 저급한 생물"이라는 관점에서 시작한다. 나아가서 엥겔스는 "이러한 생명현상 중에서 특수한 분화가 일어나려면 이 생명체 중에 다른 화학적 결합이 반드시 출현할 필요가 있다"고 강조한다. 엥겔스는 단백질의 본질과 생명의 본질을 같은 것으로 보고 있다. 엥겔스에 의하면 살아 있는 단백질은 자체적으로 노쇠한 부분을 분해하고 배설하며, 그동안에 다른 물질을 섭취하고 중화하는 데 그 본질이 있는 것이다.[150] 풍화된 암석, 산화된 금속 등의 생명이 없는 무기물의 괴멸은 단백질의 생존조건이 되고 있다. 그러나 이런 과정에서 부단한 대사가 멈추는 순간 단백질은 분해되기 시작한다.

엥겔스에 의하면, 이와 같은 "단백질의 존재양식은 어떤 순간에나 그 자체인 동시에 또한 타자인 것에서 성립한다." 생명으로서의 단백질에는 "자발적 과정"으로서 "섭취와 배설에 의해서 야기되는 신진대사"가 있다는 점이 생명 없는 물체와 다른 것이다. 이어서 엥겔스는 신진대사의 자발적 과정은 그 담지자인 단백질에게 "내재적이고 선천적인 것"이며, 이 과정이 없다면 "단백질은 있을 수 없는 것"이라고 한다. 말하자면 단백질에는 "내재적이고 선천적인" 신진대사가 있다는 것이다. 그러므로 만약 화학이 인공적으로 단백을 제조하는데 성공했다고 하려면, 이러한 생명현상이 미약하게나마 나타나야 한다는 결론을 내린다.

이러한 엥겔스의 결론에 따라서 오파린은 『생명의 기원』을 저술하였고, 단백질에서 생명현상을 발견하고자 죽을 때까지 실험했지만 결국 실패했다. 엥겔스가 여기서 하는 말들은 오파린에게 생명의 기원을 연구하는 지침으로 인용되었으며, 결국 오파린에게는 다윈의 생물학적 진화론과 함께 엥겔스의 생명론이 『생명의 기원』이라는 화학적 진화론의 근거가 된 것이다. 그러나 생명체 밖의 단백질이 신진대사를 한다고 하는 엥겔스의 억지 주장은 계속된다. 엥겔스는 생명을 본질적으로 "단백질의 존재양식"으로 파악하고 여기서 나타나는 섭취와 배설의 신진대사 및 생명의 기타 모든 단순요소는 단백질 특유의 유연성에서 파생된다고 다음과 같이 설명한다.[151]

① 감수성(Reizbarkeit): 단백과 그 영양물 사이의 교호작용 속에 이미 벌써 들어 있다.

② 수축성(Kontraktibilität): 대단히 저급한 단계에서도 음식물을 소화시킬 때 벌써 나타난다.

③ 성장의 가능성(Wachstumsmöglichkeit): 가장 저급한 단계에서도 분열에 의한 증식에서 볼 수 있다.

④ 내적인 운동(innere Bewegung): 이것이 없으면 영양물의 소화나 흡수가 불가능하다.

엥겔스는 이와 같은 생명에 대한 그의 정의가 아직 불충분한 점을 시인하고, 그 이유로서는 모든 생명현상을 포괄한 것이 아니라 가장 일반적이고 가장 단순한 생명현상에만 국한해서 파악했기 때문이라고 말한다. 그러나 그는 모든 생명의 현상들을 파악하지 못한 한계를 가지고는 있지만, 그의 생명의 정의도 "해로운 것은 아니다"라고 말한다.[152] 엥겔스의 이러한 생명론으로 인하여 유물론자들이 생명을 얼마나 무가치한 것으로 경시하게 되었으며, 그로 인하여 인류에 얼마나 해악을 끼쳤는지 당시 엥겔스 자신은 상상도 못했을 것이다. 오늘날 생물학에서 밝혀진 사실은 단백질이 신진대사 기관에서 효소로서 작용을 하는 것이지 단백질 자체가 생명현상의 기초 활동인 신진대사를 하는 것은 아니다. 그리고 생물은 자신에게 필요한 단백질을 자신의 DNA 또는 RNA의 지시로 만들어낸다.

엥겔스는 이 장에서 마지막으로 듀링이 "지구의 범위보다도 더 넓은 범위를 가진 의식학(Bewusstseinslehre)의 단초"를 전개하기 전에 "쾌락과 고통을 불러일으키는 능력은 감각기관이라는 특수한 장치에만 있는 것이 아니라 모든 대상세계에도 있다"고 말했음을 지적하고 있다. 듀링은 감각적인 쾌락과 고통의 대립은 보편적인 것이므로 "전 우주의 어떤 세계에서나 본질상 동일한 감정을 통하여 나타난다"고 가정했다. 또한 듀링은 "우리에게는 주관적 세계가 객관적 세계보다 그다지 낯선 것"은 아니며 "이 양 세계의 구조는 통일적 유형에 의해서 생각되어야"한다고 주장했다. 그러나 엥겔스는 이러한 듀링의 주장을 "은하계로 서둘러 도망"치는 것이라고 야유하면서, "지상의 자연과학에서 다소간 오류를 범하였다고 하여도 그것이 무슨 문제가 되겠는가?"[153]라고 아예 듀링을 자연과학에서 오류를 범한 자로 취급하고 있다.

이와 같은 엥겔스의 유물론적 생명관은 그로부터 40여년 뒤에 나타난 오파린이 『생명의 기원』을 쓰는 지침이 되었다. 엥겔스는 이렇게 『반듀링론』을 통하여 다윈의 생물학적 진화론이 그의 유물진화론을 거쳐 오파린의 화학적 진화론으로 건너가는 교량을 만들어주었다.

(8) 『자연변증법』 등에서 다윈의 진화론 인용

엥겔스는 마르크스가 죽은 후 자신이 저술하다가 미완성 유고로 남긴 『자연변증법』에서도 다윈을 인용하고 있다. 엥겔스는 특히 [주석과 단편]에서 "과학의 역사에 대하여" 논하면서, 자연과학이 18세기의 기계적 일면성을 극복하고 19세기의 경험주의 과학으로 비약적인 발전을 이루었음을 지적한다. 엥겔스는 자연과학 발전의 원인으로 세 가지 위대한 발견을 꼽고 있다.[154] 첫째는 "에너지 전화" 즉 "해명되지 않은 현존재를 움직이게 하는 자연의 무수한 모든 작용원인"이 이것으로 증명되었다고 주장한다. 다시 말하면 물체의 운동이 '열의 일당량'에 의해 측정이 가능해짐으로써, 자연의 운동은 철학의 주장이 아니라 자연과학적 사실로 통일되었다는 것이다. 둘째는 유기세포의 발견으로 유기체의 생성, 성장, 구조의 비밀이 벗겨졌음을 꼽고 있다. 세 번째는 유기체의 다양성에 대한 본질적인 물음에 다윈의 진화이론이 통합적으로 대답했다는 것이다. 여기서도 엥겔스는 다윈의 진화이론을 가장 중시한다. 이로 인하여 단순한 것으로부터 복잡한 것으로, 나아가서 인간에 이르기까지 생물의 진화계열이 증명되었으며, 모든 유기체의 현재 상태는 물론 인간정신의 전사까지도 해명이 가능하게 되었다고 보기 때문이다.[155] 엥겔스는 만약 "이러한 전사가 없다면 사유하는 인간두뇌의 존재는 불가사의"로 남아 있을 것이라고 했다. 그는 이렇게 하여 유물론적 자연관이 "지난 세기와 전혀 다른 견고한 다리로 서게 되었다"고 주장한다. 여기서 엥겔스는 포이어바흐를 비판하는 이유를 분명하게 밝히고 있다. "왜냐하면 그는 관념론자들로부터 완전히 벗어나지 못했기 때문이다."[156]

엥겔스는 이렇게 힘써 다윈을 옹호하면서 유물사관과 진화론의 결합을 이루어내고 있다. 그리고 그가 이를 결정적으로 증언한 것은 1883년 자신의 안락의자에 앉은 채로 숨진 마르크스의 장례식에서 행한 엥겔스의 추도사를 통해서였다. 바로 1년 전인 1882년에 죽은

기독교, 과학적 무신론, 그리고 항일독립운동

다윈의 장례식은 국민장으로 장엄하게 치러졌고, 그의 시신은 웨스트민스터 교회 묘지에 매장되었다. 그러나 마르크스는 11명의 조문객들만이 모여서 런던 외곽의 하이게이트 공동묘지 한 구석 그의 아내 묘지 곁에 초라하게 묻히고 있었다.[157] 이 자리에서 엥겔스는 추도사를 통해 인간 역사의 발전 법칙을 발견한 마르크스의 업적과 자연 역사에서 진화의 법칙을 발견한 다윈의 업적을 동등한 것으로 비교했다. 이러한 비교는 엥겔스가 다윈의 생물학적 진화론과 마르크스와 그의 유물사관이 동등하게 과학적이라는 것을 강조하려는 의도를 담고 있다. 엥겔스는 여기에다가 마르크스의 과학적 업적을 하나 더 추가하는데, 바로 자본주의 사회의 생산관계에서 잉여가치를 발견한 것이다. 엥겔스에 의하여 마르크스는 다윈을 능가하는 과학자가 되었고 마르크스와 엥겔스의 유물진화론은 누구도 부인할 수 없는 과학적 사회주의로 선포되었다.

자크 아탈리는 과학적 사회주의 창시자 마르크스의 과학지식에 관련해서 라파르그(Parul Lafargue)는 "마르크스는 고급수학에서 가장 논리적이고 단순한 형태의 변증법적 운동을 다시 발견"하곤 했으며, "'과학이란 수학을 사용할 줄 알 때만이 진정으로 발전된다'고 그는 말하곤 했다"고 증언하고 있다.[158] 엥겔스는 『반듀링론』과 『자연변증법』에서 보여준 바와 같이 물리학과 화학에 열정을 가지고 있었다. 나아가 엥겔스는 마르크스가 죽은 다음 해인 1884년에는 다윈의 진화론적 연구 방법을 사회이론에 적용하여 『가족, 사유재산, 국가의 기원』을 쓰기도 했다. 엥겔스에 의하면 사회도 유물론적으로는 진화하는 생명체이다. 이렇게 하여 유물론은 다윈의 진화론과 결합하여 유물진화론이 된 것이다. 마르크스와 엥겔스의 추종자들은 다윈의 생물학적 진화론과 결합한 변증법적 유물사관을 의심할 수 없는 과학적 사회 법칙으로 인식하게 되었다.[159] 다윈의 생물학적 진화론은 마르크스와 엥겔스에 의하여 유물진화론에 녹아들게 되었다. 다윈의 생물학적 진화론을 마르크와 엥겔스의 유물진화론과 같이 '과학적 무신론'의 범주에 포함해야 하는 이유가 여기에 있는 것이다. 말하자면 과학적 무신론이라는 새로운 종이 된 것이다. 마르크스와 엥겔스의 이론은 어떤 이름으로 불려도 그것은 과학적 무신론일 뿐이다. 과학적 무신론은 마침내 러시아 공산주의 혁명의 성공에 힘입어 러시아와 아시아 대륙에서 큰 불길을 일으켰다. 러시아 공산주의 혁명의 성공은 과학적 무신론에 현실적 생명력을 불어넣는 원동력이 되었다. 과학적 무신론은 반대자들을 무자비하게 탄압하고 처형하는 공산주의 바람을 타고 세계적으로 퍼져나갈 수 있게 되었던 것이다.

3. 과학적 무신론의 발전과정에서의 논쟁들

1) 마르크스 교조주의와 수정주의 논쟁

(1) 독일 사회민주당과 수정주의 논쟁의 시작

마르크스는 『자본론 Ⅰ』(1867)을 출판한 이후에도 엥겔스와 함께 공산주의 운동을 계속하였다. 마르크스와 엥겔스의 영향 아래 1869년 독일에서 사회민주노동당이 결성되었고, 1970년 선거에 참여하여 2석을 얻었다. 1871년 3월에는 파리코뮌(Paris Commune)이 출범했다. 특히 파리코뮌이 성립하는 것을 보고 마르크스와 엥겔스는 공산주의 혁명이론이 성공했다고 환영했으나, 아쉽게도 5월에 곧 진압되고 말았다. 파리코뮌은 두 달 만에 괴멸됨으로써 그 짧은 생애를 마감했음에도 불구하고, 정교분리를 선언하는 것을 빼놓지 않았다. 이것은 당시 프랑스의 국교이던 로마가톨릭을 국가로부터 분리하자는 것이었다. 기독교 국가주의를 따랐던 유럽인들에게 파리코뮌은 처음으로 기독교와 분리된 국가체제를 잠깐이나마 선보였던 것이다. 파리코뮌은 더 이상 기독교는 마르크스 공산주의 세력에 의해서는 비호를 받을 수 없다고 선언한 것이다. 파리코뮌이 짧은 생명을 끝마치자, 마르크스는 파리코뮌의 실패를 『프랑스 내전』(1871)에서 정리했다. 그는 새로운 국가를 건설하려면 권력을 장악하는 것과 동시에 기존의 국가를 파괴해야 하는데 파리코뮌은 그렇게 하지 않아서 실패했다고 지적했다.

1872년 헤이그에서 개최된 6차 회의에서 제1인터내셔널은 심각한 노선 갈등이 일어났다. 당국의 탄압이 심해지고 반대파가 득세하자 마르크스는 제1인터내셔널 본부를 뉴욕으로 옮기기로 결정했다. 독일 사회민주노동당은 1874년 선거에서 라살레(Ferdinand Johan Gottlieb Lassalle, 1825-1864)가 주도하는 전독일노동자동맹과 연합하여 9석을 얻었다. 그러자 1875년에 전독일노동자연맹과 사회민주노동당이 합쳐 독일 사회주의노동당을 창당하면서 "고타강령"을 채택했다. 마르크스는 강령의 내용이 그의 공산주의 이론과 다른 것을 보고 『고타강령 비판』을 써서 수정을 요구했으나 라살레파에 의하여 거부되고 말았다. 이에 상심한 마르크스는 미국에서 실질적인 활동을 하지 못하고 있던 제1인터내셔널을 해체해버렸다(1876). 그리고 마르크스와 엥겔스는 독일사노당 내에서 세를 확장하는 듀링이 마르크스와 다윈에게 비판의 포문을 열자, 그에 대해 반박하는 논문들을 써서 앞에서 논의한 『반듀링론』을 출판한 것이다(1878). 엥겔스가 대부분을 저술한 『반듀링론』은 마르크스의 『자본론』과 더불어 공산주의 유물론 사상에 가장 핵심적인 이론서이다.

독일 사노당은 세계 최초의 사회주의 정당이었으나, 1878년 철혈 재상 비스마르크(Otto Eduard Leopold von Bismarck, 1815-1898)의 "사회주의 규제법"에 의하여 불법화되었다. 그럼에도 불구하고 독일사노당은 1889년에 파리에서 사회주의 인터내셔널(Socialist International: 통칭 "제2 인터내셔널")의 재창립을 주도하였고 8시간 노동을 주장하였다. 그밖에도 미국 총파업이 일어났던 5월1일을 국제노동운동 시위일로 지정하는 등 사회주의 운동에서 국제적 지도력을 과시했다. 독일사노당은 비스마르크가 물러나고 1890년에 "사회주의 규제법"이 폐기됨으로써 합법적으로 활동을 재개했다. 그리고 의회선거에 참여하여 20%의 득표율로 35석을 획득했다. 독일사노당이 의회선거에 참여하는 것은 마르크스주의의 혁명을 위한 투쟁을 포기하는 것이었다. 이때 마르크스는 이미 죽었지만 엥겔스는 아직 살아 있었다. 엥겔스는 독일사회민주당이 재창당(실제로는 독일사노당의 이름만 바꾼 것이다)하면서 채택한 에르푸르트 강령(1891)이 대부분 그들의 이론을 따라 작성되어 있음에 크게 고무되었고, 런던에 있으면서도 이 당의 자문역을 기꺼이 맡기로 동의했다. 에르푸르트 강령은 카를 카우츠키(Karl Kautsky, 1854-1938)가 자본주의 붕괴에 의한 사회혁명의 필연성을 기술한 전반부와 베른슈타인이 혁명의 구체적인 실천 방법을 기술한 후반부로 구성되어 있다.

마르크스주의에 대한 본격적인 수정주의 논쟁은 에르푸르트 강령에서 시작되었다. 이 강령을 기초한 위 두 사람은 초기 독일사민당에

기독교, 과학적 무신론, 그리고 항일독립운동

서 마르크스 교조주의와 수정주의를 실질적으로 대표하는 인물이었다. 카우츠키는 다윈주의자였다가 마르크스 이론가로 변신하여 '다윈주의적 마르크스주의자'라고 불리게 된 인물이며 초기에는 교조주의를 대표하는 인물이었다.[160] 그의 마르크스주의 해석에 의하면 자본주의 체제는 필연적으로 붕괴될 것이므로 프롤레타리아트는 직접 폭력적 혁명운동을 할 것이 아니라, 기다리기만 하면 되는 것이다. 베른슈타인은 역사는 단지 누적적으로 발전하는 것이므로 혁명에 의해 단절되어서는 안 된다고 주장했다. 베른슈타인은 엥겔스의 혹독한 비판을 받았던 오이겐 듀링의 지지자였다. 그는 또한 자유주의가 곧 사회주의라고까지 말했다. 이들은 초기 독일사민당의 좌파와 우파의 양축을 이끈 인물들이었지만, 실천적인 면에서 폭력적인 혁명운동에는 공통적으로 소극적이었다. 그렇지만 이들은 초기 독일사민당의 마르크스주의 해석과 실천적 적용을 둘러싸고 교조주의와 수정주의 이론 투쟁을 주도한 대표적 인물들이었다.

1895년까지 살았던 엥겔스는 죽기 전에 독일사민당에 대해 합법적인 정당으로서의 가능성을 보고 매우 기뻐했다.[161] 그러나 이 정당은 마르크스의 급진적 폭력 혁명이론을 완전히 포기하고, 프롤레타리아의 생활 조건을 현실에서 개선하는 데 주력하는 수정주의 노선으로 나아갔다. 이러한 수정주의적 전환은 교조주의적 마르크스주의자들에게는 무오류의 마르크스주의 이론을 심각하게 훼손하는 것이었다. 이렇게 되자 제2인터내셔널에서 마르크스주의에 대한 이론과 실천의 방법에 대한 논쟁이 만발하게 되었다. 그러나 독일사민당은 수정주의적 변화의 정당성의 근거를 엥겔스에게서 찾았다. 엥겔스는 의회에 진출한 독일사민당을 환영했을 뿐만 아니라, 1895년 재출판한『프랑스에서의 계급투쟁』서문에서 의회 장악을 통한 마르크스주의 실현에 긍정적인 전망을 진술했기 때문이다.[162] 그리고 기독교적 전통을 가진 유럽에서는 마르크스주의자들조차 종교폐지와 폭력 혁명론에 대해 전적으로 동의하는 것은 아니었다. 마르크스주의자들 사이에 일어난 이념 논쟁은 교조주의 그룹이 러시아로 넘어가기까지 더욱 확대될 일이었다. 마르크스와 엥겔스의 정치적 야망은 불운하게도 생전에는 이루지 못했지만, 그들이 죽은 후에 레닌이 대신 이루어주었다. 그러나 공산주의에 의한 유토피아 건설의 야망은 스탈린 등에 의해 인류에게 혹독한 재앙을 가져왔을 뿐, 인간에 의해서는 실현 불가능한 것으로 증명되면서 끝났다.

2) 마르크스–레닌주의로의 발전

(1) 레닌의 망명과 마르크스주의 연구

이 당시 레닌은 러시아제국에서 변호사 시험에 수석 합격하여 변호사 활동(1891)을 하고 있다가, 『자본론 I 』을 읽고 이에 심취하여 마르크스에 대한 연구차 유럽 여행을 하기도 했다. 그는 『공산당 선언』을 러시아어로 번역하고(1892) 상트페테르부르크에서 '노동계급해방투쟁동맹'을 결성(1895)했으나 체포되어 시베리아에서 유형생활을 했다. 3년 형기를 마친 그는 유럽으로 가서 1차 망명생활을 시작했다. 레닌은 이때 러시아 사회민주당을 창당(1898)한 러시아 마르크스주의 아버지 플레하노프(Georgy Valentinovich Plekhanov, 1856–1918)를 만났다. 이들은 마르토프(Martov, 본명 Yuly Osipovich Tsederbaum, 1873–1923) 등과 함께 「이스크라」지를 창간(1900)하고 논문을 발표하기 시작했으나, 당국의 눈을 피해 유럽을 전전해야 했다. 레닌은 이 시기에 『무엇을 할 것인가?』(1902)[163]라는 도발적 제목의 저작을 출판하여 주목을 끌었다. 이 책은 혁명가로 조직된 공산당 당원이 주도적으로 프롤레타리아 집단을 이끌어야 한다는 주장을 기술하고 있는 것이다. 이런 활동으로 그는 곧 마르크스 정통주의자들 및 러시아 마르크스주의자들에게 지도적 인물로 떠오르게 되었다. 1903년에는 러시아 사회민주당의 제2차 대회가 브뤼셀과 런던에서 열렸는데, 여기서 당원 자격 문제를 표결한 결과 다수표를 얻은 레닌측이 볼셰비키(다수파)의 이름을 가지게 되었다. 레닌에 반대했던 플레하노프와 마르토프는 멘셰비키(소수파)의 이름을 얻게 되었다.[164] 이를 계기로 레닌은 볼셰비키의 지도자가 되었고 플레하노프와 결별하여 「이스크라」지를 떠났다. 러시아에서 노일전쟁(1904~1905)의 여파로 제1차 혁명이 발발(1905)했다는 소식을 듣고 귀국했던 레닌은 니콜라이2세 황제(Tsar Nicholas II, 1868~1918: 재위 1894~1917)가 노일전쟁을 포기하고 혁명을 진압하자, 다시 망명지에 돌아와서 2차 망명생활을 시작했다.

제2인터내셔널은 제7차 대회(1907)를 슈트가르트에서 열었다. 제2인터내셔널은 회의 때마다 수정주의 논쟁이 없었던 적이 없었지만, 슈트가르트 대회에서 벌어진 반전(反戰) 논쟁은 혁명의 방법을 결정하는 매우 중요한 것이었다. 마르크스주의는 평화주의를 전면에 내세우고 전쟁을 반대하는 것이다. 마르크스는 자국 내의 폭력적 혁명은 인정했지만, 국가 간의 전쟁에는 반대하였다. 왜냐하면 전쟁은 부르주아지 국가들의 이익을 위해서 싸우는 것인데, 실제로 전쟁에서 희생되는 병사들은 대부분 프롤레타리아계급 출신들이기 때문이다. 마르크스가 그의 이론 중에서 가장 강조한 것은 프롤레타리아 혁명이다. 왜냐하면 프롤레타리아 혁명을 통해서만 진정한 공산주의 사회에 도달할 수 있기 때문이다. 레닌은 프롤레타리아 혁명의 기회가 국가 간의 전쟁의 시기에 내포되어 있음에도 불구하고 반전만을 주장하는 것은 혁명의 기회를 놓치는 것이라는 반론을 제기했다. 레닌은 로자 룩셈부르크(Róża Luksemburg, 1871–1919)와 마르토프 등의 지지를 얻어 소위 '슈트가르트 결의안'을 제안하였다. 이것은 '외국과의 전쟁을 기회로 자국 내에서 프롤레타리아 혁명을 성공시켜야 한다'는 주장을 담고 있었다. 이 제안은 레닌이 마르크스주의에 수정을 제안한 것이며, 대회 마지막 날에 반대토론이 없어 통과된 것으로 처리되었다. 이것은 10년 뒤 러시아 공산주의 혁명을 통해서 마르크스–레닌주의의 등장을 예고하는 신호탄이었다. 그러나 이미 제6차 암스테르담 대회(1904)에서 식민지 문제로 인한 베른슈타인의 수정주의 논쟁을 경험했던 서유럽의 마르크스주의자들은 이 결의안에 크게 구속받는 입장이 아니었다. 각자의 입장에 따라서 마르크스주의를 자유롭게 해석하는 것이 가능했기 때문이다.

그러나 이 결의안을 계기로 마르크스주의자들은 러시아의 혁명적 공산주의 그룹과 서유럽의 점진적 사회민주주의 그룹으로 뚜렷하게 양분되었다. 실제로 독일사민당은 서부 아프리카를 점령한 독일 제국주의 정책을 반대하다가 의회선거(1906)에서 참패하자, '제국주의 찬성'이라는 민족주의적 수정주의 입장으로 이미 돌아서있었다. 마르크스 수정주의자들인 서유럽의 사회민주주의자들은 이렇게 마르크스의 주장을 그대로 따르지 않는 방향으로 흘러가고 있었다. 그러나 러시아 출신의 마르크스주의자들은 보다 엄격하게 마르크스주의를 준수하는 교조주의적 입장을 지지하고 있었다. 제2인터내셔널은 제2

차 망명생활을 하는 레닌에게 이론 투쟁을 통해 러시아 마르크스주의 지도자로 성장하는 바탕이 되었다.

제1차 세계대전(1914)이 발발하자 서유럽 마르크스주의자들의 본부격인 독일사민당 내에서는 전쟁에 대한 입장 차이가 드러나면서 결국에는 좌·우파가 분열되었다. 같은 마르크스주의자들이라고 해도 조국방위를 위한 전쟁에 찬반을 놓고 견해를 달리하는 좌·우파는 더 이상 한 둥지에서 공존할 수가 없게 된 것이다. 독일 내에서 사회주의와 공산주의의 구별이 분명하게 드러났고, 서로 갈라선 것이다. 이 영향으로 제2인터내셔널의 국제적 연대체제도 정지되었다.

(2) 볼셰비키파의 활동

플레하노프는 마르크스주의 이론의 대표적 교조주의자이다. 그러나 얼마 지나지 않아 레닌은 마르크스의 역사발전 단계론을 러시아에 적용하기 위해서는 자본주의 발전단계 이전의 전근대사회에서도 혁명의 가능성이 인정되어야 한다고 생각하기 시작했다. 그리고 혁명은 역량이 부족한 프롤레타리아에 의존할 것이 아니라, 지도적 역량을 갖춘 소수 정예당원에 의해 주도되어야 한다고 생각하게 되었다. 레닌은 이런 문제로 플레하노프와 의견 충돌을 빚었다. 레닌은 이런 이유로 플레하노프와 결별하고 독자적으로 볼셰비키파를 이끌면서 제2인터내셔널 활동과 마르크스주의 연구에 전념했다. 레닌은 1905년 제1차 러시아 혁명의 실패를 경험하고 농민과 노동자 세력의 연대를 모색하게 되었다. 그는 전 인구의 80%가 넘는 농민을 배제하고 극소수에 불과한 러시아 산업 프롤레타리아 세력만으로는 혁명의 성공이 불가능하다는 사실을 인식한 것이다. 레닌은 또한 일반적인 프롤레타리아 계급의 혁명수행 능력을 부정하게 되었고, 직업적 당원이나 혁명가들에 의한 체계적 혁명운동을 주장했다. 이러한 레닌의 견해는 프롤레타리아 혁명을 주장하는 마르크스 정통주의 입장에서 벗어나는 것이었다. 이것은 제1차 러시아 혁명을 비평한 그의『민주주의 혁명에서 사회주의의 두 가지 전술』(1905)에서 나타나고 있다. 레닌이 마르크스주의를 그의 색깔로 수정하기 시작한 것이다. 그는 1905년의 혁명운동이 노일전쟁의 패배와 '피의 일요일' 사건이 겹쳐서 일어난 호조건에서도 결국 실패한 것은 저항세력의 부족과 유능한 지도 그룹의 부재가 원인이라고 보았다. 그래서 레닌은 러시아에서 혁명에 성공하기 위해서는 공산당이 프롤레타리아 계급뿐만 아니라 농민의 힘을 혁명운동에 이용해야 한다고 수정안을 제안했던 것이다. 말하자면 러시아에서는 공산주의 혁명을 레닌의 방식으로 실천하려는 것이다. 이것은 그가 정통 마르크스주의에서 이탈하는 것을 의미하므로 비판자가 등장하지 않을 수 없었다. 이제까지 그의 스승이었던 플레하노프와 동지였던 마르토프가 가장 먼저 나타난 비판자들이었다. 그러나 레닌에게 마르크스주의의 정통성보다 중요한 것은 조국 러시아에서 황제의 독재를 무너뜨리고 새로운 공산주의 국가를 건설하기 위하여 성공 가능한 혁명이론이었다. 레닌은 1909년에『유물론과 경험비판론』을 출판하여 엥겔스가 죽은 이후 이 책이 출판될 때까지의 "자연과학이 얻어낸 모든 것 중에서 가장 중요하고 근본적인 온갖 것을 유물론으로 일반화(一般化)"했다.[165] 그에 의하여 '최고수준'의 과학적 무신론에 도달한 것이다.

레닌은 제1차 세계대전(1914~1918) 중에 러시아제국 니콜라스2세 황제가 퇴위하자 러시아의 프롤레타리아 혁명을 위해 망명생활을 청산하고 조국으로 돌아갔다. 그리고 1917년 2월 혁명에 성공한 멘셰비키를 물리치고 볼셰비키 10월 혁명에 성공하여 러시아를 마르크스-레닌주의 국가로 만들었다.

3) 서유럽의 사회민주주의로의 전환

제1차 세계대전의 결과 패전국이 된 독일제국에서 국민들은 빌헬름2세 황제(Wilhelm II, 1859-1941: 재위 1888-1918)를 쫓아내는 혁명에는 성공(1918)했으나, 프롤레타리아 혁명으로까지 발전시키지는 못했다. 그 이유는 수정주의 독일사민당이 혁명운동을 포기하고 보수 세력과 연정을 하였기 때문이다. 그 결과 독일에서는 '바이마르 공화국'이 탄생했다. 마르크스는 독일에서 프롤레타리아 혁명이 꼭 성공하기를 희망했었다. 그런데 독일에서 마르크스주의자들은 그의 희망을 저버렸다.

독일사민당 당원이었던 로자 룩셈부르크는 러시아에서 레닌이 소비에트 혁명에 성공하는 것을 경험하고 이에 크게 고무되어 돌아왔다. 그녀는 수정주의로 변절한 독일사민당에 불만을 품고 교조주의적 마르크스주의자들을 결집하여 스파르타쿠스당을 조직했다. 이들은 곳곳에서 무장봉기를 하고 투쟁했지만, 독일정부는 군대까지 동원해서 이 정통 마르크스주의자들을 무자비하게 학살하였다. 그러나 독일사민당은 이들이 학살당하는 것을 보고도 침묵하였다. 이 사건을 계기로 서유럽 마르크스주의 정당들은 그들의 강령에서 폭력적 프롤레타리아 계급투쟁을 아예 지워버리고, 합법적 의회주의 정당으로 변모했다. 그것은 마르크스의 프롤레타리아 폭력 혁명이론을 영구히 포기하는 것이었다. 마르크스 공산주의는 이제 세계적으로는 합법적 의회주의로 변신한 서유럽 사회민주주의와 폭력혁명에 성공한 러시아 마르크스-레닌주의로 나누어지면서 돌이킬 수 없는 적대 관계가 되어버렸다. 사회민주주의자들인 독일사민당의 우파는 독립사회당으로 재조직되었으나 히틀러(Adolf Hitler, 1889-1945)의 나치당이 집권(1933)하면서 정치활동이 금지되었다.

그러나 교조주의자였던 카우츠키는 베른하르트를 따라 수정주의 우파로 변신하여 레닌의 볼셰비키파와 격렬한 이론 투쟁을 벌였다. 그는 나중에는 암살 위협에 쫓겨 다니다가 해외로 망명했다. 결국 그는 망명지에서 의문사(疑問死)했다. 카우츠키는 마르크스주의자들에게 기독교를 가장 폭넓게 소개했던 사람이다. 그는 일찍이 『그리스도교의 기원』(1908)에서 예수 그리스도를 프롤레타리아트 혁명의 지도자로, 그의 제자들과 추종자들은 프롤레타리아라고 주장하고 있다. 그의 주장이 공산주의 원형이 기독교라는 오해를 만들어내는 한 원인이 되고 있기도 한데, 이것을 공산주의와의 접촉점으로 이용하는 기독교인들도 없지 않다. 그러나 이것은 그야말로 무익한 오해일 뿐이다. 유물론자들은 결코 쉽게 자신들의 세계관을 바꾸지 않는다. 공산주의 무신론자들은 더욱 그렇다. 그들을 깨우치는 방법은 과학적 무신론의 오류를 알게 하는 것뿐이다.

한편 오스트리아에서 오토 바우어(Otto Bauer, 1881-1938)는 공산주의 혁명의 극단적인 투쟁성에 반대하였다. 그는 비윤리적 계급투쟁을 거부하면서 인간주의적 토대 위에서 사회민주주의 본연의 자세로 돌아갈 것을 주장했다. 공산주의 혁명운동에 의해 영향을 받았던 서유럽국가들은 이와 같이 정통 마르크스 공산주의에서 벗어나 점차 자국의 현실에 맞게 또는 개인의 관점에서 사회민주주의로 전환하고 있었다. 제2차 세계대전 후에 재기한 독일사민당은 치열한 내부 논쟁 끝에 마르크스주의 포기를 선언하였다. 그리하여 전후 서독의 부흥을 이끌었고 독일 통일을 주도하여 집권당이 되었다.

현대 서구의 양심적인 지식인들은 마르크스주의를 단지 자본주의 사회제도와 기계문명의 비인간적 요소를 비판하는 철학적 도구로 인용하고 있을 뿐이다. 철학에서 사르트르(Jean Paul Sartre, 1905–1980)의 『변증법 이성 비판』(1960)은 변증법적 마르크스주의 유물론이 실존주의로 흘러간 예라고 할 수 있다.

Ⅳ. 과학적 무신론의 완성

　앞에서 보았듯이 엥겔스는 생명을 "단백질의 존재양식"이라고 주장했다. 그의 주장에 의하면 최초의 생물은 단백질 덩어리에서 태어난 것이다. 따라서 오늘날의 각종 생물들은 단백질 덩어리에서 태어난 최초의 생명체가 계속되는 물질의 화학작용에 의하여 진화하고 번식한 것들이다. 그래서 엥겔스의 추종자들은 인간도 물질에서 생겨난 단순한 생물에서 점점 복잡한 동물로 진화한 동물 가운데 하나로 볼 수밖에 없다. 그렇기 때문에 인간이라는 것도 자연에서 특별한 존재적 가치를 가질 수 없다. 그저 진화하다보니 인간이 된 것뿐이다. 엥겔스는 인간의 정신조차 물질현상이 뇌에 전사되는 것이라고 보았다. 인간의 사유도 물질현상의 전사이기 때문에 어떤 의미를 부여할 가치가 없는 것이다. 이렇게 보면 인간은 행동에 도덕적 책임을 느낄 필요가 조금도 없다. 과학적 무신론자가 추구하는 것은 오직 현실적 생존경쟁에서의 승리 이외에는 다른 것이 필요 없다. 여기에는 도덕도 윤리도 의무도 없다. 오직 생존을 향한 경쟁만이 있을 뿐이다. 과학적 무신론은 이러한 개념을 근저에 두고 완성된 이론이다.

　그러나 무신론자가 아닌 기독교인들이 추구하는 세상은 그것과 같은 것이어서는 안 된다. 기독교는 인간이 창조주 하나님으로부터 최고의 가치를 부여받은 존재로 본다. 그러므로 인류사회에 부정적 영향을 끼치는 사상이나 이론에 대해서는 반론을 제기하면서, 그것이 왜 생겨났으며, 그것의 역사적 배경과 그 이후의 상황을 비판적으로 살펴보지 않을 수 없다. 철학자 러셀은 오히려 신의 존재가 인류에 왜 필요한지에 대해 의문을 제기하면서 그의 무신론 사상을 정립했다. 무신론은 내용이나 이름은 어떻게 바꿀 수 있어도 기본적으로는 허구적 이론이며, 무신론자의 실질적인 행동은 예나 지금이나 장래에도 그대로일 수밖에 없다. 무신론의 세상에서 신학은 존립할 수 없다. 이제 기독교 신학은 현대 무신론과의 생존경쟁에서 이기지 않으면 도태될 것이라는 현실에 직면하고 있는 것이다. 우리가 과학적 무신론을 검증하고 비판하지 않는다면, 그것의 악한 영향력은 기독교의 장래에 심각한 장애가 될 것이다.

1. 정치적 지배체제 완성

1) 레닌에 의한 러시아 공산주의 혁명의 성공

유럽 망명지에서 레닌은 마르크스주의를 자신의 관점으로 수정하면서 때를 기다리고 있었다. 1917년 2월에 독일과 제1차 세계대전을 치루고 있던 러시아 제국에서 니콜라스 2세 황제가 퇴위하면서 혁명이 일어났다. 독일정부는 레닌 등 러시아 망명 혁명가들을 전원 귀국시키기로 하고 '봉인열차'를 마련해주었다. 레닌은 '봉인열차'를 이용하여 망명지 스위스에서 곧바로 귀국했다. 이때는 이미 멘셰비키파가 보수파와 연합하여 2월 혁명에 의한 임시정부를 구성하고 있었다.

레닌은 귀국했으나 처음에는 이들에게 쫓겨 다시 망명해야 했다. 그러나 그 해 10월에 결국 볼셰비키파의 혁명이 성공함으로써 레닌은 러시아 공산주의 혁명의 최후 승자가 된다. 그런데 러시아에서 공산주의 혁명의 성공은 마르크스주의 정통이론과는 별 상관이 없는 레닌의 방식에 의한 것이었다. 그것은 자본주의의 붕괴에 의한 것이 아니었고, 더욱이 프롤레타리아 혁명에 의한 것도 아니었기 때문이다.

레닌이 계획도 준비도 없이 갑자기 귀국해서 러시아 공산당 혁명에 성공하는 과정을 보면, 그것은 매우 무질서하게 진행되었으나 결과는 성공한 것이었다. 그것은 레닌의 볼셰비키파의 방식 즉 마르크스-레닌주의 방식이었다. 김준엽(金俊燁)은 레닌이 주도하는 러시아의 마르크스-레닌주의자들은 절대 권력자 황제가 갑자기 퇴위한 기회를 놓치지 않고, "소수 엘리트의 직업적 혁명가로 조직된 전위당의 지도하에 노동자·빈농·약소민족을 선동하여 국제적 전쟁을 내란으로 전화시킴으로써 대번에 권력을 쟁취하는 전례를 만들었다"[166]고 평했다. 말하자면 러시아 공산주의자들은 선동을 통하여 국가 통치권을 거저 얻었다고 할 수 있는 것이다. 레닌은 이로써 조국 러시아에서 그의 사상인 마르크스-레닌주의를 실현하는 인물이 되었고, 공산주의 과학적 무신론을 세계에 확산시키는 데 가장 큰 공로를 세웠다. 그래서 마르크스-레닌주의는 러시아과학아카데미에 의하여 '최고수준'의 과학적 무신론으로 평가되었고, 일반적으로 과학적 무신론을 대표하는 이론으로 알려지게 되었다.

이 당시의 실제적 상황을 보면, 수년간 전선에서 독일군과 교전하고 있던 러시아 병사에게 보급품이 제대로 공급되지 않았다. 마침내 탄약이 떨어지고 굶주리고 있는 사병들의 불만을 지휘관들도 통제할 수가 없는 지경에 이르렀다. 황제가 직접 사령관으로 나섰지만, 상황은 나아지지 않았다. 오히려 비난의 화살이 황제에게 직접적으로 쏟아졌다. 이미 패전은 피할 수 없는 것으로 보였다. 상트페테르부르크에서도 식량이 공급되지 않았다. 시민들이 빵을 달라는 시위를 하자 군인들이 동참하는 반란으로 발전하였다. 이런 국가적 위기 상태에서 아무런 대책도 없이 니콜라이2세 황제가 돌연 퇴위하고 말았다. 그의 행동은 러시아제국에는 물론 그가 수장으로 있던 러시아 정교회에도 비극이었다. 국민들은 당장 먹을 빵이 없어서 황제를 끌어내렸지만, 더 큰 불행이 그들 앞에 닥치는 것을 모르고 있었다. 그동안 러시아제국에서는 반정부 세력을 탄압했던 결과로 정치세력이 거의 불모지 상태였다. 처음에는 멘셰비키파가 보수파와 연합하여 케렌스키 임시정부를 구성하고 레닌의 볼셰비키파를 탄압하였다. 그러나 독일 정부가 마련해준 '봉인열차'로 망명자들과 함께 레닌이 돌아와서 '4월 테제'를 발표하자 상황이 급변했다. 레닌은 '4월 테제'에서 시민들에게 "빵, 평화, 토지분배"를 약속했다. 그렇지만 레닌은 반대파 멘셰비키에 쫓겨 다시 핀란드로 망명해야 했다. 레닌은 망명지 핀란드에서 『국가와 혁명』을 발표하고 비밀리에 귀국했다. 결국 레닌은 볼셰비키파의 10월 혁명에 성공하여 정권을 장악했다. 레닌이 권력을 잡은 현실에서 마르크스주의는 어떻게 적용될 것인가? 이제부터 마르크스주의는 레닌의 해석에 따라서 수정되어야 했다. 레닌의 주장은 '최고 수준'의 과학적 무신론이라는 마르크스-레닌주의의 근거가 되는 것이었다. 레닌은 『제국주의, 자본주의 최고단계』(1917)에서, 공산주의 혁명은 산업자본주의 단계의 선진국에서가 아니라, 후진국에서도 가능하다고 수정했다. 이것은 그가 1919년에 조직한 코민테른

(Communist International: 제3 인터내셔널로 불리기도 함)을 통해 세계를 지배할 목적의 마르크스-레닌주의 교조(敎條)가 되었다.

2) 과학적 무신론의 학습 교재

레닌은 혁명에 성공한 직후부터 죽을 때까지 미추린(Ivan Vladimirovich Michurin, 1855-1935)을 통해 라마르크주의 생물학을 받아들였다.[167] 레닌은 미추린의 농작법에 깊은 관심을 갖고 그의 이론과 방법을 전폭적으로 지지했다. 레닌은 병석에 누워 있을 때에도 그에게 사람을 보내 연구 성과를 알아보기도 했다. 레닌이 사망한 직후에 스탈린은 철저하게 마르크스-레닌주의를 추종하는 것처럼 행세했다. 따라서 미추린의 라마르크주의 생물학적 원리 또한 레닌의 후계자 스탈린에 의해 소련의 생물학계를 정치적으로 지배하는 것이 되었다. 이때부터 소비에트공화국연방에서 생물학 이론은 라마르크주의와 일치해야 했으며, 이와 다른 이론은 배척되었다. 이와 다른 주장을 하는 과학자들은 체포되거나 망명해야 했다. 이런 환경에서 오파린은 아무런 증거도 없으면서 유물론을 바탕으로 생물학적 이론을 구성함에 조금도 주저하지 않았다. 이렇게 만들어진 오파린의 화학적 진화론은 공산주의자들이 환영할 만한 것이었고, 사실도 그랬다. 미추린이 1935년에 죽자 그의 지위는 리센코(Trofim Lysenko, 1898-1976)에게로 계승되었다. 오파린에게는 평생 두 사람의 열렬한 후원자가 있었는데 리센코와 알렉세이 바흐(Aleksei N. Bakh, 1866-1936)였다. 바흐에 대해서는 후술하겠다.

마르크스와 엥겔스의 공산주의 유물사관이 철학적 가설이었다면,

마르크스-레닌주의는 러시아 현실에서 이미 성공한 정치적 교의가 되었다. 말하자면 절대적 권위를 가지고 강제적 실천력을 보유한 공산당 정책으로 사람을 살리고 죽일 수 있는 괴물이 된 것이다. 스탈린의 소련 공산당은 후천적 용불용설의 라마르크주의를 공식적으로 수용했다. 라마르크주의는 후천적 방법에 의해 인간을 개조할 수 있다는 것을 암시한다. 마르크스-레닌주의 독재자 스탈린에게 필요한 인간은 '공산주의 사회인'이다. 보통 인간이 공산주의 사회인이 되기 위해서는 후천적으로 변화하지 않으면 안 된다. 소련에서는 스탈린에게 절대적으로 복종하지 않으면 살아남을 수 없었다. 1936년에 오파린의 『생명의 기원』은 이러한 정치사회적 조건에서 탄생한 것이다. 오파린의 『생명의 기원』은 물질이 변화되어 형성된 원시 생명체와 여기에서 진화된 보통 인간은 언제든지 또는 얼마든지 공산주의 사회인으로 진화 또는 개조될 수 있다는 가능성을 제시한다. 라마르크주의와 마르크스-레닌주의에 전적으로 일치하는 이론이었다.

1936년에 또 하나의 유명한 공산주의 이론이 등장했는데, 스탈린이 저술한 것으로 알려진 『변증법적 유물론과 역사적 유물론』(약칭: DIAMAT)이다. 이 이론은 서구에서는 조롱거리가 될 정도로 조악한 것으로 알려졌으나, 이 해에 열린 공산당 대회에서 DIAMAT는 "스탈린주의 헌법"과 함께 유일한 공산주의 철학의 교정(敎程)으로 채택되었다.[168] 그리하여 "소련의 공식적인 철학교과서"는 "이 짧은 책을 재해석"하는 수준을 벗어날 수 없었으며, "사람들에게 주입적으로 교육시켜서 사상적·정치적 통제"에 이용되었다.[169] 이후 'DIAMAT'는 스탈린이 죽을 때(1953)까지 "마르크스-레닌주의적 철학사상의 참된 정점을 서술한 것"[170]이라는 찬사를 받으면서 레닌이 세운 코민테른을 통해 세계 공산당의 마르크스-레닌주의 교재로 쓰였다. 'DIAMAT' 는 그대로 중국, 북한, 동유럽 등의 공산주의 국가의 인민들에게 학습교재로 쓰였고, 공산주의 국가의 정치적 원리가 되었다. 오파린의 『생명의 기원』은 그것의 부교재 역할을 하게 되었다. 스탈린은 1948년에는 당중앙위원회로 하여금 오스트리아의 수도원 성직자 멘델의 유전법칙을 종교와 자본주의의 "사기행위"라고 규정하게 만들었다.[171] 그 이유는 멘델의 유전법칙이 진화론과 배치된다는 것이었다. 이것은 소비에트공화국연방에서는 과학이론도 정치적 결정에 종속되어 있었다는 사실을 보여주는 사례라고 하겠다. 그래서 스탈린은 리센코의 이론에 따라 황당한 농업정책을 채택함으로써 곡물 농사를 망쳐 소비에트에 대기근을 초래하기도 했다. 그러나 당시 스탈린이 결정한 정책적 오류에 대해서는 어느 누구도 말할 수 없었다. 스탈린이 죽고 나서야 "과학은 더 이상 멘델의 유전설에 대한 스탈린의 혐오와 같은 변덕에 종속되지 않았다"[172]고 정치사가들은 지적하고 있다. 이 과정에서 스탈린이 마르크스-레닌주의자로서 쓴 것이 『레닌주의 기초』(1924)였고, 독재자로서 쓴 것이 『변증법적 유물론과 역사적 유물론』(1936)[173]이다. 그러나 이것들은 사실상 스탈린주의를 선언하는 것이다. 이 책들은 서방에서는 매우 저급한 것으로 무시되었으나, 당시 소비에트 러시아와 그 위성국이 된 나라에서는 공산주의 학습의 필수교재로 채택되는 등 엄청난 영향을 미쳤다. 그러나 여기까지 오면 마르크스와 엥겔스가 만든 이론에 남아 있는 실체는 자본주의 타도를 위한 혁명이론밖에 없는 지경이 되고 말았다. 마르크스-레닌주의의 유일한 권위자가 된 스탈린의 해석은 주변의 공산주의 국가에서 절대적으로 따르지 않으면 안 되는 교리가 되었다. 이제 마르크스-

레닌주의는 이름뿐이고 실제로는 스탈린주의로 변모한 것이다. 그러나 스탈린이 1953년 갑자기 죽음으로써 스탈린주의는 막을 내렸다. 뒤이어 등장한 흐루시초프(Nikita Khrushchev, 1894-1971))는 스탈린을 심하게 격하하는 운동을 했지만, 브레즈네프(Leonid Brezhnev, 1906-1982)에 의하여 축출되었다. 그러나 고르바초프(Mikhail Gorbachev, 1931-) 시대에 소비에트 공산주의 체제는 한계점에 이르러 1990년에는 두 손을 들고 만다. 이로써 소비에트에서 영원한 진리로 주장되었던 마르크스-레닌주의는 더 이상 변증법적으로 비약할 동력이 소진되어서 몰락하고 말았다. 이처럼 공산주의 사회가 몰락한 것은 유물론적 변증법칙에 의해서 마르크스-레닌주의적 과학적 무신론에 내재된 모순 때문이라고 설명할 수밖에 없지 않는가?

그러나 오파린은 스탈린이 죽고 흐루시초프에 의해서 그의 후원자 리센코가 비판되고 숙청된 후에도 죽기(1980)까지 건재할 수 있었다. 그의『생명의 기원』에 나타난 화학적 진화론은 명백하게 마르크스와 엥겔스와 레닌의 과학적 무신론을 바탕으로 서술된 것이었다. 그렇기 때문에 그의 이론은 공산주의 사회에서는 비판이나 논쟁의 대상이 될 수 없었다. 또한 그의 이론은 세계적으로 실험되고 있었다.[173] 오파린의『생명의 기원』은 그의 생애 동안 6번 공식 개정판을 출판한 이외에도 대중판을 따로 만들어 보급할 만큼 공산당에게는 필요한 이론이었다.[174] 이렇게 공산주의 사회를 오도한 두 가지 과학적 무신론의 학습교재 내용을 차례로 검토하기로 한다.

2. 스탈린의 『변증법적 유물론과 역사적 유물론』

과학적 무신론은 단순히 앞에서 살펴본 마르크스와 엥겔스, 그리고 레닌에 대한 연구만으로는 충분히 이해될 수 없다. 여기에는 스탈린의 『변증법적 유물론과 역사적 유물론』(*DIAMAT*)에 대한 이해가 추가되지 않으면 안 된다. 변증법적 유물론과 역사적 유물론은 공산주의 유물진화론, 즉 과학적 무신론의 두 축을 이루고 있는데, 첫째 이론인 변증법적 유물론은 공산주의에 대한 철학적인 논의라고 할 수 있다. 이것은 플레하노프에 의해서 제안된 것이지만 레닌이 자기 것으로 만들었고, 스탈린이 재해석했다. 그리고 둘째 이론인 역사적 유물론은 그것의 실천적인 부분을 논의하는 것이다. 사실 마르크스주의는 역사적 유물론에 지나지 않는 것이다. 스탈린의 *DIAMAT*는 1956년에 후르시초프에 의해 결국 폐지되어 본래의 마르크스−레닌주의로 돌아갔지만, 소련 밖에서는 그 뒤에도 내용이 일부 수정된 채 공산주의 학습교재로 계속 보급되었다.[175] *DIAMAT*는 국가와 시대에 따라 여러 가지 판본이 나왔다. 그러나 이 책에서는 여러 가지 판본들[176] 중에서 스탈린의 *DIAMAT* 원본에 가장 가까운 것으로 추정되는 판본을 선택하여 연구했다.[177]

1) 과학적 무신론으로서의 변증법적 유물론

변증법적 유물론이라는 말은 마르크스와 엥겔스가 썼던 말이 아니다. 마르크스는 공산주의의 실천적인 면을 강조하다보니 그것을 지지하는 철학적 이론구성이 약했다. 플레하노프가 보기에 마르크스

기독교, 과학적 무신론, 그리고 항일독립운동

의 유물론적 공산주의에는 이런 약점을 보완할 필요가 있었다. 이런 이유로 러시아 마르크스주의 대부 플레하노프는 역사적 유물론을 보다 체계적으로 설명하기 위하여 변증법적 유물론을 서술하게 되었다. 플레하노프에게 마르크스주의를 학습했던 레닌은 이것을 그대로 받아들였다. 그러나 레닌의 혁명을 반대하던 플레하노프가 숙청되자 변증법적 유물론은 레닌의 것이 되었다. 다시 말하자면 역사적 유물론(또는 유물사관)은 마르크스와 엥겔스의 이론이고 변증법적 유물론은 레닌의 이론이라고 할 수 있다. 이것을 합치면 마르크스–레닌주의가 되는 것이다. 이것을 레닌의 추종자들은 가장 발전된 '과학적 무신론'이라고 주장한다. 레닌이 러시아 공산주의 혁명에는 성공했으나 일찍 죽는 바람에 마르크스–레닌주의는 실천적으로는 미완성의 이론으로 남았다. 그 실천적 완성의 임무는 레닌의 후계자 스탈린의 DIAMAT에 넘어갔다.

그러나 스탈린은 DIAMAT에서 플레하노프와 레닌의 변증법적 유물론을 기형적으로 수정했다. 여기에는 이렇게 진술하고 있는 말이 있다. "인간사회의 발전은 자연의 발전과 공통성을 가지고 있는 동시에 또 그와는 구별되는 특수성도 가진다." 이것은 변증법을 진화의 법칙보다 더 낫다고 여기는 이유를 암시하는 말이다. 왜냐하면 "자연에서는 모든 것이 무의식적으로 진행되지만 사회에서는 의식을 가진 인간의 활동에 의하여 진행"[178]되기 때문이다. 말하자면 의식이 없는 자연의 변화를 다루는 다윈의 생물학적 진화론보다 의식을 가진 인간사회의 변화를 다루는 공산주의 유물론이 더 어렵다는 것이 당연하다. 그것을 스탈린이 나서서 논술한 것이 DIAMAT이다.

마르크스와 엥겔스가 주장하는 유물론 사상은 물질 일원적 체계의 세계관이다. 마르크스는 역사철학에 적용한 헤겔의 변증법칙을 모든 사물에 적용할 수 있다고 전제하고, 그보다 앞서 나왔던 모든 유물론은 이런 사실을 간과하고 대상을 자연으로 한정하고 있다고 비판했다. 특히 기계적 유물론자들에 대해서는 사물의 변화를 역학적인 기계 운동으로만 파악했다고 비판하면서, 그 변화의 원인이 모순과 대립이라는 것을 정확하게 설명하지 못하고 있다고 지적했다. 마르크스주의는 모든 사물이 변증법적으로 생성과 소멸의 과정 속에서 발전적으로 변화하고 있는 것으로 보는 것이다. 그러므로 "변증법이란 사물과 현상들을 전반적인 상호 연관 속에서 그리고 발전의 견지에서 보고 이해하는 사고방법"을 말한다.[179] 따라서 변증법적 유물론은 우주에 내포된 모든 사물의 변화의 법칙을 물질주의적 관점에서 포괄적으로 논의하는 것이다.

(1) 물질과 의식

마르크스주의 철학은 본질적으로 유물론이다. 유물론에서는 물질에 대한 이해가 가장 기본적인 것이다. 세계가 무엇인가를 묻는다면, 마르크스주의자의 대답은 하나의 '물질로 통일되어 있는 것'이다. 그렇다면 공산주의 유물론은 인간의 의식을 어떻게 보고 있는가? 인간 의식은 "최고도로 발전한 물질의 장구한 발전과정의 산물"이다.[180] 인간의 의식은 감각을 통해서 외부의 물질적 세계를 반영한다. 같은 사회에서 사람들의 사회적 견해가 서로 다른 것은 그의 계급적 처지가 다르기 때문이다. 그래서 "인간의 감각, 의식, 사유는 고도로 발전한 물질인 뇌수의 기능이며 객관적 현실의 반영이면서 동시에 그것에 대하여 능동적으로 반작용"[181]하는 것이다. 변증법적 유물론은 관념적인 것은 인간의 사유의 형식들로 번역된 물질세계이고, 이것이 바로 정신에 반영되는 것이라고 본다.[182] 그러므로 생명은 물질이 끊임없이 변화하는 과정에서 나타나는 일시적 현상일 뿐이다. 그리고 의식 또는 정신은 물질적 생명현상의 전사에 불과하다. 말하자면 생명은 물질에서 자연적으로 발생했고, 의식은 생명체 안에서 일어나는 물질의 질적 변화를 반영하는 것에 지나지 않는다. 정신조차 물질이라고 한다면 우주에 물질 이외의 것은 있을 수 없다. 결국 유물론자에게 우주만물은 끊임없이 발전하는 물질이 잠시 조합되어 있는 것이다.

엥겔스는 『포이어바흐와 독일 고전철학의 종말』에서 "유물론은 이미 자연과학 영역에서의 획기적인 발견 성과물과 더불어 그 형태를 변화시키지 않으면 안 된다"고 말했다.[183] 이에 따라 레닌은 물질에 대해 발전적으로 새롭게 정의하면서 "물질의 유일한 특성은 객관적 실재라는 특성이며 우리 의식의 외부에 존재한다고 하는 특성이다"고 말했다.[184] 이 개념은 '의식은 물질의 질적 변화의 반영'이라고 하는 마르크스–레닌주의 명제의 바탕이 되는 것이다.

(2) 물질세계의 연관성과 변화

변증법적 유물론자는 "자연과 사회의 모든 사물과 현상들은 유기적으로 상호 연관되어 있으며 상호 의존되며 상호 제약"[185]되는 환경과 조건에 의존하고 있으므로, 물질세계의 연관 속에서만 존재한다고 주장한다. 그러므로 마르크스주의자는 혁명의 역량을 집중하기 위해서 다양하고 복잡한 연관들 속에서 사물의 중심 고리를 찾아야 한다.[186]

그런데 사물은 질(質)과 량(量)을 가지고 있으며, 끊임없이 발전적으로 변화하고 있다. 사물의 발전은 양적 변화가 질적 변화를 초래한다. 사물의 발전 형태를 보면 양적 변화의 단계에서는 "진화적 형태"로, 그리고 질적 변화의 단계에서는 "혁명적 형태"로 이루어진다.[187] 그리고 질적 변화에서 "낡은 질이 새로운 질로 변화하는 것"은 오직 "비약을 통해서만 가능하다." 물이 수증기로 변하는 것이나 "유인원이 인간으로 된 것"도 이러한 "비약"을 통해서이다. 그리고 자본주의 사회도 이러한 "비약"을 통해서만 사회주의로 전환될 수 있다. "비약"은 결국 『공산당 선언』에서의 "폭력적 프롤레타리아 혁명"에 다름 아닌 말이다. 이것이 바로 같은 유물론자이면서도 사물의 변화를 '기계적 법칙'으로 이해하는 기계적 유물론자의 관점과는 다른 것이다. 공산주의 유물론에서 쓰는 "비약"의 개념은 오파린에 의해 물질이 생명으로 진화하는 것을 설명하는 이론에서도 채용된다. 유물론에서 '기계적 법칙'은 과학으로 인정될 수 있는 것이지만, '비약'은 철학적 또는 과학적 억지 주장일 뿐인 것이다.

(3) 대립물의 통일과 투쟁

유물론에서 물질의 운동은 단순히 위치를 변경하는 것이 아니라, 변화와 발전을 이행하기 위한 변증법적 현상이다. 발전의 원천은 "그 사물이 가지고 있는 모순"이다.[188] 이것은 물질의 조직적 집합체계인 물체에도 그대로 적용된다. 마르크스는 이런 사물의 현상에서 역사적으로 서로 대립되는 경향들에서 대립물의 통일과 투쟁의 법칙을 발견했다. 이것이 바로 변증법적 유물론으로 이름 붙여진 것이다. 대립물의 통일과 투쟁의 법칙에 의한 발전적 변화들은 부정의 부정을 통해서만 가능한 것이다. 변증법에 의하면, 모든 것은 어떤 영역에서든 자신의 이전의 존재양식을 부정하지 않으면 발전할 수 없다. "단순하고 저급한 것으로부터 복잡하고 고급한 것에로 부단히 발전"하는 것은 자연에서도 사회에서도 마찬가지다.[189] 앞에서 논술한 바와 같이 마르크스와 엥겔스의 변증법과 다윈의 진화론이 동일한 개념으로 통일되는 것을 여기서 다시 확인할 수 있다. 그러므로 진화론에서도 유물론에서도 우주와 세상의 변화의 법칙은 결과적으로는 동일하게 발전적인 것으로 본다. 마르크스와 엥겔스는 진화의 법칙과 변증법을 동일한 개념으로 보기 때문에 유물사관을 유물진화론이라고 불러야 하는 것이다.

대상으로서의 사물은 동시에 다른 여러 사물과의 연관성을 파악해야 하며, 한 가지만 고립시켜서 파악하려고 해서는 안 된다. 이렇게 사물을 전체적인 상호관련 속에서 파악할 때, 운동이나 변화의 원인이 부분과 부분 사이에서나 전체와 부분 사이에서, 의존적 관계인지 또는 대립적 관계인지를 보다 정확하게 알 수 있다. 마르크스는 헤겔이 "서로 다른 것들을 보면 그들 사이의 동질성을 보지 못하고 비슷한 것들을 보면 그들 사이의 차이점을 보지 못하는" 상식적인 사람들의 태도를 보인다고 비판했다. 이에 대해 엥겔스는 "자연과학자들 대부분은 동일성과 차이가 서로 조화될 수 없는 대립물이라고 생각한다. 그러나 동일성은 차이를 포함하고 있으며 둘은 상호작용을 통해서만 진리를 보여주는 두 극단"[190]이라고 주장한다. 그리고 그는 다른 말로 "더 깊이 조사해 보면 대립물의 양극은 마치 양(陽)과 음(陰)처럼, 서로 대립하는 것만큼이나 서로 떨어질 수 없으며, 모든 대립에도 불구하고 서로 관통한다는 것을 알 수 있다"[191]고 했다. 마르크스와 엥겔스의 이 말은 그들의 변증법적 대립물의 개념을 포괄적으로 표현하는 것이다.

(4) 양적 변화에서 질적 변화로

변증법은 사물이 정반합(正反合: thesis-antithesis-synthesis)의 발전 과정을 거쳐 결국 통일된다는 이론이다. 변증법은 이런 변화의 원인들이 모순을 내재한 대립물의 투쟁과 통일, 그리고 다시 모순이 내재된 대립물이라는 순환적 과정을 되풀이 하면서 발전하는 것으로 본다. 사물은 고유한 질을 가지고 있다. 또한 사물은 양을 가지고 있다. 양은 외적인 크기만을 말하는 것이 아니라 질의 차이를 나타내기도 한다. 모든 사물이 대립하는 것은 질적 차이에 원인이 있다. 외형적으로는 하나의 사물에 실제적으로는 질적 차이를 가진 여러 가지 작은 사물이 혼합되어 있다. 이런 사물은 내면적으로는 대립하면서도 외형적으로는 하나의 통일체처럼 보이는 것이다. 변증법적 유물론은 모든 사물이 끊임없이 내부적 변화 과정에서 단순히 순환하는 것이 아니라, 더 나은 질적 통일체로 지향하는 비약을 내포하고 있다고 본다. 다시 말해서 어떤 사물이 변화하면서 일정한 한계에 이르게 되면, 그동안의 양적 균형이 깨지고 새로운 질적 변화로의 비약이 발생하는 것이다. 이러한 변화에서 통일에 이르는 변증법적 과정을 합목적적으로 보면 헤겔적인 관념론자가 되고, 진화적으로 보면 마르크스적인 유물론자가 된다. 진화적 변화는 양적으로 누적되어 곧 혁명적 변화인 질적 비약을 준비하는 과정이다.

(5) 부정의 부정 법칙

자본주의 사회가 공산주의 사회로 발전하기 위해서는 부정의 부정이라는 혁명적 파괴를 통해서만 가능한 것이다. 말하자면 낡은 것은 부정되어 새로운 것을 낳고, 새로운 것 또한 낡아져서 부정된다. 이

기독교, 과학적 무신론, 그리고 항일독립운동

러한 '부정(否定)의 부정(否定)'(negation of negation)이라는 대립물의 갈등과 충돌에서 질적 변화가 일어난다는 것이다. 이렇게 계속되는 질적 변화는 직선적인 왕복형(往復形)이 아니라 순환적인 나선형(螺旋形)으로 진행된다. 그러므로 '부정의 부정'은 나선형의 진보를 이루어나가는 것이다. 이렇게 "단순한 양적 차이들도 일정한 지점을 넘어서면 질적 변화들로 이행한다."[192] 이러한 질적 변화는 우주만물의 역사가 이렇게 변증법적으로 발전해왔다는 것을 의미하고 있다. 부정의 부정 이론은 스탈린의 *DIAMAT*에서는 삭제되었던 것이나, 그가 죽은 후에 다시 삽입되었다. 아마 스탈린은 이 부정의 부정 이론을 바탕으로 다른 사람들이 자신의 장기집권을 낡은 것으로 부정할까봐 염려했던 것 같다.

(6) 범주와 인식

유물론적으로 물질의 무한성을 인정하고 보면, 물질적 현상으로서의 인간의 의식도 끝없이 발전할 수 있다는 주장이 성립될 수 있는 것이다. 이와 같이 변증법적 유물사관은 모든 자연과 인간사회란 물질의 역사적 변화를 인식하는 과정에서 성립하는 것이며, 결국에는 진보적으로 통일된다는 낙관적 인본주의 세계관으로 발전했다. 그러므로 변증법적 유물론의 범주는 인간사회와 자연을 포함하는 우주만물의 관계를 모두 포괄한다. 엥겔스는 이런 세계관의 토대 위에서 인류의 역사적 현상을 자연적 사물의 현상과 같은 것으로 보는 유물진화론을 제시했다. 그에 의하면 변증법적인 역사의 변화를 자연과학의 연구 성과에서 얼마든지 찾아볼 수 있다는 것이다. 그에게는 변증법이 과학적 방법이고 진리를 찾는 최선의 방법인 것이다. 그런데 마르크스주의에서 중요한 것은 진리는 인식하는 것에서 그치는 것이어서는 안 되고 실천되어야 하는 것이라는 점이다. 인간사회에서 실천 없이는 아무 변화도 일어나지 않기 때문이다.

2) 과학적 무신론으로서의 역사적 유물론

역사적 유물론은 물질의 특수 영역인 인류사회의 역사발전의 법칙을 유물론적으로 논의하는 것이다. 마르크스에게 유물론은 경제사회적 관계의 법칙에 다름 아니다. 마르크스는 "문명이 시작하는 바로 그 순간부터" 인간사회에서 생산관계의 역사적 발전을 고찰하면서 다음과 같이 진술하고 있다. "생산은, 제직업간의 제신분간의, 그리고 제계급간의 대립에 기초하여 조직되기 시작한다. 대립 없이는 진보가 있을 수 없다."[193] 엥겔스는 물질의 존재 양식을 운동이라고 보면서, 운동 없이는 물질이 있은 적도 없고 있을 수도 없다고 했다.[194] 그에 의하면 운동은 물질의 변화와 발전을 만들어내는 동력이다. 이것이 바로 문명이 오늘날까지 따라왔던 바의 그 법칙이다. 앞에서 보았듯이 변증법적 유물론은 물질적 우주와 사유의 세계 전체를 범주로 삼고 그 발전의 법칙을 논의의 대상으로 삼는 데 비해, 역사적 유물론은 인간사회와 그 발전의 법칙을 대상으로 삼는다.[195] 마르크스의 사상을 한 마디로 표현하는 역사적 유물론 또는 유물사관은, '물질세계의 특수한 분야인 인간사회'의 역사적 발전을 연구하는 것이다. 인간사회는 물질적 경제를 토대로 한다. 그러므로 마르크스의 유물론 사상은 경제적 역사발전을 단계적으로 논의하고 예언하는 것으로 구성되어 있다. 마르크스의 역사적 유물론은 역사를 계급투쟁을 통해서 합법칙적으로 발전하는 것으로 보기 때문이다. 그리고 계급투쟁은 그 시대의 경제적 관계에 의해 규정된 사회적 계급의 변증법적 산물이다. 마르크스에게 있어서 '경제적'이라는 말은 '유물론적'이라는 말과 같은 뜻이다. 엥겔스에 의하면 유물사관은 이렇다.

> 유물론적 역사관은 생산과 생산에 뒤이은 그 생산물의 교환이 모든 사회질서의 기초이며, 역사상 존재했던 모든 사회의 생산물의 분배와 그에 따른 계급 내지 신분으로의 사회적 편성은 무엇이 어떻게 생산되며 또한 생산된 것은 어떻게 교환되는가에 의해 결정된다는 명제로부터 출발한다. 따라서 그것에 의하면 모든 사회변동, 정치적 변혁의 궁극적 원인을 인간의 두뇌 속에서 찾으려고 해서는 안 되며 생산양식 및 교환 양식의 변화 속에서 찾아야 한다.[196]

마르크스주의는 위와 같은 유물사관에서 발전되었으며 이것은 공산주의 사회를 건설하기 위한 실천론이다. 공산주의는 마르크스 이전에도 있었다. 그러나 마르크스의 주장이 그 이전의 것들과 특히 다른 것은 '유토피아'적인 공산주의 사회를 건설할 수 있는 실천적 방법이 오직 '프롤레타리아의 계급투쟁에 의한 혁명을 통해서만'이라고 주장하는 것이다. 공산주의 유물사관은 역사가 다음 단계로 발전하는 과정은 오직 물질적 생산관계의 변화에 의한 것이다. 그러므로 마르크스는 공산주의 사회가 되기 위해서는 모든 사유재산을 폐지하고 사회적 소유로 전환해야 한다고 주장한다. 마르크스에 의하면 사회발전의 합법칙성은 "인간의 의사와는 관계없이 작용한다."[197] 그리고 공산주의 사회는 봉건주의 체제를 무너뜨린 자본주의가 붕괴하고,

새로운 프롤레타리아 독재에 의해 과도적 사회주의 체제를 거친 다음 단계에서 실현되는 것이다. 그에 의하면 사회주의가 고도로 성숙하면 공산주의 사회로 비약한다. 말하자면 낮은 단계의 사회주의 사회를 거쳐 높은 단계의 공산주의 사회로 발전해간다는 것이다.

그렇다면 이와 같은 마르크스의 주장에서 혁명의 추동세력인 프롤레타리아 계급은 무엇이며, 역사적 유물론에 의한 혁명은 어떤 과정을 거쳐 진행되는가? 마르크스에 의하면 부르주아지의 자본 축적은 프롤레타리아트의 노동에 의하여 생산된 잉여가치를 가로챈 것이다. 말하자면 프롤레타리아의 노동력을 착취한 것이다. 그러므로 프롤레타리아트는 부르주아지에게 잉여가치에 대한 정당한 권리로서 공동분배를 요구할 수 있으며, 착취당하지 않기 위하여 단결하여 투쟁하지 않으면 안 된다. 이러한 요구와 투쟁을 위한 방법은 프롤레타리아에게 어떤 수단도 정당화될 수 있다. 바로 이러한 마르크스의 주장이 프롤레타리아트에게 격렬한 계급투쟁을 유발하여 혁명으로 몰고 가는 원동력을 제공하는 것이다. 공산주의 이론에 의하면, 이러한 계급투쟁이야말로 프롤레타리아 혁명에 의한 자본주의 사회의 타도와 사회주의로의 발전에 추진력을 제공하는 것이다.

(1) 생산관계와 계급적 토대, 그리고 상부구조

『공산당 선언』이나 『자본론』 등에서 공산주의는 철저하게 자본주의 체제에서 프롤레타리아의 경제적 소외 즉 불평등성을 바탕으로 진술되고 있다. 이것을 요약하여 표현하면, 인간사회는 생산력과 생산관계에 의한 물질적, 경제적 조건에 의해서 형성되고 변화되므로 프롤레타리아에게는 자본주의를 타도하는 것이 최고의 선이라는 주장이다. 엥겔스에 의하면 이러한 주장은 가장 '과학적'인 공산주의 세계관을 기초로 한 것이다. 마르크스 세계관에서 주인공은 언제나 프롤레타리아이다. 마르크스가 그의 주인공에게 붙여준 프롤레타리아 (proletarius)라는 이름은 로마제국 시대의 최하층 계급을 일컫는 말이다. 18세기 영국에서 산업혁명의 발전에 따라 생겨난 각종 산업 노동자들을 자본가인 부르주아와 구분하기 위하여 이런 이름을 가져다 쓴 것이다. 마르크스는 노동자들을 최하층민이라고 규정함으로써 노동자들의 반감을 유발하고 따라서 선동의 효과를 높이려는 의도에서 그렇게 불렀던 것으로 보인다. 마르크스와 엥겔스는 모든 산업 노동자들에게, 자본가들의 탐욕에 의해 더 이상 착취당하지 않기 위해서는 단결하여 혁명투쟁에 나서야 한다고 주장했다. 이렇게 하여 프롤레타리아트와 부르주아지는 변증법적 운명에 의하여 역사적인 계급투쟁의 길에 들어서게 된 것이다.

마르크스에 의하면, 사회의 토대는 경제적 관계로 이루어진 것이며, 그것은 생산관계에 의해서 형성되는 물질적 관계이다. 그것은 "사람들의 의식밖에 독립하여 객관적으로 존재"하면서, 사회의 토대를 이루는 경제적 하부구조인 것이다.[198] 이 경제적 구조 위에 "정치적, 도덕적, 예술적, 종교적, 철학적 기타 견해들과 그에 상응하는 기관들"이 상부구조를 이룬다. 따라서 "상부구조에서 맺어지는 사람들의 관계는 물질적 경제적 관계와는 달리 이데올로기적 성격"을 가지게 되며, 지배계급을 형성한다.[199] 그런데 마르크스주의는 사회의 경제적 관계가 1차적인 토대이며, 상부구조는 토대에 의해 2차적으로 구성되는 파생적인 것이라고 본다.[200] 이 견해에 따르면 상부구조의 정치, 법률, 도덕 및 각종 이데올로기 등은 하부구조의 파생물이며,

하부구조에 반작용하는 이외에는 발전적 영향력을 가질 수 없다. 공산주의 유물사관에 의하면 프롤레타리아 독재는 진보적 "사회발전을 촉진하는 역할"[201]을 하는 것이다. 그러나 자본주의적 상부구조는 "반역사적 역할을 수행"하며, "보수적 토대를 적극적으로 옹호한다."[202] 그렇지만 이러한 일방적 주장은 사실 억지에 지나지 않으며, 역사적으로 반대되는 결과를 가져옴으로써 한낱 웃음거리가 되었다.

(2) 계급투쟁과 국가와 사회 혁명

마르크스주의는 사회계약설에 의한 근대적 국가 개념조차 부정한다. 국가는 공평한 조직이 아니기 때문이다. 국가란 그저 잠정적인 것이며, 경제적 지배계급이 정치적으로 다른 계급을 지배하기 위한 도구 또는 무기에 불과하다.[203] 그러므로 국가는 부당한 지배를 받고 있는 계급의 혁명에 의해서 지배 형식이 바뀌어야 한다. 이것이 사회혁명이다. 사회혁명의 원인은 새로운 생산력과 생산관계간의 갈등과 충돌에 있다. 부르주아지가 봉건사회를 무너뜨린 것처럼 이제는 프롤레타리아트가 부르주아지 사회를 무너뜨려야 한다. 이것이 다음 단계의 사회주의 혁명이며, 이 단계에서는 프롤레타리아 독재가 필연적으로 등장해야 한다. 그리고 사회주의 국가 단계가 성숙하면 프롤레타리아는 스스로 국가와 계급을 해체하고 만인이 공평하게 일하고 분배하는 공산주의적 유토피아 사회가 완성된다. 그러나 역사적 사실은 마르크스주의는 공산주의 사회의 전 단계인 프롤레타리아 독재 체제의 사회주의 단계에서 몰락하고 말았다.

기독교, 과학적 무신론, 그리고 항일독립운동

(3) 사회적 의식과 민중, 그리고 개인

유물론은 의식을 물질현상의 반영이라고 보기 때문에 물질을 1차적인 것으로, 의식을 2차적인 것으로 본다.[204] 이것을 사회에 적용하면, 사회적 의식은 사회적 존재의 물질생활을 반영한다. 개인주의나 이기주의는 낡은 사회의 사적 소유제도의 잔재이므로 청산되어야 한다. 법률, 도덕, 예술, 과학, 종교 등은 모두 계급적 성격을 지닌 것이며 사회의식의 변화에 영향을 주고받는다. 따라서 사회적 의식은 "사회적 존재의 발전을 촉진시키기도 하고 지연시키기도 한다."[205] 그러나 새로운 사상은 경제적 발전이 사회 앞에 새로운 과제를 제기하였을 때 비로소 발생하는 것이다. 새로운 사상이 힘을 얻으려면 대중의 이해와 실천 활동을 통해서만 가능하다.[206] 그러므로 낡은 사상을 극복하려면 치열한 계급투쟁과 사상투쟁을 실천해야 한다.

마르크스-레닌주의는 무신론을 바탕으로 공산주의 혁명에 성공하기 위해서는 어떤 방법을 사용해도 좋다는 무자비한 비인간적 폭력 혁명론이라고 할 수 있다. 그런데 러시아 공산주의 혁명이 성공한 이후 공산주의 사회를 사실상 지도 및 실천하는 집단인 공산당에 대해서 레닌은 이와 같이 말하고 있다. "적자생존의 과정에 의해서 공산당은 가장 계급의식에 투철하고 가장 헌신적이며 선견지명이 있는 최선의 노동자들로 구성되어 있다."[207] 그리고 그는 이러한 공산당이 다른 조직에 침투, 그 조직을 장악하기 위한 방법에서는 "모든 종류의 전략이나 책략과 비합법적인 방법, 핑계와 속임수에 호소할" 필요가 있다고 주장했다.[208] 역사적 유물론에서 사회발전은 생산의 발전과 생산양식의 변화에 의해서 추동된다. 여기서 민중은 그 시기의 사회발전에서 긍정적 역할을 하고 있는 프롤레타리아 계급과 근로대중을 가리킨다.[209] 그러므로 마르크스주의는 근로대중의 노동으로 인류사회의 역사가 발전되었다고 본다. 그러나 "자본주의로부터 사회주의에로 이행하는 혁명의 시기에는 노동계급의 당과 그 지도자가 하는 역할"[210]이 매우 중요하다는 사실을 강조하는 것으로 "역사적 유물론"은 사실상 끝을 맺는다. 이것은 프롤레타리아 독재, 그것도 그 지도자의 독재를 합리화하고 미화하는 주장이다. 이런 사실은 역사적으로 스탈린에 의하여 실천되었다.

(4) 결어(結語)들에 대한 비교

한 가지 흥미로운 사실은 공산주의 국가들에서 *DIAMAT* 판본들이 공통적으로 당시의 최고 권력자를 칭송하는 구절을 결어에 첨가하고 있다는 것이다. 따라서 이것을 보면 판본의 출판 시기와 출판지를 알 수 있다. 누구나 알고 있듯이 과거에 마르크스주의 종주국은 구소련이었다. 두 가지 판본에서 비교할 수 있는 사례를 인용하여 고찰하겠다.

판본 ① : "레닌은 러시아에서 처음으로 사회주의 혁명을 승리로 이끌었다. 스탈린은 레닌주의를 고수하고 소비에트 연방을 더욱 강력한 나라로 발전시켰다."[211] 이 판본은 스탈린 집권 시에 만들어진 것으로 추정할 수 있다. 이 판본이 남한에서 발간되었다.

판본 ② : 사회주의를 반대하는 자들이 사회주의 국가들에 대해 제기하는 자유, 민주, 인권의 문제를 반박하기 위하여 브레즈네프는 "사회주의 소비에트공화국연방은 레닌의 평화노선을 지지한다"는 논문을 썼다. 브레즈네프는 여기에서 "사회주의 사회 안에는……억압받고 착취당하는 계급도, 억압받고 착취당하는 민족"[212]도 없다는 말을 했던 것으로 인용되고 있다. 그리고 이 판본에는 독일 통일(1990) 이전에 동독 수상을 지냈던 브란트(W.Brandt)의 논문 "사회주의는 자유의 길이다"에서 "서독의 근로자들은 사실상 '사회적인 의지형성과 결정과정'에 자신의 견해와 이해관심을 '개입시킬' 수가 없으며, '거대한 경제력 및 이와 함께 대부분의 정치권력도 소수의 손에 집중되어 있다'"[213]고 한 말을 인용하고 있다. 그러므로 이 판본은 브레즈네프 시대에 동독에서 집권했던 브란트 수상 재임시절에 나온 것임을 알 수 있다. 그런데 이 두 사람은 역사적 사실을 완전히 무시하는 거짓말을 태연히 말하고 있다. 공산주의자 특유의 기만전술인 것이다.

DIAMAT 판본들에 실린 공산주의 국가 지도자들의 어록을 보면, 공산당이 자국민들에게 얼마나 많이 사실과 다른 허위주장을 하고 있으며, 저자들이 권력자들의 환심을 사기 위하여 얼마나 많은 찬사를 바치고 있는지를 알 수 있다. 이런 사람들이 살아가는 곳이 공산주의 사회인 것이다.

3) 『변증법적 유물론과 역사적 유물론』에 대한 비판

마르크스의 공산주의 유물사관은 다윈의 진화론과 결합하여 사실상 유물진화론이 된 것이다. 공산주의 사상은 마르크스와 엥겔스의 원형이 그대로 보존된 것이 아니라 그 뒤에 많이 수정되었다. 마르크스주의는 그의 사후에 특히 서유럽에서 많이 수정되고 변형되었는데, 엥겔스조차 생전에 이러한 수정주의에 부분적으로는 동의하고 있었다. 레닌을 비롯한 러시아 출신 교조주의자들은 서유럽 사회주의자들과 달리 처음에는 마르크스주의 원형을 비교적 잘 따랐었다. 그러나 이것도 레닌에 의하여 점차 수정되어 마르크스-레닌주의가 되었다. 레닌이 죽은 후에는 마르크스-레닌주의도 스탈린에 의해 과격하게 변형되어 이름만 남고 실제는 스탈린주의로 변했었다. 그러나 그것 또한 스탈린이 죽은(1953) 후에는 흐루시초프에 의하여 마르크스-레닌주의로 돌아갔다가 1991년에 소비에트연방이 해체되면서 공식적으로 폐기되고 말았다. 이를 계기로 혁명에 성공했던 다른 공산주의 국가들도 공산주의 방식을 폐기했거나 일부는 자본주의 방식을 대폭 수용하는 사회주의 체제로 바꾸었다. 이러한 사태는 공산주의가 실천적으로 성공할 수 없는 이론임을 입증하는 것이다. 말하자면 마르크스 공산주의 이론 역시 '공상적' 또는 '유토피아적'인 사회주의와 다름없는 것임을 역사적으로 증명한 것이다. 그러나 공산주의가 변했다고 해도 그 핵심인 무신론 사상은 그대로이며, 서구의 자본주의 체제를 뒤엎으려는 프롤레타리아 혁명의 꿈도 여전히 살아 있다. 그러므로 공산주의 사상의 근본인 무신론을 추방하기 위한 비판도 여전히 필요한 것이다.

(1) 변증법적 주장은 과연 과학적인 방법인가?

변증법(dialectics)이란 말은 본래 그리스어로 '논쟁'이란 뜻에서 발전한 것이다. '논쟁'은 대립되는 의견을 가진 사람들이 있어야 성립하고 논쟁 끝에 어떤 결론에 도달하게 된다. 여기에서 '논쟁'은 결론이 아니라 과정에 초점을 맞추는 말이다. 다시 말하자면 다양한 사람들(대립물)이 다른 의견들(모순)로 대립하고 타협(질적 변화)해서 결론(대립물의 통일)에 이르는 전체적인 과정을 변증법이라고 하는 것이다. 이렇게 사물의 변화를 인식하는 방법으로서의 변증법은 고대 그리스의 철학자 헤라클레이토스가 처음 사용한 것으로 보고 있다. 헤라클레이토스는 이러한 변화의 원인을 불이라고 보았다. 그가 주장한 만물유전설(萬物流轉說, panta rei)은 변증법의 시초라고 인정한 것은 헤겔이었다. 헤겔은 "운동 속에서 모순을 증명한 옛 변증법 철학자들을 존중해야 한다"[214]고 말하면서 헤라클레이토스와 함께 거북이의 달리기 역설(逆說)로 유명한 제논(Zenon of Elea, c.490−c.430 B.C.)을 꼽았다.

그렇지만 사실 이와 같은 변화의 철학은 동양사상에서 더욱 발전했었는데, 『주역』에서 64괘로 음양 변화를 설명하는 역(易)사상 및 목화토금수(木火土金水)의 5요소가 상생(相生) 또는 상극(相剋)함으로써 변화가 일어난다는 오행설(五行說)이 대표적이다. 이것들을 비교해보면, 서양의 변증법적 철학은 동양의 『주역』보다 오히려 저급하고, 시대적으로도 늦게 나타난 것이다. 노자와 장자의 도(道)사상, 불교의 윤회설(輪回說), 주자학의 이기(理氣)설 등도 본질적으로 변화를 바탕으로 하고 있으므로 변증법적인 것이라고 할 수 있다. 기독교에서 죄와 회개, 그리고 구원과 심판의 과정을 일관성 있게 말하는 것도 변증법적이다. 그러나 유신론 입장인 종교에서는 철학에서 사용하는 이런 말을 쓰지 않는다. 변화를 말한다면, 우주에서 변화하지 않는 것이란 없다. 다만 변화의 법칙이 과학적인 사실로 증명되고, 진리이냐의 문제일 뿐이다. 사물이 다르면 변화의 원인도 다르고 결과도 다른 것이다.

앞에서 말했듯이 엥겔스는 공산주의를 '과학적 사회주의'라고 주장하는 근거를 유물론적 변증법과 경제학적 잉여가치를 발견한 것에 있다고 했다. '과학적 사회주의'는 신의 존재를 믿는 초자연적, 형이상학적 또는 관념론적 철학이나 종교 등의 모든 사상(思想)과 노동자의 몫인 잉여가치를 착취하는 자본주의 사회제도를 결코 인정할 수 없다고 주장한다. 마르크스는 헤겔에게서 변증법을 배웠으면서도 "헤겔에게는 변증법이 거꾸로 서 있다. 신비한 껍질 속에 들어 있는 합리적인 알맹이를 찾아내기 위해서는 그것을 바로 세워야 한다"고 말했다.[215] 마르크스의 이 말은 세계정신이 역사적 변화를 만들어낸다는 헤겔의 관념론을 비판하고, 정신은 물질적인 현상이 인간 두뇌에 반영된 것에 지나지 않는다는 자신의 유물론적 주장을 세우려는 것이다. 문제는 이와 같이 철학에나 써야 할 포괄적 개념어인 변증법이라는 말을 과학적 용어로 쓰는데 있다. 엥겔스는 『반듀링론』에서 "변증법은 자연, 인간 사회, 사유의 운동과 발전에 대한 일반 법칙들을 다룬 과학일 뿐이다"고 말하고 있다.[216] 엥겔스가 이 말에 담은 의미는, 우주만물의 발전을 과학적 법칙으로 해명하는 방법은 변증법밖에 없다는 것이다. 엥겔스의 말은 변증법적으로 어떤 이론을 말하면 그것은 곧 과학으로 인정되어야 한다는 것이다. 엥겔스의 이 말은 진화라는 용어를 쓰면 과학으로 인정받는 오늘날의 현실을 정확히 반영하고 있다.

여기에서 저명한 무신론 철학자 러셀이 그의 『서양철학사』에서 인용했던 고대 원자론자 데모크리토스와 그의 스승 레우키포스(Leucippus, BC 440년경)의 말을 생각해보는 것이 적절할 것 같다. 데모크리토스는 "무엇이든지 우연히 일어날 수 없다"고 했고, 레우키포스는 "무(無)에선 아무 것도 일어나지 않는다. 모든 것이 어떤 원인에서부터 필연적(必然的)으로 생긴다"고 했다.[217] 이들이 이미 오래 전에 한 이 말은 결국 존재의 우연성을 부정하는 것에 다름 아니다. 사물의 필

기독교, 과학적 무신론, 그리고 항일독립운동

연성을 밝히는 것이 과학이며, 필연성을 사실적으로 설명하는 것이 과학이론이다. 그러나 세이빈(Geroge H. Sabine)은 『정치사상사』에서 레닌의 변증법적 유물론에 대해 "과학과 같은 것이면서도 마술과 같은 그 이상의 무엇이기도 한"[218] 것이라고 지적했다. 또한 "그에게 있어서 변증법적 유물론은 모든 수수께끼에 해답을 제공해주는 마법의 열쇠나 '열려라 참깨'와 같은 것이었다"[219]고도 말했다. 이 말들을 다시 거꾸로 뒤집어보면, 변증법은 과학도 아니고 마술도 아닌, 결국엔 아무것도 아닌 것도 아닌 그 무엇이라는 것이 된다. 다시 말하면 마르크스-레닌주의 이론에서는 모든 사물의 변화를 설명하는 데 변증법이라는 애매한 개념의 비과학적 용어를 사용하면서 과학이라고 주장한다는 것이다. 마르크스-레닌주의자는 공산주의 이론을 이런 방식으로 설명하면서 무신론이 과학적이라고 주장하고 있다. 시간이 지나면 사물이 변화한다는 것을 모르는 사람은 없다. 사물의 변화과정을 엄밀하게 관찰하면 사물에게 일어나는 변화는 종류별로 각각 다르다는 사실을 알 수 있다. 다른 종류의 사물의 변화를 한데 묶어 변증법이라는 일반화된 개념으로 규정하면 그것은 과학이 될 수 없는 것이다. 유형별로 사물의 변화를 파악하고 일정한 법칙을 발견하여 정식화하는 것이 과학이다. 그렇지만 이것을 체계적으로 실천하는 사람은 많지 않다. 뉴턴이 만유인력을 발견한 경우를 보더라도 사과가 떨어지는 것은 누구나 알고 있었다. 그러나 사과가 떨어지는 것을 보고 만유인력 법칙을 발견하고 과학이론으로 만든 것은 오직 뉴턴이었다.

이런 사실을 알고 보면 앞에서 언급한 것처럼, '진화'나 '변증법'이라는 포괄적 개념의 용어를 사용하는 이론은 과학으로 인정되어서는 안 된다는 것을 알 수 있다. 이 용어들을 철학에서 쓰는 것이라면 더 이상의 사회적 문제는 일어나지 않았을 것이다. 그러나 이 용어들은 공산주의 정치집단에서 공산주의 정치이념을 과학적 진리처럼 설명하는 도구로 사용됨으로써 인류에게 엄청난 재앙을 초래한 주문(呪文)이 되었다. 변증법과 진화론을 사물의 변화에 적용하면서 과학적 방법이라고 주장하는 사람들의 공통적 특징은 무신론자들이라는 것이다. 왜냐하면 자신들이 주장하는 무신론의 근거를 정상적인 과학의 방법으로는 설명할 수 없기 때문이다. 앞에서 보았듯이 다윈의 진화론은 전적으로 무신론적이지는 않았다. 그러나 이것이 마르크스와 엥겔스의 공산주의 유물진화론에 유입되면서 다윈의 본의와는 상관없이 무신론 주장의 과학적 근거로 이용되었던 것이다. 그 원인은 후대 공산주의자들이 유물론적 변증법이나 다윈의 생물학적 진화론이 다 같이 과학적이라는 마르크스와 엥겔스의 주장을 맹종(盲從)함으로써 이 말들이 무신론의 정당화에 쓰였기 때문이다.

러시아제국에서 공산주의 혁명이 성공하자 마르크스-레닌주의 유물진화론은 더 이상 반론할 수 없는 과학적 무신론으로 자리 잡았다. 레닌은 그의 권위로 "요컨대 변증법은 대립물의 통일에 관한 원리라고 정의할 수 있다"[220]고 말했다. 이 말은 모든 대립물에 대한 설명을 변증법으로 통일하라는 명령에 다름 아니다. 그 이후 마르크스-레닌주의자들은 변증법을 만물의 원리로 마법의 주문처럼 썼다. 그리고 러시아과학아카데미는 마르크스-레닌주의를 최고의 과학적 무신론이라고 주장하였다. 레닌의 논적이었던 트로츠키조차도 "마르크스의 방법은 자연과 사회가 모두 진화한다고 보고 진화 자체를 서로 충돌하는 힘의 끊임없는 투쟁으로 보기 때문에 변증법적이다"고 말했다. 이렇게 유물론자들에게 과학이란 무조건 변증법이나 진화론을 사물에 적용하여 설명하면 되는 것이다.

엥겔스는 『자연변증법』에서 "자연은 그저 존재하는 것이 아니라 생성되고 사라지는 것이다"고 했다. 그리고 『반듀링론』에서는 헤라클레이토스를 언급하면서 "만물은 존재하면서 또한 존재하지 않는다. 왜냐하면 만물은 유전하고 끊임없이 생성되고 사라지기 때문이다"고 말했다.[221] 그런데 데카르트와 뉴턴 이래 자연과학의 법칙은 결정론에 근거해서 해석해야 한다는 원칙이 있다. 그렇지 않으면 원인에서 결과에 이르는 변화의 과정을 이론적으로 정확하게 설명할 수 없기 때문이다. 그러나 사회적 변화는 자연과학의 법칙과 같이 결정론적인 방법으로 원인과 결과를 설명할 수 없는 것이다. 왜냐하면 일정한 성질을 가진 원자들로 이루어진 물질계와 다양한 사유와 개성을 가진 인간들로 구성된 사회는 다르기 때문이다. 헤겔은 변증법을 인간사회의 전체적인 역사를 합목적적으로 설명하기 위해서 사용했다. 그런데 마르크스주의자는 물질적 경제사회에서 인간의 역사를 유물론적으로 해석하는 데 사용했다. 마르크스주의자는 인간에게조차 '대립물'의 개념을 적용하고, 인간사회의 역사적 미래를 변증법적 해석으로 결론을 내린다. 말하자면 미래의 역사를 변증법적으로 예언하고는 이것을 '과학적 사회주의' 이론이라고 주장하는 것이다. 물론 여기에는 아무런 증거도 없었다. 이렇게 잘못된 '변증법적' 방법의 적용이 마르크스의 공산주의 이론에서 '과학적' 오류의 원인이 되었다. 물론 일말의 사실이 부분적으로 포함되어 있기는 하지만, 전체적으로는 잘못된 결론에 도달해 있는 것이다.

(2) 공산주의 교의(敎義)가 된 유물론적 변증법

공산주의자에게 나타나는 특징은 마르크스와 엥겔스 그리고 레닌의 주장들을 무오류의 교리처럼 신봉한다는 것이다. 이 교리에 대한 해석은 당시의 공산당 최고 지도자만이 변경할 수 있다. 앞에서 서술한 스탈린의 *DIAMAT*는 그 대표적인 예이다. 미하일 고르바초프가 집권(1985)하여 개혁(페레스트로이카)과 개방(글라스노스트)이 시작되던 무렵에 당시 소련 공산당 기관지 「프라우다」지의 편집국장 아파나셰프는 그의 『변증법적 유물론』교재에서 생물의 "형식과 내용 사이의 모순"이 해결되는 변증법적 과정을 이렇게 설명했다.

> 예컨대 유기체는 환경이 변하면 새로운 영양물들을 흡수하지 않을 수 없다. 이 때문에 그 유기체의 내용, 즉 그 유기체의 본래의 신진대사와 모든 생명 유지활동이 다소 빠르게 변한다. 형식, 즉 그 유기체의 구조는 내용의 발달과 보조를 맞추지 못하고 내용과 모순에 빠진다. 이 모순은 유기체의 구조가 변함으로써 해결된다. 이때 그 유기체의 구조는 변화한 내용에 알맞게 된다. 그 결과에 기존의 기관들이 변형되거나 아니면 새로운 기관들이 생긴다. 예를 들어 유기체들이 수중환경에서 양서류의 생활로 옮아가면 이 유기체들에서는 점차 아가미 대신 허파, 지느러미 대신 팔 다리 등등이 발달한다.[222]

아파나셰프는 말하자면 구소련의 대표적인 지성인의 한 사람이었다. 그런데도 이렇게 말도 되지 않는 억지 주장을 전개하고 있는 것이다. 이것이 마르크스-레닌주의자의 유물론적 변증법이다. 이미 앞에서 다윈의 생물학적 진화론과 유물론적 변증법을 검증하고 부정한 우리의 입장에서는 얼마나 황당한 소리인가? 생물학적으로 개별 유기체는 유한한 수명을 가질 뿐이다. 무성번식을 하는 미생물은 몇 십분 정도이고 유성번식 생물도 포유류가 길어야 100년을 약간 넘는 정도이다. 유기체는 급진적으로 환경이 바뀌면 영양물을 섭취하기 위하여 구조를 바꿀 수 있는 것이 아니라 죽는 것으로 끝나고 만다. 유물진화론자가 아니면 물고기가 땅에 올라와서 살아 있는 동안에 지느러미가 다리로 변화되는 일이 일어난다고 누가 주장할 수 있겠는가? 그러나 과학적 무신론자라면 이런 주장을 할 수 있다. 최고 지도자가 말하거나 승인하면 무엇이든 그대로 사실로 믿어야 한다. 믿지 않는 자는 공산주의자로 인정받을 수 없으므로 숙청되어야 한다. 공산주의자들이 유물론을 주장하는 데 있어서는 이처럼 진화론이나 변증법을 절대적 무적(無敵)의 원리로 사용하고 있는 것이다. 이것은 마르크스가 "모든 것(모든 유한자)은 변증법의 심판을 받아야 한다"[223]고 주장하는 헤겔의 역사 변증법을 잘못 이해하였기 때문이다. 마르크스는 엥겔스와 같이 헤겔로부터 배운 역사 변증법을 다윈의 진화론과 결합하여 공산주의 유물진화론을 만드는 데 이용하였고, 레닌은 이를 러시아 혁명에 이용하여 성공하였다. 그런 다음에는 코민테른을 조직하여 마르크스-레닌주의를 살아 있는 교리로 전파하고자 하였다.

그러나 이로 인하여 러시아 사회와 공산주의화된 국가들에 나타난 결과는 참혹한 것이었다. 종교에 대한 박해와 반대자에 대한 무자비한 숙청이 끝없이 이어졌다. 공산주의 사회의 이상인 물질적인 삶의 평등 추구는 개선된 것이 아니라, 오히려 악화되었다. 그럼에도 불구하고 공산주의자들은 공산주의 정치이념으로 세계를 지배하려고 했다. 이런 모순을 안고 있는 공산주의 체제가 어찌 무너지지 않을 수 있겠는가? 결국 1988년 구소련 헌법이 개정되고 고르바초프가 초대 대통령으로 선출됨으로써 공산주의 체제가 붕괴되기까지 세계 각지에서는 헤아릴 수 없이 많은 사람이 희생되었다. 인간에 의해 비인간적인 일이 저질러져도 공산주의 사회에서는 변증법적 또는 진화론적으로 당연히 일어날 수 있는 일로 생각해야 했다. 이러한 것들이 마르크스와 엥겔스가 과학적이라고 주장한 변증법적 비약에 의한 공산주의 혁명이 성공한 결과였다. 이런 결과를 보고도 '변증법적'이라는 용어를 '과학적'이라고 말할 수 있을까? 이 말은 맹신을 강요하는 사이비 종교의 교리가 아니고 무엇인가?

더 큰 문제는 인류가 마르크스와 엥겔스가 주장하는 변증법적 공산주의 사회에서 살아야 한다면, 어떤 인간적 삶의 기준이나 윤리의 근거도 인간사회에서 정당화될 수 없다는 것이다. 공상주의 이론에 의하면 인간은 변증법적으로 태어났으므로 변증법적으로 살다가, 변증법적으로 죽어야 하는 존재이기 때문이다. 잘못된 논리로 명제를 해석하면 잘못된 결론이 나올 수밖에 없음에도 불구하고 유물론자들은 변증법적 또는 진화론적 이론에 대해서는 절대적 무오류로 인정하고 검증을 불허한다. 공산주의 이론에 의하면 인간은 물질의 변증법적 진화에서 생긴 물질적 존재이다. 그렇다면 어떻게 살아도 되는 물질적 존재인 인간이 제멋대로 살아간들 무슨 문제가 되며, 삶의 방법이 전혀 문제가 되지 않는 곳에서 어떻게 도덕과 윤리가 성립될 것인가? 물질적인 인간이 물질로 이루어진 세상에서 물질적으로 사는 동안에 최선의 삶이란 어떻게든 권력이나 부를 획득하여 물질적 쾌락을 마음껏 누리다가 물질적으로 죽는 길밖에는 없다. 그렇게 되면 인간사회는 만인의 만인에 대한 무한경쟁, 착취, 살해, 테러, 협박, 온갖 거짓말 등이 정당화될 수밖에 없다. 이런 현상들은 동물사회의 자연적 상태가 훨씬 더 증폭된 힘으로 인간사회에 옮겨진 것이라는 엥겔스의 주장이 현실화 되는 것이다. 공산주의자들이 혁명에 성공한 사회에서의 역사는 사실 그렇게 전개되었다. 마르크스의 무신론적 변증법이 사이비 종교의 교리처럼 기능하면서 삶의 법칙도 윤리도 과학도 말살해버린 결과이다. 마르크스적 '변증법'이라는 용어는 인간사회를 설명하는 데 있어서는 결코 사용되어는 안 되는 말이다. 그것은 철학에나 써야 할 말이다.

(3) 공산주의 사회혁명을 위한 종교적 방법론으로서의 유물론

변증법이라는 말은 앞에서 보았듯이 사물의 변화를 정확하게 분석하는 과학적 방법이 아니며, 사물의 변화 또한 변증법적으로 정확하게 분석되는 것이 아니라는 사실을 검토했다. 변증법은 유물진화론의 도구일 뿐이다. 그리고 유물진화론은 또 하나의 자연발생론의 '변종'에 불과한 것이다. 그렇다면 공산주의는 마르크스와 엥겔스의 정치적 야망을 위한 유물론 철학일 뿐이다. 말하자면 프롤레타리아의 현실 불만을 선동하여 폭력적 혁명을 통해 무신론적 지배체제를 구축하고자 하는 정치적 주장에 다름 아닌 것이다. 결국 공산주의자들은 무신론에 바탕을 두고 반종교적 사회혁명을 선동하는 정치적 도그마의 광신집단에 불과한 것이다. 마르크스와 엥겔스는 앞에서 보았듯이 공산주의 혁명에서 타도의 대상으로 특별히 기독교 성직자를 꼽았다. 왜냐하면 기독교 성직자들은 자본주의 체제와 부르주아지와 지배층을 옹호하면서 부와 권력을 유지하고 있기때문이다.

우리는 이러한 공산주의를 개괄적으로나마 이해하고 있어야 한다. 아직도 세계 곳곳에서 모든 사상과 민주주의적 사회체제와 모든 종교를 폐기하기 위해서 혁명을 꿈꾸는 공산주의자들이 잠복해 있는 것이 사실이다. 따라서 우리는 공산주의 사회를 꿈꾸는 과학적 무신론의 확산에 대처하기 위해 이를 분명히 잘 이해할 필요가 있다. 공산주의는 부분적 이론이 어떻게 변형되든 핵심사상은 그대로 전수되고 있기 때문이다. 그래서 공산주의의 세계사를 다룬 로버트 서비스 (Robert Service, 1947–)는 마르크스와 엥겔스에 대해 다음과 같이 지적하고 있다.

> 그들은 추종자들이 자신들을 비판하거나 반박할 권리가 없다는 듯 행동했다. 그들은 헌신을 적극 권장했다. 그 결과 마르크스와 엥겔스는 말씀 한 마디 한 마디를 새겨들어야 할 예언자로 대우받았다. 마르크스주의자들은 기독교인들이 성서를 검토하는 식으로 마르크스와 엥겔스의 저작에 의존했다.[224]

마르크스와 엥겔스는 결국 그들이 비난해 마지않던 종교적 예언자처럼 행동했던 것이다. 그래서 서비스는 "마르크스주의는 추종자들에게 무오류의 교리이자 종교의 정치적 대체물이 되었다"고 말했다.[225] 추종자가 생겨난 종교는 쉽게 소멸되지 않는다. 이미 종교적인 실체를 가진 공산주의 역시 기독교의 대적자로서 쉽게 사라지지 않을 것이다.

칼 포퍼(Karl R. Popper, 1902–1994)는 마르크스주의를 가장 예리하게 비판한 것으로 유명한 과학철학자이다. 그는 마르크스의 유물사관을 과학적 사회주의라고 주장 하는 것은 역사주의의 오류라고 비판했다. 말하자면 사회과학에서는 물리학의 결정론과 같은 방법으로

기독교, 과학적 무신론, 그리고 항일독립운동

주장해서는 안 된다는 것이다. 그는『열린 사회와 그 적들』에서 마르크스를 "거짓 예언자"라고 말하고 있다. 마르크스가 프롤레타리아 혁명에 의해 자본주의가 무너지고 사회주의를 거쳐 공산주의 사회가 도래할 것이라고 예언했으나, 역사적 사실은 그의 예언이 틀렸다는 것을 증명했기 때문이다. 포퍼에 의하면 과학적 예측과 역사적 예언은 다른 것임에도 불구하고, 마르크스는 이를 왜곡하여 "역사적 예언이 사회적 문제에 대한 과학적 접근방법이라고 믿도록 많은 사람을 오도"했다.[226] 심지어 포퍼는 "러시아 혁명은 마르크스가 예언한 사회혁명과 동일시 될 수 없다"고 주장하면서 "사실에 있어서 그것들은 서로 아무런 유사성도 가지고 있지 않다"고 단언한다.[227] 포퍼에 의하면 마르크스의 유물사관은 종교적 방법의 거짓 예언이고 공산주의자들은 그에 의하여 오도된 자들인 것이다. 어떤 예언자의 예언을 맹신하는 자는 종교적 광신자가 되고 그 예언의 성취를 위해 희생제물을 바친다. 마르크스 예언의 허위성을 폭로하지 못했던 근대 사회의 역사는 공산주의 무신론 광신자들의 난동에 의해 엄청난 희생제물을 바쳤다.

(4) 유물진화론적 의식과 정신의 의미

변증법적 유물론의 관점으로 보면, 인간의 생명이란 그저 물질의 변화과정에서 거품처럼 잠깐 생겨났다가 사라져버리는 것이다. 그러므로 결국에는 생명이란 것이 아무런 가치와 의미를 가질 수 없는 일시적 물질현상에 불과하다. 마르크스는 헤겔이 일반적인 상식을 가진 사람들처럼 행동한다고 비판했다. 그에 의하면 일반적인 상식을 가진 사람들이란 서로 다른 것들을 보면 그들 사이의 동일성을 보지 못하고 비슷한 것들을 보면 그들 사이의 차이를 보지 못하는 사람들이다. 그러나 문제는 이런 동일성과 차이를 파악할 수 있는 전문가의 진실성이다. 전문가들이 고의 또는 실수로 오류를 저지른다면, 그 결과는 일반 사람들에게 참담한 결과를 가져오게 되는 것이다. 왜냐하면 일반인의 실수는 개인의 몫으로 끝나지만, 전문가의 오류는 사소한 것이라도 전체적인 영향을 미치기 때문이다. 하물며 고의적으로 기획된 경우에는 엄청난 재앙을 가져온다. 마르크스와 엥겔스의 유물사관이 바로 그런 사례이다. 왜냐하면 그들의 정치적 야망을 위해 사람들에게 거짓 이론인 과학적 무신론을 진리로 설명하고 있기 때문이다. 과학적 무신론은 인간의 생명과 의식을 물질적 현상에 불과한 것이라고 주장함으로써 인간을 아무 것도 아닌 것으로 만들었다. 그렇다면 인간의 의식과 생명에 대해서 마르크스-레닌주의의 견해와 일반적인 상식인들의 이해를 비교해보는 것도 과학적 무신론의 검증에 유익할 것이다.

엥겔스의『반듀링론』에서 살펴본 바와 같이, 인간조차 단순한 단백질 덩어리로부터 생명체로 진화한 것이라면, 인간은 물질이 조합된 기계라는 결론밖에 내릴 수 없다. 그러나 앞에서 진술한 바와 같이 기계적 유물론은 이미 마르크스와 엥겔스에 의해 부정되었다. 그리고 1931년 소비에트 공산당 중앙위는 마르크스-레닌주의 철학에 어긋나는 기계적 유물론을 비판하고 반동적인 기계적 유물론자의 혐의를 씌워 트로츠키를 축출했다. 이후부터 공산주의 사회에서 스탈린 이외에는 새로운 철학을 논의할 수 없었다. 오직 스탈린의 마르크스-레닌주의, 곧 스탈린의 과학적 무신론을 확대 재생산하는 일만 가능했다. 이러한 과학적 무신론에 의하면 실재(實在)하는 것은 물질밖에 없다. 의식은 물질로부터 파생되는 2차적 현상(現像)에 불과하다. 따라서 의식은 관념을 만들어내는 물질적 변화의 반영이다. 이것은 인간의 의식 속에 형성되는 관념은 실재하는 물질에서 파생되는 메아리와 같은 현상이라는 것임을 의미한다. 과학적 무신론은 인간의 의식이 그의 존재를 결정하는 것이 아니라 그의 사회적 존재가 의식을 결정한다고 주장한다. 또한 관념이라는 것은 물질세계가 인간의 사고력으로 정신에 표현된 것일 뿐이다. 과학적 무신론은 이렇게 물질에서 감각, 사고, 의식 등의 모든 정신 현상이 생겨나는 것으로 설명할 수밖에 없다.

그러나 일반적인 유신론자들은 대부분 인간의 정신이 창조자이신 신에게서 기원한 것이며, 물질도 신의 창조에 의한 것으로 생각한다. 따라서 유물론과 대립하는 관념론을 지지한다. 과학적 무신론은 관념론을 부정할 뿐만 아니라 모든 종교 사상도 부정한다. 마르크스는 "객관적 진리가 인간의 사유에서 유래하는가 아닌가의 문제는 이론적 문제가 아니라 실천의 문제"라고 주장했다. 그러므로 "인간은 자신의 사유의 진위, 즉 그 현실성과 힘, 그 차안성을 실천으로 검증해야 한다."[228] 일반적 상식을 가진 사람들은 이런 비과학적 이론이 그동안 인류사회의 일부를 지배하면서 얼마나 큰 피해를 가져왔는지를 역사를 통해 알고 있다. 그렇다면 변증법적 유물론은 실천으로 검증해서 입증된 진리일까? 인간의 생명과 인간의 몸에서 생겨나는 의식의 원천은 어디에 있는가? 의식은 물질현상의 반영에 지나지 않는다는 레닌의 주장에 긍정할 수 없으면, 의식의 원천을 다시 생각해야 한다. 일반적 상식을 가진 사람들은 의식의 원천을 검증함에 있어서 굳이 식물이나 다른 동물을 찾아 시간을 낭비할 필요는 없다. 바로 자신이 의식을 가지고 있는 생명체이기 때문이다. 사람이 의식을 가지고 있다는 것은 마르크스나 엥겔스도 전혀 부정하지 않았던 사실이다. 의식을 가진 인간으로서는 자신의 출생 과정을 살펴보는 것이 의식에 대한 가장 확실한 연구의 길이다. 인간은 태어나기 전에 부모의 생식세포인 정자와 난자였고, 이것들이 수정을 통해서 모체에서 성장했다. 생명체는 태어나서는 죽기까지 생명활동을 멈추지 않는다. 우리의 의식은 기계를 작동하는 프로그램과 같이 우리의 몸을 움직이는 결정을 내린다. 의식이 물질현상의 반영이라면 인간의 몸에 의식을 만들어내는 프로그램이 먼저 있어야 한다. 그리고 인간에게 이러한 물질적 프로그램이 있다면, 인간의 의식은 같은 사물에 대해서는 반응이 같아야 한다. 같은 생활조건에서 같은 음식을 먹고 같은 공기를 호흡한다면 물질적 조건은 같은 것이다. 그렇다면 사물에 대한 의식적 반응도 같아야 하는 것이다. 그러나 실질적으로 나타나는 현상은 과연 그러한가? 우리는 서로 다른 환경에서 다른 음식을 섭취해도 같은 생각을 할 수 있고, 같은 환경에서 같은 음식을 먹어도 다른 생각을 할 수 있다. 이러한 사실은 의식이 물질현상의 반영일 뿐이라는 주장이 오류라는 것을 명백히 입증한다. 마르크스-레닌주의자들은 이렇게 잘못된 레닌의 말 한 마디까지 진리라고 맹신하고 있는 것이다.

우리는 결국 생명의 기원과 의식 또는 정신 현상에 대해서 물질적인 것만으로는 설명할 수가 없다는 사실을 인정하지 않을 수 없다. 말하자면 유물진화론으로는 생명과 의식의 기원을 설명할 수가 없는 것이다. 그렇다면 신적인 기원에 눈을 돌리지 않을 수 없다. 그런데 왜 마르크스-레닌주의자 즉 과학적 무신론자는 신적 기원에 주목하지 않고 부정하는 것일까? 이 문제의 해답은 『변증법적 유물론 비판』의 저자 베터(Gustav A. Wetter)의 결론에서 얻을 수 있다.

> 소비에트 철학의 본질적 목표는, 그 본래의 존재이유가 신의 존재의 불필
> 요성을 논증하는 것이며, 더구나 유물변증법의 가장 근본적 법칙인 대립물
> 의 통일과 투쟁의 법칙에 의해서 이것을 운동의 근원으로 삼아 "제1의 운동
> 자", 창조주 신을 배제하려는 데 있다.[229]

　이렇게 공산주의 철학은 자본주의 체제를 전복하고 정권을 탈취하
려는 목적에서 신을 부정하면서 기독교와 기타 모든 종교를 타도하려
고 창안해낸 허구적 이론에 불과한 것이다. 여기에서 자본주의를 타
도하고자 했던 공산주의의 실패에 대해 양자를 비교하는 하버드대학
교 러시아역사학 교수 리처드 파이프(Richard Pipes)의 짧은 말 한 마디
를 덧붙이는 것이 적절할 것이다.

> 그러나 현실에 있어서, 자본주의는 현실에 민감하고 스스로 조절 능력이
> 있었고 또 경험에 근거를 두었기 때문에 모든 위기들을 용케도 극복할 수
> 있었다. 그 반면에 공산주의는 엄격한 원리이고, 유사종교로 바뀐 유사과학
> 이며, 정치적으로 경직된 정권 속에 구현되어 있다. 따라서 공산주의는 자
> 체의 잘못된 개념들을 밝혀낼 수 없다는 게 증명되었고 결국 허깨비(공산
> 주의가 가져온다고 하는 허구의 이상적 세계)를 스스로 포기했다.[230]

　이러한 역사적 사실과 비판들은 마르크스 · 엥겔스의 유물진화론
이 스스로 모순적이면서 아무런 증거도 없는 고대 자연발생론의 '변
종'에 불과하다는 것을 말해주고 있다.

3. 오파린의 화학적 진화론[231]

1) 『생명의 기원』 출판

오파린은 모스크바 대학교에서 다윈에 정통했던 러시아의 식물생리학자 티밀리야제프(K. A. Timiryazev)에게서 배웠다. 오파린이 대학을 졸업하고 대학원에 진학하던 해에 레닌이 러시아 공산주의 혁명에 성공했다. 오파린에게는 이 혁명이 인생의 전환점을 마련해주었다. 대학시절에 학비를 벌기 위해 제약회사에서 일했던 경력 때문에 그는 1918년에 러시아 전국화학공업노동자연맹의 대의원이 되었고, 곧 중앙위원으로 선출되었다. 그는 제정 러시아 시절에 망명하여 제네바에서 의학과 농화학 분야에서 세계적으로 유명하게 된 알렉세이 바흐(Alexei Bach)에게 접촉하여 협조 요청을 하자고 제안했으며, 중앙위원회는 이를 승인했다. 바흐는 혁명 직후 귀국하여 이미 국가경제계획위원회에서 중요 직책을 맡고 있었다. 오파린은 곧 바흐를 만났다. 바흐는 이때부터 오파린의 후원자가 되었다. 바흐는 오파린을 위해 자리를 만들어 그가 맡고 있는 국가경제계획위원회 화학분과위원회(1919–1922)와 중앙화학연구소(1921–1925)에서 일하게 했다. 1922년 오파린은 러시아 식물학회에서 "지구상에서 생명의 기원"에 관련한 이론을 처음으로 발표했다. 오파린은 다윈이 미해결로 남겨놓았던 생물학의 1차적 관건인 '생명의 기원' 문제의 해법을 화학적 방정식으로 제안한 것이다. 이때는 레닌의 건강이 나빠져서 그의 후계자를 놓고 스탈린과 트로츠키가 다투기 시작하던 해였다. 오파린의 이론은 1923년에 소책자로 출판되었다.[232]

기독교, 과학적 무신론, 그리고 항일독립운동

오파린의 이론이 세계적으로 주목을 받게 된 것은 1936년 『생명의 기원』 제1판이 본격적인 책으로 출판되면서부터였다. 이 책은 여러 나라에서 번역 출판되었다. 『생명의 기원』에 나타난 오파린의 이론은 빅뱅(Big Bang)이 일어난 시기부터 우주의 물질적 변화를 역사적 단계로 재구성한 것이다. 그는 철저하게 관념론을 비판하면서 유물사관에 바탕을 두고 물질의 변화를 설명하고 있다. 유물사관은 이미 마르크스와 엥겔스-레닌에 의해 과학적 무신론이 되어 있었다. 그러나 이때까지 생명의 기원을 과학적으로 설명하지 못하고 있었다. 그는 여기에서 변증법 및 화학적 방정식을 이용하여 생명의 기원에 관한 이론을 서술하고 있다. 이것이 과학적 무신론에 남은 마지막 관문을 돌파하는 이론이 되었다. 레닌이 러시아에서 공산주의 혁명에 성공한 이후 마르크스-레닌주의는 과학적 무신론으로 소비에트 국가에서 정치적 복종의무를 지우는 절대적 교리가 되어 있었다. 그리고 레닌이 죽고 스탈린에 이르러서는 마르크스-레닌주의가 국가권력에 의해 모든 국민들이 믿어야 하는 과학적 진리로 공식화되었다. 1931년 공산당 중앙위원회는 마르크스와 엥겔스-레닌-스탈린으로 이어지는 철학 노선에서 한 치라도 벗어나는 이론의 유포를 금지하기로 결정했기 때문이다. 실질적으로 완전한 독재 권력을 확보한 스탈린은 이 결정을 통해 조금이라도 그에게 반대하는 정치적 주장이나 철학사상은 물론 과학이론까지 금지했다. 스탈린 치하에서 그의 정책을 따르지 않는다는 것은 곧 무자비한 숙청을 자초하는 일이었다. 오파린은 이미 공산주의자가 되어 있었기 때문에 이런 상황을 잘 알고 있을 수밖에 없었다. 더욱이 오파린이 『생명의 기원』을 발표했던 1936년에 소위 "스탈린주의 헌법"이 채택되었다. 이 헌법에서 러시아 공산당은 러시아가 공산주의의 낮은 단계, 즉 사회주의 사회를 실현했다고 주장했다. 마르크스주의자들이 말하는 사회주의 사회에서 사람들은 '능력에 따라 일하고 일한만큼 받는다.' 그 다음에는 공산주의 사회 단계로 진입할 것이다. 높은 단계의 공산주의 사회에 이르면, 사람들은 '능력에 따라 일하고 필요에 따라 받는다.'[233] 스탈린은 3년 뒤 1939년에는 공산주의 사회로의 과도기에 들어섰다고 주장했다.[234] 스탈린은 이렇게 마르크스와 엥겔스가 이론적으로 예언했던 유토피아 공산주의 사회가 현실적으로 이루어질 것으로 믿게 했던 것이다. 오파린의 『생명의 기원』은 시기적절하게 이때에 출판된 것이다.

오파린의 이론은 그동안 서구의 다윈주의들에게는 물론 유물론자들에게도 미지의 공백으로 남아 있던 생물학의 제1법칙인 '생명의 기원'을 나름대로 설명한 것이었다. 오파린은 마르크스-엥겔스-레닌의 과학적 무신론의 바탕에 『생명의 기원』이라는 1차적 진화론을 보완함으로써 다윈의 『종의 기원』이라는 2차적 진화론과 연결하여 과학적 무신론의 체계를 완성했다. 결국 이 세 가지 이론들로 '과학적 무신론'이 완성되었다. 이 세 가지 이론은 어느 한 가지도 과학적으로 입증된 것이 없었지만, 형식상으로는 과학적 무신론이라는 체계를 완전하게 구성하였다.

오파린은 당시 소비에트를 지배했던 마르크스-레닌주의에 입각해서 『생명의 기원』을 화학적 진화론으로 서술했다. 오파린은 우주의 물질적 형성이 태초에 빅뱅에서 시작했고, 그 다음에 생명이 자연에서 물질의 화학 작용으로 발생했다고 주장했다. 그렇지만 오파린의 이론은 앞에서 논의한 바와 같이 공산주의 유물 진화론의 토대에서 다윈의 진화론을 생명의 기원에까지 소급한 것이지, 입증된 것은 하나도 없는 가설에 불과하다. 오파린은『생명의 기원』에서 생물의 탄생은 "물질의 변증법적 비약"이라고 설명한다. 결국 '과학적 무신론'은 마르크와 엥겔스, 다윈, 레닌, 스탈린, 그리고 오파린에 의하여 완성된 진화론이라고 할 수 있다.

지난 20세기 러시아 공산주의 혁명이 성공하면서 공산주의 사상이 한때 세계적으로 기세를 떨치게 되었던 영향으로 이렇게 허구적인 과학적 무신론이 광범위하게 전파되었다. 이 시기에 오파린의『생명의 기원』은 공산주의자들의 무신론을 선전하는 정치적 도구로 이용될 수밖에 없었다.『생명의 기원』공식 판본과는 별도로 대중용 선전판이 따로 출판됨으로써 오파린의『생명의 기원』은 과학적 사실로 일반 사람들에게 널리 선전되었다. 이 대중판『생명의 기원』은 공산당원 또는 일반 인민들이『생명의 기원』을 더 쉽게 이해하도록 만든 선전용 책자이기 때문에 쉬운 용어로 바꾸고 공산주의 이론에 맞게 편집하여 설명하고 있다. 그러나 이론의 기본 틀과 내용의 순서와 내용 면에서는 차이가 없다.[235] 이 책에서는 이 대중판을 중심으로 검토하겠다. 왜냐하면 입증되지도 않은 화학적 공식을 이 책에서 쓸데없이 굳이 인용할 필요는 없기 때문이다.

2)『생명의 기원』: 과학적 무신론의 완성

오파린의『생명의 기원』은 그의 일생 동안 6차례 개정되었고 소비에트과학아카데미에서 출판되었다.[236] 오파린의 화학 진화론은 아직까지 실험적으로 입증된 것이 없어서 유물론에 대한 연구자료의 가치밖에는 없다. 그러므로 전체적인 개념을 이해하기 위해 핵심적 요점

만을 간략하게 검토하고 비판해보기로 한다.

(1) 서론: 관념론 비판과 유물론 옹호

오파린은 『생명의 기원』 어느 판본에서나 서두에서는 관념론적 세계관을 비판하고 유물론적 세계관이 과학적 진리라는 주장을 장황하게 늘어놓고 있다. 어떤 세계관을 가지느냐에 따라서 생명의 기원 문제를 이해하는 입장이 달라지기 때문이다. 그러나 유물론자인 오파린은 생명이 "본질적으로는 물질적인 것"이며, "물질의 특별한 형태"에 지나지 않는다고 주장한다. 그러므로 그에게 생명은 물질의 "법칙에 따라 발생하고 법칙에 따라 소멸하는 것"이다. 따라서 그는 사람들이 이것을 해명하기 위하여 "초물질적인, 영적인, 본원적 존재 등"을 인정하는 견해를 가져서는 안 된다고 강조한다.[237] 그는 관념론자들을 열거하면서 그들의 관념론적 주장들을 차례로 비판한다. 오파린이 관념론의 역사를 비판하고 나서 열거하는 인물들과 인용문들, 그리고 그가 진술하는 주장들을 읽어보면, 그의 『생명의 기원』을 어떤 입장에서 어떻게 저술하였는지를 알 수 있다. 오파린은 먼저 19세기에 "종교적 관념론에 파괴적 타격을 가한" 인물로 다윈과 러시아 과학자들의 이름을 열거한다. 그리고 자연과학은 생명의 기원에 대한 의문에서 이미 "물질계의 발전이라는 구체적인 조건과 무관하게 생명이 발생할 수 있다고 하는 의견을 타파"했다고 주장한다. 말하자면 "살아있지 않은 물질로부터 생명에로의 이행", 즉 생명의 발생 기작을 유물론적으로 설명할 수 있게 되었다는 것이다. 그는 생물계의 가장 간단한 것의 최초의 출현, 즉 지구상에 있는 모든 생물의 조상의 발생에 대해 필연적으로 제기되는 의문에 대해 유물론자로서 이렇게

기독교, 과학적 무신론, 그리고 항일독립운동

말한다.

> 성서의 가르침과는 달리 현재 우리들을 둘러싸고 있는 동물이나 식물은 우
> 리들이 살고 있는 유성에 영원한 옛날부터 살고 있었던 것은 아니라는 사
> 실을 밝혀 주었다. 가장 진화한 식물과, 인간을 포함해서 가장 진화한 동물
> 은 지구상에 돌연히 출현한 것이 아니라, 우리가 살고 있는 유성이 출현한
> 뒤로부터 오랜 세월을 거쳐 구조가 간단한 생물이 연속적으로 진화해 온
> 결과 비로소 발생한 것이다.[238]

그리고 그는 "생명의 기원 문제에 대해 유일하게 올바른 과학적" 연
구 방향을 결정해준 천재가 엥겔스라고 찬양 하면서 이렇게 언급하고
있다.

> F. 엥겔스의 천재적 저작 『반듀링론』 『자연변증법』에서, 과학의 진보가 훌
> 륭하게 일반화되어 생명의 기원 문제에 대해 유일하게 올바른 과학적 제기
> 와 연구가 이루어졌다. 엥겔스는 이 방면의 과학적 연구 방향을 결정했다.
> 소비에트 생물학은 이 방향에 따라 진보를 거듭하고 있다. 엥겔스는 자연
> 의 진화라는 조건에 의존하지 않고 생물의 발생이 가능하다고 하는 생각을
> 비과학적인 것으로 배척하고, 생물계와 무생물계는 통일되어있다는 것을
> 확인했다. 과학적 근거에 기초하여, 그는 생명을 물질 진화의 산물, 역사적
> 조건과 생명 출현에 선행하는 시대에 자연의 끊임없는 변화에 의해 준비된
> 물질의 질적인 개조라고 간주했다.[239]

그러나 오파린은 미국이나 서유럽의 많은 학자들이 생명발생의 문

제를 "인간 두뇌로는 도달할 수 없는, 저주 받은, 해결 불가능한 문제"로 인정하고 있다고 비판했다. 또한 오파린은 1948년 레닌 전연방농업과학아카데미의 8월 대회에서 리센코가 "생물학에 있어서의 입장에 대하여"라는 강연을 통해 반동적인 관념론이 외국의 생물학을 지배하고 있다는 증거를 폭로했다고 찬양했다.[240] 리센코가 "신화적인 유전물질은 영원한 존재로서 발전을 알지 못하며, 죽을 수밖에 없는 육체를 지배한다"고 주장하는 바이스만-모건학파의 유전자설을 신비설이라고 비판했기 때문이다. 리센코는 미추린과 같이 레닌과 스탈린의 지지를 업고 소비에트 러시아에서 라마르크주의를 확립한 소비에트 생물학계의 독재자였다. 그리고 이 무렵엔 리센코가 오파린의 후원자였다. 리센코는 물질이 발전한다는 유물진화론에 입각하여 바이스만-모건학파가 불변하는 유전물질이 육체를 지배한다고 주장하는 것을 신비설이라고 비판하고 있다. 이때는 소비에트에서 아직 멘델로부터 시작한 서구의 유전학을 받아들이지 않고 있을 때였다. 오파린이 리센코의 주장을 그대로 인용하고 있는 점을 보면 당시의 소비에트 과학자의 생물학 수준을 알 수 있다.

오파린은 이에 덧붙여서 부르주아 학자들은 유전자의 최초의 발생에 대해, '한 번의 우연한 기회'에 매우 요행스럽게 각 원자가 결합하여 "생명의 전체적인 성질을 가진 유전자"가 발생되었다고 주장한다고 비판한다.[241] 오파린은 또한 부르주아 과학자의 최근작으로 슈뢰딩거(Erwin Schrodinger, 1887-1961)의 물리학적 관점에서 본 『생명이란 무엇인가?』(1944)와 미국 생물학자 알렉산더의 『생명, 그 본성과 기원』을 예시하면서, 이들이 "생명은 신의 창조의지의 결과로만 발생이 가능하다"고 당당하게 주장하고 있다고 비판했다.[242] 이에 덧붙여 오파

기독교, 과학적 무신론, 그리고 항일독립운동

린은 관념론적인 멘델-모건주의는 "생명의 기원 문제-이 가장 중대한 세계관적 문제-는 유물론의 입장에서 해결할 수 없다는 것을 증명하려는 것"이라고 비난한다.[243] 이런 비판은 유전학을 아예 부정하는 것으로 오파린의 주장이 얼마나 비과학적인 것인지를 입증한다. 그리고 변증법적 유물론에 의하면 "생명은 본질적으로는 물질"임을 다시 한 번 강조한다. 오파린에 의하면 변증법적 유물론에서 생명이라는 것은 "낮은 단계에서 높은 단계로 상승"하는 물질의 "역사적 발전의 일정한 단계"에서, "이전에는 존재하지 않았던 새로운 질"을 획득한 물질이다. 오파린은 변증법적 유물론에 따라 그의 견해를 다음과 같이 다시 설명한다.

> 우리를 확실하게 생명의 기원문제의 해결로 이끌어 갈 근본적인 길은 물질의 발전역사를 연구하는 길밖에는 없다……그러나 생명의 돌연한 자연발생설을 지지하는 사람들이 증명하려고 했던 것과는 달리 돌연하게 발생했던 것은 아니다……구조가 간단한 생물들조차 발생의 근원인 물질의 끊임없이 아주 오랜 변화의 길을 거쳐서 형성될 수 있었다.[244]

오파린은 그의 『생명의 기원』 이론의 정당성을 강화하기 위하여 레닌의 말을 인용한다.

> 생명의 진화적 발생에 대한 깊은 사상을 우리는 V. I. 레닌의 저서 속에서 발견할 수 있다. "자연과학은 지구상에 인간과 그 밖의 어떠한 생물도 존재하지 않았고 존재할 수도 없었던 상태가 있었다는 것을 적극적으로 긍정하고 있다."[245]

오파린은 여기에서 그치지 않고 스탈린까지 인용한다. 여기에는 스탈린이 요약한 유물진화론의 핵심이 잘 나타나 있다. 말하자면 스탈린은 오파린의 화학 진화론에 교안(敎案)을 만들어 준 것이다.

금세기 초, I. V. 스탈린은 그의 노작 『무정부주의인가 사회주의인가?』에서 유물론 학설의 기초를 설명하고, 생명이 어떠한 진화의 길을 거쳐 발생했는가를 완전히 보여주고 있다. "우리는 예를 들어 지구가 이전에 새빨갛게 작렬하는 불의 물질이었다는 것, 이어서 지구가 점차 식었다는 것, 그러고 나서 식물과 동물이 발생했다는 것, 생물계의 진화 결과 일정한 종류의 원숭이가 출현하고, 이러한 것이 전부 일어난 후에 잇따라 인간의 출현이 일어났다는 것을 알고 있다. 전체적으로 이렇게 자연의 진화가 일어났던 것이다."[246]

오파린은 대학 시절 다윈의 진화론을 강의했던 티밀리야제프가 『1912년의 과학 연대기』에서 생명의 기원에 대해서 다음과 같이 말했다고 인용한다.

우리는 살아있는 물질이 그 밖의 모든 물질과정과 같이 ―진화에 의해서― 출현했다는 것을 인정하지 않으면 안 된다. '진화의 가설'은 현재 단지 생물학뿐만이 아니라 모든 자연과학 ―천문학, 지질학, 화학, 물리학―을 포함하고 있다. 이 과정은 아마 무기물의 세계로부터 유기물의 세계로 이행할 때에도 관여했을 것이다.[247]

오파린은 또한 『식물의 기원』을 저술한 코마로프(Vladimir Komarov,

1869-1945)의 말을 인용하여 그의 주장을 뒷받침하려고 한다.

> 생명의 기원의 생화학적 학설, 즉 생명의 발생은 물질의 −일반적 진화, 질
> 소와 탄소화합물의 긴 계열의 진화에 있어서 −연속적 단계의 하나에 지
> 나지 않았던 것이라고 하는 깊은 확신이야말로 유일하게 과학적인 것이
> 다.[248]

오파린은 결국 '생명의 기원'에 대한 유물론적 선행 연구자들의 주
장을 인용하면서 이들이 확신은 가지고 있었지만, 과학적 이론으로
서술하지 못했던 문제를 자신이 해결했음을 자랑하고 있다. 그러나
오파린은 자기 이론을 주장하기 위하여 다윈, 리센코, 티밀리야제프,
코마로프 등의 과학자들뿐만 아니라, 엥겔스, 레닌, 스탈린 등의 정
치적인 권위까지 인용하고 있다. 이것은 오파린이 그의 이론을 과학
이라는 학문에서 사실성의 입증보다는 정치적인 권력의 보호에 더 많
이 의존하려는 성향을 드러내 보여주는 것이다.

(2) 탄소 및 질소 화합물의 형성

대폭발에 의해 생겨난 우주물질이 식기 시작하면서 12,000℃에 이
르자 처음으로 탄화수소가 나타났다. 이것은 우주의 어느 곳에서나
발견되는 공통물질로서 빅뱅(Big Bang) 우주기원설을 증명하고 있다.
태양은 우주 먼지 또는 가스 덩어리로부터 형성되었고, 지구는 태양
의 작열하는 가스나 우주의 찬 먼지로 만들어졌을 것이다.[249] 오파린
은 원시지구의 대기에는 유리산소도 유리 질소도 없었고, 다량의 수
증기에다 목성의 대기처럼 암모니아, 메탄, 그리고 탄화수소만이 있

었을 것으로 추정한다. 오파린에 의하면 산소와 질소는 나중에 식물에 의해 발생한 것이다.

다음에는 "탄소, 수소, 산소, 질소 원자의 다양한 결합"을 통해 간단한 탄소 화합물이 만들어져서 지구의 바닷물에 함유되었다.[250] 오파린은 우주의 물질적 진화 역사의 가장 긴 시간이 여기까지의 과정에 소요되었을 것으로 본다. 무기화합물에서 유기화합물로 다시 단백질로 진화하는 과정이 진행되었다.

(3) 최초의 단백질의 발생

오파린은 19세기 초까지도 자연 환경에서는 유기물이 생체 안에서 특수한 생명력으로 만들어지는 것으로 생각하고 있었다고 말한다. 그러나 그는 자연이 유기물을 화학적 방법으로 만들어낼 수 있다고 주장한다. 말하자면 자연에서 유기물을 만든 것이 특수한 생명력이 아니라 자연의 화학적 방법이라는 것이다. 그는 우주와 지구의 물질적 진화과정에서 이와 같이 유기물이 합성될 수 있었던 시기가 있었다고 본다. 오파린에 의하면 실험실에서의 합성 방법과 비슷한 방법으로 원시 바다에서 단백질 분자를 구성하고 있는 아미노산이 먼저 만들어졌고, 이를 바탕으로 다양한 외부적 힘의 영향을 받아 단백질이 합성되었다. 오파린은 원시의 바다에서 "불가피하게 생명의 발생을 가져올" 최초의 단백질이 만들어졌다고 확신하고 있다. 오파린은 여기서 그의 초기 후원자이며 소비에트 생화학의 창시자인 A. N. 바흐가 단백질과 비슷한 물질을 포르말린과 시안 수용액의 혼합물에서 최초로 석출했다고 주장한다.[251] 그러나 화학자들의 단백질 제조를 위한 합성 방법이나 과정은 생체 내의 유기물 생성 과정과는 전혀

기독교, 과학적 무신론, 그리고 항일독립운동

다른 방법이다. 오파린은 인공 단백질의 합성이 현재로선 쉬운 일은 아니지만 성공은 시간문제라고 본다. 그리고 앞으로는 인공 생명의 제작도 가능하다고 주장한다. 그리고 오파린은 엥겔스의 유명한 '생명은 예외 없이 단백체와 관계가 있다'는 말을 권위 있게 인용해놓는다.[252]

오파린에 의하면 단백질은 아미노산의 배열 순서에 따라 종류가 달라지므로, 그 결합의 결과는 10억에 10억을 곱하고 거기에 다시 10억을 다섯 번이나 곱하고 또 다시 천을 곱해야 하는 종류를 가지게 된다.[253] 그러므로 어떤 단백질을 인공적으로 만들자면, 먼저 아미노산이 어떤 배열구조를 가졌는지부터 알아야 하는데 이것조차 쉬운 일이 아니다. 아미노산이 서로 우연히 연결되어서 어떤 단백질의 배열을 만들어낸다는 것은 가능하지 않다. 이것은 마치 28개의 활자를 가졌다고 저절로 시가 만들어지지 않는 것과 같다.[254] 사실이야 어찌 되었든 오파린은 건물을 구성하는 벽돌과 같이 생명체를 구성하는 단백질은 원시 바다의 진화과정에서 만들어졌다고 주장한다.

그러나 현대생명과학에서 밝혀진 바에 의하면, 우리 몸은 수만 종류의 단백질을 지니고 있으나, 각 단백질은 20개의 철자(아미노산)로 만들어진 것이다. 각 단백질은 단어가 철자의 고유한 배열을 가진 것과 같이 각 아미노산이 고유한 배열에 따라 조합되지 않으면 안 된다. 예를 들면 '맛있다'와 '멋있다'처럼 철자 하나만 바뀌어도 단어의 의미가 달라지듯이 혈액 단백질인 헤모글로빈에서 특정 아미노산 한 개가 다른 것으로 치환되면 낫적혈구병이 생긴다.[255] 그리고 자연이나 실험실에서 합성되는 아미노산은 L-형과 D-형이 있지만, 이 가운데서 생체의 단백질을 구성하는 아미노산은 글리신을 제외하고는 L-형으로만 구성된다.[256] 이렇게 까다로운 생체 단백질 구조가 생명을 발현하기 위해서 한 개도 아니고 수만 개의 단백질이 자연에서 동시에 고유한 배열 순서에 따라 아미노산의 조합이 어떻게 이루어질 수 있었을까? 단백질로 구성된 유전자와 염기쌍만 보더라도 가장 간단한 세균의 유전자 개수가 1,700개, 염기쌍은 180만 개정도라고 한다. 사람의 경우에는 유전자 개수 2만 개, 염기쌍은 32억 개라고 한다.[257] 이런 사실을 심사숙고해보면, 오파린의 주장은 수학적 확률에서 불가능한 일을 스스로 고백하고 있음에 다름 아니라는 사실을 알 수 있다. 그런데도 과학적 무신론자들은 이런 거짓 이론에 맹목적인 추종을 하고 있는 것이다.

(4) 최초의 단백질 콜로이드-코아세르베이트 구조

오파린은 최초 생물의 구조는 원형질로 되어 있었다고 본다. 이 원형질은 회백색의 끈끈한 단백질 덩어리이며, 유기화합물이나 무기염을 포함하고 있다. 살아 있는 물질은 일정한 형태의 체계를 갖추고 있어야 한다. 원형질은 원시의 바다에서 용매에 완전히 녹아 있는 저분자의 유기화합물 형태로는 조성될 수 없다. 그런데 고분자 입자들은 콜로이드(colloid: 분자 보다 크지만, 육안으로는 보기 어려울 정도의 물질 덩어리)가 되면서, 분자들 자체의 상호배열에 의해서 새로운 복잡한 관계를 만들어낸다.[258] 원시적 고분자 단백질 콜로이드는 마침내 물속에서 헤엄치는 코아세르베이트(coacervate) −액적(液滴)−의 형태로 주위의 용액과는 구별되어진다. 오파린은 이것이 용액에 녹아 있는 유기물을 점점 빨아들이면서 생장하게 되었다고 한다. 이렇게 생장한 어떤 단백질 코아세르베이트는 외부의 조건에 의해서 원형질과 비슷하게 형성되어 생명체의 기초를 만들었다. 이것은 생명의 기원에 있어서 극히 중요한 단계였다. 그러나 이 단계에서는 아직 "모든 생물 원형질의 특징인 구조의 합목적성"을 갖고 있지 못하며, 물질 발전에서의 새로운 법칙, 곧 "생물학적 성격을 갖는 법칙"이 만들어지지 않았다.[259] 엥겔스는 『반뒤링론』에서, '합목적성'이라는 말을 쓰는 것은 유신론적이라고 뒤링을 신랄하게 비판했다. 그러나 생명체의 구조가 합목적성 없이 작동한다는 것은 생명현상을 사실상 부정하는 주장이다. 여기서 오파린은 어쩔 수 없이 엥겔스의 주장을 반박하고 있다.

(5) 살아 있는 원형질

결국 이러한 물질적 화학 변화의 축적이 "질적으로 새로운" 생명의 벽돌인 원형질의 존재형식을 초래하였다. 오파린은 생명의 기원을 알려면 생물의 물질적 기초인 원형질 조직의 기본 방법을 알아야 한다고 주장한다. 그렇다고 생물을 살아있는 기계라고 보는 기계적 유물론자처럼 원형질 구조의 배열을 정확하게 이해하기만 하면 생명의 문제는 이해되리라고 생각해서는 안 된다. 왜냐하면 원형질의 동적인 구조는 기계와는 본질적으로 다른 체계이기 때문이다.[260] 그렇다면 원형질의 구조가 기계 이상의 기능을 어떻게 발휘하는가의 문제가 의문으로 등장하게 된다. 오파린에 의하면 원형질 조직에서는 공간적 배열보다 중요한 것은 화학변화의 시간적인 순서이며, 생명체 전체를 살아 있는 것으로 유지하기 위해서는 조화로운 조정이 필요하다. 그렇다면 조화로운 조정은 누가 하는가의 의문이 생긴다.

오파린은 고대 그리스 헤라클레이토스의 변증법을 인용하여 생명체와 물질을 강과 강물의 흐름에 비유한다.[261] 생명체는 살아있는 동안 외부로부터 들어온 화합물을 자신에게 필요한 화합물로 변하게 하여 에너지와 그의 생체조직 유지에 쓴다. 체내에서 물질은 복잡한 방법에 의해 끊임없이 이화작용과 동화작용을 통해 분해와 합성하는 과정의 흐름을 유지해야 하는 것이다. 강물의 흐름이 없으면 강이 사라지듯이 이런 흐름이 없으면 생명은 사라진다. 이런 흐름은 원형질 내에서 완전히 물리적, 화학적 관계에 의해 결정되는 물질대사이다. 여기에는 원형질 단백질의 특이한 효소작용이 관계하여 개개의 일정한 반응만을 촉매하고 있기 때문에 수백 수천 종류의 단백질–효소의 관계가 필요하며, 전체로서는 그것들의 반응을 일정한 형태로 결합하여 다양한 현상에 맞는 질서를 만들어내야 한다.

오파린에 의하면 어떤 물리적 인자나 화학적 인자, 또는 유기물이나 무기염이 효소작용의 진행에 작용을 가하지 않는 것은 없다. 이것은 미추린과 리센코가 유기체와 환경 사이의 생명에 있어서 완전히 과학적으로 발전시켰던 가장 특징적이며 통일적인 전제이다.[262] 그리고 오파린은 생물을 다른 무기계의 계통과 구별하는 근본적 원칙이 있는데, 그것은 생명에 본래 갖추어져 있는 "일정한 방향성"과 고도의 "질서의 합목적성"이라고 말하고 있다.[263] 오파린은 그뿐만 아니라, 생명의 질서는 "일치된 목적 –전체로서의 생물계(係)의 자기재생과 자기보존–을 향해 환경조건과 법칙에 맞는 적응을 한다"고 말한다.

여기서 오파린은 유물론 과학자로서의 한계적인 오류를 드러내고 있다. 첫째는 미추린과 리센코가 "과학적으로 발전시켰던" 생물학적 견해는 라마르크주의였으며 그 자체가 현대 생물학, 특히 멘델의 유전법칙을 부정하는 오류로 판명된 것이다. 둘째는 생명에 "합목적성"이 있다고 말하고 있는데, 이것은 엥겔스가 듀링을 유물론자로

기독교, 과학적 무신론, 그리고 항일독립운동

서 잘못된 주장이라고 공격했던 개념이다. 셋째로 원형질의 동적 구조는 기계와는 다르다고 하면서 조정이 필요하다고 주장했는데 자연에서 누가 조정한다는 말인가? 넷째로는 생명의 "적응"을 말하고 있는데 이 말도 엥겔스가 듀링을 심하게 반박했던 말이다. 엥겔스에 의하면 진화는 적응이 아니라, 자연도태의 결과이기 때문이다. 오파린이 이렇게 생명의 기원을 설명하는 것은 유물론에 오히려 더 많은 모순과 난제가 있음을 스스로 폭로하는 것이다. 그래서 오파린은 "이 문제들에 답하기 위해서는 물체를 역사적 발전 속에서 연구해야"하며, "유기체와 환경의 변증법적 통일만이" 이 지구에서의 생명의 발생과 그 이후의 발전을 결정했다고 비과학적인 애매모호한 말로 얼버무리고 만다.[264] 오파린과 같은 유물론자들에게는 이렇게 '변증법'을 들먹이며 주장하는 것이 과학적 방법이고, '변증법'을 적용하면 증거도 검증도 할 필요 없는 훌륭한 과학이론으로 대접받는 것이다.

(6) 원시생물의 기원과 맺는 말

마침내 지구상에서 가장 간단한 원시생명이 태어나는 "변증법적 비약"이 발생했다.[265] 오파린에 의하면, 이 법칙은 생물을 살아 있는 기계로 보는 관념론적 기계주의자의 관점에서는 이해할 수 없는 것이다. 원형질 조직이 기계와 다른 점은 부분의 배열이 아니라, 조직 내에서 일어나는 물질적 화학변화의 일정한 순서이기 때문이다. 그의 유물론적인 『생명의 기원』의 이론적 기초가 바로 "변증법적 비약"에 있다. 오파린은 이 새로운 "변증법적 비약"은 "세포가 아닌 살아있는 물질로부터 세포가 발생할 가능성"을 보여준 O. 레페신스카야의 실험[266]을 기초로 해서 판단할 수 있다고 한다. 그러나 오파린은 그의 판단의 근거가 되는 화학변화의 일정한 순서를 죽을 때까지 제시하지 못했다. 그리고 O. 레페신스카야의 실험을 근거로 해서 오파린은 과학에서의 반동주의자인 독일의 생물학자 비르효의 세포속생설은 근본적으로 반박된 것이라고 말하고 있다. 오파린은 이렇게 "변증법적 비약"으로 생성된 최초의 원시 생명체는 주변의 유기물을 영양분으로 섭취하는 종속영양체였을 것이라고 제안했다. 이러한 원시생물의 구조는 오랜 시간이 지나면서 점점 완성되어 갔으며, 햇볕을 이용하여 탄산가스를 분해하고 몸속에 유기물을 만들어내는 독립영양체로 발전하게 되었다. 오파린에 의하면, 이렇게 해서 가장 간단한 식물인 남조류가 발생했고, 이후 이런 식물을 먹는 단세포 동물계가 생성되었다. 처음에는 세포의 형태를 취하지 않고 있던 생물도 어떤 단계가 되면 세포의 형태를 취하게 되고, 단세포 생물에서 마침내 다세포 생물로 변해갔다. 그러나 오늘날 생물은 최소 한 개 이상의 세포로 구성되어 있음이 상식이다.

이상으로 오파린의 화학적 진화론이라는 제1차 법칙은 끝이 나고 결론으로 넘어간다. 오파린은 생명 발생 이후의 진화에 대해서는 다윈의 '자연선택설'이 이끌었다고 말한다. 끝으로 오파린은 그의 화학적 진화론이 "종교에서 말하는 신이 생물을 만들었다"거나 "생명을 만든 것은 신"이라는 픽션, 또는 "뜬 구름 잡는 듯한 생명기원설", 그리고 관념론이나 형이상학과 "반동적인 실증주의적 이데올로기들"을 모두 밑바닥에서부터 타파했다고 주장한다. 그리고 앞으로도 과학이 그런 일을 하기 위해서는 변증법적 유물론의 세계관에 기초한 이론 및 방법론이 중대한 역할을 하지 않을 수 없다는 사실을 인정해야 한다고 강조한다.[267] 나아가서 곧 생체조직을 인공적으로 만들 수 있을 것이므로 "생명은 물질의 특별한 형태 이외 아무 것도 아니라는 것"이 그것에 의해 밝혀질 것이라고 주장했다.[268]

그는 『생명의 기원』 제3판(1953)의 결론 부분에서 물질대사에서 나타나는 고등형태의 물질 유기화(有機化)를 더 자세하게 연구하면, 자연에서 생명을 보다 더 높은 비율로 합성할 수 있을 것이므로, 결과적으로 이것이 인공 생명을 만들어내는 문제를 해결하는 길로 나아가게 할 것이라고 주장하고 있다. 그래서 그는 인공 생명의 출현이 그리 멀지 않은 미래의 일이라고 초판부터의 판박이 주장을 계속한다.[269]

3) 화학적 진화론에 대한 실험과 논쟁들

서방의 과학자들은 이때까지 '생명의 기원' 문제에 대해서는 다윈의 『종의 기원』을 넘어서는 생각을 하지 않고 있었다. 다만 오파린이 1922년에 '생명의 기원' 이론을 짧은 제안서 수준으로 발표한 이후, 1928년 영국의 생물학자 홀데인(J. S. Holdane, 1892-1964)이 '원시 수프 가설'(primordial soup theory)을 제시했을 뿐이다. 이것은 원시 지구의 환경 속에서 활동하던 자외선이 바다에서 생성시킨 당과 아미노산의 원액으로부터 생명이 출현했으리라는 가설이다. 이것은 다윈이 그의 친구 후커에게 보낸 편지(1871)에서 언급한 '작고 따뜻한 연못'(a little warm pond) 가설에서 착안한 것으로 알려지고 있는데, 이론 구성이 조잡하였기 때문에 학계의 관심을 끌지 못하고 곧 잊혀져버렸다. 그런데 소련의 과학자 오파린이 1936년에는 보다 정교하게 이론을 구성하여 『생명의 기원』 제1판을 출판하자 서방의 과학자들은 놀라지 않을 수 없었다. 서구의 과학자들은 이때부터 오파린의 이론에 대해서 실험을 통해서 검증을 시도했다. 물론 오파린과 소련의 생명과학 연구소 등에서도 연구가 계속 진행되었다. 이와 관련하여 새로운 실험결과가 발표될 때마다 논쟁이 일어났으나 결과적으로 사실로 입증된 것은 하나도 없었다.

(1) 오파린의 화학적 진화론을 지지하는 실험과 과학자들

오파린의 화학적 진화론을 지지하는 중요한 실험이나 저작 가운데는 다음과 같은 것들이 있다.

① 1953년 시카고 대학원에서 유레이(Harold C. Urey, 1893-1981) 교수는 오파린의 『생명의 기원』 가설을 설명하고 이를 검증하는 실험을 제안했다. 이에 따라 박사과정 학생인 밀러(Stanley L. Miller, 1930-2007)는 산소가 없는 환원성 대기를 가정하고, 수소, 메탄, 암모니아와 수증기를 혼합한 무기화합물을 고압전기를 방전하는 장치에 넣고 6일 간 가열하다가 급냉시켰다. 여기서 그는 아미노산을 얻었는데, 이는 유기물질인 아미노산이 자연적으로 생성될 수 있으며 점차 더 복잡한 유기화합물인 단백질로 변화했을 가능성을 보여준 것이다.[270] 이 실험은 마치 오파린의 가설이 사실로 입증된 것처럼 발표되어 과학계에 큰 논란이 일어났다. 그러나 이 실험은 아직 생체세포를 구성하는 단백질이 L-형으로만 구성되어 있다는 사실을 몰랐을 때의 일이었다. 밀러는 뒤에 이 실험 결과를 바탕으로 오르겔(Leslie Orgel)과 공동으로 미국판 『생명의 기원, *The Origins of Life on the Earth*』이라는 책을 출판했다. 이 실험에 대해서는 뒤에 비판적 검토를 할 것이다.

② 제임스 왓슨과 프란시스 크릭은 1953년 생물의 유전자 구조를

밝혀냄으로써 생명의 기원 연구에 획기적인 진전을 가져오게 했으며 노벨상을 받았다. 왓슨은 『DNA: 생명의 비밀』[271]을 쓰고 DNA가 생명이라고 주장했다. 한편 크릭은 생명이 물리적 현상이라는 것에 동의하고, 생명현상이 일어나는 뇌와 의식의 연구에 뛰어들었다. 그는 과학적 증거는 제시하지 못했으나 생명의 씨앗이 우주로부터 왔다는 범포자설(panspermia)을 주창했다. 그는 더 이상 생명의 비밀을 풀지 못하고 2004년 암에 걸려 죽었다.

③ 폭스(Sidney Walter Fox, 1912-1998)는 1957년 아미노산의 혼합물을 섭씨 90도로 가열하고 식히는 실험을 하고 서서히 냉각시키면 폴리펩티드(polypeptide, 아미노산중합체)가 합성되는 것을 관찰하였다.[272] 그는 1959년 원시지구에서 형성된 아미노산들이 축적되어 마이크로스피어(microsphere)로 발전하고 이것이 원시수프를 만들고 여기서 생명체가 진화되었을 것이라는 가설을 주장했다.

④ 폴 데이비스(Paul Davis)는 그의 『제5의 기적: 생명의 기원』(1998)에서 "우리의 오래된 조상들이 진흙으로 만들어지지 않았으며 황화물의 지하세계에서 올라왔다는 증거들이 나타나고 있다"고 주장하고 있다. 그러나 그는 곧 "대강의 이론은 얻을 수 있지만 물질에서 생명으로 전환되는 과정들에 대한 구체적인 증명은 미흡하다"고 고백한다.[273]

밀러의 실험 이후 원시생명의 자연발생론이 증명된 것처럼 주장되었으나, 검토 결과 이것은 원시대기에 유리산소가 없는 조건에서만 가능하다는 지적이 나왔다. 과연 원시대기는 산소가 없는 환원성 조건이었는지에 대한 논쟁이 벌어졌다. 밀러와 그의 추종자들과 NASA는 원시대기에서 산소는 없었고 뒤에 원시생물의 번성에 의해 생겨난 것으로 발표했다. 그러나 이것은 뒤에 사실이 아닌 것으로 판명되었다. 왜냐하면 원시바다에 있던 물이 산소를 공급할 수 있기 때문이다.

(2) 오파린의 화학적 진화론에 대한 비판적 과학자들

오파린의 화학 진화론이나 이를 입증하려는 기만적 과학실험의 결과에 대해 반박하거나 회의적인 입장을 내놓은 대표적인 과학자는 다음과 같다.

① 오스트리아 물리학자 슈뢰딩거는 『생명이란 무엇인가?』(1944)를 저술하여 양자역학과 생물학을 융합하는 시도를 하였다. 그는 생물학을 물리학에 연결시키려는 연구를 함으로써 생명이 물리적 현상임을 입증하려고 했으나 결국 성공하지 못했다. 그는 오파린으로부터는 오히려 관념론자로 취급되었다.

② 영국의 지질학자인 해리 클레미(Harry Clemmy)와 닉 바담(Nick Badham)은 선캄브리아기 이전에 이미 산소가 있었다는 주장을 발표하여 밀러 실험의 부적합성과 NASA의 주장을 반박했다(『Geology』, 1982. 3.).[274]

③ 밀러와 함께 『생명의 기원』을 공저한 레슬리 오르겔은 생명의 기원을 찾으려는 연구는 추리소설을 쓰는 것과 같은 것이며, "생명현상은 결코 화학적으로 발생할 수는 없다고 결론지어야 할 것 같다"고 1994년 「사이언티픽 아메리칸」지에 기고했다.[275]

④ 진화론자 존 리더(John Reader)는 그의 책 *The Rise of Life: The First 3.5 Billion Years*(1986)에서 35억 년 전의 지구에서부터 최초의 세포에

기독교, 과학적 무신론, 그리고 항일독립운동

서 탄생한 생명이 인간으로 진화하기까지의 과정을 탐정소설 형식으로 추적하고 있다. 주목할 만한 것은 그가 여기서 화학 진화론의 맹점을 정확히 지적하고 있다는 것이다. 말하자면 생명은 분명하고 단순한 것이지만, 그것을 점화시킨 불꽃(spark)을 설명하는 것은 매우 어렵다는 것이다.[276] 그는 최근에 인류의 화석 발견을 다룬 책 *Missing Links: In Search of Human Origins*(2011)에서도 진화의 고리가 연결되지 못하고 있음을 지적하고 있다.

⑤ 삭스턴(Charles Thaxton), 브래들리(Walter Bradley) 및 올슨(Roger Olsen)은 그들이 공저한 『생명의 기원의 신비, *The Mystery of Life's Origin*』(1984)에서 생명의 기원에 대한 거의 모든 이론을 소개하고 비판했다. 그들은 생명의 기원이 DNA에 내포된 유전정보의 원천을 설명하지 않고 유물론적 과정만으로는 설명할 수 없다는 결론을 내렸다. 이들이 사용한 '설계에 의한'(by design) 개념은 지적 설계(Intelligent Design)라는 용어로 발전해서 지적설계 그룹에서 쓰이게 되었다.[277] 지적설계 그룹은 앞에서 설명한 바와 같이 주로 다윈주의를 비판하면서 활동하고 있으나 오파린의 이론에 대해서도 비판하는 것이 된다.

⑥ 이렇게 과학적 무신론에 의한 생명의 기원 이론이 입증에 실패하는 동안 나타난 현상은 지구 생명의 기원이 지구 자체에서 발생된 것이 아니라 UFO를 타고 온 외계인이 조상이라는 설, 또는 외계인이 생물을 지구에 가지고 와서 퍼뜨렸다는 설, 운석이 운반한 우주 미생물에서 진화된 것이라는 설 등 갖가지 가설들이 등장했다.

이제까지 검토한 바와 같이 과학적 무신론의 세 가지 진화론을 비롯한 이 모든 가설들은 결국 창조주의에 동의할 수 없는 자들이 고안

해낸 공상과학소설(Science Fiction)이라고 할 수밖에 없다. 오파린의 『생명의 기원』은 그가 죽을 때(1980)까지 여섯 번 개정되었지만, 기본적 틀은 변하지 않고 새로운 실험 데이터나 과학 뉴스가 추가되었을 뿐이다.

4) 화학적 진화론에 대한 비판

오파린의 이론이 사실로 입증되었다면, 공산주의자들은 과학적 무신론의 승리와 함께 세계의 지배를 달성할 수 있었을 것이다. 그러나 그 이후 아직까지 그런 결과는 나타나지 않았으며, 오히려 과학적 무신론의 존립 근거지인 공산주의 체제가 붕괴하는 사태가 일어났을 뿐이다. 이와 같이 오파린의 이론의 대략적인 개념은 자연에서 무기물이 무기화합물이 되고, 이것이 다시 유기화합물로 변화되고, 이것들 가운데서 단백질 덩어리가 어느 순간에 원시 생명체로 "변증법적 비약"을 했으며, 이후 자연선택에 의해 점진적으로 진화를 해서 오늘날과 같은 생물계를 이루었다는 것이다. 이제 오파린의 이론을 비판적으로 살펴보기로 한다.

(1) 유레이와 밀러의 유기물 생성 실험에 대한 비판

서방에서 오파린의 유기물 생성 이론에 대한 실험으로서는 앞에서 말한 밀러의 실험이 유명하다. 밀러는 이 실험에서 몇 가지 유기물과 아미노산이 생성되는 것을 발견했다. 이것은 자연에서 무기물이 유기물로 변화될 수 있다는 사실을 부정했던 그때까지의 통념을 부분적으로는 반증하는 것이었다. 그러나 실험에서 생성된 유기물 분자들은 살아있는 생명 시스템을 형성하기에는 너무도 부족했다. 그 뒤에 이와 유사한 실험들이 수없이 시도되었으나, 결국 실험에서 생성할 수 있는 것들은 생명체에서 필수적으로 요구되는 수많은 단백질 종류 가운데 몇 가지밖에 되지 않았다. 다만 이 실험은 자연적인 과정에서 생명체를 이루는 유기물질들이 몇 가지 생성될 수 있다는 주장에 근거를 제공할 수 있었다. 그럼에도 불구하고 이 실험이 과장 보도됨으로 인하여 오파린의 과학적 무신론이 사실인 것처럼 전세계에 인식되는 결과를 가져왔다. 그러므로 이 실험은 명백하게 검증되어야 한다.

먼저 이 실험의 조건은 지구의 원시 대기에 수증기는 있었지만 산소와 질소는 없었다는 가설에 따라 실시된 것이었다. 그러나 다른 과학자들은 원시 지구암석을 분석한 결과 원시 대기에는 질소(N_2)와 이산화탄소(CO_2)가 포함되어 있었다고 지적했다. 또한 산소의 농도는 기존에 측정된 산소의 농도보다 훨씬 높았다는 결과가 있었고, 이러한 조건에서 밀러와 같은 방법으로 실험을 진행한 결과는 아미노산이 생성되지 않았다고 반론했다. 다른 반론도 이어졌다. 밀러는 오파린의 환원성 대기환경을 실험관에서 그대로 만든 후 번개 대신에 전기 방전을 실시했으나, 전기 방전과 실제 번개는 질적 차이가 너무 크다는 점도 반론의 한 이유가 되었다. 오파린의 이론에 의해 원시지구의 환원성 대기에는 없었다고 가정했던 이산화탄소가 후에 화성의 대기에서도 발견된 사실이 공개됨으로써 이 실험은 신뢰성을 잃고 말았다.[278] 밀러가 원시 대기를 환원성 대기로 가정하고 실험을 진행한 것은 노벨상 수장자이며 그의 스승인 유레이의 지도에 따른 것이었다.

그러나 이 책에서 이 실험에 대해 다양한 반론을 다 언급할 수는 없으므로 치명적인 환원성 대기 문제만 약술하겠다. 원시 대기에서 산소가 없었다는 주장은 그야말로 모순되는 억지다. 오파린은 바다에 물(H_2+O)이 있었고 원시대기에는 수증기가 있었다고 말하면서 바다와 수증기 속에 포함된 산소(O)를 말하지 않고 있기 때문이다. 원시대기에 산소가 포함되어 있었다면, 아미노산이 생성되어도 유기물질을 합성하지 못한다. 오히려 유기물은 산소에 의해 분해되어 버리기 때문이다. 오파린은 이런 모순을 피하기 위해 산소가 뒤에 식물에 의해서 생겨났다고 주장했다. 그렇다면 초기 생물은 산소 호흡 없이 어떻게 생명 에너지를 만들어냈으며 갖가지 영양물질을 어디서 어떻게 얻었단 말인가? 그는 자기의 이론에서 이와 같은 모순적인 논리를 조작해내는 수밖에 없었다. 오파린은 고분자 코아세르베이트가 물속에서 형성되었다고 설명했다. 물속에서 생명이 없는 유기질은 분해된다. 그런데 물속에서 분해된 유기물질을 영양분으로 섭취하는 종속영양체 생물이 물속에서 생겨났다고 주장했다. 오파린의 화학적 진화론은 모순을 극복하기 위하여 모순을 만들어내고 있다.[279]

또한 식물 광합성을 깊이 연구한 크뢰닝은 "자연에서 단백질은 오직 핵산으로부터 만들어질 뿐"이고, 거꾸로 "단백질로부터 핵산이 만들어질 수 있다는 연구결과는 전혀 나온 적이 없다"고 말하고 있다. 또한 "생명의 기원과 같이 근본적인 문제에 대해서 인간은 아직도 빛을 찾아 헤매는 장님과 다를 바 없다"고 말했다. 밀러의 실험에서 자연적 조건에서 아미노산이 형성되는 것이 발견되었다고 처음 발표했을 때, 일반 사람들은 오파린의 『생명의 기원』 이론이 증명된 것으로 믿었다. 그러나 피터 크뢰닝이 설명한 바와 같이, 스텐리 밀러의 실험은 "핵산이나 가장 미세한 단백질조차 해명할 능력이 없다는 사실"을 보여주었다.[280] 밀러와 공동으로 『생명의 기원』을 저술했던 레슬리

오겔은 1994년 핵산(DNA, RNA)과 단백질이 동시에 동일 장소에서 만들어져야 하는데, 도저히 그럴 가능성이 없으므로 생명현상은 결코 화학적으로 발생할 수 없다는 견해를 표명했다.[281]

(2) 오파린의 세포 이론에 대한 생물학적 검증

비르효의 세포속생설을 반동적인 이론이라고 공격했던 오파린의 이론은 과학적으로 정당한 것인가? 세포는 세포에 의해 만들어지고, 생물은 생물에 의해서 만들어진다는 것은 생물학에서 입증된 진리이다. 비르효의 세포속생설은 파스퇴르의 생물속생설과 같이 생물학의 기둥 원리이다. 모든 생물의 몸체는 세포로 구성되어 있는 것은 입증된 사실이다. 그런데 오파린은 세포로 구성된 생명이 자연에서, 부모의 체세포 유전자 또는 정자와 난자의 수정 없이, 저절로 발생했다고 주장한다. 그뿐만 아니라 더 나아가서는 신진대사는 물론 아예 생식기능까지 갖춘 단세포 생명체가 자연에서 저절로 만들어졌다고 주장하고 있는 것이다. 보통 상식을 가진 사람들이 이성적으로 판단한다면, 이런 생명체 구조가 자연에서 저절로 발생하는 것이 과연 가능하다고 생각할 수 있는가? 이것은 비행기가 자연에서 저절로 만들어졌다고 주장하는 것보다 더 심한 억지 주장이다.

세포는 모든 생명체의 구조적 기본단위이다. 그리고 현대인들은 각 세포 안에 그 생명체의 각종 생명활동을 지시하는 암호가 새겨진 유전자(DNA)가 들어 있다는 사실을 누구나 알고 있다. 그리고 유전자의 수와 구조는 각 생물마다 다르다. 최소한의 현대적 과학지식을 가진 사람이라면, 이제까지 살펴본 바에 근거하여 오파린의 화학적 진화론으로는 생명의 기원을 설명할 수 없다는 사실을 자명하게 결론내

릴 수 있을 것이다. 그러므로 여기서 이를 더 이상 자세히 논의할 필
요가 없다. 다만 단세포 생명체조차 엄청나게 복잡하면서도 체계적
인 구조를 가지고 있는데, 이것이 어떻게 자연에서 저절로 만들어질
수 있는지에 대해 의문을 가질 수 있다면, 이 책의 목적은 달성된 것
이다. 그러므로 진화론적 생물학에서 원시생물의 모형으로 주장하
는, 현재 생물 중에서 가장 간단한 막대세균의 단세포 구조를 보여주
는 〈그림: 1〉을 보기로 하자.

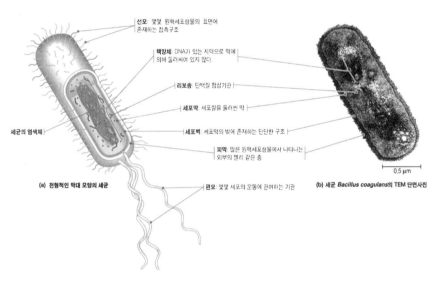

〈그림: 1〉 막대세균 그림[282]

이 그림에는 생명체가 생존에 필요한 최소한의 기능과 구조가 간
략하게 나타나 있다. 겉으로는 단세포 생명체이지만 실질적인 기능
과 구조를 살펴보면, 인간의 생명체계와 크게 다를 바 없이 복잡한 것
이다. 이렇게 가장 간단한 생물의 세포 구조를 살펴보는 것만으로도
세포가 자연에서 저절로 만들어졌다는 오파린의 이론이 터무니없다

　　　　　　　기독교, 과학적 무신론, 그리고 항일독립운동

는 것을 알게 될 것이다.

(3) "변증법적 비약"에 의한 생명의 발생은 가능한가?

오파린이 1922년 그의 이론을 발표하고 레닌이 1924년에 사망한 이후 레닌의 후계자 물망에 올랐던 트로츠키는 1925년에 원소주기 율표를 만든 멘델레프를 기념하는 연설에서 소비에트 과학계에 중요한 연설을 했다. 그는 먼저 멘델레프의 "원소 주기 법칙"에서, 방사성 원소의 화학에서, 변증법은 자신의 더욱 빛나는 승리를 자축하고 있다"[283]고 했고, 다윈에 대해서 "이 뛰어난 생물학자는 작은 양적 편차들이 축적된 결과 완전히 새로운 생물학적 성질이 발생한다는 것을 보여줬다"는 말을 했다.[284] 이것은 유물론적 변증법에서 말하는 '양의 변화에서 질의 변화로' 이행하는 것을 뜻한다. 이런 논리는 앞에서 살펴본 오파린의 『생명의 기원』에서도 그대로 적용되고 있다. 오파린에 의하면 물질적 진화의 어느 단계에서는 필연적으로 "변증법적 비약"에 의해 생명이 발생되었다.[285] 그렇다면 그 이후 현대의 자연에서도 "변증법적 비약"이 일어나야 한다. 그렇지 않다면 진화는 멈추고 말 것이기 때문이다. 말하자면 자연에서 세포가 저절로 만들어지고 생명현상이 발생되어서 가장 단순한 단세포 생물이 나타났고, 이것이 번식하고 진화하여 다시 복잡한 생물로 진화하는 각 단계마다 "변증법적 비약"이 있었다는 것이다. 그렇다면 "변증법적 비약"이라는 현상은 자연에서 일상적으로 발생하고 관찰될 수 있어야 하는 것이다. 오파린은 자주 생명체의 물질대사에 대해 좀 더 자세한 연구를 해야 할 필요성을 강조하면서 유물론적 과학을 통해서 생명의 인공적 합성이 곧 실현 가능할 것이라는 말을 했다.[286] 그러나 그는 죽을 때까지 자연발생 현상을 관찰했거나 실험에서 인공발생 실험을 성공했던 사실이 없다. 오파린은 계속 머지않아 성공할 것이라는 말로 얼버무리다가 마침내 죽고 말았다. 남은 것은 그의 거짓말밖에 없었다. 오파린이 이렇게 행동한 것은 이미 자연적 또는 인공적 생명발생의 불가능성을 알고 있었으면서도, 이런 사실을 죽을 때까지 은폐하기 위한 목적에서라고 이해된다. 왜냐하면 스탈린 공산주의 독재정권 치하에서 이런 사실을 말하는 것은 과학적 무신론을 송두리째 부정하면서 동시에 마르크스−레닌주의 공산당 정권에게 최악의 반동이 될 것이기 때문이다. 그는 당시 스탈린 치하에서 이런 사실을 인정한다면, 즉시 시베리아 수용소에 보내지거나 처형될 것이라는 것을 충분히 예견했을 것이다. 결국 오파린은 순수 과학자의 길을 걸은 것이 아니라, 공산주의 사상에 맞는 거짓 이론을 만들고 이를 뒷받침하는 실험과 연구를 하는 척하면서 일생을 보냈다. 대신 그는 죽을 때(1980)까지 소비에트 공산당 정부의 전폭적인 물적, 인적 자원을 누리며 호화롭게 살 수 있었다. 그는 인공적으로 생명체를 제조할 수 있다고 허위 주장을 계속함으로써 겉으로는 심혈을 다 바쳐서 연구한 것처럼 보였다. 그러나 사실을 말하자면, 그는 유물론자의 생존경쟁에서 거짓 이론으로 이겼고, 그의 인생을 즐겼을 뿐 아무런 성과도 내놓은 것이 없었다.

자연에서의 화합물은 분자배열의 구성이 230가지밖에 없다는 것이 이미 1881년 러시아 과학자 페도로프(Fedorov)에 의해서 밝혀졌다. 그렇다면 오파린은 이런 사실을 몰랐을 리가 없었고 이 화합물들을 이용하여 무수히 많은 인공생명체 발생 실험을 했을 것이다. 서방에서도 그의 추종자들이 온갖 실험과 연구를 계속했다. 이 사람들은 실험의 방법을 더 이상 달리 찾을 수 없을 만큼 수많은 실험을 수행했

기독교, 과학적 무신론, 그리고 항일독립운동

다. 오파린이 생명을 만들어낸 자연적 방법이라고 말하는 '변증법적 비약'이 헛된 마술적 주문(呪文)이 아니고 실증적 과학이론이라면, 그동안 자연에서 또는 인공세포의 실험에서 단 한 번만이라도 "변증법적 비약"에 의한 생명현상이 나타나야 했을 것이다. 그럼에도 불구하고 생명의 자연발생 실험은 아직까지 성공하지 못했다. 이러한 실험은 인류의 종말에 이르기까지 성공하지 못할 것이다. 왜냐하면 생명은 자연이나 인간의 실험에서 "변증법적 비약"으로 만들어진 것이 아니기 때문이다. 그래서 오파린의 이론은 공산주의 사회에서 그의 출세를 위한 목적과 과학적 무신론을 선전하는데 쓰기 위하여 고안한 하나의 가설적 도구라고 볼 수밖에 없는 것이다.

그리고 지구에서 최초로 생명체가 출현한 이후부터 단세포 생물이 점진적으로 다세포 생물로 진화했다는 이론에서는 오파린도 다윈도 동일하다. 이들의 주장이 가능하지 않다는 사실에 대한 검토는 앞에서 생식장벽을 논의하면서 살펴보았다. 여기서는 생식기능의 발생에 대해서 잠깐 살펴보기로 한다. 현실적으로 생물은 생식기능을 선천적으로 가지고 태어나고 이를 이용해서 번식한다. 원시생물이 자연 발생했다면 원시생물의 발생과 동시에 생식기능도 저절로 생겨났다고 보아야 한다. 원시생물이 생식기능을 가지지 않았다면 짧은 생존 시간 내에 자손번식을 할 가능성이 없기 때문이다. 그렇다면 최초의 원시생물도 생식본능과 기능을 가지고 있었다고 할 수밖에 없다. 최초의 원시생물은 그가 번식을 해야 한다는 필요성을 알지도 못했을 텐데 어떻게 번식을 위해 생식기능까지 갖추었을까? 오파린의 주장을 살펴보면, 최초의 생물이 자연발생했다는 원시 지구는 생명의 유지조차 매우 어려운 상황이었다. 그런데 최초의 생물이 저절로 생식

본능과 기능을 가지고 자연발생했다는 것이 과연 이성적으로 납득되는 주장일까? 이것은 어느 날 거대한 제조공장이 저절로 생겨났다는 것과 다를 바 없는 허위주장이다. 원시생물이 생명기능을 갖자마자 생식기관을 스스로 만들어 붙이지 않았다면 불가능한 사실이다. 실제로 생식기능까지 갖춘 원시생물이 발생할 수 있다는 것은 생식장벽을 넘는 것보다 확률적 가능성이 더 낮은 일이다. 오파린의 이론을 지지하는 과학적 무신론자들은 이런 일에도 "변증법적 비약"이 나타날 수 있는 확률적 경우의 수는 아직 남아 있다고 주장할 것이다. 그러나 위와 같은 검토 결과에 의하여 자연 화합물에서 생명이 발생되었다고 하는 주장은 이제 더 이상 가능성이 없다고 결론을 내릴 수밖에 없는 것이다.

만약 어떤 과학자가 인공화합물을 통해서 인공 생명체를 만들어 내는 기술을 개발할 수 있다면, 그는 죽은 자도 부활시킬 수 있을 것이다. 그렇게 되면 자연발생설이 입증되는 것은 물론 현생 인류는 이제 영생을 누릴 수 있을 것이다. 왜냐하면 현대과학은 생명체의 각 부분을 부품처럼 갈아 끼울 수 있는 의술을 이미 확보했기 때문이다. 또한 생명체가 고장이 나면 그저 수리하면 되는 물질적 기계라고 한다면, 이제 기계적 수리는 어떻게든지 가능한 기술도 확보되었기 때문이다. 인공생명을 만들어낸 과학자는 노벨 과학상 수상은 물론 그가 만든 생명체로 인류를 지배하는 신(神)의 지위에 등극하게 될 것이다. 이런 일이 과학 공상소설 속에서가 아니라 현실에서 일어나는 것이 가능할까?

결국 이제까지 살펴본 바로는 '과학적 무신론'의 세 가지 이론들이 모두 자연발생론에서 하나의 곁가지로 생겨난 것에 불과하다는 결론에 이르게 된다. 사람은 현실에서 믿음의 근거를 진리에 두어야 한다. 그런데 과학적 무신론자들은 사람들이 미처 깨닫지 못하는 사이에 '변증법적 비약'이라는 허위 주장으로 과학적 무신론을 확대 재생산하여 세뇌시키고 있는 것이다.

(4) 오파린의 화학적 진화론의 진실

오파린은 세포조직과 같은 구조를 만들고 아무리 방법을 바꾸어 실험해도 생명현상이 발현되는 결과는 얻지 못하고 있음을 실토하고, 이 부분이 가장 덜 연구되었으며, 여기에 가장 심각한 지식의 간격(most serious gap in our knowledge)이 있다고 고백했다.[287] 아파나셰프는 오파린이 죽을 무렵에 출판한 그의 『변증법적 유물론』에서 오파린의 이론이 가설이라는 사실을 인정하고 있다. "지구상의 생명의 기원에 대한 가정들이나 태양계의 기원에 대한 가정은 가설의 예들이다."[288] 그럼에도 불구하고, 오파린은 어떻게 검증되지도 않은 가설을 마치 과학적 진리인양 주장하고, 이를 근거로 다른 과학자들의 정당한 이론을 공격할 수 있었을까? 이것은 오파린이 순수한 과학자가 아니라, 과학적 무신론 체제에서 자기의 안신입명을 도모하기 위해서는 거짓말도 불사하는 공산주의 집권세력의 일원이었기 때문이다.

오파린의 『생명의 기원』을 보면, 변증법적 유물론에 기초하지 않은 세계의 모든 철학과 과학은 잘못되었다고 비판하고 있다. 더구나 이러한 비판은 판을 거듭할수록 더욱 확장되고 치밀해지고 있다. 그러므로 오파린의 이론은 자연에서 발견한 현상을 바탕으로 이론을 구성한 과학이 아니라, 그의 정치적 목적에 의해서 과학적 무신론에 바탕을 두고 고안된 허구적 가설이다. 그럼에도 오파린은 유물론 과학이 곧 인공생명체를 만들어낼 것처럼 주장했다. 오파린은 공산주의자였다. 공산주의자는 초기부터 그들의 허위주장에 동조하지 않는 사람들에게는 상습적으로 '반동분자'라고 공격하는데, 현대사회에서도 공산주의자들이 그런 행태를 보이고 있음은 잘 알려진 사실이다. 그러나 오파린의 이론은 허구에 불과하므로 속지 않도록 잘 알아야 하고 두려워하지 말고 타인에게도 경고해야 한다.

『생명이란 무엇인가?』라는 질문을 던져 놓고 정신과 물질을 과학적으로 깊이 사색했던 슈뢰딩거는 자연이 생명을 존중하지 않는다는 사실에서 정신과 물질의 이율배반적인 관계성을 발견했다. 그런 관계에서는 사랑이나 가치의 문제가 제기될 여지가 전혀 없다. 그것은 자연과 생명을 이해하는 유물론자의 방법이다. 자연은 생명을 존중하지도 않고 사랑 같은 것도 알지 못한다. 그것이 무신론적 자연이다. 자연은 목적에 따라서 행동하지 않고, 인과론적일 뿐이다. 그것이 진화론적 자연의 세계이다. 슈뢰딩거는 자연이 생명의 작가라는 그동안의 진화론적 주장에 스스로 회의를 표명했다. 그의 말대로 "발전된 장치들이 관찰에 아무리 많이 동원된다 하더라도, 궁극적으로 모든 정보는 살아있는 사람의 감각 지각에 의존"[289]하는 것이다. 그럼에도 불구하고 우리는 아무런 의심도 하지 않고 쉽게 "이론이 감각을 설명"하는 것으로 생각한다. "그러나 당연한 얘기지만 이론은 감각을 전혀 설명하지 않는다." 슈뢰딩거가 이 말에 담아 진심으로 표현하고 싶었던 뜻은, 과학이 생물의 몸체는 분석할 수 있지만, 감각이나 정신은 분석할 수 없다는 사실을 깨달았다는 것이리라. 그러므로 정신을 물질현상이라고 하는 과학적 무신론은 물론, 정신을 과학이론으로 분석할 수 있다고 주장하는 프로이트(Sigmund Freud, 1856-1939)와

222

칼 융(Carl G. Jung, 1875–1961)의 정신분석 이론도 보다 신중한 이해가 필요한 것이다. 프란시스 클릭은 DNA 이중 나선구조를 발견하고 나서 생명의 비밀을 풀었다고 주장했다. 그러나 이 천재 과학자는 곧 그의 대답이 잘못된 것을 알게 되었다.[290] 왜냐하면 그는 DNA구조에서는 물론 생체 내부 어디에서도 최초 생명의 발생 기작의 비밀을 알 수 있는 단서를 발견할 수 없었기 때문이다. 그래서 그는 남은 생애를 바쳐 신경해부학과 신경과학에 몰두했지만, 결국 생명의 비밀을 풀지 못하고 2004년에 죽었다.

제2부

나는 우리나라가 독재의 나라가 되기를 원치 아니한다.

독재의 나라에서는 정권에 참여하는 계급 하나를 제외하고는

다른 국민은 노예가 되고 마는 것이다.

일부 당파나 어떤 한 계급의 철학으로 다른 다수를 강제함이 없고,

또 현재의 우리들의 이론으로 우리 자손의 사상과 신앙의 자유를

속박함이 없는 나라, 천지와 같이 넓고 자유로운 나라,

그러면서도 사랑의 덕과 법의 질서가 우주자연의

법적과 같이 준수되는 나라가 되도록 우리나라를 건설하자고.

- 백범 김 구 -

VI. 과학적 무신론의
한민족 교회 유입

1. 들어가면서

과학적 무신론 사조는 현대사회에서 창조주의 존재를 믿는 유신론 신앙을 제거함으로써 최후의 승자가 되려고 한다. 역사적으로 승자는 그 이후 시대의 패러다임을 결정한다. 돌이켜보면 1848년의『공산당 선언』은 이 세상에 유물론적 무신론의 싹이었고, 1859년에 출판한『종의 기원』은 그것에 과학적 이론의 방법론을 제공했다. 이 두 가지는 마르크스와 엥겔스에 의하여 유물진화론으로 변신했다. 유물진화론은 러시아 공산주의 혁명에 성공한 레닌에 힘입어 무신론에 현실적인 생명력을 부여하는 마르크스–레닌주의가 되었다. 그리고 1936년에 나온 스탈린의 *DIAMAT*와 오파린의『생명의 기원』은 마르크스–레닌주의를 과학적 무신론이라는 새로운 패러다임으로 완성했다. 스탈린 치하에서는 거짓 이론도 독재 권력의 힘에 의하여 사실로 믿을 수 있는 것, 또는 믿어야 하는 것이 되었다. 그 여파로 현대사회의 양대 사조의 하나가 된 과학적 무신론에 의하여 창조주는 그가 창조하신 인간세계에서 추방되고 있다. 온갖 미신으로 만들어진 사이비 종교를 제외하면, 사실상 참된 유신론의 마지막 보루로 남아 있는 것이 기독교이다. 그러므로 기독교가 이 잘못된 패러다임을 바꾸기 위한 최후의 결전에 나서야 한다. 이러한 명제를 두고 싸우는 전쟁에서 최종적 승리는 엄밀한 검증과 비판을 통해서만 쟁취할 수 있는 것이다.

이 장에서는 레닌이 공산주의 혁명에 성공한 이후, 소비에트 러시아에서 완성된 과학적 무신론이 사회와 교회에 미친 영향을 검토할 것이다. 오늘날 기독교인들조차 과학적 무신론을 제대로 이해하지 못하고 있다는 사실은 놀라운 일이 아니다. 왜냐하면 다윈주의자 또는 마르크스-레닌주의자로 자처하는 과학적 무신론자들이 자기들의 이론을 교활하게 왜곡하고 있고, 또한 일반인들이 과학적 무신론자들의 선동을 제대로 알지 못하고 있기 때문이다. 이제까지 논증하고 비판한 바와 같이 과학적 무신론은 다윈의 생물학적 진화론과 마르크스-엥겔스-레닌의 유물진화론, 그리고 오파린의 화학적 진화론이 융합되어 나타난 것이다.

먼저 한민족에게 기독교가 전래된 과정을 살펴보면, 조선시대인 18세기에 이루어진 것이다. 이미 16세기에 종교개혁과 과학혁명을 경험한 유럽 사회는 중세를 지나서 근대를 누리고 있을 때였다. 그러나 지구의 반대편에서 한민족은 이러한 세계적 흐름에서 한참 뒤떨어진 채, 조선시대(1392-1910)의 통치이념인 유교사상에서 벗어나지 못하고 있었다. 한민족이 기독교를 처음 받아들인 과정은 인접국에 나갔던 선각자들에 의해서 일어난 자발적인 행동이었다. 이승훈(李承薰, 1756-1801)은 1784년에 청나라 사절단으로 나갔을 때 천주교를 알게 되었다. 그는 북경 천주교 북당교회에 스스로 찾아가서 세례를 받았다.[291] 개신교는 선교사가 내한하기 이전에 이미 중국과 일본에서 세례를 받은 선각자들이 있었다. 1864년 상해의 런던선교회 교회에서 만주의 조선 공자(公子) 관가에서 일하다가 세례를 받은 세 사람의 "이름 없는 사람들"[292], 1880년대에 만주 목단(牧丹)에서 존 로스(John Ross, 羅約翰1842-1915)를 만나 성서를 번역하고 목판을 깎아 찍은 성서로 권서행로에 나섰던 서상륜(徐相崙, 1848-1926) 등[293]과 1883년 수신사 박영효(朴泳孝)의 비공식 수행원으로 동경에 갔다가 세례를 받고 복음서와 사도행전을 번역한 이수정(李樹廷, 1842-1886) 등[294]이 그들이다. 한민족의 터전인 한반도에서는 1885년에 장로교 선교사 언더우드(Horace G. Underwood, 1859-1916)와 감리교 선교사 아펜젤러(Henry G. Appenzeller, 1858-1902)가 들어와 전도와 교회들을 세우기 시작했다. 1887년 최초의 감리교인 윤치호(尹致昊, 1865-1945)가 상해에서 스스로 세례를 받았다.[295]

19세기 중엽 유럽에서 발생한 과학적 무신론이 실질적으로 한민족에게 유입된 것은 이동휘(李東輝, 1873-1935)가 러시아 하바롭스크에서 한민족 최초의 볼세비키즘 한인사회당을 창당한 1918년이었다.[296] 이것은 기독교 전도와 항일 독립운동을 하던 이동휘 등이 자발적으로 했던 행동이었다. 이것은 한반도에서 대한제국이 일제에 의해 식민지로 병탄(1910)된 이후에 일부 항일 독립운동가들이 독립운동의 한 방법으로 채택한 것이다. 그러나 그 결과 한민족 항일 독립운동가들은 독립운동 방법론에서 분열되었고, 끝내 분열을 극복하지 못한 상태로 광복을 맞아 오늘에까지 이르고 있다. 이 장에서는 이런 사실들을 차례로 논의할 것이다.

제1부에서 유럽에서 발생하고 발전한 과학적 무신론을 논의한 이후에 한민족 교회에 과학적 무신론이 유입하기까지의 과정을 이어서

논의하는 데는 세 가지 이유가 있다. 첫째는 과학적 무신론이 현실적으로 기독교가 믿는 창조주 하나님의 존재를 부정하면서 교회를 파괴하고 있음에도 불구하고, 한민족 교회에 유입되었다는 점이다. 둘째는 과학적 무신론을 공식적으로 처음 받아들인 사람이 놀랍게도 기독교를 열렬히 신앙했던 기독교 항일 독립운동 단체인 신민회 발기인 이동휘라는 점이다. 셋째는 항일 독립운동을 위해 체포되기 전날까지 기독교 전도회에 참석했던 이동휘가 하루아침에 믿음을 저버린 행동의 결과가 한민족 교회는 물론 한민족 사회에 엄청난 분열의 상처를 남겼고 아직까지 치유되지 않고 있다는 점이다.

당시 이동휘의 행동에 대해 공산주의 과학적 무신론을 제대로 알지도 못한 상태에서 러시아 제국을 무너뜨린 공산주의 혁명(1917)의 방법을 따라 항일 독립운동을 추진하려 했던 것이라고 한정하는 주장에는 선뜻 동의하기 어려운 점이 적지 않다. 어쨌든 당시 이동휘와 그의 추종자들은 항일 독립운동을 성공시킬 수 있는 가장 효과적인 수단이 바로 러시아 혁명의 방법이라고 믿었던 것은 사실이다. 그러나 그 결과는 항일 독립운동가들의 분열만 초래했고, 그렇게 분열된 계열에 따라 광복된 한민족의 국가도 양분된 형태로 수립되었다. 그렇다면 이제 과학적 무신론의 실상을 알게 된 한국교회는 일부 신자들이 과학적 무신론을 받아들여서 민족의 역사에 불행을 초래한 문제에 대해서 어떤 평가와 대응책을 제시해야 할 것인가?

이 장에서는 과학적 무신론의 유입 경로였던 러시아에서의 한민족 사회와 교회, 공산주의의 유입과정에서 일어났던 역사적 사건들, 일제 식민지 초기에 일어난 한민족 독립운동과 기독교의 관계 등을 살펴보기로 한다.

2. 러시아 정교회의 한민족 선교와 공산주의 유입

1) 러시아 한민족 사회의 형성과 러시아 정교회 선교

중국과 일본 기록에 의하면, 만주와 한반도에 인접해 있는 러시아 극동 연해주 지역은 불을 사용하지 못하고 동굴에 살던 고대 인류의 유적까지 발굴되고 있다. 여기에 부여와 고구려 그리고 발해로 이어지는 고대 한민족이 다른 부족들과 함께 살고 있었다.[297] 연해주 지역은 발해가 멸망된 이후 중국 영토였으나, 러시아가 1860년에 청나라로부터 획득한 것이다. 대신에 러시아는 1867년에 알래스카를 미국에 팔았다. 그런데 연해주 지역이 러시아 영토로 편입된 이후 한반도에서 조선인들이 이곳으로 새로 이주하기 시작했다. 이 무렵의 이주민들은 함경도 지방에서 계속 반복되는 가뭄과 홍수로 인한 흉년을 피해 들어온 농민들이 대부분이었다. 당시 이 지역은 비옥한 토지였지만 아무도 지키는 사람이 없었기 때문이다. 또한 이 시기의 조선에서는 천주교인들에 대한 가혹한 박해가 있었다. 이렇게 고난을 겪고 있는 당시 조선인들에게 이 지역은 선택할 수 있는 최선의 피난처였다. 그리하여 국경에서 가장 가까운 뽀씨엣 지방 찌진헤에 1864년 (135채의 집이 있는) 조선인 마을이 최초로 생겨났고 이후 이주민들이 쇄도했다.[298]

한편 러시아정교회 신성종무원에서는 1856년 러시아 극동 아무르 지역에 거주하는 외국인 체류자들을 대상으로 선교를 허용했었고, 조선 이주민들도 그 대상에 포함되었다. "그 결과 1865년 노브고르드 항구 인근에 살던 한국 사람들이 처음으로 정교회를 받아들이기 시작했다."[299] 한민족 이주민들에 대한 러시아정교회 선교는 처음에는 매우 천천히 이루어졌다. "한국 사람들의 종교적 필요를 위해 1860년대 니즈니 양치혜에 정교회 예배당이 지어졌다." 그런데 한반도에 기근이 심했던 1869년부터 이주민들이 러시아로 대거 이주하기 시작했다. 이주민들이 곳곳에서 늘어나는 가운데 러시아정교회 두 번째 예배당이 1872년에 최초의 한민족 이주 마을인 뽀시엣 찌진혜에 세워졌다. 이후부터 한민족 이주민들은 "스스로 정교회를 받아들이기 시작했다."[300] 이들은 "교회와 선교사들의 처소와 학교를 짓는데 물질을 아낌없이 후원했다."[301] 이렇게 해서 한민족 이주민 마을에서는 "러시아 사람들의 거주지에서는 좀처럼 볼 수 없는 좋은 학교 건물"[302]이 세워졌다. 1871년부터 한민족 이주민 마을 블라고슬로벤노예에서 사역한 요한 곰자꼬프 사제의 보고에 의하면, "특히 젊은이들은 스스로 세례를 받기 원해서 나왔고, 노인들은 본인이 세례 받는 것은 서두르지 않았지만 자식들이 세례 받는 것은 전혀 반대하지 않았다."[303] 사태가 이렇게 진행되자 러시아 정부는 1884년 7월 25일까지 이 지역으로 이주해온 조선인들에게는 영주할 수 있도록 조치했고, 1894년에는 이들에게 러시아 국민이 될 수 있는 권리를 부여했다.

블라디보스토크 지역 신문 「아무르 소식」은 1909년 이렇게 보도했다. "한국에서 기독교가 얼마나 성공적으로 퍼져 나가고 있는지 15-20년 후면 기독교 국가라고 불러도 별 무리가 없을 것이라 본다."[304] 이러한 예측은 일제의 침략만 없었다면 성공한 일이었을지도 모른다. 그러나 1910년 대한제국이 일본에 합병되자 일제통치를 거부하는 한민족 수만 명이 러시아 극동지역에 살기를 택해서 이주민이 급증했다. 러시아 정교회가 한민족과 특별히 교제하기 시작한 것은

기독교, 과학적 무신론, 그리고 항일독립운동

이때부터였다.[305] 그리고 "1911년부터 잡지「쁘라보슬라비예」[306]가 한국어로 500부씩 정기적으로 발간되기 시작했다." 그러나 수요가 많아서 500부로는 턱없이 부족했지만, 형편상 더 많이 찍어낼 수는 없었다. 이 당시에 "수많은 한국인들이 정교회를 받아들였고 하바롭스크 지역의 한국인들이 러시아 국적을 얻기 위해 청원서를 냈다"는 신문 보도가 나오기도 했다.[307] 1913년 한민족 이주민 노동자들과 농부들에 관련하여「쁘라보슬라브늬 블라고베스뜨닉」(정교회 종소리)는 다음과 같이 보도하고 있다. "영원할 것만 같던 황폐한 땅이 부지런한 한국 사람들의 굳은 살 박힌 손 덕분에 벗어날 수 있었다. 이런 상황에서 …… 결과적으로 많은 한국 사람들이 세례를 받고 러시아 시민이 되었다."[308] 이러한 기사는「선교사의 관점」에서도 보도되고 있다. "극동의 여러 민족 중 한국 사람들이 가장 빨리 러시아화되어 가고 있다. 흔쾌히 러시아 시민이 되며…….이런 과정은 일본의 영향이 커지면서 한국의 기독교화와 비례했다."[309] 이와 같이 러시아 극동지역 사회에서 한민족 이주민들은 성공적인 정착을 했으며, 러시아 정교회의 열렬한 신자가 되고 있었다.

2) 러시아정교회 서울선교회

러시아 슬라브 민족에게 정교회가 국교로 된 것은 키에프공국 블라디미르1세(Vladimir I, 980-1054)에 의해서였다. 그의 할머니 올가(Queen Olga)는 955년에 먼저 기독교를 받아들였으나, 그의 아버지 스비아토슬라브(Sviatoslav)는 오히려 이슬람으로 기울었다. 이런 혼란을 겪었던 블라디미르1세는 즉위하자 그의 백성들에게 세상에서 참 종교를 찾아주기 위하여 세계 각국에 사신을 파견하여 알아보았다. 결국 콘스탄티노플 소피아 대성당에서 지상에서 가장 거룩한 예배를 드린다는 보고를 받고, 콘스탄티노플 동방정교회를 참 종교로 받아들였다.[310] 그는 왕의 종교가 곧 국교가 되는 시대에 콘스탄티노플 정교회의 세례를 받고 신자가 되었다. 이로부터 동방정교회는 러시아의 국교로 굳어졌다. 러시아정교회는 1589년에 총대주교좌를 설립하여 콘스탄티노플로부터 독립하였다. 그러나 1721년 로마노프 왕조의 표토르대제(1672-1725, 재위 1682-1725)는 러시아정교회를 견제하기 위하여 교회법을 제정하고 황제의 관할 아래 신성종무원(Holy Governing Synod)을 설립하였다. 그러나 종교가 점차 황제의 관심에서 밀려나면서 러시아정교회는 실질적으로 신성종무원에 예속된 하부기관이 되었다.

러시아정교회의 서울선교회는 1900년에 설립되었다. 그러나 그 발단은 1889년 서울 주재 러시아 외교사절단 공무원 니꼴라인 슈이스끼(Nikolain Shuiskii)가 당시 러시아정교회 북경 주교에게 서울선교회 설립이 필요하다고 제안하는 편지를 보낸 것에서 비롯되었다.[311] 그는 당시 조선이 지리적 위치뿐만 아니라 러시아의 이권에 큰 의미가 있으며, 아시아의 강국인 중국과 일본이 더 강해지면서 그 의미는 더욱 커질 것이라고 지적하고 있다. 여기서 그는 "정치적인 영향력보다 더 중요한 역할을 하는 문화적인 영향력을 끼칠 방법"으로 러시아정교회 선교의 필요성을 강조하고 있다. 나아가서 러시아 종교와 문화의 전파 외에도 당시 이미 조선에서 활발한 선교를 펼치고 있던 "가톨릭과 개신교를 막기 위해서"라는 목적도 제시하고 있다. 당시 로마가톨릭은 불란서 신부들이 선교하고 있었으며, 개신교는 미국과 영

기독교, 과학적 무신론, 그리고 항일독립운동

국에서 온 초기 선교사들이 활동하고 있었다. 이런 점에서 러시아정교회의 조선 선교의 제안 동기는 외교적인 계산에 의해서도 영향을 받고 있음을 알 수 있다. 이 편지의 제안은 러시아 정부에 보고되었으나 묵살되고 있다가 청일전쟁(1894–1895) 후 고종의 아관파천(俄館播遷, 1896. 2.–1897. 2.) 시기에 러시아 공사 폴랴노프스키(Z. M. Polyanovskii)에 의해 다시 살아났다.[312] 그는 서울에 러시아정교회를 세울 필요성을 긴급히 호소했고, 러시아 외무부와 금융부가 협력하여 황제의 승인을 얻어냈다. 러시아 신성종무원은 이런 사실을 니꼴라이 2세 황제의 허락 아래 "모든 해외 선교회의 계획에 따라 서울에서 러시아정교회 선교회를 열도록 축복했다"고 기록하고 있다(1897).[313] 러시아정교회는 암브로시 장수도사제 등 3명으로 구성된 첫 번째 선교회를 파견하기로 결정했으나 일본의 정치적 방해 공작으로 러시아 국경에서 발이 묶였다. 2년이 지난 1899년에 겨우 부사제 1명만이 1차로 서울에 도착했다. 새로 보충된 장수도사제 호리산프 쉐뜨꼽스키 등 2명이 2차로 서울에 도착한 것이 1900년이었고, 이들에 의하여 어느 러시아 외교관의 집에서 창립식이 거행되었다.[314] 2차선교회는 덕수궁 옆 러시아 영사관에 붙은 땅을 매입하였다. 원래 이 땅은 고종이 아관파천 기간 중에 러시아 대사관의 호의에 보답하기 위하여 기증한 것이었으나 러시아 황제가 돈을 보내 매입대금을 지급하도록 지시했다. 2차 서울선교회는 이 땅에 니콜라스 성당을 짓는 등 활발하게 활동했으나, 1904년에 발발한 러일전쟁에서 러시아의 패배로 철수하게 되었다. 그리고 1906년에 7명으로 구성된 3차 선교회가 서울에 들어와서 사역을 재개했다. 이 선교회의 지도자는 장수도사제 빠벨 이바놉스끼였다. 그는 서울에 와서 폐허가 된 니콜라스 성당을 다시 세웠다. 그는 블라디보스토크에서 서울에 오기 전에 교회를 세우려던 계획을 1908년에 완성했다.[315] 러시아정교회 서울선교회는 행정적으로 1897-1908년 사이에는 페테르부르크 대주교 관할이었고, 이후에는 블라디보스토크 장주교 관할에 소속되었다. 빠벨은 일제가 한반도를 강점한 시기(1910)를 겪으면서 1912년까지 러시아 정교회 서울선교회장으로 일하다가 블라디보스토크 교구로 옮겨갔다. 그의 후임 선교회장들이 제대로 일을 하지 못하고 3번이나 바뀌는 동안에 1917년 10월 러시아에서는 볼셰비키 공산당 혁명이 일어났다. 블라디보스토크 고위 사제직을 맡고 있던 빠벨은 혁명 후인 1918년 1월 새로 임명된 서울 선교회장 페오도시 빼레발롭에게 보낸 편지에서 "국가와 교회를 분리한다는 법령"으로 서울선교회에 후원금을 보내지 못하게 되었으니 교회와 학교 건물을 세를 놓아서 비용에 쓰라고 적고 있다.[316] 이와 같이 러시아 볼셰비키 공산당은 집권하자마자 3개월이 채 되지 않아서 곧 교회를 탄압하기 시작했다는 사실이 이 편지에서 드러나고 있다.

블라디보스토크 장주교 관할에 속해 있던 서울선교회는 1923년에 일본정교회 세르기 찌호미롭 장주교의 관할에 넘겨졌다. 페오도시는 일본의 세르기 장주교에 의해 서울선교회장으로 재임명되었다. 페오도시는 1930년에 서울선교회장직을 떠나 동경에서 머물다가 1933년에 죽었다. 페오도시 이후에는 세르기 장주교가 직접 서울선교회를 운영했다. 1941년 일본이 태평양전쟁을 일으키면서 일본정교회와 러시아정교회는 관계를 단절하게 되었다. 세르기는 일본정교회를 떠나야 했고 서울선교회장도 볼리까르쁘 쁘리마끄에게 넘겨주었다. 이런 어려운 환경에서도 세르기는 일본에서 사역을 계속하다가 1945년 일

기독교, 과학적 무신론, 그리고 항일독립운동

본 패망을 며칠 앞두고 죽었다.[317] 해방이 되자 러시아정교회 서울선교회는 일본정교회 관할에서 벗어나서 러시아정교회 관할로 복귀했으나, 공산주의 국가에 있는 러시아정교회와는 더 이상 교류를 할 수 없었다. 러시아정교회 서울선교회는 이제 교회 조직상 소속 교구가 없는 상태가 되었다. 볼리까르쁘는 공산주의 러시아와 정치적 관계를 끊고 종교적으로 러시아정교회 서울선교회를 지키려고 버티었지만, 대한민국 정부는 이를 인정하지 않았다. 1949년 6월에 그는 남북 경계선인 38선으로 끌려가서 러시아의 동맹국가인 북한으로 추방되었다.[318] 결국 러시아정교회 서울선교회는 이렇게 하여 막을 내리게 되었다. 그렇다면 공산당이 혁명에 성공한 러시아에서 러시아정교회는 어떻게 되었는가?

3) 공산당 정부에 의한 러시아정교회의 수난

공산당 정부에 의하여 기독교가 탄압을 당했던 첫 사례는 러시아 정교회 역사를 통해 알 수 있다. 러시아제국의 공산주의자들은 혁명에 성공한 직후 국교였던 러시아정교회를 탄압하기 시작했다. 공산당은 1721년 설립한 신성종무원을 먼저 해체했다.[319] 러시아정교회는 이 기회를 이용하여 1589년에 설치되었다가 신성종무원 설립으로 폐지되었던 총대주교좌를 부활하고,[320] 티혼(Tikhon)을 그 자리에 선출했다. 그러나 공산당 정부는 티혼 총대주교를 인정하지 않았다. 이러한 공산주의 혁명의 과정에서 당시 국교였던 러시아정교회는 당연히 무신론 공산주의 정권에 반대해야 할 입장에 있으면서도 변변한 대응책을 마련하지 못하고 무기력하게 굴복하고 말았다. 러시아제국에서 유일한 국가종교로서 국민 대부분을 신자로 포용하고 있던 러시아 정교회였지만, 수장인 황제가 퇴위하자 그것은 어쩔 줄을 모르는 오합지졸의 집단에 불과했던 것이다. 1917년 니콜라이2세 황제가 퇴위하고 2월혁명에 의한 멘셰비키의 임시정부 수립, 10월혁명에 의한 볼셰비키 집권, 그리고 1921년까지의 내전 기간 동안 볼셰비키혁명을 반대하는 백군과 극동지역의 일본군과 국제 연합군 등의 지원이 있었음에도 불구하고 러시아정교회가 속수무책으로 방관하고 있었다는 것은 러시아 역사와 기독교의 수수께끼라고 할 수 있다. 그러나 사실을 살펴보면 러시아정교회는 러시아 제국시대에는 신성종무원에 의해 관리되는 하나의 국가기구에 불과한 것이었다. 그러므로 교회의 수장인 황제가 갑자기 물러나고 공산주의 혁명운동이 일어났을 때, 그동안 황제의 시녀 역할에 머물고 있던 러시아정교회 지도부는 허수아비에 지나지 않았다. 러시아정교회가 하나님을 섬긴 것이 아니라, 황제에게서 부귀를 얻고 그를 섬겼기 때문이다. 1922년 공산당 정부는 갱신교회(Renovated Church)를 만들어 러시아정교회를 무력화하는 작업을 시작했다.

이렇게 하여 신자들은 성서 대신에 마르크스−레닌주의 학습교재들을 읽어야 했고, 러시아 공산당의 무신론 이념은 이제 러시아정교회 신자들조차 따르지 않으면 안 되는 국가종교의 교의가 되었다. 러시아과학아카데미연구소가 레닌에게 바친 헌사를 보면, "변증법적 유물론과 사적 유물론 전체의 발전과정에서 새로운 단계의 획을 그은 레닌의 천재적인 노작들은 과학으로서의 철학의 역사, 미학, 윤리학, 무신론의 발전에서 새롭고 보다 높은 단계"[321]를 보여준 것이었다.

스탈린은 혁명에 성공한 레닌이 7년 만에 사망하자(1924), 강력한

정적이었던 트로츠키를 레닌의 '일국사회주의론'으로 물리치고 소비에트연방의 최고 실권자가 되었다.[322] 그는 권력투쟁 과정에서 처음에는 철저하게 마르크스-레닌주의 추종자로 행세했으나, 정권을 획득하자 곧 자신의 독재체제를 구축하였다. 그리고 총대주교 티혼이 죽자(1925) 공산당 정부는 후임 총대주교 선출을 금지하고 갱신교회로 하여금 신성종무원 기능을 대신하게 했다. 이런 악조건 속에서 수도대주교 세르기우스(Sergius)는 1927년 교회를 존속시키기 위해 정부와 타협하고, 일체의 정부 비판을 중단하는 충성맹세를 했다. 그러나 신자들은 세르기우스의 굴복에 반발해서 러시아정교회를 떠났다.

스탈린은 과학적 무신론을 바탕으로 하는 마르크스-레닌주의 공산당과 유신론을 바탕으로 하는 러시아정교회를 정치적 양 날개로 적절하게 활용했다. 그는 1930년대에 악명 높은 '스탈린 대탄압'을 자행하면서 공산당 '내부의 적'은 물론 의심스러운 일반인들까지 무자비하게 암살하거나 처형하고 또는 반혁명분자로 몰아 강제수용소나 유배지에서 강제노역에 동원하였다. 이 과정에서 러시아 정교회가 심각한 탄압을 받으면서 신자들이 바친 희생은 이루 말할 수 없었다.

스탈린은 1943년 세계 제2차 대전에 연합국의 일원으로 참전하게 되자 징병을 위해서는 친종교 정책이 유리하다고 판단하고 러시아정교회와 우호적인 관계를 설정했다. 신자들은 러시아정교회로 되돌아왔고 이 바람에 갱신교회는 몰락했다. 그러나 종전 후 미국과 소련 사이에 냉전체제가 시작되면서 1948년 러시아정교회 지도자 회의는 스탈린 정부의 정책에 굴복하여 로마가톨릭교회와 세계교회협의회(World Council of Churches)를 비난하는 입장을 채택하지 않을 수 없었다. 러시아정교회는 스탈린의 정책에 의해 움직이는 하수인의 역할을 벗어나지 못하였다.

스탈린이 갑자기 사망하자(1953) 니키타 흐루시초프가 후임자로 집권했다. 그는 스탈린을 비판했으나 러시아정교회에 대해서는 폐기를 공언하면서 새로운 탄압정책을 시행하였다. 그러나 흐루시초프는 서구와 평화공존 정책으로 전환하면서부터 러시아정교회로 하여금 세계교회협의회의 가입을 허용했다(1961). 제2차 바티칸 공의회 이후(1962)에 러시아정교회는 로마 가톨릭교회와도 우호적인 관계로 발전할 수 있었다. 그러나 흐루시초프가 실각하고(1964) 브레즈네프 정부가 들어서면서 다시 구시대로 돌아가는 정책을 실시했다. 그가 성직자를 지방 관료의 지배 아래에 두는 교구법령을 추진하자(1965), 러시아정교회는 이를 반대하면서 독립적인 움직임을 보이기도 했다. 그러나 그것도 잠시뿐이었고 다시 긴 암흑의 시기로 접어들었다. 브레즈네프는 1968년 체코의 '인간의 얼굴을 가진 공산주의 운동', 즉 '프라하의 봄'을 무력으로 진압한 것으로 서방세계와 갈등을 빚었다. 그는 베트남 전쟁을 지원하면서도 미국과 관계개선을 도모하는 등 일련의 양면적인 외교정책을 실시했다. 그는 중국과는 국경문제로 무력충돌까지 일으켰고, 아프카니스탄 침공(1979)을 계기로 서방과는 다시 냉전 상태로 돌아갔다. 그는 폴란드의 자유화운동을 진압하였으며(1980), 죽어서야 권좌에서 내려왔다(1982). 안드로포프가 그의 뒤를 이었으나 1년 만에 죽고, 그의 뒤를 체르넨코가 물려받았으나 그도 역시 1년 만에 죽었다. 두 사람 모두 최고 권력을 유지하기에는 너무 고령이었다.

1985년 젊은 고르바초프가 정권을 잡으면서 새로운 바람을 일으켰다. 그는 개혁과 개방 정책을 실시하면서 공산당 독재체제를 철폐하

기독교, 과학적 무신론, 그리고 항일독립운동

기 시작했다. 그는 아프카니스탄에서 군대를 철수했고, 중국과도 화해했다. 1990년 대통령제가 도입되면서 고르바초프는 초대 대통령에 당선되었다. 1991년에 공산당에 의한 고르바초프 축출 시도가 있었으나 실패하였고, 이 여파로 마르크스—레닌주의가 공식 폐기되었다. 그리고 이 해 연말 러시아 사회주의소비에트연방(USSR)이 공식적으로 해체되고 러시아연방공화국 체제가 수립되었다. 이로써 러시아정교회는 다시 부흥할 수 있는 계기를 맞이하게 되었다.

3. 초기 한민족 항일 독립운동과 사상적 동향

1910년 일제의 식민지 지배를 받게 되면서부터 조국을 잃은 한민족은 한반도뿐만 아니라 중국(특히 만주 지방), 러시아 극동지역, 미국 및 일본 등 곳곳에서 흩어져 살고 있었다. 망국의 한을 품은 한민족의 국권회복 운동은 세계 각지 어느 곳에서 무슨 일을 하면서 살든지, 일본제국의 지배를 벗어나 한민족의 근거지 한반도에 독립국가를 세우려는 염원을 품고 있었다. 이렇게 보면, 당시 한민족은 누구나 독립운동에 관련되지 않은 사람이 없었다. 당시 러시아 극동지역과 만주에는 한민족 이주자들이 많았고, 독립운동가들도 망명하여 살고 있었다. 합병을 전후한 시기에 먼저 이곳으로 망명한 사람들은 대부분 의병이었거나 무관 출신들이었다. 이들이 망명하지 않을 수 없었던 이유는 일제가 국내에서 이들의 반일활동을 철저히 봉쇄하고 탄압하였기 때문이다. 이후에도 망명객과 이주민들은 줄을 이었다. 경술국치(1910) 이후 이곳에서 한민족 독립운동을 하는 사람들은 1917년 러시아혁명의 성공을 독립운동의 가장 유력한 수단으로 주목하지 않을 수 없었다. 더욱이 급진적 독립운동가들은 민족의 독립을 위해서라면 수단과 방법을 문제 삼지 않았으며, 공산주의 이론이나 내용은 따지지도 않았다. 이렇게 독립운동을 하는 지도자들 중에는 기독교 신자들이 많았다. 이들 가운데 일부는 혁명에 성공한 러시아 공산주의를 민족 독립운동의 방법으로 수용했다. 공산주의는 이런 경로로 러시아 한민족 사회를 통해 한반도에 유입되기 시작했다.

1) 초기 한민족 독립운동과 신민회[323]

항일 독립운동 초기에 가장 크게 공헌을 했던 단체가 신민회였다. 국내에서 처음으로 신민회를 조직해야 한다고 제안했던 사람은 도산 안창호(安昌浩, 1878–1938)[324]로 알려지고 있다. 미국에서 유학생활을 하고 있던 안창호는 1905년 을사보호조약이 체결되었다는 소식을 들었다. 안창호는 일제의 지배야욕에 맞서 대한제국의 독립을 지키기 위해서 국민 계몽과 교육을 실시할 비밀단체를 조직할 필요성을 느끼게 되었다. 1907년 안창호는 미국에서 귀국하여 「대한매일신보」 주필로 있던 양기탁(梁起鐸, 1871–1938)[325] 등과 협의하여 4월경에 신민회 창립을 발기했다.[326] 신민회는 이때부터 일제의 감시를 피하기 위해 비밀리에 활동하기 시작했다. 1906년에 애국계몽운동을 목적으로 공개적으로 설립되었던 대한자강회는 이 무렵 1년 만에 일제의 탄압으로 해산되었다.

신민회의 창립목적은 [대한신민회통용장정]에 나타나 있는 것과 같이, "아한(我韓)의 부패한 사상과 습관을 혁신하야 국민을 유신케 하며 쇠퇴한 발육과 산업을 개량하야 사업을 유신케 하며 유신한 국민

기독교, 과학적 무신론, 그리고 항일독립운동

이 통일연합하야 유신한 자유문명국을 성립케 함"[327]이다. [대한신민회취지서]에는 "자유문명국을 건설"하는 길은 "신정신을 환성하야 신단체를 조직한 후 신국을 건설할 뿐이다"고 명시하고 있다.[328] '신민'이란 한민족이 '자유문명국'을 세우기 위해서 먼저 '유신한 국민'(줄여서 新民)이 되어야 한다는 뜻에서 만들어진 말이다. 따라서 신민회는 국민을 가르쳐 국권을 회복할 수 있는 "신민(新民)"을 만드는 단체이고, 자유문명국인 "신국"을 성립케 하는 목적을 달성하기 위해서 조직한 단체인 것이다. 말하자면 국민을 유신케 하기 위하여 신교육으로 가르치고, 신교육을 통해 유신한 국민들이 통일연합하여 자유문명국을 세우면, 일제로부터의 독립은 저절로 이루어진다는 논리이다. 이것이 이른바 항일 독립운동의 한 축이었던 '실력양성론'이었다.

신민회의 발기인은 7인이며 총감독 양기탁을 비롯하여 총서기 이동녕(李東寧, 1869-1940)[329], 집행원 안창호, 재무 전덕기 목사(全德基, 1875-1914)[330]가 본부를 구성했다. 이동휘[331], 이갑(李甲 1877-1917)[332], 유동열(柳東說, 1879-1950)[333]은 서북지역 각도를 책임지는 도총감으로 선정된 것으로 보인다. 도총감은 각도에 1명을 두기로 한 규정에 따른 것이고, 그 지역 출신자를 선정했다.[334] 신민회의 초기 활동은 비밀리에 조직을 확장하는 것이었다. 발기인은 물론 창립 이후에 가입한 회원들도 대부분 기독교인이거나 기독교인이 되었다. 그러나 신민회 간부들은 당시 선교사들이 전도했던 '무조건' 예수를 믿는 기독교가 아닌 민족주의적 기독교를 신앙했던 것으로 보인다. 안창호가 미국 북장로교 마펫(S. A. Moffett) 선교사가 전도사로 청빙하는 것을 거절하고, 신민회의 조직과 사업을 확장하는 일에 매진했다는 사실이 이를 입증하는 사례에 속한다.[335] 신민회는 겉으로 반일단체라는 사실을 드러내지 않기 위하여 각지에서 선교, 교육, 그리고 실업활동 등을 통하여 조직과 사업을 확장했다. 그래서 안창호는 먼저 평양에 대성학교와 도자기 회사를 설립하고, 태극서관을 평양, 서울, 대구 등지에 설립했다. 발기인들의 이력을 간략하게 살펴보기로 한다.

안창호는 언더우드(Horace G. Underwood) 선교사가 경영하는 구세학당(救世學堂)에서 3년간 수학하면서 독실한 기독교인이 되었다. 안창호는 그 무렵 독립협회에 가입하고, 관서지부를 맡았다. 그는 이승만(李承晩) 등과 만민공동회(萬民共同會) 활동에 참여하면서 정부와 관리를 비판하는 한편, 민중의 각성을 촉구하는 연설을 함으로써 유명해졌다. 1899년에는 강서지방 최초의 근대학교인 점진학교(漸進學校)를 설립했다. 교명에 쓰인 '점진'은 안창호의 행동철학이 담긴 말이다. 그는 1902년에 유학할 목적으로 미국으로 건너갔다. 안창호는 미국 샌프란시스코 기독교강습소에서 영어와 신학을 공부했다. 그는 미국인들과 접촉하면서 그들이 한민족을 미개인으로 취급하고, 독립국민의 자격이 없다고 본다는 사실을 알게 되었다. 그래서 그는 재미한인들을 상대로 민족교육과 계몽운동을 시작했다. 처음에 조직했던 한인친목회를 공립협회로 개편하고 「공립신문」을 발간했다.[336] 그는 1907년 2월에 귀국했다.

양기탁은 1886년 제중원 외국어학교에서 영어를 배웠으나 6개월 만에 퇴교하고 독학으로 공부했다. 그는 게일(James S. Gale, 1863~1937)의 『한영자전, 韓英字典』 편찬에 참여하기도 했다. 1899년 만민공동회에 참여하여 시위운동으로 이승만 등과 함께 구속되기도 했다. 궁내부(宮內府) 소속 번역관보에 임명되어 근무하던 중 1904년에 영국언론인 베델(Ernest Bethell)과 함께 황실의 재정 지원을 받아 [대한매일신보]를 창간하였다. 1905년 11월 을사늑약이 강제 체결되자 번역관 직을 사직하고, 신문 업무에 전념하였다. 이때 양기탁은 민영환(閔泳煥)을 비롯한 열사들의 자결사건들과 전국적으로 일어난 의병활동 등에 관련한 기사들을 애국적인 관점에서 보도했다. 1907년 「대한매일신보」 신문사 내에 국채보상운동 사무소를 설치하는 등 항일운동을 지원했다.

이동녕은 만민공동회 사건으로 투옥되었다가 1898년에 출옥하였다. 그는 출옥 이후 「제국신문」에서 사설을 집필하고, 1902년에는 이상재(李商在)와 손잡고 YMCA 운동을 전개하였다. 한일보호조약이 강제로 체결되자, 감리교 상동교회 엡윗청년회(Epworth League)[337]의 전덕기, 양기탁 등과 상동청년회를 조직하고 국권회복운동을 전개했다. 그는 1906년 만주 북간도 용정촌으로 가서 이상설(李相卨)과 함께 최초의 해외 사립학교인 서전의숙(瑞甸義塾)을 설립했다가 1907년 10월에 귀국했다.

전덕기 목사는 어린 시절에 남대문 시장에서 숯장수를 하는 삼촌을 도와 일했었다. 그는 미국 감리교 의료 선교사이며 상동교회를 설립한 스크랜턴(William B. Scranton) 목사의 집에서 집사로 일하다가, 1896년에 상동교회에서 세례를 받았다.[338] 전덕기는 이승만, 주시경(周時經) 등과 함께 독립협회와 만민공동회에 참여했던 열렬한 독립운동가였다. 전덕기는 1900년에 미감리회 목회자 양성과정에서 신학공부를 시작해서 전도사가 되었다. 그는 교회에서 엡윗청년회 결성에 참여했고, 고종폐위음모사건으로 투옥되었던 이승만이 1904년에 석방되자, 상동청년학원을 설립하여 그를 교장으로 영입했다 그러나 이승만은 곧 광무황제(고종)가 미국 대통령에게 보내는 밀서를 가지고 미국으로 떠났다.[339] 전덕기는 1905년에 상동교회 담임목사가 되었다.

전덕기는 을사보호조약이 체결되자, 그가 주도하는 전국 엡윗청년회를 동원하여 '도끼상소'를 올리는 등 을사조약반대운동을 했다. 이때 김구(金九, 1879-1949)는 엡윗청년회 진남포 총무로 '도끼상소' 운동에 참가했다. 김구는 당시 애국운동가들의 사상의 조류를 신구(新舊)사상으로 양분하여 보고 있다. 그는 『백범일지』에서 "그때 각 도의 청년회 대표가 모여 겉으로는 교회 일을 토의하는 척했으나 사실은 순전히 애국운동이었다. 우선 싸움을 일으킨 산림학자들을 구사상이라고 하면, 예수교인들은 신사상이라 하겠다"고 진술하고 있다.[340] 또한 김구는 "선교사의 숙달하지 못한 반벙어리 말을 그래도 많이 들은 자"였으므로 "신교심(信敎心) 외에도 애국사상을 갖게 되었다."[341]고 말하고 있다. 전덕기는 스크랜턴이 통감부의 압력에 눌려 엡윗청년회를 해산하자, 상동청년회를 조직했다. 전덕기는 목사가 된 이후 애국적인 설교와 강연을 많이 했다. 1907년 신민회가 상동교회 지하에서 발족되었으며, 이후 상동교회는 신민회의 모임 장소가 되었다. 신민회 발기 직후인 7월에 전덕기가 상동교회 지하에서 헤이그 밀사 이준(李儁)을 위해 환송예배를 집전했다. 그러나 헤이그 밀사 사건은 실패로 끝나면서 일제에 의해 광무황제가 강제 퇴위를 당하는 빌미가 되었다. 전덕기 목사와 감리교 상동교회, 그리고 상동청년학원은 신민회의 초기 조직과 활동에 바탕이 되었다.[342] 그래서 초기 신민회원들은 대부분 감리교 상동교회에 출석하거나, 아니면 기독교인으로 상동청년회에 관련된 인물들이었다.

이동휘는 대한제국 무관(참령) 출신으로 강화도 진위대장을 지냈다. 그가 기독교를 접한 것은 울사보호조약이 체결되자 광무황제에

기독교, 과학적 무신론, 그리고 항일독립운동

게 사직서를 제출한 직후였다. 강화도에서 감리교 전도사인 김우제가 이동휘를 입교하게 했다. 이동휘가 기독교에 입교한 동기는 "기독교야말로 쓰러져가는 나라와 민족을 구할 수 있다"는 판단에서였다.[343] 이무렵 이동휘는 을사오적을 처단하고 자결할 것을 밝히는 [유고이천만동포형제서]에서 기독교가 '독립단합의 기초'라고 권고했다.[344] 이동휘는 이때 일본군 하세가와(長谷川) 대장에게 보내는 [유고장곡천대장서](遺告長谷川大將書)도 작성했는데, 여기에서 일본의 한국 지배 정책의 진행이 용이하게 진행될 수 없는 세 가지 이유를 제시하고 있다. 그 중 한 가지가 "여러 나라의 관계 중심이 한국에 있기 때문에 장차 이해가 오로지 한 나라로 돌아가지 않을 것"[345]이라는 견해이다. 이동휘의 견해는 앞으로 그의 독립운동에서의 행보를 이해하는 단서가 된다. 이때 이동휘는 총 8통의 유고를 작성했지만, 실제로 을사오적을 처단하거나 자결하지는 않았다. 이후 그는 강화도와 전국 각지에서 보창학교를 설립하여 기독교 전도와 애국을 위한 교육에 헌신했다. 그리고 상동교회의 상동청년학원과 감리교 엡윗청년회가 중심이 된 군사훈련과 「대한매일신보」의 국채보상운동에도 참여했다.[346] 이동휘는 교육과 기독교 선교활동에 더욱 매진하여 강화도에는 면단위로 보창학교를 세우고, 전국 각지에도 직접 또는 그의 추종자들이 보창학교라는 이름으로 수많은 학교를 세우게 했다. 이 시기에 이동휘 한 사람이 세운 학교가 100여 개나 되었다고 한다.[347]

한일신협약(정미7조약)에 의하여 대한제국의 군대는 해산되고, 일제의 헌병대가 치안을 장악했다. 이때 해산된 군인들이 중심이 된 의병활동 등의 항일운동이 전국적으로 일어났다. 강화도에서도 항일운동이 전개되어 진위대와 기독교인들이 봉기의 선봉에 나섰다. 일제

VI. 과학적 무신론의한민족 교회 유입

는 자국 군대를 동원하여 무자비한 진압에 나서는 한편, 이동휘를 봉기의 수괴로 지목하고 체포했다. 이동휘는 구금되었다가 4개월이 지난 연말에야 풀려났다. 이동휘는 평양 대부흥운동에 힘입어 '백만명구령운동'이 시작되던 이 무렵에 캐나다 장로교 선교사 로버트 그리어슨(Robert Grieson, 한국명: 구례선 具禮善)을 만나, 그의 조사가 되었다. 이동휘는 함경도 지방과 북간도에서 전도활동과 민족 계몽운동을 병행하였다. 이동휘의 선교활동에는 그리어슨 선교사가 소속된 한아청삼국전도회(韓俄淸三國傳道會)가 후원하였다.[348]

이갑의 집안은 아버지가 당시 평안감사 민영휘에게 무고한 죄를 뒤집어쓰고 40경(耕)이나 되는 전답을 빼앗기는 바람에 몰락했었다. 이갑은 1896년 상경해 독립협회와 만민공동회(萬民共同會)에서 활동했다. 이후 한국육군무관학교를 졸업하고, 일본으로 건너가 일본육군사관학교 보병과를 졸업했다. 이갑은 러일전쟁에 참전하였다가 종전이 되자 1904년 귀국하여 대한제국 육군 참령(參領)이 되었다. 이때 이갑은 육혈포를 들고 민영휘를 찾아가서 아버지가 빼앗긴 재산을 도로 찾았다. 그는 그 돈을 오성학교를 세우고 애국계몽운동에 썼다. 그래서 이갑에게 '조선의 몬테크리스트 백작'이라는 별명이 붙었다. 일제가 무력으로 을사조약을 강제체결하자 군직을 사임하고, 국권회복을 위한 애국계몽운동에 헌신하였다.

유동열은 1898년 미국으로 건너가 샌프란시스코의 한 중학교에서 수학하다가, 다시 일본으로 건너갔다. 유동열은 예비과정을 거쳐 1903년에 일본육군사관학교를 이갑과 동기로 졸업했다. 1904년 러일전쟁에서 대한제국 파견 무관 자격으로 일본군에 종군했다. 이후 서울의 일본군 사령부에서 근무하다가, 그해 8월 대한제국 군인으로 복귀했다. 무관학교 교관, 시위대 기병대장 등을 역임하다가 을사보호조약이 체결되자 사직했다. 1906년 10월에는 이갑, 양기탁 등과 함께 계몽운동단체인 서우학회(西友學會)를 조직하여 학교설립과 민족의식 고취에 노력했다.

신민회는 신입회원 가입에 대해서는 초기부터 매우 엄격하게 심사하여 비밀을 유지했다. 신민회의 규모는 "기독교 교세 확장 등이 작용하여" 곧 전국적인 지부를 조직할 수 있을 정도로 확대되었다.[349] 그러나 실제적으로는 평안남북도 지방이 대세를 이루고 있었다.[350] 이 무렵 대한제국은 광무황제가 헤이그 밀사 사건으로 강제퇴위 당하는 등 망국의 위기에 처해 있었다.[351] 이런 상황에서 '비신앙적인 교인들'까지 들어오면서 기독교회는 넘쳐나는 상황이 되었다. 이때 기독교인들은 개인 신앙과 교회활동에만 치중하는 보수적 신자들과 신앙보다는 독립운동에 교회를 활용하려는 민족주의적 신자들로 나눠지게 되었다. 1907년 신민회를 창립했던 기독교 인사들도 점차 "민족적인 운동노선과 종교적인 운동노선으로 양분되는 역사적 분기점"에 이르러 있었다.[352] 선교사들도 이렇게 급변하는 종교적, 정치적 환경에서 한민족의 독립운동에 지지를 보내는 측과 친일적인 자세를 보이는 측으로 각자 나눠지게 되었다. 후자에 속하는 다수의 미국 선교사들은 외견상으로는 초기부터 강조해오던 정교분리의 원칙을 내세우고 있었지만, 실제로는 점차 미국과 일제의 국익에 따른 정치적 밀약의 영향을 받은 것이었다.[353] 그래서 초기와는 달리 이때부터는 기독교의 정교분리 원칙의 본질적 의미가 변질되고 있었다.[354] 어쨌든 1907년은 신민회의 발족과 함께 평양 등지에서 일어난 대부흥운동, 그리고 이 해에 체결된 정미7조약 등의 사건들이 서로 맞물리면서, 대한제국과 기독교의 앞날에 커다란 소용돌이가 만들어지고 있었다.

신민회의 초기 활동에는 각계각층을 망라하여 구국계몽 인사들이 주도적으로 참여하고 있다. 주요 간부들은 대개 다음과 같이 분류할 수 있다.[355]

① 양기탁 · 신채호 · 박은식 · 장지연 · 임치정 · 옥관빈 · 장도빈 등 대한 매일신보사와 황성신문사 등에 종사하던 언론계 인사들

② 전덕기 · 이동녕 · 윤치호 · 이상재 · 이준 등 상동교회와 상동청년학원, 그리고 기독청년회 등의 기독교계 인사들

③ 안창호 · 김구 · 최광옥 등 학교 설립자와 교육계 인사들

④ 이종호 · 안태국 · 이승훈 등 서북지방의 상공업에 종사하던 실업계 인사들

⑤ 이동휘 · 이갑 · 유동열 · 노백린 · 조성환 · 김희선 등 무관 출신자들

여기서 나타난 인물들의 면면을 보면, 그들은 모두 이후 항일 독립운동을 이끌어가는 주축 인사들이라는 사실을 알 수 있다. 특히 앞에서 서술한 김구와 이동휘의 기독교에 대한 인식은 당시 항일 독립운동가들의 활동과 사상적 흐름을 정확하게 이해할 수 있는 중요한 열쇠가 될 것이다.

2) 신민회의 망명과 '105인 사건'

(1) 항일 사건들과 신민회의 망명회의, 그리고 제1차 망명

일제는 1908년에 「대한매일신보」가 주관하던 국채보상운동을 저

지하기 위하여 재무 담당 양기탁이 의연금을 횡령했다는 혐의로 구속했다. 그러나 그는 재판 끝에 무죄판결을 받고 풀려났다. 양기탁은 1909년 3월에 그의 집에서 신민회 간부회의(제1차 회의)를 열었다. 이 회의에서는 일제의 강력한 무단통치에 의해 국내에서 활동이 점점 어려워지고 있으므로 신민회의 목적을 달성하기 위해서는 국외에 독립운동 기지를 만들어야 한다고 결정했다. 그곳에서 무관학교를 설립하고 독립군 장교를 양성하면서 기회가 왔을 때에 독립전쟁을 수행하려는 계획이었다.[356] 그해 5월에는 양기탁이 주필로 있던「대한매일신보」의 설립자이자 반일적인 영국 언론인 어니스트 베델[357]이 사망했다. 일제는 이를 기회로 삼아「대한매일신보」를 아예 매수해버렸다. 양기탁은 이때 신문사를 사직했다. 이로써 신민회는 대변지를 잃게 되었다. 일제는「매일신보」로 이름을 바꿔 신문을 발행했다. 신민회는 만주와 연해주 지역을 돌아다니며 국외 독립운동 기지 후보지를 물색하기 시작했다.

그런데 10월에 황해도 해주 출신 안중근(安重根, 1879-1910) 의사가 하얼빈에서 이토 히로부미(伊藤博文) 통감을 폭살하는 사건이 터졌다. 이와 관련하여 안창호, 양기탁, 이갑, 유동열을 비롯하여 반일 계몽운동을 이끌던 신민회 간부들이 대부분 체포되었다.[358] 이들 외에도 김구를 비롯하여 안중근과 동향인 황해도 출신 인사들도 이때 대거 체포되었다. 이어서 12월에는 평양 출신인 이재명(李在明, 1890-1910)의 을사오적 괴수 이완용 척살 미수 사건이 연이어 터졌다. 이때에는 평안도 출신인사들이 대거 검거되었다. 아직 신민회를 제대로 파악하지 못한 일제는 신민회 인사들이 두 사건에 직접 연루된 증거를 찾지 못하자, 다음 해 1910년 2월에 체포했던 인사들을 모두 풀어주었다. 그러나 신민회 간부들은 풀려나자 일제의 감시로 인해 국내활동에 닥친 위기와 한계를 실감하게 되었다. 이때 신민회는 약 800명의 회원을 가졌던 것으로 추정되었다.[359]

1910년 3월 신민회 간부들이 총감독 양기탁의 집에 모여 긴급전략회의(제2차 회의)를 열었다. 이 회의에서는 일제의 탄압과 감시가 극한 점에 도달한 상황에서 대한제국의 망국이 임박한 것으로 보고, 독립전쟁을 준비하지 않을 수 없는 상황이라는 결론에 이르게 되었다. 따라서 신민회가 목적을 달성하기 위해서는 이른바 '독립전쟁론'을 최고의 전략으로 채택할 수밖에 없었다. '독립전쟁론'은 국외에 '신영토'를 마련하여 '신한민촌'과 독립운동기지를 건설하고, 그곳에서 무관학교를 설립하여 독립군을 양성하면서 기회를 맞아 일제와 독립전쟁을 일으켜야 한다는 것이다. 신민회는 팽창주의 정책을 취하고 있는 일제가 중국이나 러시아, 또는 미국에 전쟁을 도발할 때, 그런 기회가 반드시 올 것이라고 예측했다.[360] 그런 기회를 놓치지 않기 위해서는 국외에 망명해서 독립군기지를 서둘러 만들지 않을 수 없었다. 독립군 기지인 '신한민촌'에는 반드시 학교와 교회와 기타 문화시설도 세우기로 했다. 이 회의에서 독립전쟁론이 최고의 전략으로 채택되면서 동시에 망명과 집단이주의 방법도 결정되었다. 망명의 순서는 일제에 구속된 경력이 있는 간부들부터 먼저 떠나기로 하고, 각 지역의 동포들을 관리할 책임자를 정하여 준비되는 대로 집단이주를 떠나기로 결정했다.[361] 그리고 국내에 남아 있는 사람들이 국내 사업을 진행하면서 국외사업을 지원하기로 했다. 이 회의가 있은 직후 4월에 안창호, 이갑, 유동열이 이종호(李鍾浩, 1885-1932)[362]와 신채호(申采浩, 1880-1936) 등을 대동하고 제1차 망명을 떠났다.[363]

기독교, 과학적 무신론, 그리고 항일독립운동

초대 통감인 이토 히로부미가 안중근 의사에게 폭살 당하고 2대 통감 소네 아라스케(曾禰荒助)를 이어 3대 데라우치 마사다케(寺內正毅) 통감이 5월에 새로 착임했다. 일제 통감부는 식민지화 야욕을 더욱 노골화하고 항일 독립운동에 대한 탄압의 강도를 한층 더 높였다. 8월에 일제와의 합병을 주장하는 일진회(一進會)를 앞세워 일제는 마침내 한일합병조약을 강제로 체결했다. 대한제국은 망국이 되어 역사의 뒤안길로 사라졌다. 일제에 의해 망국이 된 대한제국의 땅에 일제가 식민지를 통치할 조선총독부를 세웠다. 데라우찌 통감이 제1대 총독으로 신분을 바꿨다. 9월에 이동녕은 이회영(李會榮, 1867–932년) 등과 함께 망명 독립운동기지를 물색하기 위해 만주로 떠났다가 서간도에서 후보지를 확정하고 11월에 돌아왔다. 서간도 지역은 양기탁을 비롯해 여러 명의 간부들이 이미 탐사를 했던 지역이었다.

12월에 양기탁은 국내에 남아 있는 간부들을 모아 서간도 이주회의(제3차 회의)를 열었다. 이 회의에서는 외국에서 토지를 매입하여 '신영토'를 마련하고, 그곳에 집단이주하여 독립군을 양성하는 무관학교를 설립하는 데 필요한 계획들을 결정했다.[364] 이와 같이 '독립전쟁론'을 추진하기 위해 채택한 '신영토'의 후보지는 류하현(柳河縣) 삼원보(三源堡) 추가가(鄒家街)였다. 서간도 이주는 이회영의 6형제 중 5형제가 명동 일대의 토지를 정리하여 이주자금을 마련한 덕분에 12월 말부터 이동녕의 주도로 순조롭게 진행되었다.[365] 이회영 형제 가운데 장남은 조상 봉사를 위해 남기로 했다. 서간도 이주에 소요된 자금은 대부분 이씨 일가의 재산을 처분한 것이었다. 이동녕과 이회영 형제 등은 각자의 가족들과 모집한 이주민들을 이끌고 얼어붙은 압록강을 넘었다. 신민회는 처음에 '유신한 자유문명국이 성립케 함'을 목적으로 유신한 국민의 양성에 치중했다. 그러나 대한제국이 국권을 상실한 이후 신민회의 목적은 국권회복을 위해 독립군 양성을 서두르게 되었다.

(2) '105인 사건'과 신민회 국내 조직의 와해

신민회의 서간도 망명이 진행되는 중에 1910년이 끝나가고 있었다. 이제 신민회 7인 발기인 가운데 국내에 남아 있는 인사는 양기탁, 전덕기 목사, 그리고 이동휘 3명뿐이었다. 그런데 이무렵 안악에서 독립군 양성 군자금을 모금하던 안중근의 사촌 동생 안명근(安明根, 1879-1927)이 일제에 체포되는 '안명근 사건'이 일어났다. 이 사건에 연루되어 안악지역 애국지사 160여 명이 체포되었다. 1911년 1월이 되어서는 신민회의 국외 독립운동기지 계획이 발각되어 소위 '양기탁보안법 위반사건'의 혐의로 양기탁 등 20여 명의 간부들이 체포되었다. 이 무렵에 1차 망명을 떠났던 유동열은 중국 연태에서 독립군을 모집하다가 체포되어 국내로 압송되었다. 이동휘는 북간도에서 선교활동과 항일운동단체인 광복단을 설립하고 3월에 성진에 돌아왔으나, '양기탁보안법위반사건'에 연루되어 곧바로 체포되어 서울로 압송되었다. 전덕기는 목사의 신분이기에 망명의 이유가 없다고 보아 체포되지는 않았다. 이 무렵 전덕기 목사에게 객혈 증상이 나타나면서 폐질환이 발견되었다. '안명근 사건'과 '양기탁보안법위반 사건'으로 체포된 자들에 대한 처분은 3가지로 나눠졌다. '안명근 사건'으로 기소된 황해도 지역 인사들에게는 7년 이상의 중형이 선고되었다. '양기탁보안법위반사건' 관련자들은 대개 2년 이하의 징역형을 받았다. 두 개의 사건들은 당시 경성지방법원에서 1911년 7월 22일 같은 날에 선고 공판이 열렸다. '양기탁보안법위반사건'에서 양기탁은 2년형을 선고받았다. 이동휘 등 기소되지 않고 예심에서 방면된 18명에 대해서는 데라우치 총독의 명령으로 1년간 각 섬에 안치(安置)되었다.[366] 이동휘는 대무의도에 안치되었다. 이때까지 일제는 신민회를 안창호와 양기탁이 설립한 재미 한인국민회의 국내지부 정도로만 파악하고 있었던 것으로 보인다.[367]

일경은 그동안에 일어났던 안중근, 이재명, 안명근 등 반일운동가들의 출신지역이 대개 서북지방 기독교인들이라는 점에 주목했다. 일경은 그 사건들의 배후에 어떤 비밀결사체가 있을 것이라고 추측하여 이 지역을 집중적으로 감시하기 시작했다. 그리고 그해 9월에 일제는 있지도 않았던 "데라우치 마사다께 총독모살미수사건"(寺內正毅總督謀殺未遂事件)을 조작해서 발표했다. 조작된 사건은 데라우찌 총독이 1910년 12월 압록강 철교 개통식 참가 등 서북지방을 순시할 때에 총독 암살을 모의했었다는 것이었다. 이것이 이른 바 일제 치하에서 유명한 "105인 사건"이다. 일경의 발표에 의하면 우연히 신민회가 데라우치 총독모살을 기도했던 단서를 포착하게 되었다. 정주 납청정에 거주하는 이재윤(李載允)이라는 사람이 총독 암살을 모의했다는 정보가 있어 조사해보니, 신민회가 관련된 사실이 밝혀졌다는 것이다.[368] 이것은 나중에 밝혀진 바와 같이 조작된 사건이었다. 이런 허위 사건을 날조한 일경은 신민회 조직 전체를 파괴하기 위해 사건을 그럴 듯하게 부풀려서 신민회에 항일 불령선인(不逞鮮人) 집단의 혐의를 씌웠다. 더욱이 그 배후에는 평북 선천의 신성학교 교장인 미국 선교사 맥큔(George S. McCune, 尹山溫) 등이 개입하고 있었다는 주장도 들어있었다.[369]

어쨌든 일제는 이미 지난해에 있었던 데라우치 총독의 서순 일정에 맞춰 조작한 사건의 혐의를 씌워 대대적으로 신민회 관련자들의 체포 작전을 전개했다. 이때 약 600여 명을 검거한 것으로 알려지고 있다. 그들 중 양기탁 등 123인을 기소했다.[370] 이 사건 기소자 명단에는 중국 연태에서 체포되어 국내로 압송되었으나 조사 후 석방되었던 유동열이 다시 포함되었다. 전덕기 목사도 체포되었으나, 불기소 처분되었다. 기소된 자들이 재판과정에서 이구동성으로 고문을 받았다고 증언한 사실에 비추어볼 때, 전덕기 목사는 고문으로 지병이 악화되자 석방한 것으로 추측되고 있다. 신민회원들은 일제의 잔혹한 고문을 이겨내고 비밀유지에 성공함으로써 조직의 전모가 드러나지는 않았다.[371] '양기탁보안법위반사건'으로 대무의도에서 유배 중에 있던 이동휘는 이 사건에서 제외되었다. 이 사건으로 1심 재판에서 유죄판결을 받은 사람은 105명이었다. 그래서 이 사건은 '105인 사건'으로 더 알려졌다. 일제는 이 사건을 통하여 당초 예상보다 신민회의 실체가 거대하다는 것과 신민회가 대부분 기독교인들로 구성되어 있다는 사실을 알게 되었다.[372] 사실 신민회는 발기인을 비롯하여 입회심사를 통과한 회원 대부분이 기독교인으로 구성되어 있었다.[373] 그런 사실은 안창호가 기독교를 '유신한 국민'이 되기 위한 필수적 요소로 여기고 있었음을 함의한다.

신민회는 '105인 사건'을 계기로 전덕기 목사를 제외한 국내 지도부가 모두 구속된 상태에 빠짐으로써 국내조직의 활동은 거의 마비되었다. 이후 일제가 기독교를 대대적으로 탄압한 것에 대해서는 '105인 사건'에서 드러난 신민회와 기독교의 관련성이 근거가 되었다고 볼 수 있다. 그러나 이 사건으로 인해 당시 기독교회가 부흥운동으로 추진하고 있던 "100만명 구령운동"이 일제의 눈에는 '100만 명의 십자군병을 양성'하는 것으로 인식하게 되었다고 주장하는 일부 연구자들의 관점은 방향이 다소 빗나간 것으로 보인다.[374] 당시 일경은 미국 선교사 다수가 '105인 사건'에 연루되었다고 보고했지만, 검찰에서는 기소장에 쓰지 않았다. 그러나 당시 외국 선교사들은 '105인 사건'과 관련한 보고서를 자국의 선교본부와 세계 언론에 공개함으로써 이 사건이 널리 알려졌다. 이로써 한민족과 한국기독교가 일제에 의해 박해를 당하고 있는 실상이 세계에 폭로되었다.

전덕기는 그동안 신민회 발기 인사들은 물론 많은 애국동지들이 망명하거나, 체포되어 구속되거나 심지어는 죽음으로 떠나는 것을 보았다. 그러나 그는 어떤 경우에도 상동교회 담임목사로서 교회를 지키지 않을 수 없었다. 이제 홀로 남은 그는 어려운 일을 비밀리에 혼자 도맡아 처리해야 했다. 그는 일제의 감시가 날로 심해지는 상황에서도 애국적인 설교를 하고 글을 발표했다. 그에게 가장 심각한 문제는 '양기탁보안법위반사건' 때부터 객혈하기 시작한 폐질환이 '105인 사건'에 공모자로 일제의 고문을 당하면서 악화된 것이었다.[375] 다행히 불기소 처분으로 풀려났지만, 전덕기의 애국심과 종교적 열정은 이후에도 건강을 돌보지 않음으로써 병세가 호전되지 않았다. 구속되었던 인사들은 석방되자 곧 망명하지 않을 수 없었다. 그들 가운데 이동휘는 1912년 6월 대무의도에서 유배가 해제되자 그리어슨 선교사와 다시 전도활동에 나섰다. 그러나 일경의 감시를 받게 되면서 전도활동도 제약을 받고 있고, 북간도를 왕래하는 것도 전처럼 자유롭게 할 수 없다는 사실을 알게 되었다. 결국 이동휘는 1913년 봄 어느 날 밤에 혜산진에서 압록강을 건너 북간도 연길현 국자가로 망명하는 데 성공했다.

1913년 3월 '105인 사건'의 항소심 선고공판이 열렸다. 유죄판결을 받은 인사들은 6명뿐이었고, 1심에서 10년형을 언도받았던 유동열을 포함하여 나머지 인사들은 무죄 방면되었다. 6명이 상고한 3심 재판은 기각되었다. 유동열은 무죄로 석방되자 곧 자신의 제2차 망명을 결행하여 북경으로 갔다. 전덕기 목사는 병환이 악화된 중에서도 병상목회를 이어갔지만, 결국 1914년 3월에 38세의 아까운 나이로 생을 마감했다. 일제의 감옥에 마지막으로 남아 있던 양기탁이 감형되어 출옥한 것은 1915년 2월이었다. 양기탁도 출옥 후 국내활동이 불가능함을 깨닫고 망명을 결심했다. 그는 6개월이 지난 11월에 동지들의 도움으로 북경(北京)을 거쳐 봉천성(奉天省) 류하현(柳河縣) 고산자(孤山子)로 망명하였다. 이로써 신민회의 국내 조직은 완전히 와해되었다.

(3) 망명의 진행과 망명자들의 활동

신민회 발기인들을 중심으로 망명의 진행과 망명자들의 활동을 살펴보면 다음과 같다.

① 제1차 망명자들 : 안창호, 이갑, 유동열 등은 중국 청도에 도착하여 청도회의를 열었다. 여기에서는 독립운동 기지건설을 논의하던 중에 유동열 등이 이종호가 가지고 있는 약 3,000달러의 자금으로 청도에서 신문과 잡지를 발행하면서 독립운동을 하자는 안을 제안하여 안창호와 이갑의 반대에도 불구하고 다수가 찬성하는 뜻밖의 일이 벌어졌다. 그러나 당시 청도를 조차지로 관리하고 있던 독일 총독의 불허로 이 제안은 폐기되었다. 결국 당초 계획대로 중러의 접경지역인

밀산(密山)에 토지를 사서 신한민촌을 만들고, 그곳에서 무관학교를 세우는 한편, 농업경영을 병행하면서 독립군을 양성하기로 결정했다.[376] 이들은 각자의 역할을 정한 다음에 블라디보스토크에 가서 세부계획을 다시 논의하기로 했다. 9월초에 이들이 블라디보스토크에 갔을 때, 한일합병조약이 조인되어 일제가 대한제국의 국권을 완전히 병탄(倂呑)했다는 비보가 전해졌다(국내에서는 8월 29일 발표). 이 바람에 여기서 열린 회의에서는 나라가 망한 마당에 당장 독립군을 조직하여 국내로 진공해야한다는 유동열 등 급진파의 주장과 당초 계획대로 시간이 걸리더라도 독립군 기지로서의 신한민촌과 무관학교를 설립하고 독립군을 양성하면서 때를 기다리자는 안창호, 이갑 등의 점진파의 주장이 맞붙었다. 이때 자금을 가진 이종호가 유동열의 급진파의 안을 지지했으므로 급진파의 의견대로 당장 독립군 조직에 나서기로 했다. 그러나 독립군 조직을 위해 만주를 거쳐 연대(煙台)로 갔던 급진파 유동열 등이 곧 체포되는 바람에 제1차 망명자들의 계획은 좌절되었다.

일이 이렇게 되자 이갑은 안창호와 함께 상트페테르부르크까지 갔다가 헤어져 러시아 일대를 둘러보며 정세를 살펴보기로 했다. 안창호는 상트페테르부르크-런던-뉴욕-로스앤젤레스를 거쳐 그의 망명지역인 샌프란시스코에 정착했다. 안창호는 이후 미국에서 한인들을 대표하는 기구로 공식 인정받은 대한인국민회(大韓人國民會) 회장으로 취임해서 업무를 시작했다. 1913년에는 청년들을 위한 흥사단도 조직했다. 흥사단은 국내외 한인 청년들이 무실역행(務實力行)하여 우리 민족의 전도(前道)에 대업의 기초를 준비하도록 고취하자는 목적으로 설립되었다. 그러나 흥사단은 정치운동을 초월하고 기본적인 민족부흥운동으로 발전할 것 등을 행동강령으로 채택했다. 안창호는 상해임시정부가 수립되어 상해로 갈 때까지 가족들과 미국에서 생활하며 미국에서 한인독립운동을 지원하는 단체로서의 대한인국민회와 흥사단 조직 확대에 진력했다.

　이갑은 안창호와 헤어질 무렵에 손가락에서부터 근육마비 증세가 발병한 것으로 알려지고 있다. 그럼에도 이갑은 치타에 가서 「정교보」(正敎報)를 발행하면서 언론을 통한 독립운동과 계몽활동을 시작했다. 일제의 첩보서에 의하면, 이갑은 1916년 만주의 밀산(密山) 봉밀산자(蜂蜜山子)에서 밀산무관학교를 설립하여 교장이 되기도 했다.[377] 그러나 근육마비 증세가 점점 온 몸으로 번지면서 활동을 할 수가 없게 되었고, 이 소식을 듣게 된 안창호는 이갑이 미국에서 치료를 받게 하기 위하여 대한인국민회 기관지 「신한민보」 주필로 초청했다. 이갑은 미국에 도착했으나 입국허가를 받지 못했다. 이갑은 다시 치타로 돌아가서 미국 대한인국민회 원동지방회(遠東地方會) 회장을 맡았다. 안창호가 부인이 저축한 500달러를 치료비로 보냈으나, 이갑은 회복되지 못하고 1917년 4월에 중국의 목릉현(穆陵縣)에서 멀지 않은 시베리아 지역 니콜리스크에서 별세했다.[378]

　유동열은 블라디보스토크에서 안창호, 이갑 등의 의견을 물리치고 만주로 내려가서 독립군 모집에 나섰다. 그러나 연태에서 체포되어 국내로 압송되었다. 유동열은 이 사건의 혐의에서는 곧 풀려났으나, 국내에서 자금을 모으려고 체류하던 중에 1911년 9월에 '105인 사건'의 주모자로 다시 체포되었다. 그는 '105인 사건' 1심에서 징역 10년을 선고받았으나, 1913년 3월 항소심 판결에서 무죄 방면되었다. 신민회의 1차 망명계획을 실패하게 만들었던 유동열은 석방되자 곧 비밀리에 자신의 두 번째 망명에 성공하여 북경으로 갔다.

② 서간도 망명자들 : 이동녕과 이회영 5형제 등이 신민회의 서간도 망명계획에 따라 '신영토'로 선택한 곳은 봉천성 유하현(柳河縣) 삼원보(三源堡 추가가(鄒家街)라는 곳이었다. 이동녕은 처음에 그의 책임지역인 연해주로 가지 않고 가족들까지 데려와서 이곳에 눌러 앉았다. 이동녕과 서간도 망명자들은 농업경영을 하는 경학사(耕學社: 사장 이철영, 재무 이동녕)와 독립군을 양성하는 신흥강습소(新興講習所: 교장 이동녕)를 세워 한민족 독립운동기지로 삼고자 했다. 여기서 쓰인 '신흥'(新興)이라는 말에는 신민회가 추구하는 신국민과 신국의 흥(興)함을 바라는 간절한 소망이 깃들어 있다. 어쨌든 이곳은 땅이 너무 척박하고 겨울에는 너무 혹한이었다. 또 마침 흉년이 들어 경학사의 농업경영은 실패하고 말았다. 더욱이 수토(水土)병이 유행하여 인명 피해도 많이 생겼다. 따라서 신흥강습소의 운영도 어려워졌다. 일이 이렇게 되자 이회영 등은 1913년에 따로 통화현(通化縣) 합니하(哈泥河)에 땅을 매입하고 옮겨갔다.[379] 그러나 삼원보에서 교회를 설립하고 기독교를 전도했던 이동녕은 합니하에 가지 않고, 가족을 국내로 보낸 뒤에 블라디보스토크로 넘어갔다.

이동녕은 당초 그의 책임지역인 연해주 블라디보스토크로 가서 고종의 밀사로 헤이그에 갔다 망명한 이상설과 합류했다. 대종교 신도인 이상설은 이곳에서 권업회를 조직했다.[380] 이동녕은 여기서 기독교를 버리고, 이상설을 따라 대종교에 입교했다.[381] 이동녕은 이상설의 대한광복군정부 조직에도 참여했다.[382] 이동녕은 1914년 이곳에서 무관학교 설립을 추진하다가 러시아 당국에 체포되어 3개월 옥고를 치렀다. 출옥 후에 이동녕은 「해조신문」을 발행하기도 했다.[383] 이동녕은 이상설이 대한광복군정부 정도령 자리를 이동휘에게 넘기고 상해로 가서 유동열 등과 조직한 신한혁명당에는 참여하지 않았다. 신한혁명당은 고종황제를 당수로 추대하여 북경에 본부를 두고, 고종황제의 위임장을 받아 중국정부와 군사동맹조약을 체결하고자 했으나 성사되지 못하자 해산되었다. 이동녕은 1917년에 일어난 러시아 공산당 혁명의 소용돌이 속에서 이동휘와 유동열의 한인사회당 창립을 강력히 반대했다. 이동녕은 1918년 말경에 제1차 세계대전이 끝나자 이동휘, 유동열 등과 함께 독립운동가 39명이 서명한 무오독립선언서에는 공동으로 참여하였다.[384] 이동녕은 이 무렵 상해에서 신한청년당을 조직하고 건너온 여운형(呂運亨)으로부터 당시 미국 대통령 윌슨(Thomas Woodrow Wilson)의 민족자결주의에 대한 설명을 듣고, 세계정세에 대한 전망과 독립운동의 방향에 대한 의견을 나누었다. 1919년 2월 이동녕은 니콜스크-우수리스크에서 열린 대한국민의회에 참석하여 임시정부 행정수도를 러시아 또는 간도에 두자는 주장에 반대하고, 상해가 적지라고 주장했다. 그는 곧 상해로 가서 임시정부 수립을 준비했다.

한편 합니하로 옮겨간 서간도 망명자들은 추가가의 경학사를 부민단(단장: 허혁)으로, 신흥강습소를 신흥무관학교(교장: 이상룡)로 체제를 바꿔서 성공을 거두었다. 이후 이주민들이 계속 늘어나면서 합니하에 세운 신한민촌은 거대한 마을을 이루었다. 신흥무관학교는 1919년 3.1운동 직후에는 넘쳐나는 인원을 수용하기 위해 유하현 고산자(孤山子) 하동대두자(河東大逗子)로 옮겼다.[385] 신흥무관학교는 계속 발전하여 1917년에는 통화현(通化縣) 제8구(第8區) 팔리초(八里哨) 오관하

(五菅下) 소백차(小白岔)란 곳에 분교를 세우고, 신흥무관학교 백서농장 분교라고 불렀다. 신흥무관학교 졸업생들은 후에 서로군정서와 북로군정서 등의 무장 독립군을 조직하는 데 주도 세력이 되었고, 이후에도 항일 독립군의 주력이 되었다.

　③ 북간도 망명자 : 이동휘는 인천 무의도에 구금되어 있다가 1912년 9월에 풀려났다. 그는 1913년 2월 북간도에 있는 연길현(延吉縣) 국자가(局子街)로 망명했다.[386] 그러나 그는 여기에 머물지 않고 독립운동과 전도를 위해 북간도지역에 계속 드나들고 있었다. 그는 1913년 말경에는 목릉에서 병중에 있는 이갑과 유동열을 만나 이갑이 맡고 있던 중노령(中露領)의 신민회 총괄대표를 이동녕에게 대리케 하는 결정에 참여했다.[387] 그러나 여기에서도 일제의 추적을 받게 되자, 9월에는 러시아 블라디보스토크 지역으로 넘어가서 권업회와 대한광복군정부에도 참여했다. 이 단체들은 모두 이동휘와 같은 함경도 지역 출신이 대세를 이루고 있었다. 특히 이종호의 지원으로 이상설이 사퇴한 최고사령관(正都領)을 이동휘가 계승하게 되었다.[388] 이동휘는 당시 러일전쟁이 벌어질 것이라는 소문에 편승하여 곧바로 독립전쟁에 뛰어들 급진적 계획을 세우고, 대한광복군정부를 개편했다. 이것이 이동녕, 이갑, 그리고 미국에 있는 안창호 등의 신민회의 정통인 점진파와 독립운동의 방법론에서 갈림길이 되었다.[389] 그러나 1914년 벌어진 제1차 세계대전에서 일본은 이동휘 등의 급진파의 예상과는 달리 러시아와 같은 편에 서게 되었다. 일본은 동맹국이 된 러시아의 지방정부에 항일 독립운동가들의 추방을 요청하였고, 러시아 당국의 추방령에 따라 이동휘는 만주로 귀환했다. 이 기회에 이동휘는 북

간도 왕청현(汪淸县) 나자구(羅子溝) 한인촌에서 무관학교를 설립했다.

1915년 중국과 21개조 중일조약을 체결한 일본은 중국에 한인 독립운동가들의 활동을 제지해줄 것을 요청하였다. 1916년에는 러일조약이 체결되었다. 이후 동맹국이 된 일본의 요청에 따라 러시아 정부는 전국적으로 한인들의 독립운동을 금지하게 되었다. 여기에는 당시 러시아가 관할하고 있던 동청철도를 한인들이 파괴하려 한다는 일제의 조작된 정보가 큰 몫을 했다. 이로 인하여 중국과 러시아 양국에서 한민족 독립운동은 위기를 맞아 잠복하게 되었다. 이동휘가 세운 나자구무관학교도 폐쇄되었다. 이에 따라 이동휘는 가족을 데리고 러중 국경지역 오지인 왕청현 나자구 하마탕(蛤蟆塘)으로 이주하였다. 이동휘는 이곳에서 학교설립과 기독교 전도활동을 계속하던 중에 집에 들이닥친 일제의 기습을 간신히 피하기도 했다.[390] 그가 이때 얻은 상처를 치료하고 활동을 재개하자, 가족들은 목릉현으로 옮겨간 것으로 보인다. 1917년 2월에 러시아 2월 혁명이 일어나자, 4월에 블라디보스토크에 갔던 이동휘는 기독교연합전도회에 참석했다가 다음날 독일 정탐꾼으로 체포되어 하바롭스크 군옥으로 이감되었다. 10월 혁명이 상트페테르부르크에서 성공하자 한인 2세인 김알렉산드라 페트로브나가 하바롭스크에서 볼셰비키당 시당비서로 파견되었다. 한인 볼셰비키당을 조직하려는 김알렉산드라 등의 노력으로 이동휘는 12월에 석방될 수 있었다. 이동휘는 석방되자 곧 블라디보스토크로 돌아와서 「한인신보」 주필로 취임하러 온 양기탁을 환영식장에서 만나고, 목릉현 팔면둔(八面屯) 자택으로 넘어갔다.[391]

이동휘는 1918년 3월에 같은 급진파 유동열을 대동하고 하바롭스크로 다시 갔다. 이동휘는 볼셰비키당 하바롭스크시 당비서인 김알렉산드라의 후원으로 볼셰비키즘 노선을 따라 한인사회당을 조직하고 위원장으로 선출되었다. 유동열은 군사부장 겸 군사학교장이 되었다. 그러나 이 회의에 참석했던 이동녕 등은 이동휘가 제안한 볼셰비키파와 동맹하는 방식으로 추진하는 독립운동을 적극 반대했고, 양기탁은 중도적인 입장을 취했다. 이를 계기로 이동휘는 신민회와 결별했다. 동시에 열렬했던 기독교 신앙도 버렸다.

④ 양기탁의 망명 활동 : 양기탁이 국내에서 4년간의 옥고를 치르고 1915년 출감했을 때 일본은 제1차 세계대전에 참전하고 있었다. 전시체제인 일제의 감시 속에서 국내 활동에 한계를 느낀 그는 11월에 북경으로 탈출했다. 중국 사정을 살펴본 그는 곧 옛 신민회 동지들과 이주민들이 많이 모여 있는 만주지역 봉천성 유하현 고산자(孤山子) 신흥무관학교 백서농원 분교 근처에 자리를 잡고 가족을 불러들였다. 그는 과거의 명망에 힘입어 곧 만주지역의 독립운동가들 사이에서 구심점으로 자리 잡았다.[392] 양기탁은 대한광복회 지부 설립을 위해 만주에 온 박상진(朴尙鎭) 총사령을 만나 의열(義烈)투쟁에 협력하기로 하는 등 독립운동에 대해서는 누구와 어떤 일에든지 협력을 아끼지 않았다. 대한광복회는 국내에서 일제와 친일인사들을 처단하거나, 양기탁 명의로 경고문을 보내거나, 군자금을 조달하였다.[393] 한편 양기탁은 안창호 등과 연락하면서 각기 활동하고 있는 독립운동 단체들을 규합하는 통일세력으로 각 지역에 신민회 총감부를 설치하고, 중앙 총감부까지 설치할 계획을 밝혔다. 그러나 그런 일은 이제 그의 뜻대로 쉽게 될 일이 아니었다. 그 무렵에 신민회와는 별도로 그와 같은 주장을 하는 [대동단결선언](1917.7.)이 발표되었다.

1917년 12월에 「한인신보」 주필로 일하기 위해 블라디보스토크에 간 양기탁은 1918년 3월에 열린 한인정치망명자대회에서 볼셰비키주 의로 고려혁명을 촉진시키자는 이동휘의 주장에 찬동했다.[394] 5월에 그는 이동휘가 주도하는 한인사회당 결성식에 참석했으나, 당 직책 을 맡는 것은 거부했다. 다만 그는 만주에서 선발한 독립군들을 한인 사회당 군사부장 겸 군사학교장 유동열에게 보내서 교육을 받게 하는 것에는 동의했다. 그것은 그가 한민족 독립운동에 볼셰비키의 무력투 쟁 방법만을 적용하기로 동의했다는 의미였다. 양기탁은 신흥무관학 교 백서농원 분교 학생들 50여 명을 유동열에게 보내 훈련을 받도록 했다. 그러나 이때 블라디보스토크 지역이 내란에 휩싸이면서 적위대 에 동원된 대다수 학생들이 희생되는 참변을 겪었다. 이후 그는 곧 백 서학교를 떠나 북간도 동녕현에 있는 소수분(小愁芬) 팔리평(八里坪)으 로 옮겨갔다.[395] 이곳은 목릉현(穆陵縣)과 멀지 않다. 이곳에서 그는 한 인 이주자들의 생계를 돕기 위하여 동성한족생계회(東省韓族生計會)를 조직했다.

양기탁이 망명했을 때 중국의 정세는 손문(孫文)이 1917년 광동군 정부 대원수로 취임하여 형식적으로는 중국의 군통수권자가 되어 있 었다. 손문은 신해혁명에 성공했으나 원세개(袁世凱)에게 속아서 정권 을 내주고 일본에 망명했었다. 원세개가 죽자 손문이 정권을 다시 찾 은 것이다. 그러나 그의 군정부의 실체는 서남지방 군벌세력들의 연 합체적 성격을 가진 조직이었고, 북쪽의 군벌들은 그에게 반기를 들 고 있었다. 양기탁은 이러한 군벌 가운데 독립국 건설을 꿈꾸던 주사 형(朱士衡)과 알게 되었다. 그는 주사형과 협력하면서 만주에서 동성 한족생계회를 기반으로 '고려국' 건립계획을 추진했다. 그는 이 계획

기독교, 과학적 무신론, 그리고 항일독립운동

을 추진하던 중 1918년 12월 천진에서 일경에 의해 체포되어 국내로 압송되었다. 그 바람에 그는 1919년을 대부분 유배지 전남 고금도에서 보내고, 12월에야 석방되었다. 따라서 3.1독립만세사건과 임시정부 수립은 그와 무관한 일이 되었다.

⑤ 유동열의 망명 활동 : 유동열은 자신의 제2차 망명지인 북경에서 머물다가 1915년에 신한혁명당 창당에 참여하기 위하여 상해로 갔다. 이상설이 주도하여 설립한 신한혁명당의 계획은 중국과 군사동맹을 맺고, 한중동맹군으로 일제를 몰아내려는 것이었다. 그러나 당수로 모셔오려던 광무황제가 예상치 못하게 급서하자 결국 실패하고 말았다. 이후 한동안 유동열은 무장투쟁론을 주장하면서 독립운동단체를 순방했던 것으로 보인다. 1918년 1월 윌슨의 민족자결주의가 발표되자, 이동휘, 이동녕 등과 함께 무오독립선언서에 서명하고, 이동휘의 한인사회당 조직에 참여하여 군사부장으로 선출되었다. 그 직후 러시아 혁명의 와중에서 벌어진 내전이 블라디보스토크까지 번졌다. 유동열은 양기탁이 교육생으로 보내준 백서학교 학생들이 포함된 한인 적위군을 지휘하였다. 적위군은 궤멸되었으나, 유동열은 도주하던 중 체포의 위기 순간에 중국인 노동자로 행세하여 무사히 탈출할 수 있었다. 다음 해에 볼셰비키파가 승리함으로써 유동열은 다시 돌아왔다. 유동열은 김규면의 신민단과 합동한 한인사회당 당직에는 참여하지 않고, 상해임시정부에 국무총리로 취임하는 이동휘를 따라 상해로 넘어 갔다.

(4) 망명 활동에서 일어난 분열

신민회는 1910년 3월 긴급전략회의에서 목적 달성의 최고 전략으로 '독립전쟁론'을 채택하였다. [대한신민회취지서]에 나타난 '신정신을 환성하야 신단체를 조직한 후 신국을 건설'하려는 실천적 방법이 '독립전쟁론'으로 바뀐 것이다. 이것은 신민회 간부들이 당시 대한제국의 망국이 피할 수 없는 지경에 이르렀다고 판단했고, 따라서 '신국'을 건설하는 일이 일제와의 독립전쟁에서 승리한 후에야 가능하다는 현실을 인식하고 있었음을 의미한다. 그러나 그 이후에 신민회 발기인들에게 닥친 일제의 탄압과 망명지에서의 현실 속에서 '독립전쟁론'은 각자에게 다른 의미를 가진 것이 되었다. 그 결과는 신민회의 분열로 나타나면서 이후 항일 독립운동과 해방 이후에도 매우 부정적인 영향을 미쳤다. 상해임시정부 수립 이전까지 망명지에서 일어난 분열의 과정과 이유를 살펴보면, 개괄적으로 4단계로 정리할 수 있다.

첫째 단계의 분열은 1차 망명자 그룹의 청도회의에서 일어났다. 여기서 안창호와 이갑 등은 신민회의 당초 '독립전쟁론'의 전략대로 토지를 매입해서 신한민촌과 독립운동기지를 건설해야 한다고 주장했다(이들은 점진파로 불리게 되었다). 그리고 유동열 등은 당장 청도에서 신문과 잡지를 발행하자는 안을 주장했다(이들은 급진파로 불리게 되었다). 청도회의에서 처음에는 급진파의 안이 채택되었으나, 당국의 불허에 의해 좌절되었다. 이들이 블라디보스토크에서 망국의 소식을 듣고 개최한 회의에서도 점진파의 주장이 부결되고 당장 독립전쟁을 벌여야 한다는 급진파의 안이 채택되었다. 그러나 독립군을 모집하러 나섰던 유동열 등이 곧바로 체포되어 국내로 압송됨으로써 결국

기독교, 과학적 무신론, 그리고 항일독립운동

좌절되었다. 제1차 망명그룹에서 급진파의 성급한 행동주의는 자금만 탕진했고, 안창호와 이갑이 상트페테르부르크로 떠남으로써 분열로 끝나고 말았다. 이로써 제1차 망명그룹의 모든 계획은 실패했다. 시베리아에서 활동하던 이갑은 몇 년 뒤에 별세했고, 안창호는 미국으로 망명했다가 상해임시정부로 복귀해서는 '실력양성론'을 주장했다.

둘째 단계의 분열은 이동녕이 이회영 형제들과 망명하여 유하현 삼원보 추가가에 세운 첫 신한민촌에서 일어났다. 이동녕이 이회영 형제들과 같이 세운 경학사와 신흥강습소는 흉년과 괴질이 덮치면서 운영이 어려워졌다.[396] 이회영 형제 일부가 인근 합니하에 땅을 매입하고 새로운 신한민촌을 개척하여 옮겨가자, 이동녕은 가족을 국내로 돌려보내고 블라디보스토크로 넘어갔다. 그곳에서 그는 이상설과 합류하여 대종교인으로 개종하고 말았다. 이후 이동녕은 이상설과 함께 신민회와 유사한 전략을 가진 대종교의 독립운동에 참여했다. 그러므로 이동녕은 이후에도 방법적인 면에서는 신민회와 공동보조를 취할 수 있었다. 이 무렵에 국내에서 병상목회를 하던 전덕기 목사가 별세했다.

셋째 단계는 이동휘에 의한 분열이었다. 이동휘는 하바롭스크 군옥에서 남모르게 그를 구해준 하바롭스크시 볼셰비키당위원장 김알렉산드라의 후원으로 한인사회당을 조직하고 당위원장이 되었다. 이를 계기로 그는 신민회와 기독교를 완전히 버리고 볼셰비키즘으로 기울었다. 이때 유동열도 합류했다. 양기탁은 당 창립대회에는 참석했으나, 당직을 맡지는 않고, 군사훈련에만 협조하기로 했다.

넷째 단계는 신민회의 총감독이었던 양기탁에 의한 분열이었다. 양기탁이 신민회와 관계가 끊어진 계기를 살펴보면, 그가 한인사회당 군사부장 유동열에게 훈련차 보냈던 무관학교 학생들이 블라디보스토크까지 번진 러시아 내전에서 희생된 사건이 원인이었다. 이후 양기탁의 독립운동의 방법은 신민회의 '독립전쟁론'보다는 중국의 힘을 빌리는 것이었다. 그는 그렇게 중국의 힘을 빌려 고려국 건설을 추진하던 중에 천진에서 체포되어 국내로 압송되었다.

양기탁의 행적을 살펴보면, 그는 '105인 사건' 기록에서 장로교인으로 분류되어 있다.[397] 그러나 그는 이미 1905년에 "종교개혁이 위정치개혁의 원인"이라는 글을 「대한매일신보」에 싣고 '종교가 국가를 위해 존재해야 한다고 주장한 적이 있다. 그리고 1910년 5월에는 같은 신문에 3일간 종교에 대하여 게재한 글이 있다. 그것들을 종합하면, 그에게 종교는 '자국을 숭배하게 하는 것'이어야 했다.[398] 심지어 그는 1919년 12월 유배지 전남 고금도에서 석방되자 곧 통천교를 창시하기도 했다. 그렇다면 양기탁에게는 처음부터 신민회의 바탕인 기독교와 종교적으로는 맞지 않았던 면이 있었다. 그러나 그는 국내에서 미국 의원단의 방한 시에 독립청원서 제출을 추진하다가 체포되는 등 항일 독립운동을 멈추지 않았다. 결국 그는 1922년 만주로 다시 탈출했다.

신민회 발기인들은 위와 같이 분열된 이후에도 '유신한 국민이 통일연합하야 유신한 자유문명국을 성립케 함'이라는 신민회의 목적을 잊지는 않았다. 덜 유신한 국민은 그만큼 덜 유신한 자유문명국을 성립케 할 것이다. 그래도 어떠랴? 그런 국민에게도 국가는 있어야 하는 것이 우선이다. 그래서 그들은 분열했어도 끊임없이 '통일연합'을 시도했다. 신민회 발기인들을 포함한 망명 독립운동가들은 1919년

3.1독립만세사건 이후 상해임시정부를 설립하고 항일 독립운동을 위해 다시 만나게 된다.

3) 상해한인교회와 독립운동

상해한인교회가 시작된 것은 1914년이었다. 1910년 '경술국치' 이후 망국의 한을 품고 상해로 건너간 기독교인들은 최재학(崔在學) 외 약 30명이었다. 이들이 영국 조계지에 있는 미해군 YMCA에서 예배를 드리기 시작했다. 이들은 처음에는 그곳에서 영어공부를 하다가 예배처소를 마련하게 되었고 김종상(金種商)이 예배를 인도하였다. 일제가 이에 대해 미해군에 항의를 하고 김종삼이 상해를 떠날 수밖에 없는 상황이 되자 1915년 미국 선교사 피취(Fitch, 費啓鴻)의 도움으로 중국인 YMCA 식당을 빌려서 예배장소를 옮겼다. 마침 '105인 사건'으로 옥고를 치르고 선우혁(鮮于赫)이 망명해오자 그가 예배 인도자를 맡게 되었다.[399] 1917년 교회는 임원을 새로 선출했는데, 금릉대학에 유학을 왔던 여운형이 전도인으로 선출되었다. 망명객들이 늘어나면서 교회에도 신자들이 늘어났다. 여운형과 선우혁은 1918년 선천에서 열린 장로교 총회에 참석하여 목사파송을 요청하였으나 실현되지 못하였다.[400] 그러나 1918년은 상해에 망명한 한민족 독립운동가들에게 매우 중요한 시기였다. 왜냐하면 제1차 세계대전이 종전(11. 11)되고 미국 윌슨 대통령의 민족자결주의 선언과 파리강화회의의 소식이 전해지면서 피압박 민족의 독립문제가 논의될 것이라는 소식이 들렸기 때문이다. 독립의 기회가 목전에 닥친 것처럼 보였다. 당시 상해한인교회는 상해에 거류하는 한인들의 구심체 역할을 하고 있었고,

그것은 바로 선우혁과 여운형에 의하여 움직이고 있었다. 그들에 의해 독립운동의 중요한 전환점이 마련되고 있었다. 여운형은 1918년부터 미국인 회사에서 일하면서 윌슨 미국 대통령의 민족자결주의가 포함된 14개조 선언과 제1차 세계대전 종전 직후에는 승전국 정상들이 파리강화회의를 개최(1919. 1. 18.)할 것이라는 소식을 듣게 되었다. 이 소식은 윌슨 대통령의 특사 크레인(C. R. Crane)이 11월에 상해에 와서 직접 연설을 통해 전해주었고, 그의 연설을 들은 여운형은 그를 찾아가서 확인하였다.[401]

상해에는 또 하나의 거류민 단체인 동제사(同濟社)가 있엇다. 대종교인 신규식(申圭植, 1879-1922)이 대표를 맡고 있었다. 여운형은 곧바로 신규식에게 이 소식을 전해주고 두 사람이 협의하여 윌슨 대통령에게 청원서를 발송하기 위한 단체로 신한청년당을 창당하였다. 이들은 1919년 1월에 열릴 예정인 파리강화회의에는 김규식(金奎植, 1880-1931)을 대표로 파견하기로 하는 한편, 국내와 일본 러시아 극동지역 등 각지에도 대표를 파견해서 이 소식을 전하고 독립운동을 대대적으로 추진하기로 했다. 파리강화회의 파견 대표 김규식은 미국 유학을 마치고 국내에서 새문안교회 장로를 지냈으며, 1913년 망명하여 상해에서 미국인 회사에 다니고 있었다. 여운형은 신한청년당 명의로 윌슨 미국 대통령에게 보내는 청원서를 작성하고 총무간사 이름으로 서명했다. 그러나 이 청원서는 전달을 위탁했던 미국인과 그와 동행하던 중국 대표 모두 일본을 경유하는 중에 가방을 분실하여 전달되지는 못했다.[402]

한편 서울지역에는 선우혁과 김철이, 일본지역에는 장덕수와 조소앙이 대표로 파견되어 이런 소식들을 전달키로 했다. 각 대표들이

기독교, 과학적 무신론, 그리고 항일독립운동

월슨 미국 대통령의 민족자결주의 선언과 파리강화회의에 대표를 파견한 사실을 알리고 앞으로 독립운동의 방향을 협의하기 위하여 각각 맡은 지역으로 떠났다. 여운형도 같은 임무를 가지고 국내 서북지역과 만주와 러시아 일대 순방 길에 올랐다. 각 대표들에 의하여 이런 소식이 전해지자 1918년 말경에 조소앙이 작성한 무오독립선언서가 러시아와 만주지역의 독립운동가 39명의 서명을 받아 1919년 2월 1일에 발표되었고, 일본 동경 YMCA에서는 이광수가 쓴 1919년 2.8 독립선언서가 발표되었으며, 국내에서는 3.1독립만세사건이 연이어 일어났다.[403] 러시아 소재 독립운동 단체들은 여운형으로부터 소식을 전해 듣자 즉각 파리강화회의에 2명의 대표단[404]을 파견하고 1919년 2월에 대한국민의회를 조직했다. 그러나 이 대표단은 파리강화회의가 끝난 후 도착하였다. 미국지역에서는 이승만을 파리강화회의에 파견한다는 소식이 들렸다. 그러나 이승만은 미국정부로부터 여권을 발급받지 못하여 출국조차 하지 못했다. 일본의 방해공작과 이런 저런 사정으로 어느 쪽에서도 성과를 얻지는 못하였다.

여운형과 각 지역 파견 대표들이 각지에 소식을 전함으로써 독립운동을 촉진하는 효과가 나타났다. 동시에 각지에 있는 독립운동단체들의 중앙기구를 구성할 필요성이 대두되면서, 그 구성인원과 소재지를 정하는 문제가 쟁점으로 떠올랐다. 러시아의 지원을 얻으려는 대한국민의회 진영은 국민의회정부를 구성하고 블라디보스토크에 본부를 둘 것을 주장했다.[405] 국내에서는 13도 대표자의 서명으로 한성임시정부를 구성했다. 그러나 상해 거주민들을 중심으로 국제적 외교를 중시하는 인사들은 국제도시 상해에서 치외법권이 보장되는 프랑스 조계지역에 본부를 둘 것을 주장하였다. 이들에 의하면 외교적 노력으로 서방의 협력을 얻는 한편 손문의 중국국민당 정부와 동맹하여 독립을 성취하기 위해서는 상해가 가장 유리하다는 것이다. 이런 주장들은 3. 1독립만세운동이 일어난 후에 더욱 활발하게 논의되었다.

파견 대표들이 각지에서 돌아오고 독립운동가들이 모여들어 상해에서는 곧 임시정부 수립계획이 추진되고 연락사무소가 마련되었다. 러시아에서 상해로 온 이동녕이 그 중심 역할을 하였다. 이동녕은 기독교인이었다가 상해에 오기 전 러시아에서 대종교에 입교한 상태였다. 당시 상해에는 상해한인교회와 대종교포교원이 있었다. 대종교포교원은 신규식이 맡고 있었다. 신규식은 1909년 나철(羅喆, 1863-1916)이 대종교를 창시하자 가장 먼저 입교한 대종교인이었다.[406] 신규식은 한말 무관 출신으로 을사보호조약 체결에 통분하여 음독하였으나 가족에게 구출되었다. 그는 경술년 합병조약(1910)에도 음독 자결하려 했으나 이때에는 대종교 나철 대종사에게 구출되었다. 신규식은 아호를 예관(睨觀)이라고 지었는데 음독의 후유증으로 시신경이 손상되어 눈이 흘겨보는 것처럼 변형되었기 때문이다. 그래서 그는 아호에 일본을 흘겨본다는 의미를 담았다. 그는 한민족 독립운동을 위해서라면 물불을 가리지 않았지만, 그의 외모 때문에 앞에 나서기보다는 뒷바라지에 헌신하는 인물이었다. 그는 대종교 종사 나철의 권유에 의해 1911년에 상해로 망명해서 포교활동을 하고 있었다. 그는 상해에 와서 손문과 신해혁명파들로 구성된 중국혁명동맹회에 유일한 외국인 회원으로 가입하고 그들의 혁명운동을 도왔다.[407] 중국혁명동맹회는 중국국민당의 모체이다. 신규식은 이 단체를 통하여 한중연합 항일전선을 구축하려고 했다. 이런 인연으로 이 단체의 지도자 손문과 그의 심복인 상해의 명사 두월생(杜月笙) 등은 대한민국 임시정부 설립을 적극 지원해 주었고,[408] 임시정부 수립 후 가장 먼저 국가로 승인해주었다(1921). 신규식은 동제사, 대동보국단 등을 통해서 거류민들과 신한청년당의 여운형, 장덕수, 신철, 선우혁 등 젊은 독립운동가들의 활동을 적극 도와주었다. 일본 내무성 자료에는 신규식이 1917년 8월에 조선사회당을 조직했다는 기록도 있다.[409] 그러나 이 당의 목적은 스톡홀름 국제사회주의자대회에서 한국독립을 주장하기 위해서 급조된 것이었으며, 이 회의가 불발되자 사라졌다고 한다. 그는 상해에서 통합임시정부가 수립되자 법무총장을 맡았다. 그는 1914년에 지은 『한국혼』에서 "우리들의 국혼(國魂)은 어디에 있는가? 내가 위로 아래로 그리고 사방으로 이를 불러보련다......아아! 동포들이여 궐기하여라"[410]고 외치고 있다.

여운형은 1906년에는 양평 묘골에서 교회를 세우기도 했던 기독교 신자였다. 1907년부터 1910년까지 승동교회에서 보사를 지냈고 1911년 평양 장로교신학대학에 입학해서 2년을 마쳤다. 그는 승동교회에서 전도사로 일하다가 1914년 언더우드 선교사의 주선으로 공부를 더 하기 위하여 중국으로 건너와 금릉대학에서 수학했다. 그는 1917년에 귀국했다가 안창호의 연설을 듣고 독립운동에 뜻을 두게 되었다. 그는 독립운동에 투신하기 위하여 이범석(李範奭, 1900~1972)과 함께 망명해서 다시 상해로 오게 되었다. 여운형은 상해한인교회 전도인으로서 거류민단장과 신한청년당을 맡고 있었다.[411]

상해에서는 이와 같이 동제사의 신규식과 신한청년당의 여운형 등이 3.1독립운동의 "배후공작을 수행하였고," 이동녕이 가세하여 상해 임시정부 수립에 "산파역을 담당하였다."[412]

4) 유물론 철학 및 계몽사상의 유입

러시아과학아카데미가 편찬한『세계철학사』에는 기원전 3세기부터 20세기 초까지 한국에서의 철학사상의 역사를 소개하고 있다.[413] 이에 의하면 한국의 철학은 처음에 원시적인 하늘(天) 숭배를 비판적으로 해석하고 모든 존재자를 두 개의 대립하는 원소(어두운 것과 밝은 것)[414]의 상호작용으로 설명하려고 했다. 봉건제 이데올로기인 불교와 유교가 15-16세기 신유교 발생기까지 한국 철학사상을 지배했으나, 주희(朱熹)의 신유교 학설이 이식되면서 여러 가지 유물론 철학도 발생했다. 한국의 독창적 유물론 철학이 17세기 조선시대에 실학파(實學派)의 등장으로 탄생하였으며, 19세기 초에 이르기까지 존재했다.

러시아과학아카데미에 의하면 한국에서는 19세기 말에서 20세기 초에 반봉건제 부르주아 철학이 침투해서 서유럽의 부르주아적 계몽운동이 일어났다. 그것은 다윈의 진화론, 프랑스 계몽주의자들의 이론, 특히 실증주의의 영향에 의한 것이었으며, 루소의『사회계약론』이나 아담 스미스의『국부론』등의 번역물에 관심이 주어졌다고 했다. 그리고 스펜서의『제1원리』와 후쿠자와 유기치(福澤諭吉, 1834-1901)의『서양사정』및『문명지개략』(文明論之槪略)이 많은 관심을 끌었다. 동 아카데미는 한국에서 계몽운동이 고양된 시기는 미국 기독교 포교단과 선교사들이 적극적으로 활동한 시기와 일치하는 것으로 보고 있다. 또한 신유교가들의 좌파 그룹으로 유인석(柳麟錫, 1842-1915) 등을 꼽으면서, 좌파 그룹은 반일 무장투쟁과 반봉건 투쟁을 했으나, 우파 그룹은 일제의 협력자로 전락했다고 비판했다.

러시아과학아카데미는 특히 박은식(朴殷植, 1850-1926)과 단재 신채호(申采浩, 1879-1936)를 시대적 대표 사상가로 소개하고 있다. 박은식은 유교적 학식이 실학파의 유물론적인 진보사상과 결합되어 있으며, 그의 자연 및 사회에 대한 발전관은 변증법에 가깝다고 평가했다. 박은식은 왕양명의 정신으로 유교를 해석하면서 부르주아적 개량운동의 선두에 섰으나, 대중의 혁명투쟁이 누적되는 조건을 배척함으로써 성공할 수 없었다. 특히 박은식이 중국의 개량주의자 강유위와 양계초의 학설, 일본 철학자들에게서 빌려온 사회다윈주의 사상의 영향을 받은 것으로 보았다.[415] 그러나 박은식이 스펜서의 '자연진화의 원리'라는 사회학적 견해가 다윈의 생물계 발전의 합법칙적 학설을 인류사회로 확장한 것이라는 것을 이해하지 못하고, 이것을 한 이론의 두 개의 구성부분으로 보고 있다고 비판했다. 동 아카데미는 박은식이 계몽주의자임에도 이론과 실천 사이에서 보여주는 모순은 그 자신이 부르주아이면서 미성숙하고 허약한 부르주아를 대변하는 한계에서 오는 것으로 평가했다.[416]

신채호에 대해서는 백과사전적인 지식을 소유한 자로 항일 빨치산 운동을 봉건적 민족해방운동과 연결시키려고 한 점에서 다른 계몽주의자보다 앞선다고 평가했다. 그러나 동 아카데미는 신채호가 고대, 서유럽, 중국, 일본의 철학을 잘 알고 있음에도 역사의 유물론적 이해에까지는 도달하지 못했고, 역사를 계급투쟁의 입장에서 보지 못했다고 평가했다.[417] 신채호는 신민회를 따라 망명해서 『조선상고사』를 쓴 역사가이며 상해임시정부에서는 후에 좌익그룹인 창조파에 가담했다.

박은식은 황성신문과 대한매일신보 주필을 지냈고, 『한국통사』를 집필하여 민족의 역사정신을 일깨우고자 했던 인물이다. 그는 일제

강점 이후 상해임시정부까지를 기록한『한국독립운동지혈사, 韓國獨立運動之血史』(1920)를 출판하였다. 그는 여기에서 "러시아 공산당은 선두에 적기를 내걸고 전제정치를 타도하여 민중에게 자유와 평등을 가져오고 제 민족의 자유와 자결을 선포했다"[418]고 써서 러시아 공산주의 혁명에 대해 매우 우호적인 찬사를 보내고 있다. 박은식은 상해임시정부에서 이승만에 이어 제2대 대통령을 지냈으며, 재임 중에 사망하여 그의 장례식은 임시정부 최초로 국장으로 치러졌다. 신채호와 박은식은 이 당시에 중국에 망명해서 나름대로 독립운동과 저술활동을 병행하고 있었다.

4. 과학적 무신론의 한민족 사회 유입과정

1) 이동휘와 러시아 공산주의 혁명의 영향

제1차 대전이 진행되고 있던 1917년에 러시아가 전쟁에서 패색이 짙어지고 군인과 시민들의 반란이 일어나자, 러시아 국내 사정은 혼란이 극심했다. 황제가 갑자기 퇴위하면서 2월혁명에 의해 멘셰비키파가 보수파와 연정을 꾸렸으나 결국 10월혁명을 통해 볼셰비키가 승리했다. 이것은 러시아정교회에는 날벼락과 같은 재앙이었다. 곧바로 러시아정교회에 대한 탄압이 시작되었다. 앞에서 이런 소식을 러시아정교회 서울선교회장을 지냈던 대수도사제 빠벨 이바놉스키가 후임자인 페오도시 뻬레발롭에게 보낸 편지에서 전하고 있음을 보았다. 이 무렵 러시아와 만주지역을 넘나들면서 독립운동과 기독교 전도활동을 하고 있던 이동휘는 러시아제국이 무너지고 소비에트 공산주의 혁명이 진행되는 험난한 과정을 몸으로 직접 겪고 있었다. 1917년 4월 이동휘는 블라디보스토크에서 독일 밀정으로 오인되어 체포되었다. 러시아 케렌스키 임시정부군이 일제의 요구에 의해 이동휘를 체포한 것이다. 그는 체포되기 전날에도 이곳에서 연합기독교전도집회를 이끌었다.[419] 이동휘가 체포되고 하바롭스크 군대 감옥으로 이송되자 러시아 극동지역 한인들은 이동휘를 구명하기 위해 적극적으로 노력했다. 그러나 이동휘는 하바롭스크 지역에서 때 마침 케렌스키 임시정부군대가 패퇴하는 극적인 정치, 군사적 반전으로 12월에 구출될 수 있었다.

한편 블라디보스토크 대종교인 이상설이 주도하던 권업회는「권업신문」이 폐간된 이후에「한인신보」를 새로 발간하기로 결정하면서 양기탁을 편집인으로 초빙했다. 양기탁은 이 초빙을 수락하여 그 해 12월에 그곳으로 갔다. 이 사실은 미국에서 발행하는「신한민보」에도 보도되었다.[420] 이 소식을 들은 이동휘는 블라디보스토크로 가서 양기탁 환영회에 참석했다. 신민회는 이렇게 105인 사건과 망명 등의 고통과 수난을 겪으면서 내부에서는 물론, 그동안 따로 움직이고 있었던 비기독교 진영 독립운동가들과도 일치된 인식을 공유할 수 있었다. 그리고 한민족은 고난을 통해 보다 성숙한 민족정신을 갖게 되는 전통을 확인하고 있었다. 이러한 사실은 1905년경부터 나라 안팎에서 개별적 또는 소규모로 항일운동을 했던 개인 독립운동가들이나 단체들의 행동에서도 잘 나타나고 있다.[421] 그 대표적인 예로는 앞에서 언급한 안중근과 안명근 형제들을 비롯하여, 1908년 샌프란시스코에서 친일파 미국인 스티븐스(Durham White Stevens, 1851–1908)를 사살했던 장인환(張仁煥)과 전명운(田明雲), 매국노 이완용(李完用)을 찌른 이재명(李在明) 등을 들 수 있다. 그러나 민족독립운동을 하던 기독교인들 중에는 1917년 레닌이 러시아에서 공산주의 혁명에 성공하자, 공산주의를 수용하면서 기독교를 떠나는 사람들이 나타나고 있었다. 러시아에서 성공한 공산주의 혁명을 항일 독립운동의 방법으로 선택하면서 나타난 현상이었다. 그들은 결국 기독교를 버렸거나 사상적 방황을 겪어야 했다. 그런 현상의 대표적인 사례로 한인사회당 창당을 둘러싼 신민회원들의 인생 역정(歷程)을 좀 더 살펴보기로 한다.

2) 한인사회당 창당과 독립운동

(1) 한인사회당 창당의 배경과 경과

한인사회당은 볼셰비키가 10월 혁명에 성공한 이듬해 1918년 5월에 창당되었다.[422] 그 과정은 대략 다음과 같이 전개되었다. 당시 러시아 극동지역에 이주한 한인들은 '귀화인'들과 '비귀화인들'로 나누어져 있었다. 1917년 2월 혁명이 일어나서 케렌스키 임시정부가 들어서자, 그 해 6월 니콜스크-우수리스크에서 '전로한족대표자회'가 열렸다. 이때 이동휘는 하바롭스크에서 케렌스키 임시정부군에 의해 구금되어 있었다. '귀화인'들은 일방적으로 '비귀화인'에게 투표권을 주지 않는 등의 차별적인 결의를 했고, 또한 '비귀화인들'이 제안한 이동휘의 석방요구 청원안도 무시해버렸다. '비귀화인' 대표들이 이에 항의하여 퇴장해버리자, '귀화인'들은 그들만의 투표로 케렌스키 임시정부를 지지하는 결의를 했다. 그런데 10월혁명으로 레닌의 볼셰비키 소비에트 정부가 들어서면서 '귀화인'들이 역풍을 맞는 상황으로 돌변하게 되었다. 그러나 아직 이 지역을 장악하고 있던 케렌스

기독교, 과학적 무신론, 그리고 항일독립운동

키 임시정부군은 일제의 요구에 따르고 있었다. 일본이 이동휘를 양국에 가장 위험한 인물로 지목하고 일본으로 추방해줄 것을 요구했기 때문이다. 그들은 구금하고 있던 이동휘의 신병을 일본에 넘겨주려고 했다. 그러나 마침 그해 11월에 하바롭스크 지역에서 볼셰비키파가 승리하면서 이동휘는 극적으로 구출될 수 있었다. 이동휘의 구출에는 한인 2세 볼셰비키 여류 혁명가 김 알렉산드라 페트로브나의 역할이 컸으며 그녀는 이동휘의 열렬한 후원자가 되었다. 사태가 이렇게 반전되면서 '비귀화인들'은 1918년 3월에 하바롭스크에서 '조선인정치망명자대회'를 열었다. 이 대회에는 옛 신민회 동지들인 이동휘, 양기탁, 이동녕, 유동열 등이 참석하였다. 시베리아와 만주 각 지방에서 온 한인 대표들과 이동휘의 후원자인 볼셰비키 여류 혁명가로서 하바롭스크 볼셰비키당 서기장인 된 김 알렉산드라 페트로브나도 참석했다. 그러나 회의에서 신민회 간부들의 의견이 엇갈렸다. 이동휘와 유동열은 '볼셰비키주의에 찬동하여 고려혁명을 그 길로 촉진시키자'고 주장하였다. 그러나 이동녕은 '소비에트정부로부터는 후원만을 얻자'는 주장으로 맞섰다.[423] 결국 이동녕측이 퇴장하고 이동휘 계열 인사들만으로 한인사회당이 발기되었고 5월에 창당대회를 열었다. 한인사회당은 이동휘를 중앙위원장에, 오 바실리[424]를 부위원장에 선출했다. 당서기에는 김립(金笠)을 선출했다. 이를 계기로 이동휘는 신민회와 결별했다. 동시에 열렬했던 기독교 신앙도 버린 것이 되었다. 양기탁은 이동휘의 창당에 동조하지 않고 당 직책도 맡지 않았지만, 이동녕보다는 중도적인 입장을 취했다. 양기탁은 독립군 간부들을 양성하기 위하여 만주에서 선발한 독립군들을 한인사회당 군사부장 겸 군사학교장 유동열에게 교육을 받게 하도록 협조하기로 했다. 양기탁은 북간도로 돌아와서 신흥무관학교 출신들이 세운 백서학교에서 독립군들을 양성하는 데 힘썼다. 이렇게 공식적으로는 처음으로 한민족 기독교인이 공산주의를 수용하는 사건이 러시아 영내에서 발생했다. 그러나 이동휘의 배교 사건은 신민회의 분열과 함께 한민족 독립운동가들이 좌우로 분열되는 시발점이기도 했다. 이와 같이 한인사회당의 창당은 아직 레닌이 '코민테른'(Comintern)을 설립하기도 전에 한민족이 자발적으로 공산주의를 받아들인 사건이며, 그 성격에 대해서는 정식 정당이라기보다 처음에는 민족의 독립을 위해 좌익적 혁명운동 단체로 출발했다고 보는 것이 타당한 견해라고 하겠다. 그러나 공산주의는 이후 한민족 사회와 교회로 유입되는 과정에서 극심한 분열과 갈등의 원인이 되었다.

한편 이 무렵에 시베리아와 러시아 극동지역에서는 일본군, 체코군, 연합국의 지원을 받는 콜챠크(Aleksandr Vasilyevich Kolchak, 1874–1920) 정부의 백러시아군 등의 반볼셰비키군이 새롭게 압박을 가해오고 있었다.[425] 한인사회당 창당 다음 달인 6월 제2차 전로한족대표자회가 열렸다. 한인사회당은 이 대회에서 귀화인들의 반볼셰비키적인 분위기에 반대하여 탈퇴하고 말았다. 그런데 7월에 블라디보스토크와 하바롭스크가 반볼셰비키군의 공격으로 연이어 함락되고, 유동열이 지휘하는 한인 적위군도 궤멸되는 큰 희생을 치렀다. 한인 적위군에는 양기탁이 훈련을 위해 보냈던 백서학교 학생들도 다수가 희생되는 참사를 겪었다. 이동휘와 유동열은 물론 한인사회당 인사들은 각자 목숨을 건 도피에 나서야 했다. 이 혼란 중에 이동휘의 강력한 후원자 김 알렉산드라 페트로브나가 반볼셰비키군에게 잡혀 처형되었다. 그러나 이동휘와 유동열 등 한인사회당 간부 대부분은 뿔뿔이 흩어져 우여곡절 끝에 탈출에 성공했다. 이동휘는 구사일생으로 겨우 도망쳐서 북만주 요하에 머물렀다. 이후 시베리아와 러시아 극동지역은 반볼셰비키군과의 내전이 끝날 때까지 도시를 서로 뺏고 빼앗기는 혼돈상태에 빠져들었다. 이에 따라 러시아 극동지역에서는 한민족 귀화인들이나 비귀화인들 모두에게 어려운 시기가 전개되었다.

제1차 세계대전이 1918년 11월에 종전되고 1919년 3월에 코민테른이 설립되었다. 한인사회당은 러시아에서 코민테른(국제공산당) 설립과 국내에서 3.1독립운동만세사건, 그리고 상해에서 임시정부가 수립되었다는 사실을 알게 되었다. 러시아 극동지역 내전에서는 결국 볼셰비키당의 적군이 백군에 승리했다. 이 무렵에 이동휘가 상해 임시정부에서 국무총리로 선임되었다는 연락이 왔다. 블라디보스토크로 돌아온 이동휘는 1919년 5월 블라디보스토크 교외에서 비밀리에 대표자대회를 열었다. 한인사회당은 이 대회에서 대한신민단과 합동을 결의하여 이동휘를 총의장, 김규면(金奎冕, 1880-1969)[426] 신민단 단장을 부의장 겸 군사위원장으로 선출하여 당을 재건했다.[427] 함경도 출신인 김규면은 일찍이 서울로 올라와 육군무관학교를 졸업했으나, 일제의 지역차별 정책으로 무관의 꿈을 이루지 못하였다. 원산에서 캐나다 출신 선교사 펜윅(Malcolm C. Fenwick)을 만나 침례교에서 목사로 활동하면서 신민회에 가입했다. 그는 서양선교사들의 친일행위와 1914년 침례교단이 분열되는 것에 반발하여 한중로(韓中露) 접경지역인 훈춘에서 성리교(聖理敎)라는 독립교단을 창설했던 인물이다. 성리교는 한때 신도수 3만에 이를 정도로 교세를 확장했었다.[428] 신민단은 김규면이 "신민회의 취지를 계승"하여 성리교회 핵심교도 2-3백여 명을 주축으로 '조국의 독립'과 당파를 초월하는 '민족대동주의'를 내걸고 조직한 비밀군사조직이었다.[429] 신민단은 한인사회당과 통합을 계기로 블라디보스토크로 본부를 옮기고 교세를 강화했다. 신민단과 한인사회당이 통합을 이룸으로써 러시아 극동지역에서 한인사회당의 사회적 활동기반이 크게 강화되었다. 그러나 이것은 서로 다른 이념을 가진 자들의 통합될 수 없는 통합이었다. 기독교 목사와 공산주의자라는 공존할 수 없는 이념을 가진 자들의 통합을 이해할 수 있는 오직 하나의 단서는 한민족의 항일 독립운동이라는 공통 목적이 있을 뿐이다. 그들의 결정은 독립운동을 위해 종교와 민족의 비교가치와 현재의 우선순위 평가는 하지 않은 것이었고, 결국 어느 한 쪽은 버려져야 하는 미래의 이념갈등은 염두에 두지 않은 것이었다.[430] 양측의 통합을 성사시킨 인물은 김립이다. 김립도 신민회원이었으며, 1910년에 블라디보스토크로 망명한 인물이다.[431] 그는 일제첩보문서에서 "배일선인(排日鮮人) 가운데 능력과 지식이 가장 뛰어난 인물"이며, "파괴도 잘하고 건설도 잘하는 수단"을 가졌다고 평할 정도로 정치수단이 뛰어났다.[432] 그는 당총비서로 선임되었으며 이후 이동휘에게는 최측근 참모 역할을 하게 된다. 그리고 러시아 대한국민의회에서 상해임시정부에 대해 통합할 것을 결의하자, 다음 달 6월에 한인사회당도 이동휘의 상해임시정부 국무총리 참여를 결정했다. 한인사회당은 본부를 상해로 옮기기로 하고, 블라디보스토크에는 지부를 남겨두고 김규면이 총괄적 운영을 맡기로 했다. 그리고 러시아 코민테른에 당무를 보고하기 위하여 박진순 등 3인을 대표단으로 파견하는 것도 결정하였다.[433] 한인사회당 초기과정에서 이를 주도했던 이동휘와 김규면, 김립 등을 보면, 이들은 모두 신민회원들이었고 기독교인들이었다. 이들이 한인사회당을 창당하고 통합하는 과정을 보면, 처음에는 민족 독립운동을 위한 목적이었지 당시 공산주의 유물론을 이해하고 한 행동은 아닌 것으로 보아야 할 것이다.

(2) 3.1독립운동과 상해임시정부 수립

1919년 3.1독립만세사건은 한민족의 독립에 대한 열망과 의지를 대내외에 과시한 것이었다. 독립선언서에 서명한 민족대표 33인 가운데 16명이 기독교 인사였다.[434] 일제의 정보기록에 의하면 이 운동은 국내에서 단독으로 진행된 것이 아니다. 이 운동은 중국 '상해(上海)의 거류민'과 연결되는 통로를 갖고 있었으며, 2월 8일 동경의 한국인 YMCA에서 이광수가 작성한 독립선언서를 낭독했던 동경 유학생 독립운동에도 자극을 받은 것이다.[435] 이 당시 일본 유학생을 중심으로 조직된 조선독립청년당은 9명의 실행위원 중 7명이 기독교인으로 구성되었다. 국내에서 3.1독립선언과 만세운동이 일어났다는 소식을 듣고, 러시아 지역 대한국민의회는 3월 하순에 독립선언서와 임시정부를 조직하고 명단을 발표했다. 국내에서는 3.1독립만세사건에 뒤이어 4월초에 한성임시정부가 조직되었으며, 이에 관련된 문서가 상해에 모인 독립지사들에게 전달되었다.[436] 상해의 독립지사들은 이런 소식에 자극을 받아 대한민국 임시의정원을 발족하고 의장 이동녕, 부의장 손정도 목사, 서기에 이광수와 백남칠을 선출하였다. 임시의정원은 이들 외에 신규식과 여운형을 중심으로 하는 신한청년당원들이 참여하여 29인으로 발족되었다.[437] 임시의정원은 철야논의 끝에 이시영과 조소앙이 기초한 10개조의 임시헌장을 가결했다.[438] 임시의정원에서 통과된 임시헌장을 보면, 국호는 대한민국이며, 국체는 민주공화제이다. 임시정부는 국무총리를 수반으로 하고, 초대 국무총리로는 이승만을 선출했다. 이와 같은 대한민국 임시정부 수립이 이동녕에 의하여 4월 13일 선포되었다. 김구도 가출옥(1914) 이후 국내에서 잠행하다가 바로 이날에 상해에 도착해서 곧 임시정부에서 경무국장을 맡았다.[439] 명목상의 임시정부는 이렇게 출범했으나 실질적으로는 5월에 안창호가 미화 5,000불을 가지고 도착한 이후에야 본격적으로 움직이기 시작했다. 상해임시정부 수립뿐만 아니라 국내외 각지에서도 기독교 인사들이 독립운동을 주도하였다. 실상을 살펴보면 국내의 3.1독립만세운동을 비롯하여 각지에서 독립운동을 주도한 것은 신민회 인사들이 대부분이었으며, 이들은 기독교 신자들이었다. 전체적으로 살펴보면 한민족 독립운동사에서 가장 중요했던 이 사건들이 따로 일어난 것이 아니었다. 역사적 사건은 이렇게 목적과 진행과정이 단절되어 있는 것이 아니라 반드시 연결되어 있는 것이다. 그것은 기독교를 근간으로 하여 연결된 하나의 운동이었다.

그런데 문제는 파리강화회의와 3.1운동을 계기로 각지에서 임시정부가 난립해 있었다는 것이다. 러시아 극동지역에서는 대한국민의회에 의해 소비에트 체제로 설립된 러시아임시정부, 국내에서는 13도 대표 23인이 4월 23일자에 이승만(李承晩, 1875-1965)을 '집정관총재'로 하여 설립한 한성임시정부, 그리고 상해에서 설립된 임시의정원과 임시정부가 있었다. 이외에도 여러 지역에서 설립된 것들이 있었으나 대부분 유명무실한 것이었다. 그러나 어떻게 하든지 이들을 하나로 묶는 통합기구가 필요했다. 통합 논의의 핵심은 이승만과 이동휘의 문제였다. 러시아, 중국, 미주, 국내 그리고 상해 지역대표들이 8월초 상해에서 국민대리대회를 개최하였다. 안창호의 주도로 통합을 위해 열린 이 회의에서는 각 지역 임시정부는 모두 해산하여 한성임시정부를 봉대하되, 위치는 상해에 두기로 결정하였다.[440] 이에 따라 상해 임시의정원에서는 한성임시정부와 상해임시정부의 헌법을 절충하여 집정관총재와 국무령을 대통령제로 고치고, 나머지는 한성임시정부 직제에 맞추어 헌법을 개정하기로 했다. 이승만을 대통령으로 하고 상해임시정부의 직제를 한성임시정부의 직제로 개편하여 통합한 것이다. 이승만은 국내외 한인사회에서는 물론 국제적으로도 한민족 독립운동을 위한 활약이 널리 알려져 있었기 때문에 미국에 있는 그를 대통령으로 추대하는 것에 누구도 이의가 없었다. 통합임시정부안은 여기에다 이동휘를 국무총리로 추대하는 것이었다. 블라디보스토크에 있던 한인사회당 당수 이동휘가 초대 국무총리에 추대된 것은 이미 통합임시정부의 주류를 구성하고 있는 우파 진영이 만주와 소련 극동지역에 있는 좌파 독립운동 단체들을 통합임시정부에 끌어들이기 위한 대타협의 산물이었다. 이동휘가 한인사회당의 지지를 얻어 통합임정에 참여하기로 하자 러시아 지역의 대한국민의회는 해산하기로 결의했다. 한성임시정부 요원들은 각자 상해로 왔다. 이 과정에서 지역끼리 논란이 있었으나, 1919년 9월 이동휘가 한인사회당을 이끌고 상해로 옮겨와서 그해 11월에 국무총리에 공식 취임하여 집무를 시작하자 일단락되었다. 결국 상해에서 대한민국 임시정부의 법통이 세워진 것이다. 국내외에 있던 독립운동가들도 이에 호응하여 상해임시정부를 공식 인정하고 상해로 모여들었다. 대통령 이승만은 아직 취임하지 않았다. 미국에서 정치학 박사학위를 취득한 이승만은 그곳에 거주하고 있으면서 국제외교를 통한 독립운동을 전개하고 있었다. 상해에 모인 주요 인사들을 보면 대부분 옛 신민회 동지들이었다. 통합 전에 이동휘가 참여했던 러시아 대한

국민의회의 임시정부는 소비에트 체제로 상해임정 공화정 체제와는 전혀 이질적인 것이었다. 러시아 지역의 지지를 받고 있는 이동휘의 좌파진영은 나름대로 상해임정의 주도권을 장악할 복안을 가지고 있었다. 그렇지만 이동휘에 반대하는 러시아 국민의회 중심의 창조파는 상해임정을 해체하고 다시 만들어야 한다는 주장을 굽히지 않았으며, 상해임정에 참여하여 개조할 것을 주장하는 인사들과의 사이에 창조파와 개조파의 논쟁이 벌어지게 되었다.

한편 여운형은 상해임시정부가 수립되면서 외교부 차장으로 선임되었고, 신한청년당원들 대다수가 임정에 참여함으로써 신한청년당은 해산되었다. 여운형은 상해임시정부 외무차장으로 있던 1919년 말에 일본정부의 방일 초청을 받았다. 여운형은 일본의 초청에 응해 임시정부의 외무차장을 사임하고 개인 자격으로 동경에 갔다. 일제가 그를 초청한 것은 그를 회유하여 '한민족 자치정부안'을 추진하기 위한 정치공작이었으나, 그는 일본의 기대와는 달리 완전 독립의 당위성을 역설하여 일본을 경악케 했다. 일본정부의 회유를 뿌리치고 돌아온 그의 활약이 신문보도를 통해서 알려지자 그는 일약 유명한 독립운동가로 알려지게 되었다.

(3) 사상적 미아 양기탁

양기탁은 1918년 중국 천진에서 체포되어 국내로 압송되어 고금도에서 구금되었다가 1919년 12월에야 석방되었다. 그는 이듬해인 1920년 4월에 창간된 「동아일보」의 고문 겸 편집감독으로 추대되었다.[441] 그가 다시 언론사에 돌아오게 된 것은 3.1독립만세 사건에 놀란 일제가 강압적인 무단통치를 소위 '문화통치'로 바꾸어놓은 덕을

기독교, 과학적 무신론, 그리고 항일독립운동

본 것이다. 일제는 새로 부임하는 사이토(齋藤實) 총독에게 국제적 여론을 고려하여 한민족에 대한 압제를 어느 정도 풀어놓으라고 지시했기 때문이다.

3.1독립만세 사건 이후 국내에서는 외형적으로는 사상과 종교의 자유를 누리는 것처럼 보였다. 양기탁은 이런 분위기에서 출옥하자 느닷없이 군소 민족종교의 통합을 명분으로 통천교(統天敎)를 창시한다고 선포하였다. 그는 통천교를 창시하는 선언서에서 '기독교를 구축하기 위한 것이라'고 밝히고 있다.[442] 이것은 그가 모든 종교의 폐지를 주장하는 공산당원이 아니라는 사실과 동시에 기독교도 떠났음을 선언하는 것이기도 했다. 그렇지만 그가 항일 독립운동을 게을리하지는 않았다.

그는 국내에서 일제의 감시가 다시 강화되자 만주지역 독립운동가들의 요청에 따라 1922년 비밀리에 다시 만주로 망명했다. 만주에서 그는 통의부, 정의부, 신민부 등의 무장독립군 단체를 통합하려고 시도하면서 처음에는 임시정부 참여를 사양하였다. 그러나 그는 1929년 10월 상해에서 사회주의 계열의 좌파와 민족주의 계열의 우파가 결별하였을 때, 안창호와 이동녕 등과 함께 상해임정을 중심으로 하는 우파의 한국독립당에 참여하였다.[443] 이후 그는 상해임정 주석으로 선출되는 등 민족주의 진영에서 활동하다가 피난을 다니던 중에 임정과 결별했다. 그는 홀로 중국의 강소성 표양의 시골 암자인 고당암에서 생활하던 중 1938년 4월 어느 날 화병으로 서거했다.[444]

독립운동가로서의 양기탁의 생애에서 보듯이 이 당시의 한민족에게는 민족독립이 최우선 과제였으며, 종교나 사상은 오직 독립운동의 추진 방법 가운데 하나로서 쓰거나 버릴 수 있는 선택사항일 뿐이었다. 이러한 조류는 사회주의 사상이 여러 갈래로 한민족 독립 운동가들에게 흘러 들어오는 길을 터놓고 있었다. 그 결과 국내에서는 한민족 사회주의 단체들이 여러 개가 생겨나서, "1920년대에는 사회주의 세력이 민족주의 세력과 더불어 민족해방운동의 주요 담당자로 등장하게 되었다."[445]

4) 코민테른 극동부의 활동

(1) 코민테른: 국제공산당 조직

러시아에서 공산당 혁명에 성공한 레닌은 1919년 3월에 국제공산당(통칭: 코민테른, Communist International)을 창설했다. 코민테른은 이름 그대로 공산주의를 세계에 전파할 것을 목적으로 하는 국제기구였다. 코민테른이 레닌에 의하여 모스크바에서 창립되었다는 것은 소비에트 러시아 공산당이 세계 공산주의 운동을 주도한다는 의미였으며, 제2인터내셔널 슈트가르트 회의에서 레닌을 지지했던 그룹들이 대부분 여기에 참여했다. 이로 인하여 제2인터내셔널은 붕괴되고 코민테른이 제3인터내셔널로 불리게 되었다. 코민테른은 마르크스–레닌주의를 중심으로 하는 강령을 채택했다. 그것은 마르크스주의에다 레닌의 저작물과 앞에서 언급한 슈트가르트 결의안(볼셰비키 강령이라고도 함) 등을 포함하는 것이었다. 한 가지 눈여겨 볼 것은 독일에서 반란을 일으켰다가 암살된 로자 함부르크의 스파르쿠스당 강령도 포함되었다는 것이다. 그러나 가장 중요한 것은 레닌과 앞으로 나올 소련공산당 최고지도자의 지시였다. 코민테른의 지원과 지도를 받는 각국 공산당은 레닌의 지시에 따라 제1차 대전을 종결지은 베르사이유 조약(1919)을 제국주의적 체제라고 비판하면서 거부하였다. 그러나 서유럽 사회주의자들은 이를 받아들였다. 이렇게 레닌의 정치적 주장과 이론, 즉 마르크스-레닌주의는 코민테른을 통해 세계(특히 아시아)의 공산주의자들에게 정치적 교조가 되었다. 코민테른은 과학적 무신론의 세계화를 진행하는 기구가 된 것이다.

1920년 코민테른은 제2차 대회에서 레닌의 반대자들이 남아 있는 제2인터내셔널 그룹 공산주의자들에게 서로 적대적 관계임을 분명히 선언하는 "21개조"를 발표했다. 이미 기능이 마비되어 있던 제2인터내셔널에게 최후의 일격을 가한 것이다. 또한 이 해에 바쿠에서 '동방민족대회'를 열어 서방을 제국주의적 선진국으로 동방을 식민지적 후진국으로 규정했다. 이 회의에서는 동방대학[446]을 설립하고 동방 각국의 인재들을 모아 식민지 또는 후진국 해방운동을 지도할 공산당 지도자들을 양성하도록 지원하기로 했다. 그러나 레닌은 혁명 후 내전에서 최후의 반란마저 진압한 1921년, '전시 공산주의' 체제로부터 '신경제정책'으로 전환하면서 정통 마르크스주의로부터 레닌주의로 더욱 이탈하고 있었다. 레닌이 죽기 전에 마지막으로 참석한 1922년의 제4차 대회에서는 "통일전선"을 구축하기로 결의했다. 이것은 부르주아지의 공격에 대한 방어책으로서 필요하다면, 과거에 그를 반대했던 제2인터내셔널 그룹과도 제휴를 허용하는 것이었다. 말하자면 적과의 협력을 승인하는 것이다. 레닌은 죽을 때까지 마르크스주의를 이렇게 수정하면서 최고 수준의 '과학적 무신론'으로 마르크스-레닌주의를 발전시켰다.

1924년 레닌이 사망한 이후에는 권력을 장악한 스탈린의 정치사상과 정책이 오히려 더욱 중요한 것이 되었다. 스탈린이 절대적 권력을 휘두르면서 마르크스-레닌주의는 심한 변형이 일어났다. 이것은 1904년에 레닌의 이론을 비판하면서 트로츠키(Leon Trotsky, 1879-1940)가 일찍이 예언했던 것이다. 레닌과 정당에 대한 이론을 놓고 격론을 벌였던 트로츠키는 이렇게 비판했다. "정당의 조직이 정당 그 자체를 대치한다. 즉 중앙위원회가 조직을 대신하고 마침내는 독재자가 중앙위원회를 대신한다."[447] 이 말은 이후에 세계 어느 나라 공산주의 정당에서도 그것의 기본적 특징을 나타내는 말이 되었다. 레닌이 집권하고 있을 때는 마르크스보다 레닌이 더욱 중요했었다. 그리고 이제는 트로츠키를 몰아내고 전권을 가진 독재자 스탈린이 가장 중요한 인물이 되었다. 스탈린은 집권 초기에는 마르크스-레닌주의자로 자처하면서 레닌을 철저히 추종하는 듯 했으나, 그의 권력이 공고해지자 다른 주장을 내놓기 시작했다. 그의 주장은 그의 통치기간 중에는 러시아는 물론 코민테른을 통해 세계 공산주의자들이 따르지 않으면 안 되는 교조가 되었다.

(2) 극동부 보이틴스키와 이동휘

이동휘는 한인사회당이 1919년 6월 간부회의에서 결정한 대로 상해임시정부 국무총리에 취임하기 위하여 8월말에 블라디보스토크를 떠났다. 한인사회당은 이동휘를 따라 본부를 상해로 옮겼다. 블라디보스토크 지부에는 김규면이 남아 모든 일을 처리하기로 하였다. 한편 코민테른은 1919년 8월에 동아시아 공산주의 세력 확장을 위한 테제를 채택하였다. 이 테제는 소비에트정부 외무위원회 동아시아 담당 전권위원인 빌렌스키(Vladimir Dmitrovich Vilenskii, 일명 시비리야코프, Sibiriakov)에 의해 제안되었다. 빌렌스키는 러시아 공산당 정치국에

기독교, 과학적 무신론, 그리고 항일독립운동

의해 그의 제안이 승인을 받으면서 전권대사로 지명되었다.[448] 그러나 블라디보스토크에서 박진순 일행이 당무보고를 위해 모스크바로 떠나고, 이동휘가 8월에 상해로 떠난 뒤에 이르쿠츠크에 있던 러시아 공산당 극동부의 상황은 일변했다. 이르쿠츠크 지역에는 1919년 1월에 러시아공산당 극동부 안에 한인부가 설립되어 한인들이 별도의 당(이르쿠츠크파) 조직을 추진하고 있었다.[449] 그런데 이 무렵에 이 지역이 반볼셰비키 백군에 의해 함락되었다. 그동안 블라디보스토크 한인사회당에 우호적이던 쿠레콜노브(Kurekornov) 극동부장이 탈출하지 못하고 백군에 잡혀 처형됨으로써 슈미야츠키(Shumiatsky)가 그를 대신하게 되었다. 이르쿠츠크파는 슈미야츠키를 자파 지원세력으로 만들어놓고 9월에 전로(全露)한인공산당을 발족했다.[450] 7월에 블라디보스토크를 떠나 모스크바로 가던 한인사회당 대표단 일행은 옴스크에서 장질부사에 걸려 입원하고 박진순 혼자만 11월에 겨우 모스크바에 도착할 수 있었다.[451] 박진순은 전권위원인 빌렌스키의 영접을 받고 임무를 성공적으로 수행했다.[452] 그리고 한인사회당원 명부와 경과 보고서를 제출했다.

빌렌스키는 볼셰비키 군대가 극동지역을 탈환한 1920년 2월 블라디보스토크에서 중국과 한민족 공산주의자들을 만나 협력관계를 다짐하였다. 그런데 4월에 일본군이 볼셰비키 혁명과 한인 독립운동을 진압하기 위해 블라디보스토크와 극동 해안지역을 점령하는 '연해주 4월사변'이 발생했다. 김규면이 총괄하고 있던 한인사회당도 큰 피해를 입지 않을 수 없었다. 사태가 이렇게 되자 빌렌스키는 5월에 자신이 임시의장이 되어 집단지도체제의 코민테른 극동부를 조직하고 상해에 한인부, 중국부, 일본부를 두기로 했다.[453] 그리고 이르쿠츠크에 있는 극동부에서 블라디보스토크에 파견되어 중국공산당 조직을 공작하고 있던 보이틴스키(Gregorii N. Voitinskii)가 상해로 가기로 했다.[454] 이렇게 해서 코민테른 한인부의 책임도 보이틴스키가 상해로 가져가서 맡게 되었다. 보이틴스키는 코민테른의 방침에 따라 서울에서 고려공산당 중앙위원회를 조직하기로 하고 한인사회당과 이동휘를 '임시' 중앙으로 인정했다.[455] 보이틴스키는 5월에 러시아 한인 2세 김만겸(金萬謙)을 대동하고 이르쿠츠크를 거쳐 상해로 왔다. 그들은 4만원의 선전자금과 레닌 정부의 지원 약속 및 한인들의 공산주의 사상의 수용을 촉구하는 서한 2통을 가지고 한인사회당 의장이며, 대한민국 상해임시정부 국무총리인 이동휘를 만나서 고려공산당 임시 중앙을 맡겼다.

이동휘는 보이틴스키를 만나기 전에 상해임시정부가 레닌 정부와 교섭하여 자금지원을 받을 수 있다는 정보를 입수하고 모스크바에 특사파견을 논의하였다. 이 정보는 한형권(韓馨權)이 알렉세이 포타포프(Alekesi Potapov)에게서 들은 것을 국무총리 이동휘에게 보고한 것이다.[456] 이동휘와 안창호는 포타포프와 만나 정보를 확인하고 특사를 파견하기로 결정했다.[457] 그러나 특사 추천자 3인의 명단에 여운형이 포함된 것을 이동휘가 반대하였고, 안중근의 동생 안공근(安公根)은 시베리아에 있었다. 결국 1920년 4월에 한인사회당 간부 한형권이 포타포프가 써준 문건을 휴대하고 상해임정 특사로서 혼자 떠났다. 안공근은 5월에 상해에 도착했다. 한인사회당 대표로 코민테른에 주재하고 있던 박진순은 모스크바에 계속 머물면서 1920년 4월 29일 레닌의 50회 생일 축하연에도 참석하였다.[458] 한형권은 모스크바에 도착하여 박진순의 소개로 레닌과 정부 인사들을 만났다.

기독교, 과학적 무신론, 그리고 항일독립운동

이동휘는 상해임정에서 국무총리 취임 이후 대통령 이승만의 위임통치 제안과 그의 미취임 등을 이유로 해임안을 제출하여 상해임정을 그의 휘하에 장악하려고 수차 시도했다. 또한 이동휘는 보이틴스키가 상해에 온 이후로 그와 협력하여 전한(全韓)공산당 조직을 위한 비밀활동은 물론 동아시아 공산당 조직을 위한 국제적인 활동에도 관여하였다. 이동휘는 보이틴스키를 통해 중국의 사회주의자와 접촉하면서 일본에도 손을 뻗쳤다. 이동휘는 중국공산당 초대 주석이 된 진독수(陳獨秀)와 만났고, 중국의 일본유학생 출신 「구국일보」 주필 겸 대동단(大同團) 단장인 황각(黃覺 또는 黃介民)과도 긴밀한 연락관계를 맺고 있었다.[459] 황각은 한인 일본 유학생들과도 교류를 하고 있었는데, 그의 대동단에 여운형과 김규식 등이 관여하고 있었다. 이동휘는 보이틴스키가 상해에서 개최하려는 동아사회주의자회의(또는 극동혁명가회의)에 일본 무정부주의자 오스기 사카에(大杉榮)의 참여를 주선하도록 부탁하자, 상해 임정 군무차장으로 있는 일본 유학생 출신 이춘숙을 파견하였다(1920. 6.).[460]

이승만 대통령을 축출하려는 이동휘의 쿠데타적 시도가 안창호, 이동녕, 신규식 등의 완강한 반대로 실패하자, 이동휘는 이에 반발하여 6월에 국무총리직을 사임했다. 상해임정은 통합정부의 명분이 와해될 위기에 직면하게 되었다. 안창호의 각별한 노력으로 양측이 협상 끝에 정치적 타협이 이루어져 이동휘는 8월에 복귀했다. 그러나 이동휘가 복귀하게 된 보다 중요한 이유는 코민테른 파견원 보이틴스키가 상해임정 특사 한형권이 모스크바에서 거액의 자금지원을 받게 될 것이라는 정보를 주었기 때문이었다.[461] 이동휘는 이런 정보를 받자 향후 사태를 검토하여 사실상 스스로 복귀를 결정했던 것이다.

이동휘가 임시정부를 떠나 있는 두 달 동안 두 가지 중요한 사건이 있었다. 하나는 상해임시정부의 특사로 모스크바에 간 한형권이 한인사회당 코민테른 파견대표 박진순의 안내로 레닌을 만나 상해임시정부의 승인, 독립군의 무기 지원과 지휘관 양성을 위한 무관학교 운영, 그리고 독립운동 자금지원을 요청하여 200만 루블을 승인 받고 1차로 40만 루블을 받은 일이다.[462] 레닌이 한형권의 요청을 승인한 것은 결국 이동휘와 한인사회당이 상해임정을 주도하고 있는 것으로 알고 있었다는 의미이다.[463] 다른 하나는 7월에 이르쿠츠크에서 러시아공산당 내 고려공산주의자단체 제1차대표회의가 열렸다. 이 회의에는 한인사회당 대표로 병에 걸려 뒤늦게 모스크바에 갔다가 돌아오던 박애와 이한영이 참석했다. 그러나 문제는 이 회의에서 이르쿠츠크파 한인들이 고려공산당 발족을 결정하면서 이동휘의 상해파 한인사회당을 인수했다고 주장했다는 것이다. 이르쿠츠크파 고려공산당은 박애와 이한영이 코민테른으로부터 받아 가지고 오던 한인사회당의 선전자금도 빼앗았다. 이동휘가 임정에 복귀할 무렵에 상해에 돌아온 이한영은 모스크바와 이르쿠츠크에서 있었던 일을 이동휘에게 보고했다.

이동휘는 국무총리에 복귀하여 집무하는 한편, 코민테른 제2차대회 결의와 보이틴스키의 권유, 그리고 8월 당중앙위의 결의에 따라 1920년 9월에 한인사회당 대회를 개최하여 조직을 확대 개편하고 한인공산당으로 개칭했다.[464] 개편의 특징은 이동휘를 '상해지역' 중앙위원장으로 한정한 것인데, 이것은 각 지역의 한인계 공산당을 하나로 통합하려는 전단계 조치로서 계획된 것이었다. 실제로 상해파 한인공산당은 다음 해(1921) 5월 1일에 치타에서 전한(全韓)공산당 창당

기독교, 과학적 무신론, 그리고 항일독립운동

대회를 개최한다는 계획아래 준비위원들을 선임하여 즉시 활동에 들어갔다.[465] 여운형도 이 무렵 보이틴스키의 권유와 레닌정부의 독립운동 지원 약속을 믿고 한인공산당에 입당하여 번역부 위원이 되었다.[466] 여운형은 『공산당 선언』과 그밖에 다른 공산주의 저작들을 번역 보급하였다.[467] 여운형은 보이틴스키, 일본 공산주의자 오스기 사카에와 함께 진독수의 집에서 열린 동아총국(극동공산당동맹) 예비회담에도 참석했다(1920. 12.).[468]

일제 치하 한민족 공산주의자들의 활동지역

지도 출처: Robert A. Scalapino · Chong Sik Lee, 『한국공산주의 운동사 l』
식민지시대 편, 122.

5) 상해임시정부와 공산당의 내부 갈등과 분열

(1) 레닌의 자금지원과 상해임정의 갈등

모스크바에 임시정부 특사로 파견된 한형권은 레닌정부로부터 1차분 40만 루블을 먼저 받고, 박진순과 함께 옴스크로 가서 전로고려인대회(1920. 10.)에 참가한 다음 상해로 가기로 했다. 임정 국무총리를 사임했던 이동휘는 8월에 복귀하여 특사 한형권이 레닌자금을 가져오기를 기다렸다. 이동휘는 모스크바에서 귀환한 한인사회당 이한영으로부터 보고를 받고 그의 심복 이외에는 일체 비밀로 했다. 그리고 이동휘는 비서장 김립을 파견하여 중간에서 한형권과 박진순을 만나 돈을 받아올 계획을 세웠다. 이동휘의 지시로 김립은 한인공산당으로의 개편대회 직후 임정에서 사임했다. 김립은 9월 말경에 모스크바에 보고하러 가는 것처럼 이한영과 계봉우와 함께 당 대표단으로 꾸며 상해를 떠났다. 그러나 목적은 비밀리에 한형권을 만나 레닌 자금을 받기 위해서였다. 이 무렵에는 시베리아와 극동 해안지역에 사는 한인들이 공산주의 단체를 설립하는 바람이 불고 있었다. 그리하여 1920년 말에는 러시아 극동지역에 16개의 한인공산당이나 단체가 생겨났고, 2,000명 이상의 당원이 있었다.[469]

이동휘는 레닌자금을 받아서 상해파가 전한공산당 주도권을 장악하려는 공작과 임시정부 인사들을 비밀리에 포섭하는 공작에 사용할 계획이었다. 이동휘의 비밀공작이 민족진영 우파인사들에게 알려지면서 갈등이 일어나게 되었다. 한민족 독립운동단체의 항일전선을 통일하려는 여러 가지 시도가 있었지만, 결과는 공산주의 계열뿐만 아니라 민족주의 진영에서도 뜻대로 되지 않았다. 그러나 이동휘

가 그동안 지도했던 무장투쟁 독립운동단체들은 만주지방에서 부분
적으로는 크게 성과를 거두고 있었다. 이것이 이동휘는 물론 상해임
정에도 긍정적인 활력소로 작용하고 있었는데, 10월에 대규모 간도
사변이 터졌다. 간도사변은 봉오동 전투(6월)와 청산리 대첩(10월)에
서 홍범도, 김좌진 등의 한민족 무장 독립군부대의 연합작전에 패했
던 일본군이 복수전을 전개하는 의미를 가진 것이었다. 그러나 일본
군의 복수전은 도를 넘어 민간인과 어린이까지 무차별적으로 살육하
는 것이었다. 지난 해 러시아 극동지역의 '4월 사변'으로 블라디보스
토크 한인사회당에 큰 피해를 겪었던 이동휘에게 새롭게 닥친 문제였
다. 이동휘의 지휘를 받고 있던 무장 독립군부대들은 간도사변으로
인하여 일제의 추적을 피해 만주에서 러시아 지역으로 근거지를 옮길
수밖에 없었다. 이동휘의 무장투쟁론에 대해 무모하다는 비판이 제
기되지 않을 수 없었다. 비판론과 옹호론이 대립하였으나, 이동휘는
오히려 급진적 무장투쟁을 강화해야 한다고 주장했다. 한민족 독립
운동이 중로(中露)지역에서 일제의 계속된 만행으로 어려움을 겪고 있
는 가운데, 상해임정은 좌우파의 갈등 속에서 아무런 대책을 세우지
못하고 있었다. 이렇게 되자 임정 무용론이 등장했고, 대통령 이승만
에 대해서는 해임론까지 터져 나왔다. 그동안 미국에 머무르면서 공
식 취임을 미루고 있던 대통령 이승만도 이러한 사태를 더 이상 방관
할 수만은 없게 되었다.[470]

(2) 대통령 이승만과 '40만 루블 사건'

대통령 이승만이 상해에 처음 모습을 드러낸 것은 1920년 12월이
었다. 이승만은 상해에 도착하여 취임식을 거행하고 집무를 시작했

다. 그러나 대통령의 상해임정 상주(常駐)와 임정 개혁을 요구하는 국무위원들에게 자신의 입장을 고수하면서 갈등을 빚었다. 상해임정에서 체제개편론은 이승만이 외교 독립론을, 이동휘가 무장투쟁론을, 안창호가 실력양성(준비)론을 주장하여 독립운동의 방법에 따라 3각 편대로 갈려 있었다. 그리고 여기에 덧붙여 주도권을 둘러싼 좌·우의 정치적 갈등이 심화되고 있었다. 그러나 머지 않아 무장투쟁론을 주장하던 이동휘가 1921년 1월에 임정 탈퇴를 선언한 것을 시발로 좌익 계열의 김규식, 유동열 등이 동반 사직하였다. 이동휘의 사퇴원인은 체제개편론이나 좌·우의 정치적 갈등이 전부는 아니다. 주된 이유는 이동휘가 레닌의 임시정부 지원자금을 횡령하였다는 의혹이 제기되었기 때문이다. 이승만과 남아있던 민족진영 인사들은 공산주의 정치이념을 거부하고 민주주의적 공화정체를 유지하고자 진력했다. 그러나 자금줄이었던 연통제가 일제의 단속으로 막히면서 임시정부는 재정난에 부딪치고 있었다. 이런 현실에도 불구하고, 이승만은 그의 휘하에 구미위원부가 미국 교포자금을 독점하고 있는 등의 문제를 해결하지 않고 있었다. 이승만의 아집과 독선에 반발하여 5월에는 우파의 기둥이었던 내무총장 안창호마저 사퇴하였다. 이제까지 통합적 상해임정을 지탱하고 있던 세 축 가운데 두 축이 빠져나감으로써 그동안 유지되었던 통합정부는 붕괴되었다.

그동안 비밀에 묻혀 있다가 이동휘의 사퇴로 드러난 레닌자금 '40만 루블 사건'의 전말은 대강 이렇다. 앞에서 말한 대로 이한영의 보고를 받은 이동휘는 임정특사 한형권이 레닌정부로부터 받은 자금 40만 루블을 중도에서 비밀리에 받으려고 했다. 이동휘가 밀파한 김립과 계봉우는 10월에 옴스크에서 전로고려인대회를 마치고 돌아오는

기독교, 과학적 무신론, 그리고 항일독립운동

한형권과 박진순을 치타에서 만났다.[471] 이들은 회합하여 이 돈을 상해파 한인공산당이 받아서 동아시아 각국에 공산주의 선전과 공산당 조직을 위한 동아총국(東亞總局)의 결성에 쓰기로 결정했다. 한형권은 나머지 돈을 받기 위하여 모스크바로 돌아가면서 활동비 6만 루블을 제하고 나머지 34만 루블을 박진순과 김립에게 건네주었다. 한형권은 모스크바로 가는 길에 치타에서 블라디보스토크 한인사회당 부의장 김규면을 만나 4만 루블을 건네주었다.[472] 김립과 박진순은 레닌자금을 12만 루블과 22만 루블로 나누어 운반하기로 했다.[473] 김립과 박진순은 각자 따로 가기로 하고 김립이 먼저 떠나서 1920. 12월에 상해로 돌아와서 4만 루블을 분실했다고 말하고 8만 루블만 이동휘에게 내놓았다. 그러나 김립은 상해에서 중국 공산당 창당 요원이 되는 장국도(張國燾)를 만나 "40만 루불과 원동 각국에 공산당을 조직하라는 지시를 갖고 왔다"고 말했다고 한다.[474] 김립은 한인공산당 이르쿠츠크파 계열 인사들에게는, 다만 "1만 원을 교부받아 3천원은 여비로 사용하고 7천원은 소지하고 있지만 임시정부에 교부할 필요가 없고, 고려공산당(한인사회당)에서 사용하여야 한다"고 경위를 설명했다.[475] 김립은 사임한 상태이므로 상해임정에는 나타나지도 않았고, 박진순은 1921년 3월에 상해에 돌아와서 22만 루블을 이동휘에게 건넸다.[476] 이동휘는 그가 받은 30만 루블을 임시정부에 내놓지 않고 비밀에 부쳤다. 소문이 퍼진 레닌자금에 대해서 이르쿠츠크파가 문제를 제기하자 이동휘, 박진순, 김립 등 상해파는 한인공산당에서도 탈퇴했다. 상해파가 탈퇴하자 한인공산당에 남게 된 여운형 등은 저절로 이르쿠츠크파로 넘어가게 되었다. 한편 한형권은 다시 모스크바로 돌아가 나머지 돈을 인출하려고 했으나 겨우 20만 루블만 받을 수 있었다. 이르쿠츠크파가 이동휘와 상해파의 대표성을 부인하는 보고서를 코민테른에 접수하고 모함한 것이 문제가 되었기 때문이다. 이동휘 등 상해파는 레닌 자금 30만 루블을 쓰면서 한인공산당 대신 고려공산당 창립대회 준비에 박차를 가하고 있었다. 그동안 사태를 파악한 이승만 대통령은 한형권 대신에 러시아 특사를 새로 임명했다. 이들이 모스크바로 가서 레닌정부가 상해임정에 약속한 지원금 잔금에 대하여 외교적 교섭을 진행했으나 성과는 없었다.[478]

한편 대통령 이승만은 사퇴한 이동휘 국무총리 후임으로 법무총장 신규식을 국무총리 대리로 겸직케 하였다. 안창호 등 사퇴한 각료들의 빈자리에는 이동녕 내무총장 등 남아 있는 각료들이 겸직하거나 주변 인사들 중에서 새로 임명했다. 이렇게 해서 이승만은 와해의 위기에 직면한 상해임정 내각을 가까스로 구성하였다. 그러나 상해임정의 위상은 이전에 비해 축소될 수밖에 없었다. 이승만은 내각을 정비한 다음날 외교활동을 통한 독립운동의 중요성을 강조하고, 그 해 연말에 열릴 예정인 태평양회의 준비를 위하여 미국으로 돌아가겠다고 선언하고 곧바로 상해를 떠났다(1921. 5.).[479] 이승만이 상해임정에서 대통령으로 집무한 기간은 6개월이 채 안 되었다. 이승만이 떠나버리자 구심점을 잃은 상해임정의 상황은 혼란이 가중되고 있었다. 상해임정에서 삼각체제의 통합정부를 이루고 있던 이동휘의 급진적 무장투쟁론 세력과 안창호의 실력양성론 세력이 빠져나간 자리는 다른 사람이 메워줄 수 있는 것이 아니었다. 이에 더해 각지에서 오던 지원금도 일제의 탄압에 의해 오지 않았다. 설상가상으로 한형권 등의 모스크바 특사 파견에 소요된 경비는 빚으로 남았다. 상해임시정부로서는 아무것도 할 수 없는 처지가 되었다. 무능한 상해임정을 반

대하고 국민대표회의를 개최하여 새로운 통일정부기구 설립을 추진
하자는 세력이 힘을 얻게 되었다. 국무총리 대리 신규식은 이런 혼란
의 와중에서도 임정을 유지하기 위해 혼신의 노력을 다하였다. 신규
식은 1921년 10월에는 임정 대표단을 이끌고 손문의 중화민국 광동
성정부의 북벌서사식(北伐誓詞式)에 참석하여 국가 승인과 지원을 얻
어내는 성과를 거두기도 했다. 한형권은 1921년 말경에 상해에 돌아
와서 임시정부에 레닌자금에 대한 보고를 했으나 20만 루블을 내놓
지는 않았다.[477] 그는 사태를 관망하면서 상해파에게도 레닌자금을
내놓지 않고 있다가 이르쿠츠크파에 합류하고 말았다.

(3) 고려공산당의 분열과 '자유시 참변' 사건

1920년 10월 간도참변을 피해 러시아로 들어온 한민족 무장독립
운동단체에게 재난은 끝이 아니었다. 이르쿠츠크파와 상해파 두 개
의 고려공산당이 대립하면서 1921년 6월 '자유시 참변'이라는 또 다
른 재앙이 이들에게 닥쳤기 때문이다. 코민테른은 1921년 1월에 우
랄산맥 이동의 한민족 관할권을 치타의 소비에트 극동공화극 러시아
공산당 한인부에서 코민테른 이르쿠츠크 동양부로 이관한다는 결정
을 내렸다.[480] 이 결정은 이 지역의 한민족 문제에 관한 모든 관할권
을 새로 개편한 이르쿠츠크 동양부의 비서장 슈미야츠키의 관할에 둔
다는 것을 의미했다. 갑자기 달라진 관할권 문제로 한민족 무장 독립
군부대는 소련 공산주의자들이 서로 차지하려는 권력투쟁의 대상이
되었다. 당시 슈미야츠키는 이르쿠츠크파를 절대적으로 지원하고 있
었고, 극동공화국 수반 크로스노체코프와 손잡고 있는 치타 한인부
는 이동휘의 상해파를 지원하였다.[481] 양파는 각각 통합 고려공산당

창당대회 개최를 추진하면서 갈등이 노출되었다. 두 개의 고려공산 당 통합대회는 코민테른의 일국일당 정책에 따르고자 한 것이었다. 그러나 양파는 각각 다른 배후 세력을 등에 업고 통합대회의 주도권 을 장악하기 위하여 치열한 각축전을 전개하였다. 이동휘와 상해파 는 1월에는 상해임정을 탈퇴하였고, 3월에는 상해의 한인공산당에서 도 탈퇴를 선언하면서, 오직 고려공산당 통합대회 준비에 전념하고 있었다. 이 과정에서 만주에서 러시아로 넘어온 이동휘 계열의 무장 독립군부대는 극동공화국 군대로 편입하고자 했다. 그러나 이르쿠츠 크파 계열의 무장 독립군부대가 이를 거부했다. 이동휘파는 이르쿠 츠크파의 부대를 강제 무장해제에 나섰다. 이것이 화근을 만들었다. 물론 이것은 극동공화국 수반 크로스노체코프의 뜻에 따른 것이었으 나, 이를 반대하는 코민테른 동양부의 슈미야츠키는 즉시 반격에 나 섰다. 그는 이르쿠츠크파가 주도하는 고려공산당 통합대회를 일방적 으로 지원하면서 이르쿠츠크에 있는 상해파들을 체포하도록 명령하 였다. 그래서 상해파는 체포되거나 도피할 수밖에 없었고, 5월에 통 합 고려공산당 통합대회는 이르쿠츠크파의 주도로 치러졌다.

이렇게 이르쿠츠크파는 이동휘의 상해파를 철저히 배제하고, 자 파세력으로 통합 고려공산당을 창당했다. 그리고 자신들이 상해파를 흡수하여 '유일 정통' 고려공산당이 되었다고 주장했다. 이르쿠츠크 파 고려공산당에 참여한 여운형은 고려공산당 상해지부장을 맡았다. 박헌영은 고려공산당 청년회 회장으로 선출되었다. 이동휘는 러시아 지역에서의 고려공산당 통합대회 참가를 포기하고, 5월 말경에 상해 에서 상해파의 고려공산당 통합대회를 따로 개최했다. 여기에는 블 라디보스토크 한인사회당 계열과 국내에서 온 자파 사회주의자들이

기독교, 과학적 무신론, 그리고 항일독립운동

참여하였다.[482] 상해파 고려공산당 창당대회 직후 이동휘는 코민테른의 승인을 얻기 위해 자파 대표단을 이끌고 모스크바로 떠났다 이동휘는 선박으로 상해를 출발하여 수에즈 운하와 유럽을 경유하는 경로를 택하여 9월(또는 10월)에야 모스크바에 도착했다. 이동휘에게는 모스크바에서 코민테른과의 교섭도 중요했지만, 레닌자금 미수령 잔액의 확보도 절실한 목표였다. 양파는 각자 창당한 고려공산당을 놓고 서로 '유일정통'을 차지하기 위하여 치열한 암투를 벌였다. 이 싸움은 모스크바에서 코민테른을 상대로 외교전을 벌이는 것뿐만 아니라, 극동지역 현지에서는 유혈전까지 벌어지고 있었다. 결국 1921년 6월에 초기 한민족 공산당사에서 최대의 참극으로 꼽히는 '자유시참변'('黑河참변' 또는 '아무르 사건'이라고도 함)이 일어났다. 이 사건은 이동휘가 프랑스 배를 타고 모스크바로 향해 상해를 떠난 직후 일어났다.[483] 이르쿠츠크파가 슈미야츠키의 지원으로 현지 볼세비키 적군부대를 동원하여 상해파 간부들과 독립군무장부대를 습격하여 살해하고, 체포하여 투옥하거나 강제수용소로 보내는 등 만행을 저질렀던 것이다. 초기 한민족 공산주의자들 사이에 가장 야만적이고 비인간적인 참극이 벌어진 것이다. 이 사건으로 한민족 무장 독립군부대는 사실상 궤멸되었으며, 이후 무장 독립군부대의 조직이 어려워진 원인이 되었다. 이 사건은 고려공산당의 '유일정통'에 눈이 먼 이르쿠츠크파가 볼세비키 군대를 끌어들여 같은 민족인 상해파 독립군 부대를 무력으로 제거하려 했기 때문이다. 이 사건은 현실적 이익 앞에서는 수단과 방법을 가리지 않는 공산주의자들의 속성과 비인간성을 여지없이 드러내 보여준 것이며, 동시에 후일에 벌어질 6.25사변이라는 민족적 비극의 예고편에 다름 아니었다. 선박 편으로 유럽을 경유하여 9월(또는

10월)에야 모스크바에 도착한 이동휘는 그를 찾아 도망쳐 온 상해파 동지들로부터 '자유시참변'에 대한 보고를 들었고, 이동휘는 이 사건에 대한 보고서를 작성하여 고려공산당 창당대회 등에 대한 보고서와 함께 코민테른에 제출했다. 그러나 이르쿠츠크파는 6월에 열린 코민테른 3차대회에서 이미 창당대회 보고서를 제출하여 승인을 받았고, 자유시참변에 대해서도 자파에게 유리하게 보고서를 제출한 상태였다. 더구나 이르쿠츠크파는 레닌과 면담까지도 마친 상태였다.

그러나 레닌은 이미 이동휘가 극동 지역이 케렌스키 임시정부 세력에 의해 점령되고 있을 때 체포되어 일본에 넘겨질 뻔했던 정보와 최초의 한인사회당 창당 보고서 등을 검토하고 이동휘를 신뢰하고 있었다.[484] 이런 사실에 힘입어 이동휘도 레닌과 회담할 수 있었다. 레닌은 어려운 환경에서 "수고하고 있는 조선의 혁명가들"인 이동휘 일행을 면담하고 치하하였다.[485] 그리고 레닌은 양파의 보고서와 정강에 대해 이동휘와 상해파의 정강이 옳다고 평가하면서 이르쿠츠크파의 오류를 지적했다.[486] 코민테른은 양쪽의 보고서를 다시 검토한 뒤에 "조선 국내외의 제단체 대표로 소집되는 대의회까지 양파 동수로 구성된 연합중앙간부를 구성"하여 양파가 연합하라는 결정을 내렸다.[487] 이르쿠츠크파가 이 결정에 반발했으나 코민테른은 결정사항의 실천에 있어서 이동휘를 연합중앙간부로 임명하여 실질적인 주도권을 부여했다. 이동휘 일행은 코민테른의 지시사항 이행을 위해 모스크바를 떠나 이르쿠츠크로 향했다. 11월 말에 이르쿠츠크에 도착한 이동휘는 이르쿠츠크파로 넘어간 여운형을 만났다. 여운형은 이르쿠츠크에서 열릴 예정이었던 극동민족혁명단체대표회의에 참가하기 위하여 조선대표단의 일원으로 머무르고 있었다. 그러나 개최 일자

기독교, 과학적 무신론, 그리고 항일독립운동

가 다음 해 1922년 1월로 연기되고 장소가 모스크바로 변경되자, 여운형 등은 모스크바로 떠났다. 여운형은 이르쿠츠크에 머무는 동안 '자유시 사건'에 연루되어 체포된 상해파 무장 독립군부대원들의 재판에 배심원으로 참여했었다.

6) 코민테른 동양부와 상해임시정부의 실패

(1) 극동민족혁명단체대표회의와 고려공산당의 실패

코민테른의 실천사업의 하나인 극동민족혁명단체대표회의는 우여곡절 끝에 이르쿠츠크에서 모스크바로 옮겨 1922년 1월 말에 개최되었다. 이때 참가한 '조선대표단'은 김규식을 단장으로 각 단체를 대표하는 56명이었으며 여운형도 여기에 포함되었다. 그러나 이동휘와 상해파 계열은 포함되지 않았다. 이렇게 된 이유는 대회서기로 대회를 총괄하는 동양부 비서부장 슈미야츠키가 자유시참변 문제를 은폐하기 위하여 이르쿠츠크파만 참가할 수 있도록 공작했기 때문이다. 이동휘와 결별한 보이틴스키와 동양부 부장 등이 대회 준비위원이 되어 조직적으로 이동휘와 상해파를 배제하는 데 협력했다.[488]

이러한 상황에서도 이르쿠츠크 주둔 한인 빨치산 부대 전권대표로 참석한 김동한은 코민테른이 아닌 러시아공산당 중앙위원회에 보고서를 제출하여 '자유시 참변'을 폭로했다. 그의 보고서에 의하면, "국민의회의 이르쿠츠크파"의 탄압과 학살로 "빨치산 부대원들 가운데 400명이 죽고, 부상하고, 행방불명"되었으며, "약 900명의 빨치산들이 '반혁명분자'로 낙인이 찍혀 '군포로'로서 러시아부대에 넘겨졌다." 그리고 "영웅적인 공훈자인 한인혁명가 약 70명의 사할린 빨치산 부대 장교들이 반혁명의 책임을 지고 이르쿠츠크의 감옥에 감금되었다.” “국민의회 회원들이 이들을 재판”하였고, 이들은 “오랫동안 열악한 군포로로 억류되어” 있다. 이렇게 “피로 얼룩진 아무르 사건”은 극동공화국 영내로 들어가려고 “눈으로 뒤덮인 2천 베르스타를 걸어서 온” 한인 빨치산부대를 ‘반혁명’과 ‘일본스파이’라는 죄명을 씌워 “러시아 군대의 지원하에서 사살”한 것으로 “러시아혁명가들이 한인혁명가들을 죽인 것이다.”[489]

코민테른은 상해파가 불참한 대회를 마치고 이르쿠츠크파의 입장이 전적으로 반영된 보고서를 레닌에게 제출했으나, 레닌은 이동휘의 이름과 서명이 빠진 것을 지적했다. 이에 당황한 코민테른은 이르쿠츠크에 있는 이동휘에게 모스크바로 급히 와달라는 전문을 보냈다. 이동휘는 곧 모스크바에 왔으나 코민테른의 서명 요청을 거부했다.[490] 그러자 코민테른은 사태수습을 위하여 4월에는 지난해 11월의 ‘제1결정서’에 이어 소위 ‘제2결정서’를 하달했다. 이 결정서는 이르쿠츠크파에 의하여 축출된 당원들을 모두 복권시키며, 두 개의 고려공산당은 3개월 이내에 통합을 이루고, 그동안 양파에서 분파적인 행동의 주모자 4인은 통합될 때까지 당무를 정지하며, 중앙간부는 치타에 두고, 통합을 이룰 때까지 자금지원은 중단하며, 조선부를 국내에 둘 것 등의 6개항이었다. 그리고 이르쿠츠크파의 절대적 후원자였던 동양비서부 비서장 슈미야츠키가 경질되고 동양비서부도 10월에 해체되었다. 이것은 이동휘의 상해파가 승리했다는 것을 뜻했다. 코민테른의 제2결정서에 따라 이동휘는 두개의 고려공산당을 하나로 연합하기 위한 실천 작업에 착수했다. 5월에 임시연합간부회의가 열렸다. 그리고 자유시참변 1주년이 되자 비판적인 여론이 고조되면서 이동

기독교, 과학적 무신론, 그리고 항일독립운동

휘측이 결정적으로 유리해졌다.

　고려공산당연합대회는 1922년 10월에 베르흐네우진스크에서 열렸다. 그러나 이르쿠츠크파는 이 대회 참가를 거부하고 탈퇴하여 상해파와 별도로 치타에서 고려공산당대회를 열었다. 또 다시 양파는 각자 대표단을 코민테른에 파견하여 대회보고서를 제출하고 승인을 요구하면서 상대방을 비난하는 전문들을 발송했다. 그러나 코민테른은 양파의 대회보고서를 모두 승인하지 않았다. 코민테른은 양파 대표단을 불러서 "쌍방의 가부를 밝히지 않고 서로 타협하여 조선공산당을 완전히 성립하라"고 지시했다.[491] 결국 연합하지 못한 두 개의 고려공산당은 유산(流産) 처리되었다. 12월에는 양파 각 2명의 위원과 고문 1명으로 구성된 꼬르뷰로가 조직되어 조선공산당을 국내에서 직접 조직하기 위해 활동을 개시했다. 보이틴스키 휘하에 파인베르크가 꼬르뷰로 책임자로 임명되었다.[492]

(2) 초기 중국 공산당과 한민족 공산주의자들의 관계

　중국공산당이 상해에서 코민테른의 지도에 의해 창당된 것은 1921년 7월이었다. 이때는 이동휘가 코민테른에 상해파 고려공산당 창당보고를 하기 위해 유럽을 경유하여 모스크바로 항해하는 중이었다. 여운형이 이르쿠츠파 고려공산당 상해지부장을 맡고 있을 때였다. 중국공산당 창당대회에서 코민테른 대표 마링(Marling: 본명 Hendricus Sneevliet)은 "민족과 식민지 문제에 관한 테제"를 낭독했다. 여기서 마링과 보이틴스키 두 사람은 모두 코민테른에서 파견되었지만 서로의 역할은 다르다. 보이틴스키는 밀명을 수행하는 공작원이었고 마링은 공식 대표였다.[493] 마링이 낭독한 테제는 레닌의 지시로 코민테른 2

차 대회(1920)에서 채택한 것이다. 마링이 이 테제를 낭독한 이유는 이제 막 창당되는 중국공산당에게 단독적인 혁명의 능력이 없다고 보고 전략적으로 손문의 국민당과 합작하라는 의미를 내포한 것이었다.[494] 이것은 공산당 세력이 약한 시기에는 민족주의 정당과 손을 잡아야 한다는 코민테른의 전략이다. 이에 따라 코민테른은 마링에게 지시하여 손문을 만나 합작을 요청하게 했으며, 결국 협상 끝에 국공합작에 이르게 된다(1924). 중국공산당 창당대회에는 지역대표 13명이 참석하여 진독수를 초대 당위원장에 선출했다. 모택동도 이 대회에 참석했으나 아무런 직책을 얻지는 못하였다. 중국 공산당은 이렇게 출발하고 있었지만, 그에 앞서 한민족 공산주의자들과 적지 않은 교류가 있었다.

이동휘는 상해임정 국무총리 시절 보이틴스키와 동아시아 공산주의 확산을 위해 동아시아 공산주의 지도자회의, 곧 동아총국 추진문제를 논의했었다. 이동휘는 이에 따라 1920년 6월경 이춘숙을 일본으로 보내 일본인 사회주의자 오스기 사카에를 초청했다.[495] 그리고 이동휘는 12월 상해에 온 오스기 사카에를 보이틴스키와 함께 진독수의 집에서 만났던 일이 있었다. 이때 이들의 회동 목적은 코민테른이 극동지부 보이틴스키에게 위임했던 동아총국 결성 문제였다. 동아총국 문제는 김립과 한형권과 박진순이 레닌자금을 받기 위해 치타에서 만났을 때와 그 이후에도 김립이 언급했던 문제였다. 상해에 온 오스기 사카에는 나중에 이동휘를 가리켜 "조선인 동지는 명확한 공산주의자는 아니었다"고 평했다.[496] 그리고 오스기 사카에는 이동휘와 이춘숙을 따로 만났던 사실도 증언하고 있다.[497] 그렇지만 이들의 회합에도 불구하고 동아총국은 결국 결성에 이르지 못하였다. 그리고 상

기독교, 과학적 무신론, 그리고 항일독립운동

해임정에서 사퇴한 후(1921)에 이동휘는 광동으로 내려가서 당시 광동 성정부 수반 손문과 군무총장 진형명(陳炯明)을 만나 '동양혁명'을 논하고 특히 "장래 조선혁명에 중국과 조선 두 나라 국민들이 통일전선을 맺을 필요성에 대해 합의를 했다"[498]고 한다.

여운형이 중국의 국부 손문과 관련을 맺은 것은 1916년에 자림보 (字林報) 중국인 기자 진한명(陳漢明)의 소개로 알려져 있다.[499] 손문이 중국 본토나 대만 양쪽 국민 모두에게서 국부로 추앙받고 있는 것은 신해혁명(1911. 10. 10)으로 만주족의 대청제국을 무너뜨리고, 한족의 중국 지배권을 회복하게 만들었기 때문이다. 또한 손문은 중국공산당과 중국국민당의 국공합작을 통해 양당의 초기 형성에도 결정적인 기여를 했다. 손문은 홍콩에서 수학 중에 세례 받은 기독교인이었다. 그는 신해혁명 후 원세개의 계략에 속아 정권을 넘겨주고 일본에 망명했다가 원세개가 죽자(1916) 돌아왔다. 이듬해 광동성정부의 총통으로 취임했다가(1917) 사직하고 다시 상해로 돌아와서 머물고 있었다 (1918). 이 시기에 여운형은 파리평화회의에 김규식을 파견하는 문제를 상의하는 일로 손문을 만나 가까워지게 되었고, 가끔 "혁명의 일을 상의하였다"고 한다.[500] 여운형은 손문의 권유로 중국국민당에도 참여했다. 손문은 신해혁명 이후 중국내 신문화운동에서 나타난 비기독교 운동과 5.4운동(1919), 그리고 공산당과의 국공합작 등의 과정을 거치면서 기독교 신앙이 변한 것인지, 아니면 정치적인 필요에 의해서인지, 점차 기독교인임을 겉으로 드러내지 않았다. 그래서 공산주의 사관을 가진 현대 중국 사가들은 손문은 기독교를 믿은 것이 아니라, 혁명을 위해 기독교를 이용했을 뿐이라고 주장하고 있다. 손문의 영향을 받아서인지 여운형도 그와 비슷하게 기독교와 멀어지고 있었다. 여운형은 보이틴스키의 소개로 한인 공산당에 가입하고, 중국 공산당 군사고문 오토 브라운(독일인 Otto Braun, 중국명: 李德)과도 친교를 맺고 있었다. 여운형은 국공합작(1차: 1924-1927)이 이루어지면서 자연히 중국공산당과 중국국민당 양쪽에 관여하게 되었다. 여운형은 또 동아일보와 소련의 타스통신 상해주재원으로도 일했다.

   손문이 죽고(1925) 장개석이 국민당의 주도권을 잡았다. 그는 상해 쿠데타(1927)를 통해 국공합작을 파기하고 공산당원을 축출하는 국공내전을 일으켰다. 상해쿠데타에 이어진 국공내전에서 중국공산당 군사고문 브라운의 군사전략이 실패함으로써 공산당군이 거의 궤멸되었고 브라운도 소환되고 말았다. 브라운이 소환되자 그와 친교를 맺고 있던 여운형은 중국공산당과 관련된 정치적 활동을 중단하게 되었다. 이후에 그는 상해 복단(復旦)대학 체육교사로 재직하면서 학생들을 이끌고 동남아를 여행하는 기회를 가지기도 하였다. 그는 필리핀에서 영국과 일본 등의 제국주의를 비난하고 약소민족의 독립을 주장하다가 구금되는 해프닝을 벌이기도 했다. 그는 1929년에 영국 조계지역 경마장에서 일본의 모략에 의해 영국경찰에 체포되었다.[501] 영국 경찰은 여운형을 풀어주려고 했으나, 일본영사관이 필리핀에서 여운형이 영국 제국주의를 비난했던 사실을 알려주자, 영국 경찰은 그를 일본 영사관에 넘겨주었다. 일제는 그의 신병을 인수하자 즉시 국내로 압송했다. 여운형은 3년형을 선고받고 복역했다. 출소 이후 그는 주로 국내에서 활동했다. 공판기록(1929)을 보면 여운형은 그의 입장을 이렇게 진술했다. "나는 어렸을 때부터 기독교 신자다. 따라서 철학적으로 볼 때는 유물론자가 될 수 없지만 가난한 사람을 위해서 싸운다는 입장에서라면 공산주의자라 할 수 있을 것이다."[502]

기독교, 과학적 무신론, 그리고 항일독립운동

여운형의 말은 한민족 독립운동을 위해 기독교인들이 조직했던 신민회의 회원들이 공산당을 가장 먼저 수용했던 사실에 대해 어느 정도 이해의 실마리를 제공한다. 당시 독립운동이 민족의 지상과제였다는 사실에 비추어보면, 그들이 공산주의를 쉽게 받아들인 것은 그 사상의 기본적 이론을 제대로 알았기 때문이라고 하기보다는, 공산주의가 내건 억압받는 '민중의 해방'이라는 슬로건이 한민족의 항일 독립운동의 방향과 잘 맞았다는 데 있었다고 보아야 할 것이다. 그러나 상해임정에서 공산주의를 철저히 반대하고 저지했던 인사들 또한 신민회 회원들이었다.[503] 상해 임시정부에서 만난 한민족 기독교 독립운동가들은 초기에는 상해한인교회에 함께 출석하고 있었다. 후에 이들 중에서 기독교를 떠나 공산주의자로 전향한 인사들이라 할지라도 그들 대부분의 행동은 당시 한민족 독립운동을 위한 목적에서였다고 보는 것이 타당할 것이다.

(3) 국민대표회의 실패와 김구의 해산령

상해로 돌아온 한형권의 보고를 통해 이동휘와 김립 등의 '40만 루블'에 관련된 사건의 전모가 드러나자 상해임정에서는 1922년 1월 26일 포고문을 통해 폭로하였다. 포고문은 이동휘가 모스크바 자금을 "김립으로 하여금 중도횡령케 하여 도리어 죄를 전각원에게 돌아가게 하여 정부를 파멸하려고 모(謀)한 것"이라고 했다.[504] 김구의 『백범일지』를 보면 이동휘는 비서장 김립을 "밀파하여 한형권을 종용, 그 돈을 임시정부에 바치지 않고 중간에서 빼돌렸다"[505]고 했다. 그리고 김립은 "그 돈을 북간도 자기 식구를 위해 토지를 샀고, 이른바 공산운동자라는 한인·중국인·인도인 등에게 얼마씩을 지급했다. 그러고서 자기는 상해에 비밀히 잠복하여 광동(廣東) 여자를 첩으로 삼아 향락하는 것이었다.”고 기록했다. 그리고 “임시정부에서는 이동휘에게 문죄케 된즉, 이씨는 총리의 직을 사면하고 아라사국으로 도망쳤다.”고 썼다.[506] 그리고 “한형권은 다시 아라사 수도에 가서 통일운동을 하겠다는 설명을 하고 재차 20만 루블을 가지고 상해에 잠입했다”고 포고했다. 이렇게 하여 한형권의 모스크바 외교활동과 이동휘 일파가 레닌자금을 받아 어떻게 썼는지 등의 사건 전모가 공식적으로 드러났다.[507] 김립은 임정 경무국장 김구의 지시에 의하여 포고령이 발표되고 나서 한 달 뒤 2월에 상해에서 암살되었고, 한형권은 이르쿠츠크파와 손잡고 러시아로 도피했다.

1922년 초에 이승만 대통령이 태평양회의에서 아무런 외교적 성과를 얻지 못한 사실이 알려졌다. 이로 인하여 이승만 대통령 탄핵과 국민대표회의를 개최하자는 주장이 다시 힘을 얻었다. 임시정부측과 임정유지를 주장하는 인사들은 반대했으나 역부족이었다. 백가쟁명식으로 국민대표회의 개최를 주장하는 논쟁의 흐름은 창조파와 개조파의 두 갈래였다. 창조파는 아예 상해임시정부를 해체하고 러시아 지역에서 다시 만들자는 주장이었고, 개조파는 상해임시정부는 유지하되 이승만 대통령체제를 개편하자는 것이었다. 개조파는 대통령 이승만에 반대하는 안창호와 여운형 등이었고 이동휘의 상해파 공산당도 이에 가담하였다. 이동휘의 상해파 공산당은 임시정부의 주도권을 장악할 목적으로 레닌자금을 사용하려고 했다. 창조파는 상해임시정부 설립부터 반대했던 러시아 대한국민회의와 이르쿠츠크파 고려공산당 세력의 신채호, 원세훈, 윤해, 김창숙, 김규식 등이었다. 이들은 어떤 합의도 만들어낼 수 없었다. 상해임정이 이렇게 어렵게 운영되고 있음에도 창조파와 개조파의 논쟁은 끝나지 않았다. 국무총리대리 신규식은 이런 혼란스러운 사태를 비관하여 사직하고 병석에 누웠다가 스스로 단식에 들어가 1922년 9월에 별세하였다. 임시정부는 내각을 다시 개편하여 노백린이 국무총리에 선임되고 김구가 내무총장에 임명되었다.

1923년 1월 마침내 각 지역과 단체에서 120여명의 대표가 모여 국민대표회의를 시작했다. 이 회의에는 좌우파를 막론하고 그동안 불참했거나 사퇴했던 인사들까지 제한 없이 참여했다. 약 5개월간 임시정부 운영에 대한 국론합의를 위해 60여 회의 토론을 했다.[508] 그러나 개조파와 창조파는 서로 대립하여 합의가 이루어지지 않았다. 마침내 상해임정측은 회의에서 탈퇴하였고, 내무총장 김구는 보다 못해 6월 2일에 직권으로 해산령을 발동하였다. 이로써 회의는 더 이상 열리지 못하고, 아무런 합의 없이 막을 내리고 말았다. 결국 국민대표회의는 실패로 끝났고 민족진영은 실정에 맞게 상해임시정부를 유지하는 데 주력하기로 결정했다. 이동녕, 이시영, 조소앙, 노백린, 신익희. 김구 등이 시사책진회를 조직하여 상해임정 유지에 힘썼다.[509]

상해임시정부를 사직한 안창호는 국민대표회의에서도 아무런 성과를 내지 못하자 중국과 러시아 각지의 동지들을 만나 모두 통합하여 대독립당을 조직하지고 제안했다. 그러나 이미 좌우 진영으로 나뉘진 파벌이 쉽게 통합될 리는 없었다. 안창호는 북경에서 이광수를 만나 국내에서 흥사단 창설계획을 협의했다. 1924년 남경에서 동명학원을 설립하고, 그해 12월에 상해로 돌아왔다. 안창호는 이상촌(理想村) 건설계획을 가지고 마닐라를 거쳐 미국으로 건너가서 대한국민회와 흥사단 조직을 강화하는 한편 투자금을 모금했다. 1926년 안창호는 민족을 하나로 묶는 대독립당과 이상촌 건설계획, 그리고 흥사단 조직을 위해 상해로 돌아왔다.

안창호의 노력으로 각 지역에서 대독립당촉성회가 조직되면서 민족운동의 이념과 노선이 통일된 민족유일당운동이 성사되는 듯했으나, 독립운동가들의 고질적 병폐인 분열이 다시 발생하여 1929년 실패로 끝났다. 혼자서 전민족의 파벌투쟁을 막을 수 없음을 절감한 그는 이동녕, 김구 등과 함께 먼저 임시정부를 위한 정당인 한국독립당을 결성하고 대공주의(大公主義)를 제창했다.[510] 이상촌 건설계획은 1927년 만주지방에 농민호조사(農民互助社)를 결성하여 이주민의 생활안정을 도모하는 것이었다. 그는 상해에서 흥사단 원동위원부를 조직했고, 남경에서 토지를 구입하여 대규모의 포도원(葡萄園)을 추진했다. 그의 만주지방 이상촌 건설계획은 1931년 만주사변 이후의 정세변화로 성공하지 못했다. 1932년 4월 그가 상해에서 체류하는 중에 윤봉길의 홍구공원[虹口公園] 폭탄투척사건이 발생했다. 사건 직후에 안창호는 불란서 경찰에 체포되어 일제에 인계되었다. 그는 곧 국내로 압송됨으로써 중국 망명생활은 끝나게 되었다.

(4) 꼬르뷰로와 오르그뷰로의 실패

코민테른은 두 개의 고려공산당을 통합하는 데 실패하자 모두 해체하기로 결정하고, 1922년말 양파에서 동수로 구성된 위원들로 꼬르뷰로를 조직했다. 양파의 위원으로는 이동휘와 한명세가, 고문(국내 공작원)으로는 국내 사정에 밝은 정재달이 임명되었다. 여기에 파인베르크도 위원으로 참여하였다. 꼬르뷰로는 조선공산당 조직을 국내에서 직접 지도하기 위하여 1923년 4월에 비밀리에 정재달을 파견했

기독교, 과학적 무신론, 그리고 항일독립운동

다. 정재달은 일본을 경유하여 서울에 잠입했다. 정재달보다 앞서 김찬(金燦, 일명 金洛俊)이 서울에 먼저 왔다. 이르쿠츠크 파 김찬은 한명세가 비밀리에 파견한 인물이다. 그는 김재봉과 신철(辛鐵, 일명 신명기)을 만나 국내 꼬르뷰로를 조직했다. 이것은 비밀조직이었으므로 김찬은 표면조직으로 신사상연구회를 만들었다. 신사상연구회는 화요회로 개칭되어 제1차 조선공산당의 모체가 되었다. 신철이 7월에 블라디보스토크에 가서 한명세에게 국내 꼬르뷰로 설치를 보고했다. 그러나 꼬르뷰로 공식 파견원 정재달은 9월에 돌아와서, 국내에는 이르쿠츠크파와 상해파가 비상한 알력관계에 있어 "양파의 전통적인 알력"이 되살아나고 있다고 보고했다.[511] 말하자면 그동안 러시아에서 벌어졌던 이르쿠츠크파와 상해파의 주도권 쟁탈전이 국내에서 연장전을 치르고 있는 꼴이었다.

한편 상해에서 국민대표회의가 실패하자 창조파는 러시아 대한국민의회 이동휘 반대파를 중심으로 33인의 국민위원회를 조직하여 새로운 헌법과 정부형태를 만들었다. 국민위원회는 김규식 등을 국무위원으로 선임하고, 이르쿠츠크에서 조선공화국 임시정부를 세우려 하였다. 그러나 그해 12월에 코민테른의 지시로 조선공화국 임시정부는 해산되었다. 당초 국민위원회는 한명세가 주도하는 것이었으나, 꼬르뷰로는 이를 불허했다. 이런 상태에서 이동휘와 한명세의 대립이 격화되었고, 꼬르뷰로의 국내 공산당 조직계획은 진전이 없었다. 꼬르뷰로는 정재달을 국내로 보내 조선공산당 창당을 시도했다.[512] 그러나 국내의 사정을 살피고 돌아온 정재달은 국내 사회주의자들의 분열과 갈등을 꼬르뷰로에 보고했다. 꼬르뷰로는 정재달의 보고를 듣고 코민테른에 국내 조선공산당 창당을 빠른 시일내에 지도

하기 어렵다고 보고했다. 이동휘와 정재달이 꼬르뷰로에 불만을 제기하며 사퇴하자 꼬르뷰로는 기능이 정지되었다. 더욱이 한명세마저 모스크바 당 정치학교에 입학한다는 핑계로 떠나버리자, 꼬르뷰로는 아무런 실적도 남기지 못하고 1924년 2월에 이르러 정식으로 해체되었다.[513]

그러나 조선공산당 조직계획이 포기된 것은 아니었다. 한 달이 지난 3월에는 이름을 오르그뷰로로 바꿔 다시 설립된 것이다. 파인베르크가 소환되고 이델손이 대신 왔다.[514] 실질적인 목적은 꼬르뷰로와 같은 것이었다. 그러나 구성원은 완전히 달라졌다. 꼬르뷰로에 있었던 고려공산당 양파의 지도적 인사들은 코민테른으로부터 사실상 버림을 받았다. 특히 이동휘의 상해파는 대부분 배제되었다. 그러나 국내 사정을 잘 아는 정재달은 공작원으로 파견하기 위하여 다시 고문으로 임명되었다. 오르그뷰로는 5개의 실천사항을 결정하였는데, 국내 공산주의자들에게는 받아들이기 어려운 대목이 있었다. "창조파와 개조파를 모두 부인한다"는 표현과 "당기관의 설치는 러시아 영내의 한인당원을 중심으로 하여 설치하도록 진력한다"는 표현이 그것이다. 여기서 앞의 것은 한민족의 독립운동 지도자 모두를 부정하는 표현이다. 왜냐하면 한민족 독립운동지도자들은 거의 모두가 국민대표회의에 참여하여 상해임시정부를 놓고 창조파와 개조파로 나뉘어 논쟁을 했었기 때문이다. 뒤의 것은 국내 공산주의자들의 역량을 과소평가하는 러시아 중심적 코민테른의 태도를 드러내는 것으로 국내 지도적 인사들로부터 호응을 얻지 못하는 원인이 되었다.[515]

1925년 1월에 '양국의 치안을 해치는 행동을 금지한다'는 조항이 들어 있는 '러일기본조약'이 체결되고 일본이 러시아 극동지역에서

기독교, 과학적 무신론, 그리고 항일독립운동

완전히 철수하였다. 그리고 이와 거의 동시에 일본과 국내에서는 치안유지법이 발효되었다.[516] 이런 것들은 공산당 조직활동에 엎친 데 덮친 악재였다. 이 무렵에 일제가 소련 내에서 한인 독립운동가들을 단속해달라는 요청을 했다. 코민테른은 이 해 2월에 발족한 지 1년도 채 되지 않은 오르그뷰로까지 해체해버렸다. 레닌이 죽고 막 집권한 코민테른 지도자 스탈린으로서는 더 이상 일본과 싸울 이유가 사라졌고 내정에 치중할 필요가 있었기 때문이다. 따라서 그에게는 일본과 싸우는 한민족 독립운동가들이 더 이상 필요하지 않았다. 국내 조선공산당 창당을 위한 직접적인 지도를 추진했던 코민테른이 공식적으로 업무를 중단한 것이다. 이것은 코민테른이 결국 소비에트 러시아의 이익을 위해서는 공산주의의 기본원칙인 국제주의 강령조차 언제든지 내팽개칠 수 있다는 사실을 여지없이 보여주는 행동이었다. 이에 따라 소비에트 러시아 국적을 가지지 아니한 한민족 독립운동가들은 공산당원들조차 추방되었다.[517] 뿐만 아니라 소비에트 국적을 가지고 추방을 면한 한민족 러시아공산당원들도 1930년대에 '내부의 적'을 숙청하는 '스탈린의 대탄압' 시기에 처참하게 처형당하거나 강제이주당하는 테러를 겪어야 했다.[518]

(5) 국민대표회의 이후의 상해임시정부

국민대표회의가 실패로 끝나자 임정 유지파인 민족진영은 곧 국무총리 노백린과 내무총장 김구 등을 중심으로 상해임정 유지에 주력하면서도 현실적인 개혁조치에 착수했다. 그리하여 임시의정원에서 이승만 대통령이 부재하므로 그 직무를 대행하기 위하여 이동녕을 대통령대리로 선출하였다.(1924. 6.) 그리고 그해 12월에는 이승만을 해임

하고 박은식을 제2대 대통령으로 선임했다. 임시의정원의 이런 비상
조치에 미국에 있던 이승만은 반대했으나 임시의정원은 1925년 3월
에 정식으로 이승만을 탄핵하고 박은식을 대통령으로 선출했다. 그
러나 박은식은 대통령제를 폐지하고 국무령제로 체제개편을 서둘렀
다. 처음에 국무령제로 출발했다가 통합을 위한 1차 개헌(1919)을 통
해 대통령제를 도입했던 상해임정은 2차 개헌(1925. 4)을 통해서 다시
출발선으로 되돌아갔다. 그 해 11월에 박은식은 지병으로 사망했다.
임정은 첫 국장으로 박은식의 장례식을 치렀다. 그러나 재정난과 인
재난이 겹친 임정의 혼란은 헌법 개정만으로 해소될 수 있는 것이 아
니었다.[519] 1년 동안에 차례로 국무령에 선임되었던 이상룡, 양기탁,
안창호, 홍진이 내각구성에 실패하고 취임을 거부하거나 중도 사퇴
하므로 마침내 김구가 국무령이 되었다(1926. 12.). 그러나 국무령제
의 한계를 절감한 김구는 국무위원 집단지도체제로 바꾸는 3차 개헌
(1927. 2.)을 했다.

상해임시정부에서는 국무위원 집단지도체제로 바꾸는 3차 개헌을
할 때 이당치국(以黨治國)의 국가 정치제도를 일당독재(一黨獨裁) 체제
로 시도한 적이 있었다. 3차 개정헌법에는 "대한민국의 최고 권력은
임시의정원이 이를 가진다"고 규정했다. 그러나 "장차 독립운동자들
의 대동단결인 당이 완성될 때에는 국가의 최고 권력은 당에 있다"고
규정했다. 이것은 독립운동자들이 일당을 만들어 해방된 조국을 이
끌어야 한다는 의미이며, 민족독립을 위해 독립운동자들의 힘을 결
집하려는 목적과 필요성에 따른 것이었다. 그러나 이것은 공산주의
국가의 일당독재 체제와 다를 바 없는 발상이었다. 이 헌법에 따라서
'한국독립유일당'이라는 이름으로 단일정당 결성운동이 실질적으로

기독교, 과학적 무신론, 그리고 항일독립운동

추진되었다. 1927년 1월에 한국유일당촉성회 각지 대표연합회 예비
회담이 열렸고, 각 지역 촉성회가 조직되었다. 그러나 독립운동의 총
역량을 결집하려는 촉성회 조직은 공산주의자들의 방해책동으로 좌
절되고 말았다.[520] 이에 대해 김구는 다음과 같이 회고하고 있다.

상해에서는 공산당들의 운동이 국민대회에서 실패한 뒤에도 통일의 미색
(美色)으로 끊임없이 민족운동자들을 종용하는가 하면, 공산당 청년들은
여전히 양파로 갈라져서 동일한 목적, 동일한 명칭의 재중국청년동맹(在中
國靑年同盟)과 주중국청년동맹(住中國靑年同盟)이 각기 상해 우리 청년들
을 쟁탈하며, 처음 주장이던 독립운동을 공산운동화하자고 절규해댔다.

그러다가 레닌이 공산당 사람들에게 발론하기를, 식민지운동은 복국운동
(復國運動)이 사회운동보다 우선한다는 말에 따라, 어제까지 민족운동, 즉
복국운동을 조롱하며 비웃던 공산당원들이 졸지에 변해 독립운동·민족운
동을 공산당 당시(黨是)로 주창했다. 여기에 민족주의자들이 찬동하고 나
서 유일독립당촉성회(唯一獨立黨促成會)를 성립시켰다.

그런데 내부에서는 여전히 양파 공산당의 권리 쟁탈전이 안팎으로 치열하
게 일어나 한 걸음도 나아가기가 어려우므로 민족운동자들도 차차 사태를
알아차리고 공산당의 속임수에서 벗어나게 되었다. 그래서 이를 안 공산당
의 음모로 유일독립당촉성회 역시 해산되고 말았다.[521]

이를 보면 백범이 공산당의 속성을 정확하게 파악하고 있음을 잘
보여주고 있다. 공산주의자의 이러한 행태는 국내 조선공산당이 신

간회와 근우회의 설립과 해체과정에 개입하면서 그대로 반복되고 있음을 뒤에서 볼 것이다. 유일독립당촉성회가 좌절되고 공산주의자들이 빠져나간 상태에서 민족주의자들에 의해 한국독립당이 창당되었다(1930). 이후 각 정당의 역사는 이합집산을 거듭하는 것이었다. 3차 개헌 후 집단지도체제로 14년을 지나는 동안 국무위원의 의견대립 문제로 어려움을 겪게 되었다. 주석제(1940)로 바꾸는 4차 개헌을 하여 김구가 주석이 되었다. 그리고 마지막으로 주석-부주석제의 5차 개헌(1944)을 하여 주석 김구, 부주석 김규식, 참모총장 유동열 등이 해방을 맞았다.

(6) 상해임정 독립운동의 지도자들

상해임정은 27년 동안 5차례의 개헌을 하고 8번을 이사하면서 존속했으나, 상해시대 초기를 제외하면 열악한 재정으로 행정비용을 충당하기에 허덕였고, 내각 인선을 하는 것조차 어려웠다. 말하자면 사실상 이름뿐인 정부였다. 임정이 제대로 기능을 하지 못한 주원인은 이제껏 살펴본 바와 같이 자금조달의 어려움과 지도적 인사들의 참여 거부, 그리고 공산당 진영의 분열책동 때문이었다. 그리고 중국에서 일어난 국공내전(1927), 만주사변(1931)과 상해사변(1931), 만주국의 성립(1932), 중일전쟁의 발발(1937-1945) 등 중국의 정치적 상황은 한민족의 항일 독립운동에 큰 변수로 작용했다. 특히 상해사변 이후의 중일 전쟁은 임정을 보따리장수처럼 옮겨 다니게 만드는 원인이었다. 이렇게 고난에 찼던 임시정부 시대의 역사를 제대로 알지 못하면 한국 현대사회를 제대로 이해할 수 없다. 그러므로 임시정부에서 뚜렷한 족적을 남긴 지도자들 5인의 행적을 간략하게나마 살펴보고자

기독교, 과학적 무신론, 그리고 항일독립운동

한다. 이들은 이승만을 제외하고는 모두 신민회원 출신이었고, 이승만은 이들과 같은 기독교 신자였다.

이동녕은 상해임정이 설립하는 날부터 죽는 날까지, 윤봉길 의사의 상해 홍구공원 폭탄투척사건(1932. 4.)으로 일경의 체포를 피하느라 직책을 맡지 않았던 기간(1932–1935)을 빼고는, 임시정부의 무거운 짐을 벗어놓은 적이 없었다. 이동녕은 신민회 발기인으로 기독교인이었으나 대종교에도 입교했다. 그의 삶은 그대로 임시정부의 역사였다. 한민족 독립운동의 중심기구인 임시정부에 고난이 끊이지 않았듯이 그에게도 고난은 일상사였다. 그는 초대 임시의정원 의장으로 출발하여 그의 전 생애를 바쳐 임정을 지켰다. '임정의 터줏대감' 이동녕은 1940년 3월 사천성 기강현에서 피난살이를 하던 임시정부 사무실에서 임종을 맞았다. 그의 유언은 '각 정당의 격의·조건없는 대동통합'이었다.[522] 그의 장례식은 초라했지만 임시정부로서는 국장으로 치른 것이었다.[523] 그렇지만 임시정부는 이동녕에 이어 김구가 있었으므로 해방이 되기까지 명맥을 유지할 수 있었다.

김구는 경무국장을 맡았던 초기 상해시절부터 이동녕과 함께 임정을 떠맡아 피난살이를 하는 내내 임정을 지켰으며, 이동녕의 사후에도 임정에 닥치는 모든 시련과 온갖 고초를 특유의 뚝심으로 혼자 이겨냈다. 이동녕 사후에 김구의 헌신이 없었다면, 중국에서 항일 독립운동의 명맥과 대한민국 임시정부의 존재가 해방될 때까지 유지되는 것이 불가능했다고 평가해도 지나친 말이 아닐 것이다. 김구는 초기에 동학당 접주로 의병 활동을 했으며, 국모시해(國母弑害)의 원수를 갚는다고 일본 헌병 한 명을 때려죽인 죄로 체포되었다. 일제에 의해 사형을 당할 위기까지 몰렸으나, 사형이 집행되기 직전에 광무황제의 특명으로 중지되었다. 그는 탈옥하여 마곡사에서 승려로 변성명하여 살다가 환속하여 글방을 차리고 훈장으로 살고 있었다. 그는 1903년 감리교에 입교한 이후에 전덕기 목사가 지도하는 엡웟청년회의 진남포지회 총무로 활동했다. 그가 애국운동을 하면서 처음 이동녕을 만나게 된 계기는 1905년 엡웟청년회에서 을사보호조약의 무효를 주장하는 '도끼상소'에 참여했을 때였다. 그는 신민회의 설립 이후에 참여하여 곧 신민회의 초기 애국운동의 방식에 따라 신교육사업과 농촌개량사업에 매진하면서 황해도 총감으로 활동했다. 그는 황해도 지역에서 벌어진 '안명근 사건'으로 1911년 1월에 체포되어 15년 징역형을 선고받았고, '안기탁보안법위반사건'으로 2년형이 추가되었다. 수감생활을 하던 중에 2차에 걸쳐 13년의 감형을 받고 1914년에 가출옥했다. 김구는 출옥 이후에도 일제의 눈을 피해가면서 국내에서 그의 항일 애국운동을 멈추지 않았다.

그렇다면 이런 난국과 험로에서도 그를 끝까지 항일 독립운동가로서 살아가게 만들었던 그의 사상은 어떤 것이었을까? 그는 그의 자서전인 『백범일지』에 모든 것을 고백하고 있다. 김구에 의하면 그는 수감 중에 "다년 연구에 의해" 그의 이름(龜→九)과 호(蓮下→白凡)를 바꾸었다. 그는 특히 그의 호를 백범으로 바꾼 이유를 "우리나라 하등사회, 곧 백정(白丁)·범부(凡夫)들이라도 애국심이 지금의 나 정도는 되어야 완전한 독립국민이 되겠다는 바람을 가지자는 뜻에서"라고 했다. 그는 이어서 "우리도 어느 때 독립정부를 건설하거든 나는 그 집의 뜰도 쓸고 창문도 잘 닦는 일을 해보고 죽게 해주소서"[524]라는 생각을 하면서 상제(上帝)께 기도하곤 했다고 고백하고 있다. 그가 감옥에서 기독교인으로서 상제께 기도했던 '완전한 독립국민이 되겠다는 바람'은 신민회의 목적이었던 '유신한 국민들이 통일연합하야' 만들고자 했던 '자유문명국'의 국민에 다름 아니다. 김구의 '완전한 독립국'에 대한 구상은 그의 초기 '신사상'인 기독교적 신교심(信敎心)과 애국사상에서 시작하여 신민회와 연루되어 감옥 생활을 거친 다음에 임시정부에서의 항일 독립운동의 고난을 통해서 형성된 것이다. 그것은 그가 해방된 조국에 돌아와서 쓴 그의 『백범일지』 하권의 "나의 소원 2.: 정치이념"에 잘 나타나 있다. 그것은 "일부 당파나, 어떤 한 계급의 철학으로 다른 다수를 강제함이 없고, 또 현재의 우리들의 이론으로 우리 자손의 사상과 신앙의 자유를 속박함이 없는 나라, 천지와 같이 넓고 자유로운 나라, 그러면서도 사랑의 덕과 법의 질서가 우주 자연의 법적과 같이 준수되는 나라가 되도록 우리나라를 건설하자"[525]는 것이다.

김구의 '완전한 독립국' 사상은 기독교를 받아들이면서 '구사상'에서 '신사상'으로 전환한 이후, 신민회에 가입하여 애국운동을 하는 동안에 더욱 높은 경지로 발전한 것으로 보인다. 김구의 초기 '신사상'은 한민족에게 또 다른 신사상이 유입될 줄을 알지 못하고 있었던 시기에 형성된 것이다. 또 다른 신사상은 바로 신민회 발기인으로 초기에는 김구와 동일한 '신사상'을 가졌던 이동휘를 통해 유입된 마르크스-레닌주의 또는 과학적 무신론으로 불리는 사상이다. 이 두 가지의 신사상이 신민회 독립운동가들을 분열시키면서 상해임시정부에서 충돌하였고, 결국 한민족 항일 독립운동가들 전체를 분열시키고 말았다. 김구는 초기 상해임시정부에서 "국무총리 이동휘는 공산혁명을 부르짖고, 대통령 이승만은 데모크러시를 주창하여 국무회의 석상에서도 의견이 일치하지 않았다"[526]고 회고하고 있다. 이후 마르크스-레닌주의자 또는 과학적 무신론자에 의하여 양분된 항일 독립 운동가들은 소규모 단위로 분열된 독립운동에서 누적된 피해와 '자유시 참변 사건'에서 궤멸적 재난을 당했다. 그로 인하여 무장 독립군을 조직할 수 있는 자원이 고갈되었고, 1930년대 이후 항일 독립운동은 사실상 소멸되고 말았다. 그뿐만 아니라, 중일전쟁이 겹치면서 항일 독립운동가들의 활동범위는 점점 좁아졌고, 임시정부는 피난지를 전전하면서 간판을 거는 것조차 급급한 일이 되었다.

1914년 인천 감옥에서 가출옥한 김구는 그의 '완전한 독립국민이 되겠다'는 바람을 실현하기 위해 1919년 3.1독립운동만세사건 직후 상해로 건너갔다. 그는 상해에 도착해서 이동녕을 만나 임시정부 문지기를 하겠다고 자청했다. 그러나 내무총장 안창호는 그를 경무국장으로 발탁했다. 그때부터 시작된 숱한 고난과 애로 속에서 상해임시정부의 초기 각료들은 각자의 분열된 계열을 좇아 떠나거나 죽거나 했다. 임정의 기둥이었던 이동녕의 사후에도 김구는 혼자서 임정에 닥치는 모든 시련을 이겨냈다. 일제가 패망할 무렵에 그는 주석으로 임정을 이끌었다. 그는 해방된 조국에 임정 주석의 신분으로 돌아왔지만, 외세에 의하여 해방된 조국은 그에게 아무런 영광을 안겨주지 못했다.

이동휘는 꼬르뷰로에서 배척되자 만주 영고탑(寧古塔)으로 돌아와서 그와 뜻을 같이 하는 옛 동지들과 적기단(赤旗團)이라는 공산주의 무장 독립운동단체를 조직하고 고문으로 활동했다. 이동휘는 당시 한민족 공산주의와 항일운동의 거두로 인정받고 있었으므로 어떤 사태에서도 개인적인 활동과 권위는 유지할 수 있었다. 적기단은 국제혁명자후원회(MOPR) 사업을 돕기로 하였는데 이것이 앞으로 이동휘가 주로 해야 할 몫이었다. 적기단이 표방하는 목적은 한민족의 독립을 위한 혁명운동이라면, 민족주의든 공산주의든 어느 것이라도 추진한다는 것이다.[527] 이것은 적기단이 무장 독립운동을 최우선으로 삼는 이동휘의 무장 독립운동단체라는 사실을 보여준다. 그는 국내에서 책을 들여와서 블라디보스토크에서 고려도서관을 만드는 등, 한편으로는 한민족 독립운동가로서 다른 한편으로는 공산주의자로서 러시아와 중국에서 불굴의 행보를 계속했다. 그러나 시베리아의 눈보라 속에서 독감에 걸렸고, 블라디보스토크 집에 돌아와서 1935년에 죽었다.

그는 유언으로 "나는 조선의 혁명이 성공되는 것을 보지 못하고 죽는다. 동무들은 반드시 고려소비에트공화국을 성립하시오"라는 말을 남겼다고 한다.[528] 그의 유언을 보면 이승만 대통령이 '선 위임통치 후 독립'을 청원했으므로 축출해야 한다고 공격했던 이동휘의 이율배반적 진면목을 보여주는 것 같아 씁쓸한 느낌을 갖지 않을 수 없다. 이동휘는 마침내는 마르크스-레닌주의 즉 과학적 무신론에 철저하게 물들어 있었던 것으로 보이기 때문이다. 그는 이승만의 외교적 방법에 의해 단계적 독립론을 공격하고 불신임을 주장했다. 그러나 그의 유언에는 일제로부터 독립하여 소비에트 러시아의 연방국으로 편입되기를 희망한다는 뜻이 들어 있기 때문이다. 그의 평생을 바친 독립운동의 목적이 일본의 식민지에서 벗어나 소비에트러시아연방의 일개 공화국이 되기 위한 것이었단 말인가? 돌이켜보면 그는 독립운동을 위해 그토록 열렬히 신앙하던 기독교와 그 조직이었던 신민회부터 시작해서 공산주의 조직인 한인사회당과 고려공산당, 그리고 한민족 독립의 염원이 담긴 대한민국 임시정부에 이르기까지 분열의 역사

를 만든 장본인이다. 그가 그토록 염원했던 한민족의 독립이 세계2차
대전 승전국 미국과 소련의 도움으로 겨우 이루어지긴 했으나, 결국
분열되어 통일국가를 만들지 못하고 만 것도 결국 그의 탓이 아닐까?

안창호는 국민대표회의의 결렬 이후 상해임정에서 떠났다. 1925
년에 이승만 대통령의 직무불이행을 탄핵하고 제2대 대통령에 선출
된 박은식은 곧 제2차 개헌을 단행하여 국무령제를 도입하였다. 그
러나 상호불신과 분열, 그리고 자금조달의 어려움을 이유로 국무령
에 선임된 인사들이 참여를 거부하여 조각을 하지 못했다. 초대 이상
룡(李相龍)[529], 이동녕, 양기탁을 거쳐 임시정부를 떠난 안창호에게 국
무령이 제안되었으나, 안창호는 취임하지 않았다. 안창호는 이 무렵
만주에서 신민회의 신한민촌 건설계획을 이상촌 건설계획으로 바꿔
서 추진하고 있었다. 만주에는 당시에 3개의 항일 독립운동 군정기관
이 설립되어 있었다. 안창호는 1927년 북만주 길림시에 와서 우리나
라가 일본에게 침략 당한 이유는 침략자 일본이나 매국역적 이완용
에만 있는 것이 아니라, "바로 당시의 우리 국민들에게 원인이 있었
던 것"이라고 지적했다. 따라서 앞으로 독립을 쟁취하는 문제도 역시
"우리민족의 마음과 노력여하에 달려" 있고, 내 자신이 반성할 때 "우
리끼리의 파벌이 생길 이유가 어디 있겠는가?"라고 단합을 강조하여
환호를 받았다.[530] 이후 안창호는 '자유시 참변' 사건 이후 겨우 명맥
을 잇고 있던 남만주 방면의 참의부(백광운, 윤세용 등), 북만주 방면의
정의부(이택, 양기탁, 김동삼 등), 북간도 지역의 신민부(김좌진, 조성환 등)
를 차례로 만나 3부 통합을 논의하였다. 그는 1928년 상해로 돌아와
서 조소앙의 삼균주의를 반영한 한국독립당을 결성하여 임시정부의
지지 정당을 마련했다. 이때 그는 조소앙의 삼균주의[531]를 기초로 항

기독교, 과학적 무신론, 그리고 항일독립운동

일 독립운동단체의 대동단결을 촉구하는 대공주의를 강조했다. 대공주의는 1929년 만주의 3부를 국민부로 통합하는 성과를 만들었다. 그러나 국민부는 결국 개인별로 가입을 주장하는 자들이 혁신의회(또는 민족유일당재만책진회)로 분열하는 것을 막지는 못했다.[532] 만주에서 진행되었던 항일 독립운동가들의 모든 활동은 1931년 일제의 만주 침략에 의한 만주사변으로 좌절되고 말았다. 안창호는 이상촌 건설계획을 다시 남경으로 옮겨 추진하던 중에 1932년 윤봉길 의사의 홍구공원 폭탄투척사건이 일어났다. 이때 안창호는 상해에서 체포되어 국내로 압송되었다. 안창호는 1935년 가석방되었으나, 수감생활 중에 얻은 질병을 치료하고 건강을 회복하는 일이 급했다. 그는 평남 대보산 천태산장에서 요양하고 있으면서도 찾아오는 사람들을 만나 독립을 위해 흥사단운동[533]의 필요성을 역설했다. 그러나 1937년 중일전쟁을 앞두고 흥사단 동지들과 함께 예비검속 차원에서 다시 체포되었다. 이른바 수양동우회사건으로 재수감된 그를 일제는 병보석으로 풀어주었다. 그러나 간경화증이 악화된 그는 회복하지 못하고 1938년 3월 경성대학 부속병원에서 서거했다.

이승만은 임시정부에서 초대 대통령을 역임했지만, 사실 임시정부의 역할에 큰 기대를 걸지 않고 자신의 정치신념인 외교독립론을 밀고 나갔다. 그는 임시정부 초기에 우파 민족진영의 구심점으로서 이동휘의 공산주의식 체제전복의 기도를 막아내는 방패의 역할을 했다. 그는 다시 미국에 돌아가서 그의 신념대로 외교적 독립운동을 계속했다.[534] 그렇지만 자국우선주의 원칙의 비우호적인 국제외교 환경에서 크게 성과를 얻을 수 없었고, 결국에는 임시의정원의 탄핵을 받아 대통령직을 잃었다. 그러나 제2차 세계대전에서 일본이 연합국에 패망함으로써 한민족은 해방될 수 있었다. 이승만은 해방된 조국에 귀국해서 1948년 정식으로 수립된 대한민국 정부에서 다시 초대 대통령에 선출되는 영광을 누렸다. 결국 이승만은 이겼다. 비록 그것이 남북으로 나누어진 반쪽짜리 대통령의 영광이었다고 할지라도, 그것은 미국 프린스턴 정치학 박사학위[535]를 가진 그가 미국을 상대로 한 외교적 성과에서 얻어진 것이었다고 할 수 있다.

이동녕, 김구, 이동휘, 안창호, 그리고 이승만은 한민족 독립운동의 중앙기구였던 상해임정에서 가장 큰 책임을 지고 있던 사람들이었다. 그들은 독립운동을 결코 소홀히 했던 사람들이 아니다. 그러나 그들은 앞에서 살펴 본 것과 같이 신념과 행동에 따라 대의를 지킨 자와 버린 자, 그리고 이긴 자로 나누어볼 수 있다. 사회에서 사람들의 처세 유형도 이와 별로 다르지 않다. 그뿐만 아니라 이 세 가지 유형은 한민족 독립운동가들의 유형과 독립운동의 중심세력이었던 기독교인들의 유형 분류에도 그대로 적용될 수 있다. 일제 식민지 지배하에서 돌이켜보면 한민족 독립운동을 결정적으로 주도했던 인물이 없었다는 사실은 아쉽다. 이것은 한민족 독립운동 지도자들의 분열에 크게 원인이 있다. 이 때문에 한민족 독립운동은 결과적으로 별 성과를 남기지 못했고, 외세에 의하여 해방됨으로써 반쪽을 과학적 무신론자들에게 넘겨주고 말았다. 신민회의, '자유문명국'의 염원은 아직도 이루어지지 않았다. 결국 과학적 무신론을 극복하고 '완전한 독립국'을 이룩해야 할 책임은 변하지 않는 하나님의 섭리를 믿는 기독교회에 맡겨진 책임이라고 본다.

5. 국내 공산주의의 교회에 미친 영향

1) 국내 공산주의 운동

코민테른은 러시아와 중국에 있는 두 개의 고려공산당의 통합을 추진하다가 마침내 실패하고 말았다. 코민테른이 국내에서 조선공산당 창당 지도에서 부닥친 최대의 난제는 한민족 공산주의자들의 주도권 경쟁과 관련된 문제였다. 국내에서도 이미 이동휘의 상해파와 이르쿠츠크파 사이에 서로 양보할 수 없는 '유일정통성'을 차지하려고 치열한 경쟁이 벌어지고 있었기 때문이다. 코민테른은 할 수 없이 꼬르뷰로를 따로 조직해서 조선공산당 창당을 전담케 했다(1922. 12.). 그러나 꼬르뷰로가 정재달을 공식적으로 국내에 파견하기(1923) 전에 이미 상해파와 이르쿠츠크파는 국내에 조직을 각각 따로 만들어놓고 있었다. 이동휘는 상해임정에 있을 때부터 김철수 등의 사회혁명당의 비밀조직을 만들어놓았다. 이르쿠츠크파는 김찬을 보내 조직한 신사상연구회(화요회)와 비밀조직 국내 꼬르뷰로가 있었다. 이와는 따로 자생적 국내파 공산주의자 단체인 서울청년회가 있었으나, 이들은 국외파와 협력하지 않았다.[536]

(1) 조선공산당 창당을 위한 시도와 배경

초기 한민족 공산주의 양대 흐름인 상해파와 이르쿠츠크파는 국내에서 공산주의 운동과 조선공산당의 주도권을 잡기 위하여 1921년부터 움직이기 시작했다. 이때의 국내 정치적 환경은 3.1독립운동만세사건 이후 일제의 식민지 지배정책이 군국주의적 무단통치에서 문화정치로 바뀐 시기였다. 말하자면 "강압보다는 회유에 의해 지지를 얻으려는 시도였으며, 실제로 많은 효과를 거두기까지"했던 시기였다.[537] 이 기간에 「동아일보」와 「조선일보」 등의 신문들과 「신천지」와 「개벽」 등의 잡지들이 창간되었다. 「동아일보」는 1921년 6. 3-8. 31일까지 "무려 73회에 걸쳐 〈니콜라이 레닌은 어떤 사람인가〉라는 표제 하에" 그의 일생과 활동 및 볼셰비키혁명 등에 관하여 보도하고 있었다.[538] 이러한 풍조는 다른 일간지나 잡지 등에서도 동일하게 나타난 현상이었다. 이런 영향으로 차금봉에 의하여 국내 최초의 노동단체로 '조선노동공제회'[539]가 설립되는 등 사회주의운동에 필요한 기반들이 속속 만들어졌다. 상해파와 이르쿠츠크파는 꼬르뷰로가 발족하기 전에 이미 국내에서 조선공산당을 조직하기 위하여 자파 조직을 추진하고 있었다. 이르쿠츠크파는 1922년 3월에 박헌영, 김단야, 김원봉 등 3인을 국내로 보냈다가 일제에 의해 신의주에서 체포되어 구금되어 있는 실정이었다. 조선공산당 조직은 수차례 시도되었으나 일제의 감시에 걸려 번번이 실패하고 이들이 출옥하기까지 아무런 진전을 이루지 못했다. 같은 해에 국내 자생적인 사회주의자 김사국, 이영 등을 중심으로 조직된 '서울청년회'가 '고려공산동맹'으로 조직을 개편했다. 이들은 '서울파'로 불리면서 국내에서 처음 자발적인 조선공산당을 조직하고 코민테른에 승인을 요청했으나 거부되었다. 코민테른은 조선공산당을 국내외의 모든 한인들을 대상으로 하는 조직으로 만들려고 계획하고 있었기 때문이다. 그러므로 코민테른은 조선공산당 창당을 직접 지도하려고 나섰다. 이 해 12월에 이르쿠츠크파 김재봉과 신철 등이 꼬르뷰로 국내부를 지하조직으로 만들었다. 한편 1923년에 이르쿠츠크파 김찬은 홍명희 등과 '신사상연구회'를 발족하여 강습회와 토론회, 출판 등의 활동을 시작했다. 꼬르뷰로에서 파견한 정재달이 6월에 서울에 잠입하여 이들과 접촉했다. 정재달은 국내 사정을 살펴보고 9월에 돌아가서 국내 사회주의자들 사이에 갈등과 비협조로 조선공산당 창당이 어렵다는 사실을 보고했다. 정재달의 보고에 접한 꼬르뷰로 위원 이동휘와 한명세가 사퇴하고, 고문 정재달마저 사퇴함으로써 기능을 잃고 아무런 성과 없이 1924년 2월에 해체되고 말았다. 이와는 별도로 일본 유학생 출신들이 만든 북풍회라는 사회주의 단체가 있었는데, 이 단체는 일본에서 한인 유학생들이 김약수를 중심으로 결성한 북성회가 국내로 옮겨온 것이다. 북풍회는 일월회라는 이름으로 동경에 본부를 두고 있었다. 이외에도 일본 좌익계의 영향을 받은 무산자동맹과 스파르타쿠스당이라는 비밀조직이 조선노동당이라는 이름으로 활동하고 있었다.

그러나 꼬르뷰로가 해체되고 한 달이 채 지나지 않아 코민테른은 꼬르뷰로를 대체하는 오르그뷰로를 조직한다. 정재달은 오르그뷰로에서도 국내 공작원으로 다시 기용되었다. 1924년에는 조선공산당 창당의 분위기가 무르익어가고 있었다. 신사상연구회는 '화요회'로 이름을 바꾸어 활동하면서 출소한 박헌영 등이 가세하게 되었다. 이해에 고려공산동맹(서울파)이 화요회, 북풍회, 상해파, 그리고 조선노동당을 포괄하는 13인회를 구성하여 '통일적인' 조선공산당을 창립하려고 시도했으나, 이것도 꼬르뷰로가 오르그뷰로(조직국)로 개편되는 과정에서 좌절되었다. 그동안 서울에 파견했던 꼬르뷰로 및 오르그뷰로 공작원들은 일제의 강력한 반공주의 정책에 의해 아무런 성과를 내지 못하고 있었다. 오르그뷰로는 6월에 정재달을 다시 파견했으나 그가 9월에 일제에 검거됨으로써 해체되었다. 그러나 공산주의는 어느 사이에 11만의 노동자와 농민 회원을 자랑하는 조선노농총연맹에 침투하는 것을 비롯해서, 조선청년총동맹과 백정의 지위향상을 목적으로 17만 명의 회원이 가입한 형평운동(衡平運動)단체에 침투하고 있었다.[540]

(2) 조선공산당의 창당과 해체

국내에서 제1차 조선공산당이 창당된 것은 오르그뷰로가 해체되고 1925년 4월의 일이었다. 공식적으로는 코민테른의 지도를 받지 않고 조선공산당이 서울에서 창당대회(1차 당대회) 개최에 성공한 것이다. 그러나 사실은 코민테른 동양부에서 직접 파견한 국제공산청년회원 조훈(趙勳)이 이르쿠츠크파에서 밀파했던 김재봉과 신철, 그리고 김찬 등 화요파와 합작하여 만들어낸 것이다.[541] 김재봉은 책임비서가 되었고, 박헌영은 공산당의 청년전위조직인 고려공산청년회를 조직하고 책임비서가 되었다. 고려공산청년회는 코민테른의 지시로 미래의 공산주의 혁명운동가들을 양성하기 위하여 모스크바에 있는 동방노동자공산대학에 21명의 유학생을 보냈다. '제1차 조선공산당'은 화요회를 중심으로 하였으므로 참여하지 못한 각 지역 공산주의 단체들은 거세게 반발하고 반대투쟁을 벌였다. 서울파나 북풍회 등의 참여하지 못한 단체들은 블라디보스토크에 대표단을 파견하여 항의했다.[542] 그럼에도 불구하고 코민테른은 제1차 조선공산당을 1926년에 정식 승인하였다. 코민테른은 승인 전에 이동휘에게 찬반여부를 물었고, 이동휘는 이르쿠츠크파가 주도한 것에 불만이었으나, 국내 자파 조직원인 김철수의 의견을 들어 찬성했다.[543] 그러나 11월에 '신의주 사건'이 일어나서 일제에게 당의 조직이 발각되고 지도부가

기독교, 과학적 무신론, 그리고 항일독립운동

전원 검거되었다. 그래서 코미테른의 승인서가 도착되기도 전에 '1차 조선공산당'은 궤멸되었다.

이렇게 되자 1925년 12월 새로운 지도부가 구성되어 '2차 조선공산당'이 설립되었고, 강달영이 책임비서가 되었다. 2차 조선공산당은 상해파와 이르쿠츠파의 연합으로 이루어진 것으로 중국과 러시아, 그리고 일본 여러 곳에 해외지부를 설치하고 좌우협력 기관으로 신간회 조직을 추진하는 실적을 남겼다. 이들은 1926년 순종의 장례식과 관련된 6.10 만세 사건에 참여하면서 일제의 추적을 받게 되어 조직이 와해되었다. 조선공산당 조직이 두 차례나 무너지자 이를 주도했던 화요회도 궤멸 되었다.

1926년 9월 당 조직의 주도권이 바뀌면서 서울파를 중심으로 상해파와 일본 유학생 출신의 ML파가 연합한 통일조선공산당 또는 ML당이라고 불리는 '3차 조선공산당'을 조직했다. 이들은 '통일적인' 노선을 주장하면서 상해파 김철수를 책임비서로 선출했다. 이 3차 조선공산당은 코민테른에 보고하러 갔던 김철수가 반대파의 공작을 극복하고 1927년에 승인서를 받아들고 돌아왔다. 3차 조선공산당의 책임비서는 안광천, 김준연을 거쳐 김세연으로 바뀌었다. 이들은 조선노농총동맹의 노(勞)와 농(農)을 분리했으며, 2차 조선공산당에서 추진하던 신간회를 발족하여(1927. 2.) 민족주의 진영과 결속을 도모하면서, 한편으로는 기독교 여성계를 포섭하여 근우회를 발족시켰다(1927. 5.). 기관지 「이론투쟁」을 발행하고 지방 당부와 만주, 상해, 일본 등에 해외부도 조직했다. 그러나 ML계가 당중앙집행위를 자파일색으로 구성하자 반발이 일어났다. 1927년 10월에는 권태석 일파가 비이론파 조선공산당, 그리고 12월에는 서울파가 신조선공산당을 창당했다. 이 두 개의 비정통파 조선공산당[544]이 출현하면서 코민테른의 승인을 얻기 위한 외교전이 벌어지게 되었다. 그러나 1928년 2월 3차 조선공산당의 간부들이 일제에 체포되면서 조직이 와해되고 말았다.

'4차 조선공산당'을 재건한 당원들은 3차 공산당에서 체포를 면하고 남은 자들이었다. 이들은 당대회를 열어 당 규약을 개정하고 코민테른으로부터 뒤늦게 내려온 '결정서'를 접수했다. 코민테른은 이 '결정서'에서 ML파가 주도했던 3차 조선공산당에 대한 지지를 표명하고 있었다. 그리고 조선공산당의 과거 파쟁이 당뿐만 아니라, 국민혁명까지 마비시켰고, 한국의 모든 혁명조직을 일제의 헌병과 경찰에 제물로 바쳤다고 비난하고 있다.[545] 당대회에서 선출된 전형위원 3명 중 2명이 다음날 체포되었으나, 이들은 옥중에서 회합하여 '조선노동공제회' 출신 차금봉을 책임비서로 지명했다. 4차 조선공산당 중앙집행위원회는 국내 정세에 관한 보고서 [민족해방운동에 관한 논강(論綱)](약칭 2월 테제)을 코민테른에 보내기로 승인했다. 이 논강에는 조선의 민족해방에 관한 정세를 분석하고, 조선은 소비에트공화국도 아니고 의회민주주의도 아닌 혁명적 인민공화국으로 건설되어야 한다는 주장이 담겨 있다.[546] 이 당시 조선공산당의 활동은 지식인과 학생들이 주도했으며, 노동계급은 아직 소수였다. 그러므로 이 논강은 조선에서의 프롤레타리아 민주주의 혁명은 80%에 달하는 농민을 먼저 해방시킬 필요가 있으며, 그러자면 지주 계급을 분쇄하는 농업혁명이 최우선적으로 수행되어야 한다고도 주장했다. 이를 위해서는 조선이 완전 독립되어야 하는데, 당이 모든 혁명운동에서의 헤게모니를 장악해야 한다는 목표를 가지고 있어야 한다는 주장도 진술되었다. 그러나 4차 조선공산당도 1928년 7월에 책임비서 차금봉과 고려

기독교, 과학적 무신론, 그리고 항일독립운동

공산청년회 책임비서 김재명이 일제에 체포되면서 조직이 와해되고 말았다.

조선공산당이 창당과 와해를 반복하는 사태가 이어지고, 파당적 분쟁까지 다시 발생하자 1928년 12월 코민테른 중앙집행위는 '조선의 혁명적 농민과 노동자의 임무에 관한 테제'(약칭, 12월 테제)를 통해 조선공산당에 대한 코민테른의 승인을 취소하고, 새로운 운동방침을 지시했다. 이 지시에 의하면, "당의 작풍을 개조하는 문제보다 더 절박한 문제"는 없으며, 조선에서 "당 조직이 소부르조아 및 지식계급으로 이루어지고 노동자와의 관계를 소홀히 한 점이 현재까지 조선공산주의의 항구적 위기를 낳게 한 주요 요인이었다"고 지적했다.[547] 이와 함께 코민테른은 '일국 일당 원칙'에 따르라고 요구하면서 거주지 국가의 공산당에 입당하라고 지시했다. 이에 따라 계파별로 당재건을 시도하던 모든 움직임이 중지되었고 해외 지부들도 청산되었다. 코민테른의 지시에 따라 국내에 활동 근거지가 없어지면서 국내 공산주의자들은 활동을 포기하거나 각자 살 길을 찾아 국외로 떠나야 했다. 이들은 다시 중국으로 러시아 극동지역으로 몰려갔다. 중국에 망명해있던 한인 공산주의자 대부분이 중국공산당에 가입하지 않을 수 없었으며, 소련지역에서도 같은 상황이 벌어졌다.

그러나 한민족 공산주의자들 스스로는 조선공산당 재건운동을 결코 포기한 적이 없었다. 중국이나 러시아 망명지에서 거주 국가의 공산당에 가입하지 않고 국내로 다시 돌아온 이들이 있었다. 그들은 남아 있던 국내 공산주의자들과 함께 혁명적 노동자조합과 농민조합의 결성에 힘을 쏟았다. 코민테른은 동방노동자공산대학 수료자들을 국내에 보내면서, 새로운 공산주의 운동 방향을 지하운동으로 하도록 지시했다. 그들은 그동안에 결성되었던 하부 조직의 유지와 반일 민족주의자들과의 연대활동을 모색하면서 조선공산당 재건의 때를 기다렸다. 그리하여 조선공산당 재건은 1945년 해방이 되어 박헌영이 책임비서로 선출될 수 있을 때까지 일제치하의 암흑기에서 동면(冬眠) 상태로 기다려야 했다.

한국공산주의 운동사를 보면, 국내 공산주의자들이 만들어놓은 조직이 일제의 검거에 의해서뿐만 아니라, 때로는 코민테른의 지시에 의해서 한 순간에 해체되기도 했다. 공산당과 그 하부조직은 결코 코민테른의 지도를 벗어나 단독으로 운영될 수 없는 종속적 기구였기 때문이다. 국내에서 그 대표적인 예로서는 2차 조선공산당이 민족주의 진영과 협동전선을 강화하기 위해 발족시킨 신간회와 3차 조선공산당이 만든 근우회를 들 수 있다.

(3) 신간회와 근우회

1927년 2월 홍명희, 신석우 등 27명이 발기한 신간회는 조선일보 사장 이상재를 회장으로 기독교청년회(YMCA) 강당에서 창립되었다. 신간회는 민족해방을 목표로 하는 민족운동과 계급해방을 목표로 하는 사회주의 운동이 공동전선을 형성할 수 있다는 「조선일보」의 '민족주의 좌파'적 독립운동 노선을 따르는 조직이다.[548] 신간회는 "일제와의 타협을 배제한 '민족주의 좌파'와 사회주의자들이 구성한 '반제(反帝), 반식민(反植民), 반봉건(反封建)의 민족운동 집합체'였다."[549] YMCA 운동으로 명망이 높았던 이상재는 이런 뜻을 가지고 민족 독립운동사에서 큰 의미를 지닌 신간회의 초대 회장 취임을 수락했다. 미국 유학을 마치고 연희전문학교 교수를 하던 조병옥(趙炳玉, 1894–

기독교, 과학적 무신론, 그리고 항일독립운동

1960)도 신간회에 참여했다. 비교적 온건하게 실력양성론을 주장하여 '민족주의 우파'로 불렸던 「동아일보」그룹은 여기에서 배제되었는데, 개인적으로 몇 명이 참여했다. 그러나 감리교파 인사들과 YMCA 운동에 관련한 기독교인들이 다수 참여했다.[550] 그렇지만 이상재가 한 달 만에 급서하고 허헌(許憲)이 회장을 이어받으면서 사실상 공산주의자들이 신간회를 주도하고 있다는 것이 일제에 포착되었다. 표면적으로는 '비타협 민족주의' 운동을 표방했으나, 실질적으로는 2차 조선공산당 강달영이 주도하여 공산당원이 비밀리에 다수 참여한 조직이었던 것이다. 신간회는 1929년 광주학생운동 사건에 개입한 것을 계기로 1930년 3.1절에는 대규모 시위를 하기로 계획을 세웠다. 이것이 반공주의 정책을 강화하던 일제에 의해 발각되고 공산주의자 간부들이 대부분 검거되어 주도권이 민족주의 진영으로 넘어갈 위기에 처하게 되었다. 이렇게 되자 코민테른은 1931년에 신간회를 자진해산하도록 지시했고 신간회는 민족주의 진영의 반대를 무릅쓰고 해체를 강행하고 말았던 것이다.[551]

신간회보다 3개월 늦은 1927년 5월에 '여성해방'을 주장하며 여성기독인들이 창설한 근우회도 신간회와 비슷한 목적을 가지고 발족했다. 그러나 허헌의 딸 허정숙이 집행위원장이 되는 등 정체성이 변질되면서 신간회보다 먼저 1930년에 해체되었다. 결국 기독교와 공산주의의 이질적인 연합운동은 3년 남짓 활동하는 것으로 끝나고 말았다. 이후 공산주의 계열은 지하운동 세력으로 잠적했다.[552] 이러한 사실에서 기독교인들은 공산주의 계열이 참여하는 연합조직은 어떤 것이라도 결국 그들의 공작에 의해 주도권이 넘어가거나 아니면 와해되고 만다는 사실을 깨달아야 한다. 여기까지 우리는 공산주의를 의미하는 '과학적 무신론'의 정체와 그것이 한민족 교회를 통하여 유입되는 초기의 경로를 검토하였다. 그렇다면 이 시기에 있었던 반기독교적인 공산주의의 활동에 대해 국내 기독교는 과연 어떻게 대응하였는가? 이에 대해 살펴보기로 한다.

2) 초기 기독교 비판 및 공산주의자의 교회 박해

(1) 국내 기독교 비판

국내에서 기독교에 대한 공개적인 비판은 공산주의자들보다 먼저 이광수로부터 시작되었다. 1917년 이광수는 교역자들이 "신학 이외의 학문에는 무지"하여 "정통(正統)의 폭군(暴君)"이 되었다고 비판했다. 물론 이광수의 비판은 기독교를 전적으로 배척하는 공산주의자들의 입장과는 다르다. 이광수는 목사와 전도사들이 "신앙 이외의 사상이나 과학을 경시"하여 "교인들을 미신으로 이끌고 문명의 발전을 막는다"[553]고 비판했다. 서양의 신지식을 받아들이는 통로였던 기독교가 불과 얼마 지나지 않은 시점에서 이런 비판을 받게 된 것은 기독교 자체의 안일성에 기인한 것이었다. 이외에도 1928년 김활란(金活蘭, 1899-1970)이 예루살렘 국제선교협의회(International Missionary Council)에 참가하고 돌아와서 한민족 기독교계에 "종교생활이 실제화되지 못하고 실생활이 종교화되지 못한" 것을 각성해야 한다는 비판적 기고문을 발표했다.[554] 이들의 비판은 한민족 기독교인들의 병폐를 정곡으로 찌른 것이었다.

사실 이보다 더 큰 문제는 1917년 러시아에서 레닌의 혁명이 성공한 이후 공산주의 사상에 영향을 받은 국내 청년들의 반기독교적 분

기독교, 과학적 무신론, 그리고 항일독립운동

위기였다. 앞에서도 지적했듯이 1921년부터 공산주의 사상은 언론 등을 통해서 국내에도 본격적으로 소개되기 시작했다. 이러한 결과는 과학적 무신론 사상의 확산을 가져옴으로써 기독교에 부정적인 영향을 끼치지 않을 수 없었다. 1923년에 자생적 국내 공산주의자 그룹인 서울파 '고려공산동맹'의 주도에 의하여 열린 '조선청년당대회'에서 이러한 사실은 분명하게 드러났으며, 향후 국내에서 "청년회의 운동방향을 사회주의 운동쪽으로 전환하기 시작"하는 바탕이 되었다.[555] 여기에다 국내 공산주의자들은 그들의 과학적 무신론 이념과는 근본적으로 반대되는 기독교의 교리적 입장과 공산주의를 탄압하는 일제의 정책이 동일한 것으로 오해하도록 선동했다. 그래서 기독교가 일제와 유착했다는 혐의를 덮어쓰게 함으로써, 심지어는 기독교인들이 반일 청년들로부터 폭력적인 공격을 당하는 사태까지 나타나게 되었다. 그러나 공산주의 운동은 일제가 1925년 "치안유지법"을 시행하면서 단속이 심해지자 표면적으로는 활동하지 못하고 합법적인 민족운동 단체 안에서 잠복할 수밖에 없었다.

한편으로 이 시기의 한민족 독립운동에 참여했던 기독교인들 중에는 미국으로부터의 지원이 기대했던 것에 미치지 못하자 러시아에 기대려는 움직임이 나타났다. 이들은 미국적인 기독교에 실망하고, 차라리 러시아 공산주의로의 전환을 선택하는 경우가 많았다.[556] 이런 현상은 일부 기독교계 학생들에게서 성경과목 수업거부와 선교사 배척운동 등으로 표출되었다. 이 무렵에 안창호는 국내에서 재판을 받고 4년의 징역형을 받고 1932년부터 서대문 감옥에서 복역하다가 1935년 가석방으로 출옥하여 국내에서 흥사단 운동을 시작하였다. 흥사단 운동은 1913년 안창호가 미국에서 시작한 것이었으나, 사실상 청년들을 대상으로 신민회를 재건하는 것이었다.

(2) 중국 만주 지역 교회의 수난

일제 치하에서 공산주의자의 반기독교적 움직임은 공산주의자들에 대한 단속이 철저했던 국내보다 러시아와 중국에서 더욱 심각하게 일어났다. 이 지역에서 공산주의자는 물론 비기독교인들의 기독교에 대한 탄압은 자국민뿐만 아니라, 이 지역에 이주한 한민족 교회에 대한 박해도 공공연하게 자행했다. 중국에서 한민족이 가장 많이 이주하고 있는 만주 지역에서 한민족 개신교회가 처음 세워진 것은 1898년 남만주 즙안현 이양자(裡楊子) 장로교회였다.[557] 이때부터 만주지방 각 지역의 한민족에 대해서는 국내에서 각 교파가 구역을 나누어 선교사와 전도인을 파견하기 시작했다. 1900년 의화단 사건이 일어나자 비기독교 중국인들에 의하여 이 교회가 파괴당하는 사건이 일어났다. 이 교회를 지원하기 위하여 1901년에 휘트모어(N. C. Whittemore) 선교사와 안승원(安承源)이 선천에 있던 선교기지에서 파견되었다.[558]

그러나 중국은 1911년의 신해혁명으로 대청제국이 무너지면서 급진적 혁명의 물결이 넘치게 되었다. 원세개의 황제 등극의 야심이 혁명의 분위기와 맞부딪치는 혼란의 시기에 신지식인들의 계몽운동은 반기독교 분위기를 확산시켰다. 1919년 한민족의 3.1운동에 자극을 받은 중국인들이 5.4운동을 일으키자, 중국기독교는 12월에 상해에서 중화귀주(中華歸主) -중국을 주께로- 운동에 돌입했다.[559] 이렇게 되자 중국의 기독교는 곧 반기독교 세력과 크게 충돌하게 되었다. 한민족 교회의 선교활동도 반기독교 세력인 공산주의가 침투하면서 만주와 시베리아 지역에서부터 새로운 수난이 시작되었다. 1921년 장로교회 남만노회의 "과거 1년간에 남북만 각 교회의 사역자가 토인의 압박이며 도적의 위험이며 로시아로부터 넘어 오는 무신(無神) · 유물(唯物)론의 혼잡한 사회사조"가 한민족 교회를 압박하고 있다는 보고가 이런 사실을 잘 말해주고 있다.[560] 혼란한 시기를 당하여 초기에 활발했던 산동과 상해와 남경, 그리고 그 외 지역의 한민족 교회들의 사정도 이곳들과 별로 다르지 않았다. 그러나 국내에서 구체적으로 자료가 발견되는 사례는 중국공산당의 활동이 만주지역에서 활발해지기 시작한 1920년대 중반부터 나타나고 있다.

① 1925년 침례교회에서 파견한 윤학영, 김이주 등 4명이 길림성에서 한민족 공산당원에 의해 일본 밀정이라는 혐의로 살해 당했다.[561]

② 침례교회 김영진 목사와 김연국 장로는 연길현에서 목회하다가 1932년 공산당 도당들에 의하여 "나는 예수를 믿습니다"고 말하자 가죽을 벗기고 죽임을 당하였다.[562]

③ 기독신보(1932.11.9)에는 당시 동만주에서 일어난 참상을 전하는 서창희 목사의 편지를 싣고 있다. 그는 동만주 연길현 와룡동 예배당이 공산당 방화로 소실되었고, 각 교회에서 교인의 살상피해가 너무도 극하다고 적고 있다.[563]

④ 1933년 북만주 교회순방과 전도여행을 하던 목사 일행이 공비에 의해 죽임을 당하는 비보가 전해지자 장로교회 총회는 송창근 목사를 파견하여 조사를 하게 했다. 그가 조사를 마치고 돌아와서 보고한 내용을 김인서 목사는 「신앙생활」(1936.4.)에서 다음과 같이 전하고

있다.[564]

> 잔악을 극한 공산당에게 몽치에 맞아 죽은 순교자, 정수리에 못 박혀 죽은
> 순교자, 머리 가죽을 벗겨 죽은 순교자, 말 못할 학살을 당한 여 순교자, 기
> 십기백에 달하였다 한다……우리는 엇지 무심하겠느냐?

기독교 신자로서 중국의 국부로서 추앙받게 된 손문이 죽은(1925) 이후 중국에서는 국민당과 공산당의 국공합작이 깨지고(1927), 만주지역을 장악하기 위한 대결이 본격화되었다. 이러한 혼란한 정세는 만주지역에 있는 한민족 교회에 공산당에 의한 악영향이 점점 크게 미치지 않을 수 없었다.

(3) 러시아 지역의 교회 박해

앞에서 러시아 극동지역에서 러시아 한민족 교회는 일찍이 러시아 정교회에 의하여 시작되었음을 살펴보았다. 개신교의 선교는 1909년 장로교 독노회 당시에 최관흘 목사를 선교사로 파견한 것이 시초였다.[565] 그러나 1912년 현지 사정과 본부의 부결로 사역을 중단하고 말았다. 공산당 혁명 직후 1918년 김현찬 목사가 다시 파송되어 1922년에 시베리아노회를 조직하고 최흥종 목사가 합류하고 김익두 목사가 부흥회를 하는 등 잠시 부흥했으나 공산당의 박해를 받아 1923년에 중단되고 말았다.[566] 볼셰비키 공산당 정부가 지배하기 시작한 이후 러시아에서 한민족 개신교회에 대한 박해 자료를 살펴보면 대략 다음과 같은 사건들이 일어났다.

기독교, 과학적 무신론, 그리고 항일독립운동

① 장로교 시베리아노회 최흥종 목사가 거주제한 조치로 1923년에 귀국하여 "교회는 위축되었다"고 총회에 보고하고 있다.[567]

② 1924년에 오소리 지방에서 선교하던 권승경 전도사가 체포되어 사형선고까지 받은 일이 있었다.

③ 1925년에는 사찰목사로 파송되었던 박정찬 목사와 안내인 신빠벨이 체포되었다가 풀려나기도 했다.[568]

④ 1926년 최일형, 권순경, 최흥종, 한가자 등이 다시 전도인으로 파송되었으나 투옥, 추방당하기 일쑤였고, 조사 박문영과 전도부인 한가자가 8개 교회 900여 신자를 돌보고 있다는 보고를 마지막으로 시베리아 선교에 종막이 내려졌다.[569]

⑤ 감리교에서 1922년 블라디보스토크로 파견한 김영학 목사는 신한촌에서 목회하다가 1930년에 체포되어 반동분자라는 혐의로 10년 중노동형에 처해져 시달리다가 결국 순교하고 말았다.[570]

3) 국내 사회적 상황과 교회의 양면적 변화

일제는 3.1운동 직후 '문화정치'를 표방하면서도 1925년부터는 '치안유지법'을 시행하여 한민족의 사상 활동을 감시하고 억압하였다. 특히 일제는 교회를 항일 독립운동의 근거지로 보고 감시와 탄압을 늦추지 않았다. 그러나 한민족 일부 독립운동가들은 기독교 신자이면서도 종교보다 민족독립에 우선적인 가치를 두고 있었다. 앞에서 살펴보았듯이 기독교인들 중에서 독립운동을 위해 교회를 떠나는 자들이 적지 않았다. 이러한 예로서는 기독교인으로서 전도와 독립운동을 위해 망명했다가 공산주의자가 되었던 이동휘를 비롯한 다수의 신민회원들, 여운형, 선우혁 등 상해한인교회 인사들, 이동녕과 김구 등 상해임시정부 인사들, 그리고 민족종교를 표방하는 통천교를 만들었던 양기탁 등의 종교적 방랑자들이 있었다. 이들의 행동은 기독교인으로서는 할 수 있는 것이 아니었다. 그러나 이들의 행동은 민족의 독립에다 최고의 가치를 부여했던 당시 독립운동가들의 사상적 고뇌를 보여주는 사례들로 이해해야 할 것이다.

또한 1920년대에는 제2세대 선교사들이 들어오기 시작했다. 이들은 제1세대 선교사들이 "근본주의적 성서관과 보수적 정통주의 신학"[571]으로 구축해놓은 '토착 기독교'[572]와는 신학적으로 확연히 다른 색채의 기독교를 가지고 들어왔다. 이로 인한 영향은 장로교 목사였다가 이단자로 제명당하고 조선기독교회를 창립했던 김장호 목사에게서 대표적으로 나타났다.[573] 그는 재령 주재 공위량(Rev. W. C. Kerr) 목사에게서 자유주의 신학을 전수받은 것으로 알려졌다. 그는 "종교는 과학적이어야" 하며, "성경의 영감과 무오성을 믿는" 것은 과학을 알지 못하였기 때문이고, "과학을 알았다면 진화론을 믿을 것"이라고 설교하였다고 한다. 이러한 현상을 우려한 이상재(李商在, 1850-1927)는 1923년 새로 들어온 외국인 선교사들에게 '문화적 우월주의'를 경계하는 연설을 하기도 했다.[574] 그러나 결국은 이러한 우려를 증명하는 '만행'이 하나 터지고 말았다. 1925년에 미국 안식교 선교사 헤이스머(C. A. Haysmer)가 사과 하나를 훔친 학생의 이마에 염산으로 "됴덕"(도적)이라고 쓴 사건이 일어난 것이다. 이 사건은 특히 사회주의 청년·학생조직에 의하여 '반 선교사·반 기독교' 운동의 꼬투리가 되었다.[575] 이외에 기독교 안에서도 1926년 내한한 구세군 사령관 부스(B. Booth)에게 진정서를 제출한 구세군 사관들의 항명사건, 동양선교회 소속 학생들의 동맹휴학을 비롯하여 선교사 자신들의 비행과 추문 등이 연이어 발생했다.[576] 앞에서 언급한 김규면 목사가 성리교를 창립하고 이동휘의 한인사회당에 참여하게 된 것도 선교사들의 비행이 영향을 미쳤던 것으로 알려지고 있다. 또한 국내 공산주의자들은 일제의 공산주의 단속이 기독교와 야합했기 때문이라는 헛소문을 퍼뜨리는 등, 공산주의자들의 교묘한 속임수 공작이 일반인들로 하여금 본의 아니게 기독교를 오해하게 만드는 원인으로 작용하기도 했다. 또한 일제의 탄압이 강화되면서 민족 독립운동단체들을 주도하던 기독교 인사들도 체포되거나 망명하지 않을 수 없게 되었다.

이러한 와중에서 그동안에 이미 토착적인 체질을 갖추게 된기독교는 나름대로의 대응책을 강구했다. 그래서 두 가지 양면적 대응이 나타나게 되었다. 내적인 신앙운동이나 외적인 실천운동의 한 쪽을 강조하는 경향이 그것들이다.[577] 교회내적인 신앙운동은 (1) 김익두, 이용도, 길선주 등에 의한 부흥운동[578]과 (2) 선교사들에 의해 이단으로 몰려 축출된 이만집 목사와 박승명 목사, 그리고 변남성 목사 등에 의하여 주도된 독립적 자치, 자유교회의 설립[579], (3) 일본인 우치무라(內村鑑三)의 영향에 의해 김교신 등이 도입한 무교회주의 운동[580] (4) 최태용의 복음 교회 창설[581] 등으로 발전했다. 이 무렵의 내적 신앙운동은 교회 밖의 일에 대해서는 철저히 관심을 두지 않고, 오직 개인 신앙과 교회활동에만 몰두하는 특징을 가지고 있었다. 특히 김익두의 부흥 사역에 나타났던 치유 이적은 당시의 한민족에게 큰 화제였을 뿐만 아니라 기독교인들에게는 위로의 메시지가 되었다.

이와 달리 기독교 개인주의를 비판하면서 외적인 사회운동에 뛰어든 기독인들이 있었다. 이들은 3.1운동 직후의 민족적 현실을 직시하고 있던 민족주의적 기독교 지식인들이었다. 이들의 현실인식과 투쟁방법론은 이상재가 강연에서, 차(此)세계의 "개조를 뜻하신 하나님의 뜻이 우리 앞에 당하야 받을 바 실적이올시다"고 한 말에서 잘 나타나고 있다.[582] 말하자면 하나님은 현재의 세계를 개조하여 한민족을 독립시킬 뜻을 가지셨으며, 기독교인들은 무조건 그 일을 감당해야 한다는 것이다. 그 대표적 실례는 앞에서 잠깐 언급했던 신간회와 근우회의 발족으로 나타났다. 조병옥의 비밀조직 '기독신우회'는 미국에서의 사회복음(social gospel)주의 신학을 받아들였다. 1926년 YMCA의 신흥우(申興雨, 1883~1959)를 중심으로 하는 '적극신앙단'이 표방한 이념도 '기독교의 민중화 및 신앙의 실제화'였다. 비록 '적극신앙단'이 이승만이 주도했던 동지회와의 관련성 때문에 정치성을 띄고 있다고 할 수 있으나, 1920년대의 한민족 기독교의 실상을 반영하고 있음에는 틀림없다. 이와 같이 기독교인들의 사회적 의식의 변화는 한국교회의 신경(信經) 또는 장정(章程) 등에도 반영되면서 1930년대로 진입하고 있었다. 특히 일본의 기독교도연맹이 1928년에 채택한 '사회신조'를 검토한 조선예수교연합공의회가 이와 대동소이한 내용으로 '12개조 사회신조'를 1932년에 채택했다. 여기에는 "일체의 유물교육(唯物敎育), 유물사상(唯物思想), 계급적 투쟁, 혁명적 수단에 의한 사회개조와 반동적 탄압"에 반대한다는 반사회주의, 반공산주의 노선이 분명하게 표명되고 있다.[583]

6. 공산당의 종교 정책과 기독교에 끼친 영향

해방 후에 한반도는 남북한을 분할 점령한 미소 양국에 의해 남한에서는 미국적 자유민주체제가, 북한에서는 소비에트적 공산주의 체제가 등장하게 되었다. 조선공산당은 서울에서 박헌영 등에 의하여 재창당(1945)되었지만, 남한에서 성공하지 못하자, 소련군 점령지역인 북한으로 월북하고 말았다(1948). 결국 이로 인하여 한민족은 북한의 남침에 의한 6.25전쟁이라는 민족상잔의 참극을 겪어야 했다. 북한은 이 전쟁에서 실패하자 박헌영 등 소위 월북 공산주의 인사들에게 패전의 책임을 떠넘기고 '자유시 참변' 또는 '스탈린 대탄압'과 똑같은 방식으로 처형했다(1955경). 북한 공산당 정권 수립 이후에 북한 기독교는 처참한 핍박을 당하고 많은 순교자들을 내었다. 과학적 무신론의 본거지 소련에서는 이제 공산주의가 과거의 역사로 지나갔지만, 한반도 북쪽 절반은 아직도 공산주의 세력이 차지하고 있다. 그 이웃에 있는 중국은 일부 자본주의 체제를 수용했지만, 기본적으로는 공산당 지배체제를 유지하고 있다.

이와 같은 현실은 공산주의에 의한 박해를 겪었고, 지금도 그 위협을 현실적으로 겪고 있는 한국교회가 절대적으로 경각심을 가져야 할 이유가 되는 것이다. 왜냐하면 '역사는 되풀이 된다'는 교훈이 있기 때문이다. 다시 말해서 언제, 어디에서나 공산당이 집권하면, 정부와 교회의 관계는 러시아정교회가 겪었던 것과 같은 유형으로 발전될 수밖에 없기 때문이다. 이러한 사실은 각국의 공산당 정권의 역사를 살펴보면 명백하게 드러나는 것이다. 그러므로 공산당에 의한 기독교 박해의 사례는 더 이상 언급할 필요가 없는 것이다. 최근에 이르러 공산주의 운동이 약화되고 있는 것은 사실이다. 그렇다고 기독교가 방심해서는 안 된다. 공산주의가 정치적으로는 실패하고 있지만, 그 '변종'인 과학적 무신론은 계속 확산되고 있기 때문이다. 기독교는 이에 대응하여 과학적 무신론의 실체인 공산주의를 더욱 분명히 알고 있어야 할 것이다. 그런 뜻에서 이 책을 마무리하기 전에 보충적으로 공산주의 국가에서 정치적 핵심기구인 공산당의 종교 탄압정책의 근거와 이유, 그리고 공산주의가 기독교 신학에 끼친 영향에 대해서 간략하게 살펴보고자 한다.

1) 공산당의 기독교 탄압의 근거와 이유

어느 나라에서나 공산당의 기본 강령이 되는 것은 공산주의자에게 최고의 경전이 되는 『공산당 선언』이다. 앞에서 보았듯이 『공산당 선언』에서 마르크스와 엥겔스는 공산주의 이외의 모든 영원한 진리와 모든 종교와 사상들을 폐기하고 공산주의가 인간의 유일사상이 되어야 할 것이라고 선언했다. 그들은 이 세상의 모든 인간들에게 공산주의 사상 하나만 있어야 한다고 주장하는 것이다. 과학적 무신론자들은 종교를 미신이라고 주장할 뿐만 아니라, 다른 모든 철학사상들을 게으른 부르주아지의 잠꼬대에 불과한 것으로 보고 있다. 심지어는 영원한 진리까지도 폐기하고 과학이론도 허구적으로 조작한다. 공산당이 종교 중에서도 특별히 기독교를 배척하는 이유는 천국이라는 아편으로 프롤레타리아의 혁명의지를 마비시키고 있다고 보기 때문이다. 역사적으로 공산주의자에 의해서 종교 폐지 정책을 추진한 사례는 파리코뮌에서 최초로 있었지만, 파리코뮌 자체가 곧 붕괴되어버림으로써 현실적인 실천에는 이르지 못했었다. 기독교가 국가종교로 인정되던 시기의 유럽에서 공산주의 파리코뮌이 내걸었던 종교폐지 정책은 곧 기독교 폐지를 의미하는 것에 다름 아니었다. 따라서 공산 주의자들이 혁명에 성공하여 공산당 정부를 수립하게 되면, 반드시 가장 먼저 기독교 탄압정책이 추진된다. 기독교와 공산당은 유신론 진영과 무신론 진영의 투쟁에서 각각 사령탑의 역할을 하고 있으므로 결코 양립할 수 없는 관계이다.

그들이 이렇게 공산주의 유일사상을 주장하는 것은 이제까지 있었던 어떤 종교와도 비교할 수 없을 정도로 공산주의가 유일하게 국가의 교리가 되어야 한다는 독선적 발상에서 나온 것이다. 이것은 인간에게 최대의 가치는 자유라고 인식하고 있는 근대 이후의 사상적 조류에 역행하는 것이다. 공산주의 독재는 인간의 개인적 자유를 불허하고 절대적 유일사상인 공산주의 독재 체제를 확립하려고 한다. 근대사회에서 인간의 자유에는 사상의 자유와 소유의 자유가 가장 큰 가치를 가지고 있다. 이것을 위해 근대 사상가들은 독재적 통치계급에 맞서 피를 흘리며 투쟁했었고, 우리는 그들의 유산을 향유하고 있는 것이다. 그러나 공산주의는 개인적 사상과 소유의 자유를 인정하지 않는다. 공산주의자에게 인류사회는 공산주의적 집단사상으로 일원화 되어야 하는 것이다. 공산주의 국가는 공산당의 정책에 벗어나는 사상의 자유를 결코 허용할 수 없다. 개인에게 사상의 자유를 허용하면 공산주의에 대한 반동적 세력이 싹틀 것이기 때문이다. 공산당은 국제적 연대를 통해서 세계 어느 곳에서나 기본적으로는 동일한 정치사상을 공유하고 있다.

마르크스와 엥겔스는 다윈의 진화론이 생물과학으로 인정받는 것과 같이 마르크스주의 유물사관도 과학적 사회주의로 인정받기를 원했다. 왜냐하면 당시 과학이라는 말은 의심의 여지가 없는 경험적 진리를 추구하는 것 또는 진리를 실증적으로 증명하고 있는 것으로 이해되고 있었기 때문이다. 마르크스와 엥겔스의 유물사관은 물질주의에 기초하고 있는 무신론이다. 유물사관이 과학으로 인정받게 되면 유신론적인 관념론이나 종교는 미신으로 인정될 수밖에 없는 것이다. 그래서 마르크스와 엥겔스는 적극적으로 다윈의 생물학적 진화론을 끌어들여 유물사관을 유물진화론으로 만들었다. 그리고 이것을 과학적이라고 강변했다. 러시아 마르크스주의자들은 여기에다 레닌주의를 덧붙여 마르크스-레닌주의를 최고 수준의 '과학적 무신론'이라고 주장했다.

공산주의는 레닌의 공산주의 혁명의 성공으로 실질적인 생명력을 얻었다. 레닌은 종교에 관련해서는 마르크스와 엥겔스보다 한 발짝 더 나아갔다. 그의 종교사상은 그의 저작에 잘 나타나있다. 『사회주의와 종교』(1905)에서 그는 "종교는 일종의 정신적인 싸구려 술"이라고 규정한다. 그리고 『유물론과 경험비판론』(1908)에서 레닌은 마르크스-레닌주의를 과학적 무신론으로 확립했다. 또한 『종교에 대한 노동자당의 태도에 대하여』(1909)에서는 "종교는 인민의 아편이다"고 말하는 마르크스의 주장이 "종교문제에 있어 마르크스주의 세계관 전체의 주춧돌"이라고 강조하고 있다.[584] 나아가 『종교와 교회에 대한 계급과 정당의 태도』(1909) 등에서는 교회를 국가로부터, 학교를 교회로부터 각각 분리시키고 수도원과 교회의 재산을 몰수해야 한다는 주장을 진술하고 있다. 마르크스주의자들 중에서도 기독교적 전통이 뿌리 깊었던 서구에서는 종교와 사상의 자유를 인정하는 수정주의 쪽

기독교, 과학적 무신론, 그리고 항일독립운동

으로 방향을 돌렸다. 그러나 러시아 공산주의 혁명의 성공(1917) 이후 마르크스-레닌주의자들에게 레닌의 말은 절대적 권위를 갖는 것이었다. 레닌의 말에 추종하는 마르크스-레닌주의자들은 세계를 과학적 무신론의 전쟁터로 만들었다. 말하자면 종교폐기 정책을 실천하여 종교가 없는 공산주의 세계를 만들려는 것이다. 공산주의 국가에서 종교는 논쟁이나 연구의 대상도 되지 않는다. 그저 폐기되어야 할 낡은 미신일 뿐이다.

2) 기독교 신학에 끼친 공산주의의 영향

러시아에서 마르크스-레닌주의에 의해 기독교가 수난을 받고 있는 동안에 서방에서는 기독교 신학자들이 공산주의를 수용 또는 융합시켜보려는 움직임이 일어났다. 이러한 입장은 대표적으로 스위스의 노동자 출신 목회자 레온하르트 라가즈(Leonhard Ragaz, 1868-1945)에 의해 시작되어 독일 출신 에른스트 블로흐(Ernst Bloch, 1881-1977) 등에게 이어졌다.[585] 그러나 양자의 입장은 판이하게 달랐다. 라가츠는 1906년부터 Neue Wege(새로운 길)을 창간하여 죽을 때까지 계속 종교사회주의를 모색했다. 그는 1929년에『그리스도로부터 마르크스에게로, 마르크스로부터 그리스도에게로』를 출판하여 진정한 기독교는 진정한 마르크스주의와 하나가 될 수 있다고 주장했다. 그것은 결국 하나님 없이 하나님 나라를 꿈꾸는 마르크스주의를 기독교에 접붙여서 하나님 나라 아닌 곳에서 하나님을 섬기려는 시도였다. 그러나 그는 기독교적 입장에 서있었다. 그가 마르크스주의를 기독교에 접목하는 방법으로 기독교적인 사회주의 운동을 제안한 것은 하나님의 뜻이 그것이라고 보았기 때문이다. 그에게 기독교는 사회주의가 하나님의 뜻에서 탈선하지 않도록 감시해야 하는 것이었다.[586] 그러나 문제는 그가 마르크스주의자 또는 과학적 무신론자는 하나님을 아버지로 둔 그리스도의 제자가 결코 될 수 없다는 사실을 간과하고 있다는 것이다.

에른스트 블로흐는 마르크스주의자의 입장에 서있었다. 블로흐는 일찍이 23세의 나이로 철학박사를 취득했으나 마르크스주의자가 되었다. 그는 때마침 득세한 나치를 피해 전전하다가 결국은 미국으로 망명(1931)했다. 그러나 미국에서 그는 자본주의 사회에 불편을 느끼고 있었다. 그는 제2차 세계대전에서 나치가 패망하고 소련에 점령된 동독에서 공산주의 정권이 들어서자, 라이프치히대학의 청빙을 받아 동독으로 돌아갔다(1948). 그는 미국에 있는 동안 저술한『희망의 원리』(1959)를 이곳에서 출판하였다.[587] 그러나 그는 맹목적으로 스탈린주의를 추종하는 동독 정부를 비판하다가 쫓겨나서 다시 서독으로 망명해야 했다. 그는 서독에서『기독교에서의 무신론』(1961)을 저술하여 진정한 무신론자만이 진정한 기독교 신자가 될 수 있다는 이상한 이론을 주장했다.[588] 그러나 그것은 마르크스주의와 기독교의 중간 어딘가에서 그의 희망으로만 떠돌고 있을 뿐 실현 불가능한 것이었다. 이 책은 위르겐 몰트만(Jürgen Moltmann, 1926-)에게 영향을 주어 그를 '희망의 신학자'로 만든 업적은 남겼다.

얀 밀리치 로흐만(Jan Milic Lochman, 1922-2004)은 체코에서 태어나 학생 때 독일 나치의 침공(1939)을 겪었다. 제2차 세계대전에서 소련이 나치를 물리친 틈을 타서 체코는 해방되었으나(1944), 곧 코민테른의 지도를 받는 공산당 정부가 들어서게 되었다. 신학교를 졸업한 로흐만은 잠시 있었던 해방기를 틈타 영국으로 유학했다. 여기서 만난 에밀 브룬너(Emil Brunner, 1889-1966)의 추천으로 스위스 바젤대학에서 신학을 계속 공부할 수 있었다. 그는 여기서 칼 바르트(Karl Barth, 1886-1968)의 신학을 공부했고 졸업 후에 체코로 돌아와서 프라하대학 신학부의 교수가 되었다. 이곳에서 박사학위 논문과 교수자격 논문을 쓰고 약 20년을 지냈다. 그리고 1967년 바젤대학교 교수로 청빙되어 총장까지 지냈고, 그동안 한국에도 몇 차례 방문해서 설교와 강의를 했다. 그의 신학에 의하면, 기독교인들은 기독교와 사회주의 사이에서 『그리스도냐 프로메테우스냐』[589]를 선택할 것이 요구되고 있다. 그는 마르크스주의를 프로메테우스적인 유사(類似) 메시아적 구원론으로 본다. 그러므로 기독교는 인류사회에서 혁명의 폭력성을 정당화하는 마르크스주의를 거부해야 하지만, 이를 극복하기 위해서 대화는 계속해야 한다. 이러한 그의 신학은 세계교회협의회(WCC)에 참여하여 세계적으로 에큐메니칼 운동을 실천하는 것으로 나타났다.[590] 그러나 그의 신학은 기독교가 마르크스주의와 대화하기 위한 우회 통로를 만들어야 하는 것으로 결론지어지는 것이다. 문제는 이 우회통로를 통해 가는 사람은 있어도 오는 사람은 없다는 것이다. 유물론적 쾌락은 사람을 프로메테우스의 사슬에 묶어놓거나 살해하기 때문이다. 의문의 여지없이 프로메테우스는 그리스도가 될 수 없다.

라인홀드 니버(Reinhold Niebuhr, 1892-1971)는 마르크스-레닌주의 종교관에 대한 연구를 하고나서 이렇게 지적했다. 보수적 종교 세력들은 "내세(來世)에의 희망을 이용하여 역사의 부당함을 사기 치려고 했던 반면에," 마르크스주의는 "메시아주의를 사회변혁의 수단으로 사용"했다. 니버는 여기에 마르크스주의적 "반종교가 다시 하나의 새로운 정치적 종교로 변화하는 단서가 존재한다"고 주장했다. 니버에 의하면, 마르크스주의(뒤에는 마르크스-레닌주의)는 그들의 저작들이 마치 경전처럼 읽혀지고 "혁명적 사회변혁이라는 기각할 수 없는 교의를 실현하기 위해 실천적으로 또한 상황에 따라 필요한 교리로서 발전되어 간 것"이다.[591] 마르크스주의자들은 메시아주의를 사회변혁의 수단으로 사용하여 17세기 청교도혁명을 이끌었던 영국의 올리버 크롬웰(Oliver Cromwell, 1599-1658)과 마르크스주의 수정주의자인 베른슈타인의 지적에 유의하고 있다. 그러나 니버에 의하면 마르크스가 주장한 휴머니즘은, "처음부터 절대적인 의미를 가졌으나 경험적 검증이 충분하지 못하였고", 또 "무신론을 새로운 종교로 변형시킨 혁명적 예언자의 수단"이자 계급투쟁의 무기로 삼았으며, 노동자의 "소외가 산업기술 과정 자체 내에 내재하는 것인지 아니면 한 사회 체제 안에 잠재하는 것인지를 경험적으로 구분"하는 것에도 도움이 될 수 없는 것에 불과했다.[592]

기독교에서 마르크스주의에 의한 영향의 또 다른 현상의 하나는 남미에서의 구스타보 구티에레즈(Gustavo Gutiérrez, 1928-)가 『해방신학』(1971)을 발표함으로써 이름 붙여진 해방신학이 있다. 해방신학은 마르크스주의를 기독교 신학에 수용한 것이다. 해방신학자들은 기독교적 입장에서 가난한 자와 피압박 민중에 주목하지만, 이들은 인간의 해방을 하나님에게 의지하는 것이 아니라 마르크스주의적 혁명의 방법에 의존하려는 경향을 보인다. 해방신학은 1980년대에 발생지였던 남미 가톨릭에서 로마 교황청의 탄압을 받아 주춤했으나, 이후 세계경제의 양극화로 빈곤국으로 분류되는 제3국가들에서 소생의 기회를 엿보고 있다.

우리나라에 들어온 해방신학의 실천적인 면은 가톨릭 지학순 주교가 1974년 유신체제를 반대하면서 결성한 천주교정의구현전국사제단이 보여주고 있다. 이 단체의 함세웅 신부는『해방신학의 올바른 이해』를 저술하여 해방신학을 소개하고 있다.[593] 개신교에서는 김재준의 자유주의적 신학을 토대로 1970-80년대의 민주화운동 시기에 안병무와 서남동 등에 의하여 민중신학이라는 이름으로 발전하였고, 분단된 남북한의 통일운동을 신학에 접목하려는 움직임이 문익환, 문동환, 박순경 등에 의해서 통일신학이라는 이름으로 나왔다. 해방신학, 민중신학, 통일신학 등에 관련해서는 연구서들이 여러 가지 나와 있으나, 이 책에서는 이렇게 개략적인 흐름의 소개로 그치고자 한다. 그러나 이상에 열거된 신학적 그룹은 해방신학의 경향성을 그대로 받아들여 신학적 연구보다는 가난한 자와 피압박 민중을 위한 사회적 실천을 강조하고 있다. 그런데 문제는 이러한 신학자들이 사회와 개인의 구원을 기독교적 구원론보다는 프롤레타리아 혁명이라는 마르크스-레닌주의적 실천론에 기울어지는 경향성을 보이고 있다는 점이다.

Ⅶ. 총괄적 결론

1. 요약

이 책은 무신론, 특히 1948년 『공산당 선언』 이후에 과학적 무신론의 형성과 발전과정, 그것에 내포된 오류, 그것이 초기 한민족 사회와 교회에 유입되는 과정에서 나타난 영향 등을 연구하고 비판하였다. 또한 이 책은 과학적 무신론에는 과학적인 증거가 없다는 사실을 논증함으로써 전통적 종교의 근거인 유신론의 타당성을 재확인하였다. 그리고 과학적 무신론이 기독교를 포함한 모든 종교와 다른 사상들을 수용하거나 화해할 수 없는 이유와 근거도 밝혔다. 나아가 과학적 무신론이 한민족 사회와 교회로 유입되기까지의 역사적 과정에서 과학적 무신론자들이 자행한 반인륜적 폭행과 기독교 박해도 살펴보았다. 따라서 이 책은 탈(脫)경계선을 특징으로 하는 포스트모던 시대에 과학적 무신론자, 불가지론자, 유신진화론자들을 일깨우는 메시지가 될 것이다. 특히 기독교계에서 과학적 무신론자와 공존하는 것은 결코 가능한 일이 아니며, 그것은 일종의 신성모독이라고 할 수 있다. 왜냐하면 과학적 무신론은 아무런 근거도 없이 유물론적인 자연발생론을 과학적 사실처럼 주장하여 창조주에 대항하는 기만적인 이론이기 때문이다.

제1부에서 과학적 무신론의 형성에서부터 완성에 이르기까지의 역사적 과정을 검토한 결과, 과학적 무신론은 마르크스와 엥겔스, 다윈, 레닌, 스탈린, 그리고 오파린 등에 의해 과학적인 근거가 없이 만들어진 것이다. 그러나 그들 각자의 역할은 각각 달랐다. 과학적 무신론의 원형을 창시한 자는 마르크스와 엥겔스였다. 다윈은 공동 창시자로 인정되어야 한다. 다윈은 생전에 그의『종의 기원』이 공산주의 무신론자들에 의해 왜곡 해석 또는 오용되고 있음에도 한 마디의 반론도 제기하지 않았기 때문이다. 그를 추종하는 현대 다윈주의자들의 다수가 과학적 무신론자라는 사실이 이를 입증해준다. 사실 다윈의 생물학적 진화론은 그가 생존하고 있는 동안에 파스퇴르의 실험에 의해 폐기되어야 마땅한 것이었다. 그렇지만 그것은 공산주의 유물론자들의 지지에 힘입어 '과학적 사회주의'와 결합됨으로써 생존할 수 있었다. 마르크스와 엥겔스는 그들의 후기 저작물에서 다윈의 이론을 무신론적으로 수용하여 그들의 유물론에 진화론의 옷을 입힌 유물진화론을 거쳐서 과학적 무신론으로 나아갔다. 마르크스와 엥겔스는 프롤레타리아 혁명으로 정권을 획득하는 것을 꿈꾸던 정치사상가였다. 그들은 인간의 기원에서부터 유토피아적 공산주의 사회에 이르기까지 인간의 총체적인 역사를 과학적 무신론의 토대 위에 세우려고 했다. 그들이 주장한 정치적 목표는 과학적 무신론에 기초하여 프롤레타리아 혁명에 의한 유토피아적 공산주의 사회건설이었다. 그들은 변증법적 필연성에 의하여 그들의 공산주의적 이상사회가 반드시 실현될 것이라고 예언했다. 레닌은 마르크스와 엥겔스의 과학적 무신론을 변증법적으로 더욱 발전시킨 것은 물론, 러시아 공산당 혁명에 성

공함으로써 과학적 무신론에 현실적인 생명력을 불어넣어주었다.

그러나 과학적 무신론을 완성한 사람은 스탈린과 오파린이었다. 레닌이 공산주의 혁명에 성공한 러시아 사회에서 스탈린은 러시아 공산당의 독재 권력을 이용하여 마르크스-레닌주의의 과학적 무신론을 기형적으로 '진화'시켰다. 그리고 그의 관점에서 변증법적 유물론과 역사적 유물론을 논의한 *DIAMAT*를 저술하여 세계 공산주의 국가에서 그의 과학적 무신론을 학습하도록 강요했다. 그의 *DIAMAT*는 매우 유치한 억지 주장이었지만, 그의 치기가 공산주의자들에게는 무조건 믿고 실천하지 않으면 안 되는 교조가 되었다. 오파린은 스탈린 치하에서 과학적 실험의 성공이나 증거도 없이 생명의 기원에 대한 화학적 진화론을 제안했다. 결국 이것이 과학적 무신론을 완성하는데 이론이 되었다.

과학적 무신론을 체계적으로 본다면, 마르크스-엥겔스-레닌-스탈린으로 이어지는 유물진화론, 오파린의 화학적 진화론, 그리고 다윈의 생물학적 진화론이 포괄되는 진화론의 조합인 것이다. 그러므로 겉으로는 하나의 일관성 있는 완전한 체계를 갖추고 있는 것처럼 보인다. 이렇게 하여 소비에트 러시아에서 완성된 과학적 무신론은 다시 서구 과학계로 뿌리를 뻗어 나와 자라났다. 이것은 소비에트 러시아가 1954년 스푸트니크 1호 인공위성 발사에 성공함으로써 우주 과학 경쟁에서 잠시 미국을 앞질렀던 사건이 계기가 되었다. 이에 놀라고 당황했던 미국이 소비에트제 과학적 무신론을 오히려 추종하게 되었던 사실은 이제 다시 평가를 받아야 할 것이다.

이 책에서는 과학적 무신론을 구성하고 있는 각 이론들을 과학적으로 검증해보았다. 다윈의 생물학적 진화론은 게놈(Genom) 프로젝트가 완성된 이후, 생물의 변이의 원인이 유전자(DNA)의 조합에 있다는 사실과 각 유전자의 특성이 밝혀짐으로써 오류임이 드러났다. 자연에서의 변이는 그저 종내(種內)에서 볼 수 있는 다양성의 발현에 그치는 것이며, '생식장벽'이라는 절벽을 뛰어넘을 수 없기 때문에 다른 종으로 진화할 수 없다는 사실도 밝혀졌다. 다윈의 생물학적 진화론은 고대로부터 내려온 자연발생론의 '변종'의 하나일 뿐이다. 마르크스와 엥겔스의 유물진화론은 소비에트 러시아에서 레닌에 의하여 최고 수준의 과학적 무신론으로 발전했다. 마르크스-레닌주의는 생명체의 의식 또는 정신은 물질적 현상이 반영된 것이라고 주장한다. 그러나 생명체는 먼저 정신이라는 소프트웨어(software)가 있어야 작동하는 것이다. 정신은 생명체에서 물질과 연결되어 있는 것이지만, 또한 물질을 초월해 있는 것이기도 하다. 그렇다면 정신은 형이하학적 물질계와 형이상학적 비물질계의 양쪽을 연결하면서 존재하고 있는 것으로 볼 수밖에 없다. 이것은 최첨단 현미경으로도 관찰할 수 없다. 따라서 생명의 기원을 물질에서만 찾는 과학적 무신론은 이 책에서 논증한 바와 같이 결코 성립할 수 없는 이론임이 자명하다. 지구 생명의 기원은 오히려 물질적 자연이 만들어낼 수 없는 정신에 있는 것이다. 과학이 실험적으로 검증이 가능한 가시적 자연주의 범주에 바탕을 두는 것은 당연하지만, 검증 불가능한 생명의 기원을 허구적 이론으로 설명하면서 신의 존재까지 부정하는 것은 과학의 한계를 벗어나는 것이다.

과학적 무신론은 스탈린의 *DIAMAT*에 의하여 기형적으로 변형되었으나 마침내 오파린에 의하여 완성되었다. 오파린의 화학적 진화론에 의하면 최초의 생명체를 만들기로 사전에 계획한 존재는 없었다. 그러므로 최초 생명의 발생은 물질의 화합물에서 우연히 나타날 수 있는 수많은 현상의 하나였다. 생명의 발생은 물질의 진화과정에서 필연적으로 나타나는 '변증법적 비약'의 결과일 뿐이다. 오파린은 이렇게 과학적 무신론에 대한 의심의 소지를 거짓 과학이론으로 봉쇄해버렸다. 결국 오파린의 화학적 진화론은 이제까지 과학적으로 결코 입증되지 않은 허구적 이론이다. 그럼에도 불구하고 오파린의 『생명의 기원』은 스탈린의 시대에 *DIAMAT*의 부교재처럼 쓰였다. 변증법적 비약에 의하여 물질에서 생명이 발생한다는 주장은 수학적 확률이론에서 보아도 우주역사에서 불가능한 일이다. 수학적으로 부정되는 이론은 과학이 아니다. 오파린의 이론은 공산주의 선전용 구호에 불과한 허위 주장이었다는 사실이 드러난 것이다.

이 책은 과학적 무신론은 사실이 아니며 실체적 증거도 없이 추론에 근거하여 세워놓은 가설에 불과하다는 사실을 명백하게 입증했다. 그러나 과학적 무신론자들은 과학적 무신론을 과학적 진리처럼 선전했다. 과학적 무신론자들은 그동안 생명의 자연발생 실험에 성공한 것처럼 허위 과장 보도를 일삼았고, 일반인들은 여기에 현혹되어 맹목적으로 과학적 무신론을 신뢰하게 되었다. 자연에서 물질이 자기조직화(self-systemized)를 통하여 생명체로 완성되는 것을 관찰한 사람이 누가 있는가? 생물이 하나의 종에서 다른 종으로 진화하는 중간종을 발견한 사람이 있었는가? 이 문제에 대해서 이제까지 과학적 증거를 발견한 사람은 아무도 없었다. 이 점에 대해 창조주 하나님의 창조를 믿는 기독교적 입장은 그런 기작(機作: mechanism)은 결코 없다는 것이다. 물질의 조합만으로 생명현상이 발생되는 그런 기작을 아직까지 발견하지 못했다는 사실은 생명체는 물질로만 구성된 것이 아니며, 따라서 생명이 물질의 '변증법적 비약'에 의해서 생겨난 것이 아니라는 사실을 입증하는 것이다. 따라서 과학적 무신론은 과학적 사실이 아니라는 진실이 드러난 것이다.

소비에트 러시아에서 일어난 역사적 사실을 보면, '프롤레타리아트의 해방'이라는 공산주의의 목표는 그저 하나의 선전용 구호에 지나지 않는 것이었다. 과학적 무신론을 근거로 집권에 일단 성공한 러시아 공산당은 정치적 반대세력을 무자비하게 제거하고 독재체제를 수립했다. 그들은 공포정치를 통하여 사상의 자유를 통제하고, 사유재산을 몰수하여 그것들을 국가라는 공동체의 것으로 만드는 단계까지는 성공했다. 그들이 국유화한 공동재산이나 프롤레타리아의 노동에 의하여 생산되는 물질적, 정신적 생산물을 공산당 권력층은 개인의 것처럼 '필요에 따라' 사용했다. 그러나 일반 프롤레타리아트에게는 최소한의 필요량조차 제대로 배분되지 않았고, 그들의 물질적 소외는 오히려 심화되었다. 또한 각자의 '능력에 따라 자유롭게' 일하는 사회가 아니라, 강제 배치되는 일자리를 겨우 가질 수 있을 뿐이었다. 공산주의 사회의 현실은 이와 같이 프롤레타리아트의 전위대(前衛隊), 즉 소수의 공산당원에게만 호전되었을 뿐 대다수의 일반 프롤레타리아에게는 오히려 혁명 이전보다 나빠진 것이었다. 특히 공산화된 국가의 기독교인들에게 공산주의는 재앙과 같은 것이었다. 따라서 공산주의 사회에서의 인간적 생활의 조건은 개선되는 것이 아니라 오히려 악화되었고, 마침내 스스로 붕괴하거나 서구적 자본주의 체제를 부분적으로 수용하지 않을 수 없게 되었다. 그래서 공산주의 혁명은 사회문제를 해결하는 것이 아니라 더욱 악화시키는 것에 불과하다는 사실이 드러나게 되었다. 공산주의 사회는 실현 불가능한 허구적 유토피아라는 사실이 점점 확실해지게 된 것이다. 공산주의 국가에서 공산당에 불만을 표출하거나 비판하는 자는 반동분자로 몰려 숙청되는 희생물이 될 뿐이었다. 이러한 역사적 사실에도 불구하고 현대인들이, 때로는 그들에게 선교해야 할 기독교인들이 공산주의의 가면인 과학적 무신론을 받아들이고 있다는 것은 자신의 무지와 안일성을 스스로 드러내는 것이다.

공산주의는 일제 치하에서 한민족 독립운동가들 가운데 기독교 신자였던 이동휘, 여운형 등에 의해서 한민족 사회와 교회에 유입되었다. 그들이 당시 혁명에 성공한 러시아 마르크스–레닌주의를 독립운동의 방법으로 추종하였기 때문이다. 민족독립에 목매고 있었던 그들은 공산주의를 제대로 알지도 못한 상태였다. 러시아 제국을 무너뜨린 공산주의 혁명은 그들에게 일본 제국에 대한 독립운동의 방법으로는 최상의 것으로 보였기 때문이다. 그러나 결과적으로 보면 과학적 무신론은 한민족 독립운동에 크게 기여한 것도 없이 막대한 피해만 안겨주었다. 한민족 사회에 초기 공산주의의 유입과정에서 공산주의자 사이의 주도권 경쟁 때문에 '자유시 참변' 같은 사건이 벌어져 한민족 무장 독립군 부대가 궤멸되는 참상은 바로 그런 사례이다. 그리고 '40만 루블 레닌자금' 사건과 조선공산당 창당을 놓고 공산주의자들끼리 벌어진 음모와 파쟁들도 한민족 독립운동에 부정적 영향을 끼쳤다. 이러한 사건들은 역사적으로 과학적 무신론자의 비인간적 잔학성과 독선적 당파성을 그대로 보여주는 사례들이다.

김구는 온갖 고초를 감내하면서 항일 독립운동의 대표기구였던 대한민국 임시정부를 해방의 때까지 끝내 지켜냈다. 그에게 그런 힘을 준 것은 그가 기독교에 입문하면서 터득했던 초기 '신사상'에서 비롯된 것이다. 신교심(信敎心)과 애국사상이 바탕이 된 그의 초기 '신사상'에 "유신한 국민이 통일연합하야 유신한 자유문명국을 성립케 함"이라는 신민회의 목적이 추가되었고, 일제의 감옥에서 지내는 동안 그의 사상은 민족을 대표하는 애국사상으로 발전할 수 있었다. 김구의 '신사상'은 또 다른 신사상인 마르크스-레닌주의 또는 과학적 무신론 사상이 한민족에게 유입될 줄을 알지 못하고 있었던 때의 것이다. 또 다른 신사상인 과학적 무신론은 바로 신민회의 발기인으로 초기에 김구와 동일한 '신사상'을 가졌던 이동휘와 유동열을 통해 유입되었다.

두 가지 신사상은 중국과 러시아에서 신민회의 망명자들을 분열시켰고, 상해임시정부에서 충돌하는 원인이 되었다. 결국 두 개의 신사상은 한민족 항일 독립운동가들 전체를 분열시키고 말았다. 이후 마르크스-레닌주의 또는 과학적 무신론에 의하여 양분된 항일 독립운동가들은 러시아 '자유시'에서 궤멸적 참변을 당했고, 이후에는 소규모 단위로 분열된 무장 독립운동에서 입은 피해가 누적되면서 임시정부가 독립군을 조직할 수 있는 자원까지 고갈시키고 말았다. 그뿐만 아니라 임시정부는 조각(組閣)을 하는 것도 어려운 일이 되었고, 중일전쟁이 겹치면서 피난처를 찾아 중국 각지를 떠돌아다녀야 했다. 이런 일들로 인하여 한민족의 항일 독립운동이 국제적으로는 역사적 실적을 인정받을 수 없는 것이 되었다. 결국 한민족의 독립은 제2차 세계대전에서 일제를 패망시킨 미소(美蘇) 양국에 의하여 이루어지게 되었다. 양분된 독립운동가들은 통일연합되지 못한 채, 미소가 분할 점령한 한반도에 남북분단을 가져오는 결과를 막지 못했다. 그런 분열의 양상은 현재까지도 그대로 이어져서 오늘날 우리는 그 후과에 시달리고 있다. 우리는 아직 김구가 상제께 기도했던 "완전한 독립국민"이 되지 못하고 있다. 그의 민족주의적 사상은 이미 서술했던 바와 같이 그가 해방된 조국에 돌아와서 쓴 『백범일지』하권에 잘 표현되어 있다. 그러나 그것은 민족의 분열로 아직 완성되지 못하고 있는 것이다.

오늘날 한반도의 정세를 살펴보면, '남북한 정부의 정치가 외국으로부터 독립국으로서 제대로 대우를 받고 있기나 한 것인가?'라는 의문을 던져준다. 남북한 정부는 아직 김구의 '완전한 독립국'이나, 그것과 동일한 신민회의 '유신한 국민들이 통일연합하는 자유문명국'으로서 인정받기에는 아직 한참 못 미치는 수준의 정치를 하고 있는 것처럼 보이기 때문이다. 대한제국의 기독교인들이 신민회를 설립하고 항일 독립운동을 했던 목적은 '자유문명국'의 건설이었고, 신민회 간부였던 김구의 민족주의적 애국사상은 '완전한 독립국'이다. 한민족 가운데 매국노가 아니라면 우리나라가 김구의 바람이었던 '완전한 독립국', 그리고 신민회의 목적이었던 '자유문명국'이 되지 않기를 바라는 사람은 없을 것이다. 그런 목적에 온 민족이 동의하는 것이라면, 그런 사상의 바탕이 된 기독교가 아직 미완성으로 남아 있는 그 목적을 계속 추진해야 할 책임은 없는가? 신민회의 조직을 설계했던 안창호는 일제에게 국권을 빼앗긴 원인과 독립을 쟁취하는 문제도 모두 우리 민족에게 책임이 있음을 지적했고, '내 자신이 반성하면 파벌이 생길 이유가 없다'고 단합을 강조했다.

이제 '신사상'을 가진 기독교는 '유신한' 한민족의 민족종교로 거듭나고, 기독교인들은 '자유문명국'을 건설하기 위해 민족의 통일연합을 주도하는 '완전한 독립국민'이 되어야 할 때가 된 것 같다. 이 책은 이러한 관점에서 과학적 무신론의 발생과 그것에 관련된 과학적 이론의 왜곡과 오류, 그리고 그것이 항일 독립운동의 과정에서 한민족 교회에 유입되면서 초래한 항일 독립운동가들의 분열과 남북한 분단 등의 문제점들을 고찰해본 것이다.

2. 제언

과학적 무신론자들은 종교인들이 믿는 신의 존재를 인정하지 않는다. 따라서 물질계와 비물질계를 연결하는 정신, 곧 영혼의 존재와 불멸성도 인정하지 않는다. 그러나 과학적 무신론은 그 실상을 자세히 알고 보면 생명의 발생과 물질변화의 법칙을 고의적으로 왜곡해서 만들어낸 하나의 자연발생론, 즉 위장된 과학에 지나지 않는 것이다. 과학적 무신론이 유신론을 과학이론을 왜곡하면서까지 부정하는 것은 인류사회의 전통적 가치와 윤리체계를 뒤엎고 정권을 탈취하겠다는 야망에서 나온 정치적 이념에 불과한 것이기 때문이다. 현대사회는 과학적으로 증명할 수 없는 신의 존재 여부를 놓고 과학적 무신론자와 종교적 유신론자로 갈라져 생존을 걸고 정치적 투쟁을 하고 있다. 이 투쟁에서 승리하는 쪽이 미래의 사회를 지배할 것이다. 그러나 문제는 과학적 무신론자들이 과학적 무신론의 허구성과 오류를 인정하지도 않고, 그들이 부정하고 탄압했던 종교의 윤리, 특히 기독교적 사회윤리조차도 수용하지 않는다는 사실이다.

이에 대해 기독교는 생존을 위해 과학적 무신론과의 투쟁에서 승리해야 하는 과제를 안고 있다. 그렇지만 이것이 결코 쉬운 문제가 아닌 것만은 분명하다. 그러므로 기독교는 과학적 무신론자들이 자연발생론적 증거를 찾기 위하여 각종 과학 분야에서 시행하고 있는 생명현상의 실험과 연구 결과를 주의 깊게 살펴보아야 한다. 과학적 무신론자들이 그들에게 유리하게 증거를 조작 발표하면, 일반인들은 이를 쉽게 믿어버리는 경향이 있기 때문이다. 따라서 앞으로 기독교가 과학적 무신론을 비판하기 위해서는 과학 분야에 대한 지식의 습득도 소홀히 할 수 없는 것이다. 더욱 중요한 것은 기독교 지도자들이 과학적 무신론에 대한 최소한의 비판적 소양을 갖추도록 해야 한다. 기독교는 '태초에' 창조주에 의하여 창조된 우주가 언젠가는 '새 땅과 새 하늘'로 대체될 것이라는 예언을 가지고 있다. 과학적 무신론자들도 우주의 종말이 닥칠 것이라는 주장을 하고 있다. 태양 에너지의 소진으로 태양계에 종말이 올 수도 있고, 지구상의 모든 생물이 소행성과의 충돌, 대규모의 화산 폭발이나 핵전쟁, 대홍수, 대지진 등으로 인해 언제든지 멸종되거나 지구 자체가 분해되는 사태가 생길 수도 있다는 것은 과학적으로도 충분히 예측 가능한 이론이다. 또한 우주의 모든 행성들은 알 수 없는 우주의 바깥을 향해 엄청난 속도로 돌진하고 있다고 한다. 이렇게 본다면 인간은 '은하열차'의 지구 칸에 탑승하여 미지의 목적지로 끌려가고 있고, 그곳에서 종말을 맞아야 할 운명에 놓여있는 것이다. 그러나 지구가 태양을 회전하는 수십억 년 동안 물질의 '변증법적 비약'으로 발생한 생명에서 최고로 진화해서 결국 인간이 된 것이라면, 이러한 종말을 맞이하는 인간은 다윈이 표현했던 '장엄함'이 아니라 '비참함'이라고 해야 할 것이다. 이런 모습이 과연 우주와 인간의 실존적 모습일까? 인간은 창조주의 목적과 그의 섭리 없이 자연발생적으로 생겨나서 존재하는 것일까?

이 책에서 우리는 이런 질문에 답하기 위해 논의했고 결론적으로 인간은 과학적 무신론이 주창하는 자연발생의 산물이 아니라는 사실을 논증했다. 그렇다면 우리는 창조주의 목적과 섭리에 따라 살아야 한다. 기독교인으로서는 과학적 무신론에 대해서 더욱 연구해야 할 필요가 있다. 왜냐하면 과학적 무신론자들은 대다수가 종교적 유신론자들에게 적대적 공격성을 보여주고 있을 뿐만 아니라, 기독교인들에게는 특히 위험한 적그리스도적 사상을 가지고 있기 때문이다. 더욱이 과학적 무신론자들은 과학적 무신론을 점점 확산시키려고 온갖 노력을 다하고 있다. 이제 이러한 사실을 확인하였으므로 기독교는 아직도 과학적 무신론 사고에 젖어 있는 자들을 향해 적극적으로 선교할 대책을 마련하지 않으면 안 된다. 왜냐하면 이것은 기독교의 생존과도 직결된 문제이기 때문이다. 이러한 노력은 기독교인이라면 누구에게나 꼭 필요한 일이다. 특히 창조주의 특별한 은총을 입고 있는 기독교인들은 과학적 무신론자들을 가르쳐야할 특별한 의무를 지고 있음을 자각해야 할 것이다. 그 특별한 은총은 그에 따른 특별한 의무를 수행하지 않는다면, 무효화될 것이 분명하기 때문이다.

이 책을 쓰면서 항상 마음에 품고 있었던 것은 창세기 3:5-6에서 사탄이 한 말이다. 왜냐하면 인간의 "눈이 밝아져 하나님 같이 되어 선악을 알 줄 하나님이 아심"을 깨달아가는 과정이 선한 과학이라는 사실을 알게 되었기 때문이다. 선악을 아는 것이 타락이나 죄악이 아니라, 선과 악을 알면서 선을 행하지 않고 악을 행하는 것이 타락이고 죄이다. 선악을 모를 때 하나님은 죄를 묻지 않으셨다. 그러나 "하나님의 형상"으로 만들어진 인간이 하나님처럼 선악을 알게 되는 것은 결국 시간문제였을 뿐이다. 인간사회에서 악의 문제는 여자와 아담이 에덴동산의 중앙에 있는 '선악을 알게 하는 나무의 열매'를 먹었기 때문이라는 기독교리는 창조주와 인간에 대해 많은 질문을 던져주는 명제이다. 예를 들자면 창조주가 왜 첫 계명을 지키지 못하도록 인간을 창조하셨을까? 이 질문은 선한 현대인들이 선한 과학을 통하여 "먹음직도 하고 보암직도 하고 지혜롭게 할 만큼 탐스럽기도 한 나무"의 열매가 상징하는 악의 문제를 탐구하도록 촉구한다. 선한 기독교인은 창조주의 '태초의 창조'와 '새 창조'의 창조목적을 탐구하는 선한 과학적 지식인이 되어야 하는 것이다. 창조주를 믿는 기독교인은 선한 과학을 배워 악한 과학을 물리치는 영적 전쟁에 나가 싸워야 하는 것이다. 이 책에서 기독교인이 과학적 무신론을 먼저 이해하고 오류를 비판해야 한다는 주장을 제기하는 것도 바로 이런 뜻에서이다.

목회자는 예수 그리스도의 청지기이자 목자이다. 곳간에 도둑이 들고 양떼가 적그리스도의 유혹에 넘어가고 있는데도, 목회자가 이들과의 싸움을 회피하는 것은 스스로의 직무를 포기하는 것과 다름없다. 선한 싸움에서 승리자가 되기 위해서는 자신뿐만 아니라 적도 알아야 한다. 기독교가 나서서 과학적 무신론의 오류를 검증하고 비판하지 않으면, 기독교에 미래는 없을 것이다. 왜냐하면 타락한 아담과 이브의 후손들은 현대에 이르러 하나님의 존재를 부정하는 과학적 무신론, 자연주의 종교, 인본주의 또는 주술적 사이비 종교나 거짓 과학이론 등의 주장에 훨씬 끌리는 성향을 갖게 되었기 때문이다. 한민족은 일제로부터 해방되긴 했지만, '유신한 국민이 통일연합하여 유신한 자유문명국을 성립'케 하는 일은 아직도 미완성되었다. 그것을 완성시키기 위해서는 먼저 과학적 무신론적인 것들로부터 유신하는 것이 필요하다. 그래서 신학에서 과학적 무신론을 연구하는 것은 아주 필요한 부분이 되었다. 이 책이 그런 일에 하나의 시금석으로 쓰이기를 제안한다.

끝으로 국내에서 아직 선행 연구 자료가 거의 없는 실정에서 이 책을 쓰는 동안 연구에 많은 애로를 겪었음을 고백한다. 이 책은 소수의 원문자료(다윈의 경우)와 번역자료(마르크스, 엥겔스, 레닌, 스탈린, 오파린의 경우), 그리고 기타 참고자료들을 가지고 연구한 것이다. 또한 한국 주류 사학계에서 한국 기독교 역사가 밀려나고 왜곡되고 있는 현실은 이 책에 필요한 자료 찾기를 더욱 어렵게 했다. 이런 환경에서 쓴 이 책에 부족한 점들이 없지 않으리라고 보며, 이런 것들은 앞으로 더욱 연구해야 할 과제로 남겨두기로 한다.

미주
Endnotes

1 Karl Marx·Friedrich Engels, *The Communist Manifesto,* (New York: Penguin Books, 2011).

2 Charles R. Darwin, *On The Origin of Species,* (New York: New York University Press, 1988).

3 Alexander Ivanovich Oparin, *The Origin of Life on Earth* (1st ed.) translatedby Sergius Morgulis, (New York Dover Publishing Co., 1938).
_____, 山田坂仁 역, 『生命の起源』(제1판), (東京: 岩崎書店, 1947).

4 Bertrand Russel, 최민홍 역, 『서양철학사』, (서울: 집문당, 2010), 126.

5 Friedrich Engels, 김민석 역, 『반듀링론』, (서울: 새길, 1987), 15. 이 책명은 1878년에 출판한 『오이겐 듀링씨의 과학혁명』의 책명을 줄여서 쓰는 것이다.

6 러시아과학아카데미 편, 이을호 역, 『세계철학사』 전집, (서울: 중원문화, 2009).

7 Ernst Mayr, 신현철 역, 『진화론 논쟁』, (서울: 사이언스북스, 2008).

8 Stanley Miller and Leslie Orgel, 박인원 역, 『생명의 기원』, (서울: 민음사, 1999).

9 Robert C. Trucker ed., *The Marx-Engels Reader,* (New York: Norton, 1978).

10 Alister E. McGrath, 정성희, 김주현 역, 『과학과 종교』, (서울: 린, 2013), 183.

11 김균진, 『기독교 신학』 I, (서울: 연세대학교출판부, 2010), 475-525. 그의 4가지의 무신론은 과학적 무신론, 휴머니즘적 무신론, 저항의 무신론, 그리고 심리학적 무신론이다.

12 러시아과학아카데미 편, 이을호 역, 『세계철학사 11』, 84.

13 Alister E. McGrath, 박세혁 역, 『과학 신학』, (서울: IVP, 2011).
_____, 김태완 역, 『도킨스의 신』, (서울: SFC 출판부, 2007).

14 최석, "과학적 무신론의 종교비판과 과학신학적 응답의 상보적 대화: 리처드 도킨스(R. Dawkins)와 알리스터 맥그라스(A. E. McGrath)를 중심으로", (박사학위논문, 성공회대학교, 2013).

15 정진우, "과학주의 무신론에 대한 과학적 유신론 비판연구: R. Dawkins와 A. McGrath를 중심으로", (박사학위논문, 호서대학교, 2012).

[16] Richard Dawkins, 이한음 역.『만들어진 신: 신은 과연 인간을 창조했는가?』, (파주: 김영사, 2007).

[17] David Berilnski, 현승희 역,『악마의 계교: 무신론의 과학적 위장』, (가평: 행복 우물, 2008).

[18] Henry M. Morris and John C. Whitcomb, 이기섭 역,『창세기 대홍수: 성경의 기록 과 그 과학적 관계』, (서울: 성광문화사, 1985).

Henry M. Morris, 현천호 역,『성경과 과학 그리고 창조』, (서울: 한국창조과학회, 2007).

[19] John D. Morris, 홍기범 · 조정일 역,『젊은 지구』, (서울: 한국창조과학회, 2006), 92.

[20] 임번삼,『창조과학원론: 잃어버린 생명나무를 찾아서』상 · 하권, (서울: 한국 창조과학회, 2007). 김준,『창세기의 과학적 이해』, (서울: 한국창조과학회, 2009).

[21] Philip Johnson, 이승엽 · 이수현 역,『심판대 위의 다윈: 지적설계논쟁』, (서울: 까치글방, 2006).

Michael J. Behe, 김창환 외 역,『다윈의 블랙박스』, (서울: 풀빛, 2001).

William Dembski, 서울대학교 창조과학연구회 역,『지적설계』, (서울: 기독학생 회출판부, 2006).

[22] 김기환,『생물의 진화는 사실인가?』, (서울: 진화론 실상연구회, 2008).

[23] 양승훈,『창조와 진화: 진화론 비판과 창조 모델로 살펴본 생물의 기원』, (서울: SFC, 2012).

조덕영,『과학과 신학의 새로운 논쟁』, (서울: 예영커뮤니케이션, 2006).

[24] Larry Witham, 박희주 역,『생명과 우주에 대한 과학과 종교논쟁, 최근 50년』, (서울: 혜문서관, 2008).

이양림,『기독교와 과학』, (서울: 죠이선교회출판부, 2001).

신현수, "도킨스의 신개념 비판", 기독교학술원 세미나 발표 (2012. 12.7).

[25] 러시아과학아카데미 편, 이을호 역,『세계철학사 1』, 13.

[26] Mircea Eliade, 이기숙 · 김이섭 역, "신화와 신화학",『세계 신화 이야기』, (서 울: 까치, 2005), 10-28.

[27] 러시아과학아카데미 편, 이을호 역,『세계철학사 1』, 56.

[28] Ibid., 56 참조. 이러한 서구 철학계의 견해에 반대하여 러시아과학아카데미는 철학이 고대 동방의 이집트와 바빌로니아 및 인도와 중국에서 발생된 것으로 본 다. 지배계급의 관념론 철학은 종교로 발전하였고, 노예계급의 유물론 철학은 종교에 대한 대결을 내걸면서 과학적 지식으로 발전하였다는 것이다.

29 Ibid., 130. 러시아과학아카데미의 입장이다. 오파린 역시 『생명의 기원』 어느 판에서나 제1장에서 관념론 철학자들과 유물론 철학자들의 계보를 나누어 설명하고 이들이 유물론의 시조라는 견해를 표명한다.

30 Ibid., 137.

31 그의 손자 찰스 다윈은 『종의 기원』에서 할아버지의 주장과 달리 진화에 합목적성이 있다는 것을 부인했다.

32 Karl Marx, "김수행 역, 제2판 후기", 『자본론 I 』, (서울: 비봉출판사, 2011), 19

33 러시아과학아카데미 편, 이을호 역, 『세계철학사 6』, 25.

34 Ludwig A. Feuerbach, 김쾌상 역, 『기독교의 본질』, (서울: 까치, 1993), 403.

35 러시아과학아카데미 편, 『세계철학사 3』, 361.

36 V. G. Afanasyev, 김성환 역, 『변증법적 유물론』, (서울: 백두, 1988), 33. 이 말은 Robert Service, 김남섭 역, 『코뮤니스트-마르크스에서 카스트로까지, 공산주의승리와 실패의 세계사』, (서울: 교양인, 2012), 53 등에서도 인용되는 유명한 말이다

37 엥겔스는 마르크스가 죽은 뒤에 『포이어바흐와 독일 고전철학』(1886)을 발표하여 이전의 독일 철학 전체에 대해 아예 사망선고를 해버린다.

38 레닌은 『칼 마르크스 교의의 역사적 운명』에서 1848년을 사실상 공산주의 원년으로 규정한다.

39 Jonathan Wolff, 김경수 역, 『한 권으로 보는 마르크스』, (서울: 책과함께, 2008), 29-38을 참고하라.

40 Karl Marx · Friedrich Engels, *The Communist Manifesto*, 63.

41 Ibid., 77: (해당 영어 본문)"The proletariat, the lowest stratum of our present society, cannot stir, cannot raise itself up, without the whole superincumbent strata official society being sprung into the air." 번역문 인용: 김회권, "사회주의와 기독교의 대화의 역사와 전망", 『사회주의 체제전환과 기독교』 한반도평화연구원총서 7, (파주: 한울아카데미, 2012), 9-75(p. 27).

42 Karl Marx · Fredrich Engels, *The Communist Manifesto*, 78.

43 Ibid., 79.

44 러시아과학아카데미 편, 이을호 역, 『세계철학사 6』, 122.

45 Karl Marx · Friedrich Engels, *The Communist Manifesto*, 79.

46 Ibid., 82.

47 Ibid., 84.

48 Ibid., 85.

49 Ibid.

[50] Ibid., 87.

[51] Ibid., 88-89. 10가지는 ① 토지 소유제의 폐지 및 지대의 공공목적 활용 ② 누진 과세 ③ 상속권 폐지 ④ 망명자와 반역자의 재산 몰수 ⑤ 자본과 금융의 국가독점 ⑥ 운송과 통신의 국유화 ⑦ 공장과 토지 등 생산 수단의 국유화 증대 ⑧ 동등한 노동의 의무 ⑨ 농업과 제조업으로 결합으로 도농 간의 차별 폐지 ⑩ 무상교육 실시 및 어린이 노동 폐지, 교육과 산업생산의 조합 등이다.

[52] Ibid., 89.

[53] Ibid., 91.

[54] Ibid., 92.

[55] Ibid., 93-97.

[56] Ibid., 97.

[57] Ibid., 99.

[58] V. G. Afanasev, 김성환 역, 『변증법적 유물론』, 116 참조. 이 말은 『고타강령비판』에 나오는 말이다. ( )안의 '형편'이라는 말은 마르크스의 공산주의 사상을 이해하는 데 더 적합한 것 같아서 필자가 쓴 것이다. 왜냐하면 마르크스는 『독일 이데올로기』에서 공산주의 사회에서 사람이 하는 일을 "오늘 이 일을 하고 내일에는 다른 일을 하고……마음 내키는 대로 아침에는 사냥을 하고, 오후에는 낚시질을 하며, 밤에는 가축을 돌보고, 저녁식사 뒤에는 비평을 하는 것이 가능해진다."고 말하고 있기 때문이다.

[59] Karl Marx · Friedrich Engels, *The Communist Manifesto*, 102-103.

[60] Ibid., 104.

[61] Karl Marx, 김수행 역, 『자본론 I 』, 235-303을 참조하라.

[62] Ibid., 49. "가치로서는, 모든 상품은 생산에 걸리는 노동시간(勞動時間)에 불과하다." 또한 Ibid., 247. "각 상품의 가치는 그 상품의 사용가치에 대상화되어 있는 노동의 양에 의해, 즉 그 상품의 생산에 사회적으로 필요한 노동시간(勞動時間)에 의해 규정되고 있다."

[63] 이 절의 내용에 대해서는 필자의 다음 두 개의 논문에서 인용하고 보완한 것이다. "신학과 과학의 생명기원 논쟁에 관한 고찰―다윈의 〈종의 기원〉에 나타난 진화론 비판을 중심으로", 「창조론 오픈포럼」 6권 2호 (2012, 8), 51-65. 그리고 "자연발생론과 다윈의 진화론에 대한 비판" 「창조론 오픈포럼」 8권1호(2014. 2), 116-134.

[64] 이때 월리스의 논문 제목은 "On the Tendency of Varieties to Depart Indefinitely from Original Type"이었고, 다음 해에 다윈이 출판한 『종의 기원』의 원 제목은 On the Origin of Species by Means of Natural Selection or the Preservation of the Favoured Race in the Struggle for Life 이었다.

65 그는 1889년에 『다윈주의』라는 책을 쓰면서 자신의 나머지 연구 업적까지 다윈에게 아낌없이 양도했다.

66 Jonathan Clements, 조혜원 외 역, 『다윈의 비밀노트』, (서울: 씨실과 날실, 2012), 115 참조. 다윈은 이런 생각을 1868년에 출판한 『가축 및 재배식물의 변이』에서 진술했다.

67 그래서 다윈의 『종의 기원』의 제1장은 "재배 사육 하 에서 생기는 변이"라고 했고, 이어서 제2장은 "자연 하에서 생기는 변이"에 대해서 진술하고 했다.

68 Charles Darwin, 이민재 역, 『종의 기원』, (서울: 을유문화사, 2003), 146.

69 '적자생존'이라는 말은 허버트 스펜서(Herbert Spencer, 1820-1903)가 1864년에 출판한 『생물학의 원리』에서 처음 쓴 말이다.

70 『종의 기원』 개정 6판은 1872년에 나왔다. 이때부터 책의 제목이 *the Origin of Species*로 바뀌어졌다. (Jonathan Clements, 『다윈의 비밀노트』, 91을 참고하라)

71 Charles Darwin, 이민재 역, 『종의 기원』, 33.

72 Charles Darwin, *The Origin of Species* (1876), 429. 영어 원문은 이렇다: "There is grandeur in the view of life, with its several powers, having been originally breathed by the Creator into a few forms or into one;......have been, and are being evolved."

73 이러한 평가에 대해서는 John Henry, 노태복 역, 『서양과학사상사』, (서울: 책과함께, 2013), 405 및 Ernst Mayr, 신현철 역, 『진화론 논쟁』, (서울: 사이언스북스, 2008), 106을 참고하라.

74 John Henry, 노태복 역, 『서양과학사상사』, 400.

75 *Jackson's Oxford Journal*, (1860. 7. 7.)

76 Paul White, 김기윤 역, 『토마스 헉슬리』, (서울: 사이언스북스, 2006), 115.

77 Ibid., 11.

78 John Henry, 노태복 역, 『서양과학사상사』, 408.

79 토마스 헉슬리의 급진성은 다윈이 다루기를 꺼려했던 인간의 조상 문제를 이미 1863년에 『자연계에서 인간의 위치』라는 이름으로 출판했다는 사실에서도 나타났다. 당시 이 책은 다윈의 『종의 기원』을 직설적으로 해석한 것으로 이해되었다. 다윈은 인간의 문제를 다룬 『인간의 유래와 성선택』을 1871년에야 발표했다. 헉슬리는 런던시 교육위원으로 일할 때에 과학적 교육을 강조했으나, 도덕교육의 근거로서는 성경교육이 필요하다는 것을 인정했다. 그는 『진화와 윤리』에서는 생존경쟁에서 약자를 보호해야 한다고 하여 무제한의 적자생존 이론인 진화론과는 모순되는 주장을 하기도 했다.

80 다윈은 '진화'라는 용어를 『종의 기원』 제6판(최종판)에 썼다.

81 이중원 저, 『다윈의 종의 기원』, (서울: 삼성출판사, 2006), 31 참조.

82 Ernst Mayr, 『진화론 논쟁』, 110−111 사이에 있는 사진 삽화 제8면을 참조하라.

83 Charles Darwin, 이민재 역, 『종의 기원』, 179−217.

84 도브잔스키는 구소련에서 미국으로 망명한 유대인 유전학자인데, "Nothing in biology makes sense except in the light of evolution"라는 유명한 말을 남겼다. 이 말은 서구 생물학의 방향을 '유물론적 진화론'에 묶어놓게 한 것으로 생명과학, 유전학 교과서 등에 널리 실려 있다. Daniel L. Hartl et al, *Essential Genetics: A Genomics Perspective*(5th), 양재섭외 역, 『필수유전학』(서울: 월드 사이언스, 2012), 27을 참조하라. 마이어도 이 말을 인용하고 있다(Ernst Mayr, 『진화론 논쟁』, 139).

85 줄리안 헉슬리는 토마스 헉슬리의 손자이다. 그는 UNESCO(유엔교육과학위원회) 초대 사무총장을 지내면서 세계 과학교육을 진화론적 관점에서 교육하는 지침을 마련하고, 인본주의에 입각하여 자연주의 종교를 주장하는 등 도브잔스키와 함께 서구에서 과학적 무신론 확산에 지대한 공헌을 했다.

86 이 그룹에 대해서는 1937년 도브잔스키의 『유전학과 종의 기원』 이후에 그가 헉슬리와 공저한 『진화: 현대종합설』(1942), 마이어의 『계통학과 종의 기원』(1942), 심프슨의 『진화의 속도와 방법』, 렌쉬의 『진화상의 새로운 문제』(1947), 그리고 스테빈의 『식물의 변이와 진화』(1950)를 포함하는 그룹만으로 지칭되는가 하면, 다른 편으로는 1937년 이전에 책을 출판한 할데인(Haldane) 등을 포함하기도 한다(참조: Ernst Mayr, 『진화론 논쟁』, 174). 이 그룹의 명칭에 "종합설"이 들어간 것은 유전학 이론과 다윈의 이론을 종합해놓았기 때문인데, 그것은 매우 억지스러운 종합에 지나지 않은 것이었다. 이 그룹은 서방에서 과학적 무신론 확산에 가장 큰 기여를 하였다.

87 『브리태니커』온−라인 "종": http://100.daum.net/encyclopedia/view.do?docid=b19j3078b (검색: 2013.7.23).

88 이 말은 '생식격리'로 번역되기도 한다. 그러나 인위적인 개념이 포함된 이 말보다는 '생식장벽'이라는 말이 더 잘 맞는 것 같다. 이에 대해서는 Simon, Reece and Dickey, 고상균, 윤치영 역, 『캠벨 생명과학』 3판, (서울: 바이오사이언스출판, 2012), 272−273을 참고할 수 있다. 또한 「위키스페이스」 온−라인(영문판)을 참조할 수도 있다. http://evolutionkj.wikispaces.com/Reproductive+Barriers

89 Peter Kröning, 이동준 역, 『오류와 우연의 과학사』, (서울: 이마고, 2011), 273. 이후 같은 책의 같은 장에서 인용하는 말의 각주 처리는 이와 같이 간결하게 마지막 인용문에만 표시하겠다.

90 이 그룹의 명칭은 사실 1896년 '획득형질의 유전이 없는 다윈주의'를 주장한 로

마네스(Romanes)에 의하여 처음 사용된 것이다. 그러나 현대에 이르러서는 일반적으로 '현대종합설 그룹'과는 다른 이론을 가진 진화론자들 -주로 돌연변이를 주장하는- 을 총체적으로 가리키는 말로 쓰이고 있다.

91 Ernst Mayr, 신현철 역, 『진화론 논쟁』, 48.

92 Ibid., 95.

93 Ibid., 97.

94 Ibid., 124-125.

95 Ibid., 128.

96 Ibid., 135.

97 Ibid.

98 Ibid., 141.

99 Ibid., 140.

100 Ibid., 192.

101 이 부분은 필자가 「창조론 오픈포럼」 8권2호(2014. 7.), 45-60에 게재된 논문 "과학적 무신론의 형성과정에 대한 소고"에서 상당 부분 인용한 것이다.

102 Jacques Attali, 이효숙 역, 『마르크스 평전』, (서울: 위즈덤 하우스, 2006), 362-363.

103 Ibid., 369.

104 Ibid., 383.

105 Ibid., 385-386.

106 Ibid., 555.

107 Karl Marx, 김수행 역, 『자본론 I』, 다윈을 언급한 부분에 대해서 찾아보면, 본문에서가 아니라 두 개의 각주에서 언급하고 있다.

108 Ibid., 462의 각주 6.

109 Giambattista Vico(1688-1744): 나폴리에서 태어나 고난과 역경의 생애를 보낸 이탈리아의 역사철학자. [브리태니커] 오늘날 문화인류학이나 민속학의 선구자로 인정받고 있다. 특히 주저인 『새로운 과학 *Scienza nuova*』(1725)에서 역사와 더욱 체계적인 사회과학들을 수렴하여 이 둘을 상호 침투시켜 단일한 인간과학을 만들려 했다.

110 Karl Marx, 김수행 역, 『자본론 I』, 501의 각주 4.

111 Friedrich Engels, 김민석 역, 『반듀링론』, 18.

112 V. G. Afanasyev, 김성환 역, 『변증법적 유물론』, 80. 저자는 「프라우다」지 편집위원장과 러시아과학아카데미 산하 역사문제연구소 소장을 지낸 사람이다.

113 Friedrich Engels, 김민석 역, 『반듀링론』, 18-19.

[114] Friedrich Engels, 김재기 역, "공상에서 과학으로의 사회주의 발전", 『마르크스 · 엥겔스 저작선』, (서울: 거름, 1988), 201.

[115] Friedrich Engels, 김민석 역, 『반듀링론』, 34.

[116] Ibid., 294.

[117] Ibid., 21.

[118] Ibid., 76.

[119] Ibid., 77.

[120] Ibid., 78.

[121] Ibid., 79.

[122] Ibid., 80.

[123] Ibid.

[124] Ibid., 81.

[125] 그러나 『브리태니커』는, "획득형질의 유전을 주장하는 학설을 라마르크설이라고 하는데, 이 설은 다윈에 의해서 반박되었다"고 썼다. 이것은 영국인 다윈을 옹호하는 『브리태니커』의 편향적 서술이다.

[126] Friedrich Engels, 김민석 역, 『반듀링론』, 81.

[127] Ibid. 82.

[128] 엥겔스가 『종의 기원』 초판을 읽었던 사실은 이미 알려져 있었지만, 제6판을 다시 읽었다는 사실은 뜻밖의 일로 그만큼 다윈의 진화론에 심취했다는 증거이기도 하다. 『종의 기원』 제6판은 다윈이 죽기 전에 마지막 수정을 했던 최종판이다.

[129] Ibid., 83.

[130] Charles Darwin, 박동현 역, 『종의 기원2』, (서울: 신원문화, 2006), 358-359.

[131] Charles Darwin, 이민재 역, 『종의 기원2』, 504.

[132] Friedrich Engels, 김민석 역, 『반듀링론』, 83.

[133] Ibid., 360에서 "원생적인 단충(單蟲)형태"에 붙어 있는 편집자 후주 41을 참조하라.

[134] Ibid., 83.

[135] Ibid., 84.

[136] Ibld.

[137] Ibid., 85.

[138] Ibid., 86. 여기서 "니벨룽겐의 반지"의 작가는 같은 이름으로 4부작 오페라를 만든 리하르트 바그너(Richard Wagner)를 가리킨다.

[139] Ibid., 87–94.

[140] Ibid., 87.

[141] Ibid.

[142] Ibid., 88.

[143] Ibid., 89.

[144] Ibid., 90.

[145] Ibid.

[146] Ibid., 91. 1867년 독일의 화학자 트라우베가 인공세포 실험을 하던 중에 삼투압 현상을 처음으로 발견하였다.

[147] Ibid., 92.

[148] Ibid.

[149] Ibid., 93.

[150] Ibid.

[151] Ibid., 94.

[152] Ibid.

[153] Ibid.

[154] Friedrich Engels, 황태호 역, 『자연의 변증법』, (서울: 전진출판사, 1989), 189.

[155] Ibid., 190.

[156] Ibid., 192.

[157] Jacques Attali, 이효숙 역, 『마르크스 평전』, 610–611.

[158] Ibid., 579.

[159] 한형식, 『맑스주의 역사강의』(서울: 그린비출판사, 2011), 124 참조.

[160] 한형식, 『맑스주의 역사강의』, 137.

[161] George H. Sabine, 성유진, 차남희 역, 『정치사상사 2』, (서울: 한길사, 1983), 992.

[162] 한형식, 『맑스주의 역사강의』, 125.

[163] Vladimir I. Lenin, 김민호 역, 『무엇을 할 것인가?』, (서울: 백두, 1988).

[164] 그는 독일에서 레닌과 결별하여 마르토프와 함께 멘셰비키파가 되었다. 1917년 2월 러시아 혁명이 성공한 뒤 귀국하였으나, 10월 혁명으로 레닌이 집권하자 레닌의 정책 노선을 비판하고 다시 망명했다. 그는 마르크스주의 교조주의자였으며, 그의 이론은 상당 부분 레닌에 의해 계승되어 마르크스-레닌주의의 바탕이 되었다.

[165] 조영명 편, 『러시아 혁명사』(청주: 온누리, 1985), 127.

기독교, 과학적 무신론, 그리고 항일독립운동

166 김준엽, "머리말", 고려대학교 아세아문제연구소 편, 『마르크스 · 레닌주의—그 이론적 비판』(서울: 고려대학교출판부, 1982). 이 "머리말"에는 페이지가 표시되지 않았다.

167 러시아의 과수원예가 미추린은 라마르크의 후천성 획득형질의 유전설을 증명하려고 시도하는 과정에서 300가지 이상의 새로운 유실수와 장과류(漿果類)를 개발하여 유명해졌으며, 혁명에 성공한 레닌으로부터 칭송을 받았다. 레닌에 의하여 발탁된 미추린은 스탈린 치하에서는 러시아 생물학의 최고 권위자로 군림하여 소련과학아카데미 유전학 연구소장과 레닌전연방농업과학아카데미(V. I. Lenin All—Union Academy of Agricultural Sciences)의 총재를 지내기도 했다. 이후 소련 정부는 미추린이 제안하여 T. D. 리센코가 마무리한 잡종형성이론(미추린주의: Michurinism)을 유전학의 공식 이론으로 받아들였다. 이로 인하여 멘델의 유전학은 소련 공산당에 의해 공식적으로 거부되었다. 이에 반대했던 과학자들은 체포 · 투옥되거나 망명하지 않으면 안 되는 사태가 일어났다.

168 *DIAMAT*는 마르크스-레닌주의를 기독교의 교리문답 형식으로 법전화한 것으로 스탈린이 썼다고 한다. *DIAMAT*는 *1936*년 소비에트 공산당 대회에서 채택한 『볼셰비키 당사』의 제*4*장에 *27*쪽 분량으로 포함되어 있었던 것이다. *DIAMAT*는 *1938*년부터 따로 소책자로 출판되었으며, 해설이 추가되면서 부피가 점점 늘어났다. *DIAMAT*는 스탈린 사후 공산당의 공식 장정에서는 폐기되었으나 일부 내용이 수정된 채 이후에도 계속 교재로 쓰였다.

169 한형식, 『맑스주의 역사강의』, 303.

170 Gustav A. Wetter, 강재윤 역 『변증법적 유물론 비판』, (서울: 태양사, 1985), 219.

171 George H. Sabine, 성유진, 차남희 역, 『정치사상사 2』, 1023.

172 Ibid., 1088.

173 1957년 모스크바에서 16개국 대표들이 생명의 기원에 대한 최초의 국제회의를 조직했고, 1963년 제2회 회의가 개최되었다. 오파린은 1970년 제3회 프랑스의 퐁타무송 회의에서 새로 조직된 국제 생명의 기원에 관한 연구학회 회장으로 추대되었다

174 이 대중판은 일본어와 한국어로 번역본이 출판되었다.

175 예를 들어 스탈린은 '부정의 부정의 법칙'을 *DIAMAT*에서 삭제했으나 그가 죽은 후 다시 복구되었다.

176 국내에는 앞의 V. G. Afanasyev의 것 이외에도 여러 가지 번역본들이 출판되어 있다. 이 책들을 보면 저자 서문에 당시의 '당의 계획, 강령 등에 따라서' 저술되었다고 기술하고 있다. ① Wolfgang Eichhorn 외, 이상훈 외 역, 『변증법

적 유물론』과 『역사적 유물론』, (서울: 동녘, 1990). ② 스토이스로프 외, 권순홍 역, 『변증법적 유물론』과 『역사적 유물론』, (서울: 세계, 1989). ③ 철학연구회 편, 『변증법적 유물론과 역사적 유물론』(서울: 일송정, 1989).

¹⁷⁷ 위의 것들 가운데 ③ 철학연구회 편 판본은 구소련과 동독 저자들의 판본들보다 군더더기가 없고 간명하다. 북한에서는 해방 직후 소련군정시에 민정장관 로마넨코(Andrel Alekseevich Romanenko)가 스탈린의 *DIAMAT*를 전해준 것으로 알려져 있다. 이 판본은 *DIAMAT*의 북한 판본을 남한 공산주의자들이 남한 실정을 반영하여 약간 수정한 것으로 보인다(탈북자의 증언). 그래서 이 논문에서는 이 판본을 주로 참고했다.

¹⁷⁸ 철학연구회 편, 『변증법적 유물론과 역사적 유물론』, 163.

¹⁷⁹ Ibid., 24.

¹⁸⁰ Ibid., 43.

¹⁸¹ ibid., 50.

¹⁸² V. G. Afanasyev, 김성환 역, 『변증법적 유물론』, 65 참조.

¹⁸³ F. Fiedler 외, 문성화 역, 『변증법적 유물론』, (대구: 계명대학교출판부, 2009), 18.

¹⁸⁴ Ibid., 19.

¹⁸⁵ Ibid., 53.

¹⁸⁶ Ibid., 58.

¹⁸⁷ Ibid., 70.

¹⁸⁸ Ibid., 78.

¹⁸⁹ Ibid., 100.

¹⁹⁰ R. S. Baghavan, 천경록 역, 『자연과학으로 보는 마르크스 변증법』, (서울: 책갈피, 2010), 126 참조.

¹⁹¹ Ibid., 129 참조.

¹⁹² V. G. Afanasyev, 김성환 역, 『변증법적 유물론』, 108.

¹⁹³ Karl Marx, 강민철, 김진영 역, 『철학의 빈곤』, (서울: 아침, 1988), 64.

¹⁹⁴ V. G. Afanasyev, 김성환 역, 『변증법적 유물론』, 52 참조.

¹⁹⁵ 철학연구회편, 『변증법적 유물론과 역사적 유물론』, 163.

¹⁹⁶ Friedrich Engels, 김민석 역, 『반듀링론』, 288.

¹⁹⁷ 철학연구회편, 『변증법적 유물론과 역사적 유물론』, 167.

¹⁹⁸ Ibid., 196.

¹⁹⁹ Ibid., 197.

200 Ibid., 199.

201 Ibid., 204.

202 Ibid., 205.

203 Ibid., 223.

204 Ibid., 261.

205 Ibid., 288.

206 Ibid.

207 George H. Sabine, 서유진, 차남희 역, 『정치사상사 2』, 1058.

208 Ibid., 1059

209 철학연구회 편, 『변증법적 유물론과 역사적 유물론』, 292.

210 Ibid., 301.

211 Ibid., 302. 이렇게 스탈린을 찬양한 것뿐만 아니라, 이 판본의 본문에서 보면 해방 이후 남한의 체제를 비판하는 부분이 많이 있다. 이런 사실로 보아 이 판본은 스탈린의 *DIAMAT*(1936)를 남한 초기 공산주의자들이 번역 편집했거나 아니면, 북한에서 번역했던 것을 재편집한 것으로 보인다. 그러나 북한에서는 스탈린 사후 후르시초프 집권 시기에 이 판본들을 회수해서 폐기한 것으로 알려져 있다. 아마 이 판본은 그 이전에 남한에 유입된 것으로 보인다.

212 Wolfgang Eichhorn et al, 이상훈 외 역, 『역사적 유물론』, 383.

213 Ibid., 387.

214 R. S. Baghavan, 천경록 역, 『자연과학으로 보는 마르크스 변증법』, 141 참조.

215 Karl Marx, 김수행 역, "제2판 후기", 『자본론 I』, 19.

216 Ibid., 21.

217 Bertrand Russel, 최민호 역, 『서양철학사』, 125.

218 George H. Sabine, 성유진, 차남희 역, 『정치사상사 2』, 1017.

219 Ibid., 1021.

220 R. S. Baghavan, 천경록 역, 『자연과학으로 보는 마르크스 변증법』, 130 참조.

221 Ibid., 84 참조

222 V. G. Afanasyev, 김성환 역, 『변증법적 유물론』, 143.

223 R. S. Baghavan, 천경록 역, 『자연과학으로 보는 마르크스 변증법』, 153 참조.

224 Robert Service, 김남섭 역, 『코뮤니스트—마르크스에서 카스트로까지, 공산주의 승리와 실패의 세계사』, (서울: 교양인, 2012), 60.

225 Ibid., 69.

226 Karl R. Popper, 이명현 역, 『열린 사회와 그 적들』, (서울: 민음사, 1987), 124.

227 Ibid., 158.

228 V. G. Afanasyev, 김성환 역, 『변증법적 유물론』, 190 참조.

229 Gustav A. Wetter, 강재윤 역, 『변증법적 유물론 비판』, (서울: 태양사, 1985),416-417

230 Richard Pipes, 이종인 역, 『공산주의』, (서울: 을유문화사, 2006), 206. 여기서 허깨비라는 말은 번역 원문에는 '도깨비'라고 되어 있으나 고쳐 썼다. 결국 이 말은 '유토피아'를 뜻하는 것이다.

231 이와 관련해서는 필자의 다음 두 개의 논문에서 인용했다: "생명기원 논쟁에 대한 신학적, 과학적 고찰-오파린의 『생명의 기원』에 나타난 화학 진화론 비판을 중심으로", 「창조론 오픈포럼」 7권1호 (2013, 2), 85-99. 그리고 "오파린의 생애와 사상-『생명의 기원』 제3판을 중심으로", 「창조론 오픈포럼」 7권2호 (2013, 7), 103-121.

232 오파린은 『생명의 기원』 제1판(1936)에서는 이 소책자를 1923년에 발간했다고 말했으나 후에 나온 판본에서는 1924년이라고 했다. 『생명의 기원』 제1판의 영역본은 1938년에, 일본어판은 1947년에 나왔다. 이와 관련해서는, 영어 번역판 *The Origin of Life* (Sergius Morgulis 역) "저자 서문"을 참조하라. 또한 일본어 역판 『生命の起源』(山田坂仁 譯)의 "역자서문"을 참조하라.

233 이 명제는 엥겔스가 고타강령 비판에서 한 번 말했으나, 레닌은 이 말을 근거로 『국가와 혁명』에서 낮은 단계의 공산주의를 사회주의로 규정했다.

234 안병영, 『현대공산주의 연구』(서울: 한길사, 1982), 267을 참조하라.

235 이 책에서는 오파린의 『생명의 기원』을 연구하기 위하여 제1판과 제3판의 영역본 및 이들의 일본어 역본, 그리고 대중판의 일본어역본을 대조하면서 참고했고, 대중판의 한국어역본도 참고하였다.

236 오파린은 생명의 기원에 관한 그의 이론을 1922년에 발표하였으며, 이를 소책자로 출판(1923년 또는 1924년)한 이래 거듭해서 개정 증보판을 냈다. 그러나 그는 1936년에 출판한 『지구에서의 생명의 기원』을 제1판이라고 부르며, 이것은 1938년에 Sergius Morgulis 교수가 영역하고 MaCmillan Company에서 출판되었다가, 1953년 Dover 출판사에 의해 재출판되었다. 일본에서는 이를 재번역한 초판이 1939년에 출판되었다: 山田□仁 역, 『生命の起源』(東京: 岩崎書店). 제2판은 1941년 출판되었다. 제3판은 1957년 출판되어 Ann Synge에 의하여 곧바로 영역되었으며, 영국(Edinburgh: Oliver and Loyd Ltd., 1957)과 미국(New York: Academic Press Inc., 1957)에서 동시 출판되었다. 일본에서도 제3판을 1958년에 번역 출판했다: 石本眞 역, 『地球上の生命の起源』(東京: 岩波書店). 그 후에도 오파린은 1962년, 1964년, 1968년까지 6차례 개정판을 내었다. 그렇지만, 오파린의 이론을 실험하였던 Stanley Miller는 Orgel

Leslie와 공저한 『생명의 기원』(박인원 역)에서, 오파린의 『생명의 기원』 제1판 (1936)보다 후에 출판된 판본들은 분량은 더 많아졌지만 내용이 더 나아진 것은 없다고 했다.

[237] A. I. Oparin, 柘植秀臣 역, 『生命の 起源』, 4.

[238] Ibid., 14.

[239] Ibid., 15-16.

[240] Ibid., 16.

[241] Ibid., 17.

[242] 리센코의 연설이 1948년이라고 하는 것을 감안하면, 이 대중판본은 그 직후에 나온 것이라고 할 수 있다. 따라서 이 대중판본도 계속 개정되었던 것으로 추측된다.

[243] Ibid., 18.

[244] Ibid., 20.

[245] Ibid., 21.

[246] Ibid.

[247] Ibid., 22.

[248] Ibid.

[249] 현재 천문학계의 일반적인 우주 빅뱅설은 약 135억 년 전에 발생했다고 주장하고 있고, 태양은 약 50억 년 전, 그리고 지구는 약 45억 년 전에 탄생했다고 주장한다. 오파린은 이와 약간 다르게 주장하고 있으나 중요한 문제가 아니므로 생략했다.

[250] Ibid., 46.

[251] Ibid., 53.

[252] Ibid., 56.

[253] Ibid., 59.

[254] Ibid., 60.

[255] Simon, Reece and Dickey, 고상균, 윤치영 역, 『캠벨 생명과학』 3판, 47.

[256] 양승훈, 『생명의 기원과 외계생명체』, (서울: SFC, 2011), 115-116.

[257] Simon, Reece and Dickey, 『캠벨 생명과학』 3판, 230.

[258] A. I. Oparin, 柘植秀臣 역, 『生命の 起源』, 65.

[259] Ibid., 74.

[260] Ibid., 76.

[261] Ibid., 79.

262 Ibid., 90.

263 Ibid., 91.

264 Ibid., 93.

265 Ibid., 105. 유물론에서 "변증법적 비약"은 양(量)에서 질(質)로의 변화를 의미하는 말이다. 마르크스-레닌주의적 유물론이 가지고 있는 비과학적 요소의 기본적 문제가 바로 여기에 있다.

266 Ibid., 107. O. 레페신스카야는 오파린이 책임자로 있던 연구소의 연구원이었던 것 같다. 그러나 이 실험은 서구의 과학사에는 기록되어 있지 않은 것이다.

267 Ibid., 116.

268 Ibid., 117.

269 A. I. Oparin, *The Origin Of Life On The Earth*(3rd edition), 489.

270 박순직 외, 『생물과학』(서울: 방송통신대학출판부, 2010), 11.

271 James D. Watson, 이한음 역, 『DNA: 생명의 비밀』, (서울: 까치, 2010).

272 박순직 외, 『생물과학』, 11.

273 Paul Davis, 고문주 역, 『제5의 기적: 생명의 기원』, (서울: 북스힐, 2000), 2.

274 양승훈, 『생명의 기원과 외계 생명체』, 97을 참조하라.

275 Larry Witham, 박희주 역, 『생명과 우주에 대한 과학과 종교논쟁, 최근 50년』, 168.

276 양승훈, 『생명의 기원과 외계 생명체』, 127을 참조하라.

277 Larry Witham, 박희주 역, 『생명과 우주에 대한 과학과 종교논쟁, 최근 50년』, (서울: 혜문서관, 2009), 189-191

278 과학동아 편, 『생명과 진화』(서울: 과학동아북스, 2011), 11.

279 이 실험에 대해 좀 더 상세한 설명은 양승훈의 『생명의 기원과 외계 생명체』, 80-108을 참조하라.

280 Peter Kröning, 이동준 역, 『오류와 우연의 과학사』, 271

281 Larry Witham, 박희주 역, 『생명과 우주에 대한 과학과 종교논쟁, 최근 50년』, 168.

282 http://imgv.search.daum.net/viewer/search?w=imgviewer&SearchType= total&ResultType=total&SimilarYN=total_Y&SortType=total&q=%BF%F8% C7%D9%BC%BC%C6%F7&sidx=0&lpp=10&uk=N18s87W1RemWr&mk=U e36b697@0kAAE9P29UAAAIA(검색일자: 2013. 7. 22)

283 R. S. Baghavan, 천경록 역, 『자연과학으로 보는 마르크스 변증법』, 177.

284 Ibid., 178.

285 A. I. Oparin, 柘植秀臣 역, 『生命の 起源』, 105.

286 오파린이 이 부분에 대해서 약간씩 다르게 설명하는 입장은 山田坂仁 역, 『生命の 起源』(1936), 269과 Ann Synge 역, *The Origin Of Life On The Earth* (1957), 488에 나타나 있다.

287 Ann Synge (trans.), *The Origin Of Life On The Earth*, 101.

288 V. G. Afanasyev, 김성환 역, 『변증법적 유물론』, 180.

289 Erwin Schrodinger, 전대호 역, 『생명이란 무엇인가 · 정신과 물질』, (서울: 궁리출판, 2012), 263.

290 David A. Newton, 한국유전학회 편역, 『윗슨과 크릭』(서울: 전파과학사, 2009), 175.

291 민경배, 『한국기독교회사』, (서울: 연세대학교출판부, 2010), 61.

292 Ibid., 172.

293 Ibid., 176-177. 서상륜은 권서행로 중에 국경에서 체포되어 의주에서 수감되었으나, 한 형리의 묵인으로 탈출할 수 있었다. 그 후 외가가 있는 황해도 장연군 솔내(=소래)에 내려가서 최초의 개신교회를 세웠다. 1887년 서울 새문안교회 설립자의 한 사람이기도 하다. 그는 한국인 최초의 장로가 된 2인 중 1명, 그는 한국인 최초로 목사기 된 7인 중 1명인 서경조의 형이기도 하다.

294 Ibid., 173.

295 Ibid., 159.

296 역사학연구소 편, 『함께 보는 한국근현대사』, (파주: 서해문집, 2013), 127.

297 빠벨 이바놉스끼, "남우수리 지역 한국인에 대한 선교사역의 발전", 디오니시 빠즈드나예프 편, 이요한, 이정현 역, 『러시아정교회 한국 선교 이야기』, (서울: 홍성사, 2012), 145-146.

298 Ibid., 148. ( )안 가구 숫자는 원문에 있는 것이다. 그러나 같은 책 153쪽의 [뽀시엣 지역의 집과 인구표]에 의하면 1881년에 조사된 가구 수를 잘못 인용하고 있다.

299 Ibid., 155. 여기서 "한국 사람들"이라고 표기한 것은 번역자가 시대를 고려하지 않았기 때문이다. 이 글은 러시아정교회 서울선교회 회장이었던 빠벨 이바놉스키가 쓴 것으로서 1904년에 블라디보스토크에서 출판된 것이다. 번역자는 2011년 번역 시기를 기준으로 번역어를 선택했던 것으로 보인다. 이하 같다.

300 Ibid., 156.

301 Ibid., 157.

302 Ibid., 178.

303 Ibid., 188.

304 Ibid., 194.

305 Ibid., 195.

306 Ibid., 201. 〈쁘라보슬라비예〉는 러시아정교회를 뜻한다.

307 Ibid., 192.

308 Ibid., 193.

309 Ibid., 194. 이와 관련한 각주를 참조하라.

310 Stephen Neil, 홍치모, 오만규 역, 『기독교 선교사』, (서울: 성광문화사, 2008), 105. 남정우, 『동방정교회 이야기』, (서울: 쿰란출판사, 2003), 29.

311 디오니시 빠즈드나예프 편, 이요한, 이정현 역, 『러시아정교회 한국 선교 이야기』, 211. 여기에 이 편지 전문이 수록되어 있다. 이것은 대한제국의 선교에 관심을 표명한 러시아 정부기관의 공식 기록이다.

312 남정우, 『동방정교회 이야기』, 176.

313 디오니시 빠즈드나예프 편, 이요한, 이정현 역, 『러시아정교회 한국 선교 이야기』, 218.

314 Ibid., 223.

315 Ibid., 264.

316 Ibid., 292.

317 Ibid., 392.

318 Ibid., 396.

319 Sinclair B. Ferguson, David F. Wright, 이길상 외 역, 『아가페 신학사전』, (서울: 아가페출판사, 2001), 258. [러시아정교회 신학] 항목을 참조하라.

320 디오니시 빠즈드나예프 편, 이요한, 이정현 역, 『러시아정교회 한국선교 이야기』, 385. 러시아 총대주교좌 설치는 고대 교회의 5대 총대주교(예루살렘, 안디옥, 알렉산드리아, 콘스탄티노플, 로마) 가운데 로마교회를 대신하는 것이었다.

321 러시아과학아카데미 편, 『세계철학사 11』, 11.

322 1925년 당 대회에서 레닌주의에 비판적이었던 트로츠키는 레닌의 수정주의적인 '일국사회주의론'을 채택할 것을 주장한 스탈린에게 패배하였다.

323 이 절에서의 신민회 관련 부분은 저자가 한국교회사학회연구원에서 발표했던 "신민회의 항일 독립운동에 관한 일고"에서 상당 부분 인용하여 보완했다. 한국교회사학연구원, 「뉴스레터」(2019.9.), 5-26. 저자는 기독교의 입장에서 신민회에 관한 연구의 중요성은 아무리 강조해도 지나치지 않다는 견해를 가지고 있기 때문이다.

324 안창호: 호는 도산(島山). 평안남도 강서 출신.

325 양기탁: 평남 평양(平壤) 출신.

326 신민회는 항일 독립운동 비밀결사체로 조직된 탓에 창립 시기에 대해 명확한 자료를 남기지 않고 있으며, 4월설, 11월설, 12월설 등이 나와 있다.

① 4월설 주장: 김성민, 『계몽운동에서 무장투쟁까지의 선도자 양기탁』한국의 독립운동가들 035, (서울: 역사공간, 2012), 63.

② 11월설 주장: 이현희, 『대한민국 임시정부 석오 이동녕과 백범 김구』, (서울: 동방도서주식회사, 2002), 96. 그러나 이현희는 『임정과 이동녕 연구』, (서울: 일조각, 1992), 102와 107에서는 4월설을 주장하고 있다.

③ 12월설 주장: 반병률, 『성재 이동휘 일대기』, (서울: 범우사, 1998), 67.

327 윤경로, 『105인사건과 신민회 연구』, (서울: 일지사, 2004), 248-249.

328 Ibid., 249, 각주 22 참조.

329 이동녕: 호는 석오(石吾). 충남 천안 목천(木川) 출신.

330 전덕기: 목사. 서울 정동 출신.

331 이동휘: 호는 성재(誠齋), 함남 단천 출신.

332 이갑: 본명은 휘선(彙璿), 호는 추정(秋汀). 평남 평원출신. 이광수가 쓴 단편소설 "서백리아의 이갑"이 남아 있다.

333 유동열: 호는 춘교(春郊), 평북 박천 출신.

334 신용하, 『한국민족 독립운동사연구』, (서울: 을유문화사, 1986), 34를 참고하라. 초기에 도총감에 관한 기록은 이동휘가 함경도를 담당했다는 일제의 심문서에 나타난 것밖에 없다. 그러나 비밀단체의 특성상 발기 당시에 지방조직 확대를 위해 초기에는 출신지에 따라 유동열과 이갑이 각각 도책을 맡았을 가능성이 크다. 서북학회의 경우에서도 그런 사례가 있다.

335 민경배, 『한국민족교회사형성론』, (연세대학교출판부, 1980), 41.

336 흥사단출판부, 『도산 안창호』, (서울: 흥사단출판부, 1988), 16.

337 엡윗(Epworth)은 감리교 창시자인 존 웨슬리(John Wesley)의 출신지명이다. 엡윗은 한자로 懿法(의법)으로 썼으며, '아름다운 법'이란 뜻이다.

338 이덕주, 『상동청년 전덕기』, (서울: 공옥출판사, 2016), 70-71.

339 이승만은 고종(광무황제)의 개혁 자문기관인 중추원을 구성할 때에 독립협회와 만민공동회의 몫으로 배정된 의관에 선출되었다. 중추원은 개화파 박영효를 의장으로 세우려다가 고종 폐위 음모를 의심한 고종의 지시로 해산되고 독립협회와 만민공동회파는 체포되었다. 이승만은 투옥되어 사형 당할 위기에 빠졌었으나, 민영환과 한규설, 그리고 미국 선교사들이 노력하여 5년 7개월 만에 석방되었다. 석방 3개월이 채 안 되어 민영환의 주선으로 미국 대통령에게 밀서를 전달하는 고종의 밀사 역할을 수행하게 되었다. 고종의 밀서는 일본의 침략을 막아달라는 내용이었으나, 그가 밀서를 전달했을 때 미국은 이미 일

본과 비밀리에 가쓰라—태프트 조약을 체결한 상태였다. 이에 실망한 이승만은 유학생으로 남아서 조지 워싱턴대학에서 학사를, 하버드대학에서 석사를, 1910. 6월 프린스턴대학에서 정치학 박사학위를 취득했다. 그는 서울 YMCA에서 간사를 맡아달라는 초청을 받았으나, 곧 대한제국이 일제에 의해 합병되었다는 소식을 듣게 되었다. 그는 10월에 유럽을 경유하여 기차로 서울역에 도착했다. 그는 YMCA 간사 및 감리교 선교사로 일하던 중에 신민회와 관련한 '105인 사건'으로 체포될 위기에 처했다. 미국 감리교 선교부로부터 총회에 참석하라는 초청을 받은 이승만은 1912년 3월 사실상 망명을 떠나게 되었다.

340 김구, 『원본 백범일지』, (서울: 서문당, 1989), 167. 여기서 "싸움을 일으킨 산림학자들"은 의병운동을 했던 인사들을 말한다. 김구는 이때 '신사상'으로 애국운동을 하기 시작했다.

341 Ibid., 160.

342 한국기독교역사연구소 편, 『한국기독교의 역사 I』, (서울: 한국기독교문사, 2011), 295 참조.

343 반병률, 『성재 이동휘 일대기』, 47.

344 Ibid. 기독교가 아니면, 상애지심(相愛之心)이 없고, 기독교가 아니면, 애국지심(愛國之心)이 없으며, 기독교가 아니면, 독립지심이 없다. 자수자강(自修自强)의 기초가 기독교에 있으며, 충군애국(忠君愛國)의 기초가 기독교에 있으며, 독립단합의 기초가 기독교에 있다.

345 Ibid., 53. 이동휘의 견해는 그가 열강의 틈바구니에 끼어 있는 한반도의 지정학적인 측면을 정확하게 꿰뚫어 보는 예리한 안목을 가지고 있었음을 보여주며, 오늘날에도 여전히 유효하다.

346 민경배, 『한국기독교회사』, 250. 한글학자 주시경도 참여하였다.

347 김성민, 『...... 선도자 양기탁』, 67.

348 한국기독교역사연구소 편, 『한국기독교의 역사 I』, 119.

349 Ibid., 296.

350 Ibid., 297.

351 Ibid., 303.

352 Ibid., 299.

353 1905년에 일본과 미국은 가쓰라 · 태프트 밀약을 체결하여, 미국이 친일정책을 펴기 시작했다.

354 한국기독교역사연구소 편, 『한국기독교의 역사 I』, 304.

355 김성민, 『...... 선도자 양기탁』, 64.

356 김성민, 『...... 선도자 양기탁』, 67-68.

357 베델은 양화진 외국인 묘지에 안장되었으며, 전덕기 목사가 장례식을 집전했다.

358 반병률, 『성재 이동휘 일대기』, 75-76.

359 김성민, 『...... 선도자 양기탁』, 64.

360 신용하, 『한국민족 독립운동사연구』, 104.

361 망명지역과 책임자: 안창호와 이갑(구미지역), 이동휘(북간도 지역), 이동녕(러시아 연해주 지역), 이회영과 최석하(서간도), 조성환(북경지역).

362 이종호: 호는 월송(月松). 할아버지는 대한제국 내장원경을 지낸 용익(容翊)이고, 아버지는 현재(賢在)이다. 상해 중국은행에 거액의 예금을 물려받은 것으로 알려졌다.

363 도산은 이때 거국가(去國歌)라는 노래를 남겼다. 흥사단출판부, 『도산 안창호』, 54-55 참조.

364 신용하, 『한국민족 독립운동사연구』, 111에서 발췌 요약했다. ① 서울의 일제 통감부에 대응하여 신민회에서는 도독부를 둔다. 각 도에는 총감을 두어 비밀리에 독립정치를 행한다. ② 서간도에 '신영토'를 마련하여 독립운동기지를 만들고, 독립군을 양성하여 독립전쟁에 필요한 준비를 한다. ③ 각 도책은 이주자를 모집할 때 각자 100원 이상의 자금을 지참하게 하고, ④ 각 도책은 지역별로 할당된 금액을 모금하여 15일 이내에 판비한다.

365 이건영(李健榮, 1853-1940), 이석영(李石榮, 1855-1934), 이철영(李哲榮, 1863년-1925), 이회영, 이시영(李始榮, 1868-1953), 이호영(李護榮, 1875-1933).

366 신용하, 『한국민족 독립운동사연구』, 129.

367 Ibid., 129. 윤경로, 『105인사건과 신민회 연구』, 248.

368 Ibid., 21.

369 Ibid., 33.

370 Ibid., 27. [사내정의총독모살미수사건가담혐의자 명단]을 참조하라. 불기소자는 266명이었다.

371 김성민, 『.... 선도자 양기탁』, 72.

372 윤경로, 『105인 사건과 신민회 연구』, 89에 있는 "105인 사건 기소자의 종교별 분류표"에 의하면, 105인 중에 기독교인 91명, 천주교 2명, 천도교 2명, 무교(無敎) 10명이었다. 기독교인들은 장로교 81명이고, 감리교 6명, 조합교 2명, 기타 2명이다. 양기탁은 장로교인이고, 유동열은 무교로 분류되었다. 불기소자 전덕기 목사와 이 사건에서 제외된 이동휘는 감리교인이었다.

373 그러나 발기인 중 유동열은 ['105인 사건' 기소자의 종교별 분류]에서 무교인으

로 분류되어 있다(Ibid., 89 참조).

374 Ibid., 318. 이런 주장은 윤경로의『105인사건과 신민회 연구』, 149의 각주 74에 나온다.

375 『상동청년 전덕기』의 저자 이덕주는 이를 사실이 아니라고 주장한다. 같은 책, 476을 참조하라. 그러나 윤경노의『105인 사건과 신민회 연구』, 27의 [표1] "데라우찌총독모살미수사건(寺內正毅總督謀殺未遂事件) 가담 혐의자 명단"에 보면, 불기소 처분자 명단에 들어 있다.

376 신용하,『한국민족 독립운동사연구』, 108.

377 Ibid., 121.

378 이현희,『임정과 이동녕 연구』(서울: 일조각, 1992), 165에는 이갑이 이상설과 같은 해에 같은 도시 니콜리스크에서 영면했다고 쓰고 있다. 이 사실은 이갑의 딸 이정희(이응준 장군의 아내)의 회고에서도 입증된다. 이갑이 목릉현(穆稜縣)에서 사망했다는 설이 있으나, 이 설은 당시 니콜리스크에 가려면, 동중철도 무릉(러시아 발음: 뮬린)역에서 내려야 했기 때문에 오해한 것으로 보인다. 무릉현에는 서북지방 출신 망명자 또는 이주자들이 몰려 있었다.

379 이현희,『임정과 이동녕 연구』, 128.

380 Ibid., 160.

381 Ibid., 161.

382 Ibid., 162.

383 Ibid., 163.

384 Ibid., 186.

385 신용하,『한국민족 독립운동사연구』, 118. 이에 대해서는 이설이 있다. 안천, 『신흥무관학교』, (파주: 교육과학사, 2014), 198에서는, 현지 주민의 말을 인용하여, 먼저 고산자로 갔다가 합니하(광화진)에는 나중에 옮겨 온 것이라고 기술하고 있다.

386 나영석, "독립군과 만주 · 노령 독립운동", 한국민족운동연구회편,『한민족의 독립운동사』, (서울: 한서당, 1990), 178에 의하면, 그는 이 시기에 이곳에서 동림무관학교를 설립한 것으로 나온다.

387 반병률,『성재 이동휘 일대기』, 118.

388 Ibid., 115. 김호준,『유라시아 고려인-디아스포라의 아픈 역사 150년』(서울: 주류성출판사, 2013), 66. 한편 역사학연구소 편,『함께 보는 한국 근현대사』(파주: 서해문집, 2013), 127에는 대통령과 부통령으로 소개되고 있다.

389 반병률,『성재 이동휘 일대기』, 119.

390 Ibid., 127.

기독교, 과학적 무신론, 그리고 항일독립운동

391 Ibid., 138.

392 김성민, 『.... 선도자 양기탁』, 79.

393 Ibid., 88.

394 Ibid., 95.

395 Ibid., 96.

396 안천, 『신흥무관학교』, 151에 의하면 현지인들이 땅을 팔지 않았던 것이 이유라고 한다.

397 윤경로, 『105인사건과 신민회 연구』, 89의 ['105인 사건' 기소자의 종교별 분류]에 의하면, 그는 개신교-장로교 신자로 나타나 있다.

398 김성민, 『.... 선도자 양기탁』, 103을 참조하라.

399 한국기독교역사연구소, 『한국기독교의 역사 Ⅱ』, 140.

400 Ibid., 141.

401 몽양 여운형선생전집발간위원회 편, 『몽양 여운형 전집 2』 (서울: 한울, 1993), 257.

402 Ibid., 258.

403 박성수, 『독립운동사』 (국가보훈처, 1995), 243.

404 2명의 대표들은 윤해와 고창일이었다.

405 반병률, 『성재 이동휘 일대기』, 194.

406 신규식, 김동환 역, 『한국혼』, (서울: 범우사, 2009), 9.

407 이현희, 『석오 이동녕과 백범 김구』, 155. 하단 주석 5를 참조하라.

408 Ibid., 158.

409 Robert A. Scalapino and Chong Sik Lee, 『한국공산주의 운동사 I』 식민지시대 편, 한홍구 역, (서울: 돌베개, 1986), 38. 각주 1을 참조하라. 또한, 박성수, 『독립운동사』, 242를 참조하라.

410 신규식, 『한국혼』, 78.

411 『몽양 여운형전집 2』, 256.

412 박성수, 『독립운동사』, 243.

413 러시아과학아카데미 편, 『세계철학사: 부록』의 64-73. 러시아과학아카데미는 이러한 서술의 근거로 『조선의 부르주아적 민족형성에 관한 토론 자료집』(평양, 1957)을 인용하고 있다. 그런데 특이하게 눈에 띄는 것은, 엥겔스가 그토록 옹호하고 유물사관의 과학적 근거로 제시했던 다윈의 진화론을 부르주아철학으로 분류하고 있다는 점이다. 이것은 소비에트 러시아에서 애매하게나마 유신론적 요소가 남아있는 다윈주의 진화론이 라마르크주의에 밀려났음을 말해준다.

[414] 태극사상의 陰과 陽을 말한다

[415] Ibid., 68. 그러나 우리나라에 사회진화론이 소개된 것은 중국의 계몽사상가 양계초(梁啓超, 1873-1929)의 『음빙실문집』(飮氷室文集)을 통해서라고 임희국은 주장하고 있다. 참조: 임희국, 『선비 목사 이원영』(서울 조이웍스, 2014), 49.

[416] 러시아과학아카데미 편, 『세계철학사』 부록편, 71.

[417] Ibid.

[418] 역사학연구소 편, 『함께 보는 한국근현대사』, 165에서 재인용.

[419] 반병률, 『성재 이동휘 일대기』, 130.

[420] Ibid., 90. 「한인신보」, 1918. 1. 18자 "한인신보가 빛이 난다"는 제하에 실린 기사 내용을 여기서 재인용하면, "냉육 철창에 10년 풍상을 겪음으로 더욱 문장이 단련된 전 매일신보(대한매일신보를 지칭) 총무 양기탁 씨는 블라디보스토크 「한인신보」의 편집인으로 청빙함을 허락하여 근일 길림으로부터 블라디보스토크에 도착하였다."

[421] 한국기독교역사연구소 편, 『한국기독교의 역사 I』, 323.

[422] 김성민, 『.... 선도자 양기탁』, 91-99까지를 참조하였다. 그러나 창당 시기는 3월이라고 주장하는 설도 있다. 참조: 반병률, 『성재 이동휘 일대기』, 145.

[423] 반병률, 『성재 이동휘 일대기』, 147.

[424] 김호준, 『유라시아 고려인』, 74. 및 77 참조. 그는 러시아정교회 신부 출신 '귀화인'으로 볼셰비키에 가담하였다. 김 알렉산드라 페트로브나와는 부부관계이다. 김 알렉산드라 페트로브나는 이 지역이 잠시 러시아 백군에 의해 점령되었을 때 체포되어 처형되었다.

[425] 콜차크는 제2차 세계대전에서 러시아 흑해함대 사령관이었으나 공산당 혁명이 일어나자 사임하고 미국에 갔다. 그는 곧 돌아와서 1918년 10월 미 · 영 · 불 연합국의 지원을 받는 옴스크의 반혁명군에 가담했다. 반볼셰비키 옴스크 정부에서 장관을 하던 그는 쿠데타로 반혁명 세력의 절대적 권력을 장악하였으나, 1919년 11월 옴스크가 볼셰비키 적군(赤軍)의 손에 들어가자 이르쿠츠크로 옮겼다. 그러나 1920년 1월에는 일본군에 의해 쫓겨났다. 그는 체코군에 보호를 요청했지만 귀국을 위해 극동으로 이동 중이던 체코군은 도시를 장악한 멘세비키 군대에 그를 넘겨주었다. 그는 한 달 뒤 2월에 도시를 탈환한 볼셰비키에 의해 처형되었다.

[426] 김규면은 일찍이 침례교에서 목사로 활동하면서 신민회에 가입했던 인물이다. 그는 서양 선교사들의 친일행위와 1914년 침례교단이 분열되는 것에 반발하여 한 · 중 · 로(韓中露) 접경지역인 훈춘에서 성리교(聖理敎)라는 독립교단을 창설했던 인물이다. 성리교는 한때 신도수 3만에 이를 정도로 교세를 확장했었

기독교, 과학적 무신론, 그리고 항일독립운동

다고 한다. 신민단은 김규면이 "신민회의 취지를 계승"하여 성리교회 핵심교도 2-3백 여명을 주축으로 '조국의 독립'과 당파를 초월하는 '민족대동주의'를 내걸고 조직한 비밀군사조직이었다. 김성민, 『....선도자 양기탁』, 178-179을 참조하라.

427 반병율, 『성재 이동휘 일대기』, 177-178.

428 Ibid., 178.

429 Ibid., 178-179.

430 김규면은 1924년 5월에는 대한민국임시정부 교통총장 대리로 임명되기도 했으나, 당시 중국 국민당 정부의 탄압으로 블라디보스토크를 거쳐 1933년 모스크바로 이주해서 1969년까지 살다가 사망했다.

431 Ibid., 180.

432 Ibid., 181.

433 특사 3명의 이름은 박진순, 박애, 이한영이다.

434 민경배, 『한국기독교회사』, 364. 인원 분포: 장로교계-6명, 감리교계-10명.

435 Ibid., 362-363.

436 이현희, 『대한민국 임시정부 주석 석오 이동녕과 백범 김구』, 163.

437 Ibid., 164

438 여기에는 조소앙(趙素昻, 1887-1958)의 삼균주의(三均主義)가 반영되어 있다. 삼균은 개인-민족-국가와의 각 관계에서의 균등과 정치적-경제적-교육적인 면에서의 상호균등을 강조하고 있다. 삼균주의는 조소앙이 손문(孫文)의 삼민주의(三民主義)와 그가 일본 유학시절에 학습했던 천부인권론(天賦人權論)의 본질인 만민의 평등과 자유사상을 근거로 제창한 것이다. 조소앙의 천부인권은 임시헌장 제7조에 '대한민국은 신의 의사에 의하여 건국한 정신을 세계에 발휘하며 진(進)하여 인류의 문화 급 평화에 공헌하기 위하여 국제연맹에 가입함'이라는 말에 명시되어 있다. 만민의 평등사상은 제3조에서 '대한민국의 인민은 남녀 귀천과 빈부의 계급이 무(無)하고 일절 평등함'을 주장하고 있다. 자유사상은 제4조에서 '신교 언론 저작 출판 결사 집회 신서 주소이동 신체 급 소유의 자유를 향유함'을 구정하고 있다.

439 김구는 감리교회에 입교하여 엡윗청년회 진남포 지회 총무로 활동하면서 상동교회 이동녕과 이준 등이 주도한 을사보호조약을 반대하는 '도끼 상소'에 참여했었다. 김구는 신민회의 황해도 총책을 맡아 제2차 전략회의에 참가하였다. 15만원의 이주 모금액을 할당받고 돌아와서 안명근을 만나 그의 급진적 행동을 말렸으나, 결국 '안명근 사건'이 일어나면서 김구도 이 사건 공모자로 체포되었고, 양기탁 보안법위반사건에도 연루되어 17년의 형을 받았다. 1914년에 가출옥해서 농촌계몽운동을 하다가 3.1운동 직후 상해로 망명했다.

[440] 반병률,『성재 이동휘 일대기』, 205-206.

[441] 김성민,『…. 선도자 양기탁』, 102.

[442] Ibid., 105.

[443] Ibid., 172.

[444] Ibid., 194.

[445] 국사편찬위원회,『한국사』49-민족운동의 분화와 대중운동 (서울: 탐구당, 2013), 5.

[446] 한형식,『맑스주의 역사강의』, 278 참조. 여기서 초기에 교육받은 한인으로서는 박헌영, 주세죽, 김단야 등이 있다.

[447] George H. Sabine, 성유진, 차남희 역,『정치사상사 2』, 1015. 이 말은 트로츠키가 레닌을 비난하는 팜플렛 "Our Political Tasks"(1904)에 실려 있다.

[448] 반병률,『성재 이동휘 일대기』, 244.

[449] Robert A. Scalapino, Chong Sik Lee, 한홍구 역,『한국공산주의 운동사 I』식민지시대 편, 44.

[450] Ibid., 46.

[451] 반병률,『성재 이동휘 일대기』, 239. 그러나 일제의 자료를 인용한 Scalapino(『한국공산주의 운동사 I』식민지시대 편, 45-46 참조)에 의하면, 박진순이 1919년 중반에 모스크바에 도착해서 임무를 완수하고 9월에 이르쿠츠크에 돌아온 것으로 되어 있으나 이는 시간과 인물을 착각한 것으로 보인다.

[452] Ibid.

[453] Ibid., 245. 당시 옴스크와 이르쿠츠크는 콜차크 백군에게 점령되어 있었으므로 빌렌스키는 이르쿠츠크 극동부 상황을 제대로 파악할 수 없었기 때문에 이렇게 결정한 것으로 보인다.

[454] Ibid.

[455] Ibid., 245-246.

[456] Ibid., 240. 포타포프는 러시아제국 시절 주한 러시아공사관에서 러일전쟁까지 무관으로 근무했다. 그는 니콜라이2세 황제의 최고훈장을 받고 친위대장으로 있으면서 2월혁명에 기여했다. 10월 혁명 이후 축출되어 일본으로 망명했으나 일본에 의해서도 추방되어 상해로 왔다고 한다. 상세한 것은 Ibid., 240-241쪽의 각주 121 이하 123을 참조하라. 그러나 포타포프의 존재에 대해서 회의적인 견해도 없지 않다. 이에 대해서는 Robert A. Scalapino, Chong Sik Lee, 한홍구 역,『한국공산주의 운동사 I』식민지시대 편, 50 참조.

[457] Ibid., 450(연보).

[458] Ibid., 240.

[459] Ibid., 247.

[460] Ibid. 248.

[461] Ibid., 261.

[462] Ibid., 243.

[463] Robert A. Scalapino and Chong Sik Lee, 한홍구 역, 『한국공산주의 운동사 I』, 48을 참조하라. 이동휘는 이미 코민테른에 한인사회당이 '고려임시정부'를 책임지겠다는 탄원서를 제출했었다.

[464] 반병률, 『성재 이동휘 일대기』, 265.

[465] Ibid.

[466] Ibid., 266. 이때 조완구, 신채호, 이춘숙, 최창식, 양헌, 선우혁, 윤기섭, 김두봉 등이 함께 입당하였다고 한다. 같은 곳 각주 233을 참고하라.

[467] Robert A. Scalapino and Chong Sik Lee, 한홍구 역, 『한국공산주의 운동사 I』 식민지시대 편, 60.

[468] 반병률, 『성재 이동휘 일대기』, 316-317.

[469] Ibid., 289.

[470] Ibid., 275.

[471] Ibid., 300-301.

[472] Ibid., 각주 68)을 참조하라.

[473] Ibid., 301에서는 박진순 대신 조응순으로 기록되고 있기도 하나, 다른 기록과 연보(Ibid.,454)에서는 박진순으로 기록되어 있다.

[474] Ibid., 318 참조.

[475] Ibid., 319-320. 각주 134를 참조하라.

[476] Ibid., 454.

[477] Ibid., 362.

[478] 대사는 이희경이고, 안공근이 함께 갔다. 이동휘와 이르쿠츠크파도 이 돈을 노리고 모스크바 당국과 접촉했다. 소위 레닌자금을 노리고 한민족끼리 3파전의 추태가 벌어진 것이다. 그러나 아무도 이 돈을 더 이상 받을 수 없었다.

[479] 1921년 11월 11일부터 1922년 2월 6일까지 워싱턴 D.C.에서 태평양지역 문제를 토의하기 위해 열린 국제회의였다. 대한민국 임시정부를 대표하여 이승만과 서재필이 백방으로 노력했으나, 한국독립문제는 거론조차 되지 않았다.

[480] 반병률, 『성재 이동휘 일대기』, 309. 동양부는 동양비서부로 불리기도 한다.

[481] Ibid., 311.

[482] Ibid., 325. 국내 사회혁명당은 1911년 주시경의 '배달모임'이 시발이었으며, 1915년 일본에서 아시아 각국의 유학생들이 신아동맹단을 결성하자 '배달모

임'은 그것의 서울지부로 전환되었다. 이들이 주도하여 1920년에 사회혁명당을 결성하였다. 주요 인물로는 김철수, 홍도, 장덕수 등이 있다. 이들이 이동휘의 상해파 계열이 되었다.

483 이동휘는 6월 18일 떠났고(Ibid., 331), 자유시 참변은 6월 28일 발생했다(Ibid., 328).

484 Ibid., 338.

485 Ibid., 341.

486 Ibid., 341. 그리고 여기에 있는 각주 216)에서 김철수의 말을 참조하라.

487 반병률, 『성재 이동휘 일대기』, 339.

488 Ibid., 350-351 참조.

489 Ibid., 353.

490 Ibid., 359.

491 Ibid., 376.

492 Ibid., 459.

493 Ibid.

494 서진영, 『중국혁명사』(파주: 한울, 2011), 110.

495 반병률, 『성재 이동휘 일대기』, 248.

496 Ibid., 317.

497 Ibid., 318.

498 Ibid., 280.

499 이만규, "여운형 투쟁사", 몽양 여운형 선생 전집발간위원회 편, 『몽양 여운형 전집 2』, 287. 정황으로 보면 이미 손문을 알고 있는 신규식의 소개로 처음 만나게 되었을 것으로 보이나, 이만규는 이렇게 주장하고 있다.

500 Ibid.

501 Ibid., 300-303을 참조하라.

502 『몽양 여운형 전집 2』, 14. 이와 같은 뜻이지만 말을 약간 달리 해석한 서술은 같은 책 194쪽에서 볼 수 있다.

503 신민회 발기인 7명의 행적에 따라 좌우를 나누어보면, 좌파 그룹: 이동휘, 유동열, 우파 그룹: 안창호, 이동녕, 이갑, 그리고 중도 그룹: 양기탁, 전덕기 목사로 분류할 수 있다.

504 Ibid., 362. 여기에 있는 각주 265 후단을 참조하라.

505 김구, 『원본 백범일지』, 275.

506 Ibid., 316.

507 박성수, 『독립운동사』, 256–257에 보면, 이 돈은 ① 주로 고려공산당 창당자 금으로 쓰고, ② 8만원은 서울파 공산당 조직에 송금하고, ③ 일본공산당(대삼 영)에는 2만원을 보내고, ④ 중국공산당에도 1만원을 지원하였다고 되어 있다.

508 이현희, 『대한민국 임시정부 석오 이동녕과 백범 김구』, 212.

509 Ibid., 213.

510 대공주의는 '개체는 전체를 위하여, 전체는 개체를 위하여'라고 주장한다.

511 반병률, 『성재 이동휘 일대기』, 389.

512 Ibid., 390.

513 한창수 편, 『한국공산주의운동사』 (서울: 지양사, 1984), 62.

514 반병률, 『성재 이동휘 일대기』, 394.

515 Ibid., 394. 그리고 한창수 편, 『한국공산주의운동사』, 63에서도 참고할 수 있다.

516 이 법은 1925년 4월 일본에서 공포되었고, 공산주의 및 무정부주의운동 단체를 탄압하는 데 이용했다. 이 법은 '치안유지법을 조선 및 사할린에 시행하는 건'에 의해 5월부터 조선에서도 시행되었다.

517 Robert A. Scalapino and Chong Sik Lee, 한홍구 역, 『한국공산주의 운동사 I』, 96.

518 반병률, 『성재 이동휘 일대기』, 428–429를 참조하라.

519 이현희, 『대한민국 임시정부 석오 이동녕과 백범 김구』, 214.

520 Ibid., 219.

521 김구, 『원본 백범일지』, 274–275.

522 이현희, 『대한민국 임시정부 석오 이동녕과 백범 김구』, 261.

523 Ibid., 269.

524 김구, 『원본 백범일지』, 235.

525 Ibid., 363.

526 Ibid., 271.

527 반병률, 『성재 이동휘 일대기』, 385.

528 Ibid., 425.

529 이상룡은 1911년 양기탁의 권유로 이동녕, 이회영 형제들과 동반하여 서간도에 망명 하여 경학사와 부민단 등에 참여했고, 서로군정서, 통의부, 정의부 등 남만주 독립군단 지도자로 활동했다., 1925년 8월 대한민국 임시정부 국무령 취임했으나 조각 실패로 사임했다. 1932년 만주에서 영면하였다.

530 백창섭, 장호강, 『항일 독립운동사』, (서울: 가가, 1982), 168.

[531] 조소앙은 1926년에『삼균제도』를 발표했다.

[532] 혁신의회는 같은 해에 발족한 조선공산당 만주 총국에서 보낸 김일성, 박상실 등의 암살단에 의해 1930년 1월 김좌진이 살해됨으로써 약화되었다. 이 무렵 조선공산당이 각파별로 조직한 만주총국은 코민테른의 지시에 따라 해체되고, 일국일당 원칙에 따라 중국공산당에 가입해야 하는 사정에 처해 있었다.

[533] 신민회 산하 청년학우회를 모체로 했다. 4대정신과 3대수련이 강조된다. 4대 정신은 ① 무실(務實): 율곡(栗谷)이 지은《격몽요결(擊蒙要訣)》속의 용어로, 거짓말 안 하기이다. ② 역행(力行): 행하기를 힘쓰자는 뜻이다. ③ 충의(忠義): 일을 할 때에는 정성으로, 사람을 대할 때에는 신의와 믿음으로 한다. ④ 용감(龍龕): 옳음을 보고 나아가며, 불의를 보고 물러서지 않는 용기를 말한다. 3대 수련은 인격훈련, 단결훈련, 민주시민훈련을 공동으로 하는 것을 말한다.

[534] 이승만은 1904년에 대한제국의 독립을 청원하는 밀사로 미국에 건너갔다가 귀국하지 않고 유학생으로 남았다. 그는 1910년 프린스턴대학에서 박사학위를 받고 귀국해서 감리교 선교사와 YMCA 간사로 활동했다. 그러나 곧 '105인 사건'이 발생하자 감리교 선교부의 도움으로 1912년 말경 미국에 망명했다. 미국 한인사회에서 독립운동을 주도하는 인물로 성장하면서 1919년 2월 25일 한국을 국제연맹의 위임통치 하에 둘 것을 요청하는 청원서를 윌슨 대통령에게 제출하였다. 청원서의 내용은 장차 완전한 독립을 준다는 조건 하에서 국제연맹의 위임통치를 받는 것이 일본의 식민지로부터 해방될 수 있는 현실적인 선택이라고 주장하는 것이었다. 그러나 제1차 세계대전 승전국이었던 일본의 거부로 한국 독립문제는 국제연맹에서 논의 대상이 되지 못했다. 상해를 떠나 미국에 있는 동안 이런 사실이 알려지면서 반대파의 탄핵 주장의 근거가 되었다.

[535] 이승만의 박사학위 논문의 제목은 "미국의 영향에 의한 중립론"(Neutrality as influenced by the United States)이다.

[536] Robert A. Scalapino and Chong Sik Lee, 한홍구역,『한국공산주의 운동사 I』, 101.

[537] Ibid., 98.

[538] 국사편찬위원회 편,『한국사』49, 64. 여기에는 레닌의 이름조차 잘못 표기되어 있음을 볼 수 있다. 당시 국내에서는 마르크스-레닌주의에 대해 이토록 무지했다.

[539] Ibid., 99. 이 단체는 처음에는 옥황상제(玉皇上帝), 신(神), 천의(天意) 등의 용어를 써서 '신의 뜻에 따라 노동 문제를 해결한다'는 취지문을 발표하여 기독교 사회주의 단체로 오해되기도 했으나, 곧 제4차 조선공산당 조직에 참여한다.

[540] Robert A. Scalapino and Chong Sik Lee, 한홍구 역,『한국공산주의 운동사 I』, 118.

541 Ibid., 401. 조훈도 이르쿠츠크파에 속한다. Robert A. Scalapino and Chong Sik Lee, 한홍구역,『한국공산주의 운동사 I』, 44 참조.

542 Ibid.

543 Ibid., 460.

544 한창수 편,『한국공산주의운동사』, 94.

545 Robert A. Scalapino and Chong Sik Lee, 한홍구 역,『한국공산주의 운동사 I 』, 140.

546 Ibid., 160.

547 고준석,『조선공산당과 코민테른』(서울: 공동체, 1989), 15.

548 박찬승, "1920년대 국내 민족주의 세력의 동향",『한국사』49-민족운동의 분화와 대중운동, 17-61(p. 61).

549 한국기독교역사연구소 편, 한국기독교의 역사 II』, 211.

550 Ibid., 212.

551 Ibid., 213.

552 Ibid., 215.

553 한국기독교역사연구소 편,『한국기독교의 역사 II』, 47.

554 Ibid., 218 참조. 김활란, "예루살렘교회와 금후 기독교", 「청년」(1928. 11.), 4.

555 박찬승, "1920년대 국내 민족주의 세력의 동향", 국사편찬위원회 편,『한국사』49-민족운동의 분화와 대중운동, 25.

556 한국기독교역사연구소 편,『한국기독교의 역사 II』, 63.

557 Ibid., 114.

558 Ibid., 114-115.

559 김학관,『중국교회사』(서울: 이레서원, 2005), 131-133.

560 한국기독교역사연구소 편,『한국기독교의 역사 II』, 116. 및『조선예수교장로회 제19대회록』(1921), 115 참조.

561 김인수,『한국기독교회사』, (서울: 한국장로교출판사, 2012), 251.

562 Ibid.

563 Ibid., 251-252.

564 Ibid., 253.

565 한국기독교역사연구소 편,『한국기독교의 역사 II』, 117.

566 Ibid.

567 Ibid., 117 및『조선예수교장로회총회 제12회 회록』(1923), 19 및 93 참조.

568 Ibid., 117-118.

569 Ibid., 118.

570 김인수,『한국기독교회사』, 252.

571 한국기독교역사연구소 편,『한국기독교의 역사 II』, 160.

572 Ibid., 149-150.

573 김남식,『한국장로교회사』(서울: 베다니, 2012), 185-187.

574 한국기독교역사연구소 편,『한국기독교의 역사 II』, 171-172.

575 Ibid., 169-170.

576 Ibid., 171.

577 이러한 구분은 필자의 견해이며, 이를 "초월적 신비주의 신앙"과 현실적 "계몽주의 신앙운동" 또는 "계몽주의적 사회참여 신앙"이라고 구분하기도 한다.

578 Ibid., 186-192.

579 Ibid., 192-202.

580 Ibid., 202-206.

581 ibid., 206-208.

582 Ibid., 216 참조. 이상재, "상제의 뜻은 어하하뇨",『백목강연』2집, (서울: 박문서관, 1921), 138.

583 한국기독교역사연구소 편,『한국기독교의 역사 II』, 221.

584 러시아과학아카데미 편,『세계철학사 11』, 87.

585 이 부분에 대해서는 김회권의 "사회주의와 기독교의 대화의 역사와 전망",『사회주의 체제전환과 기독교』, 9-75에서 참고했다.

586 김회권의 위의 논문 및 이신건의 조직신학 논문 "레온하르트 라가츠의 종교사회주의"(http://sgti.kehc.org/myhome/system-theology/5.html에 게재)를 참고했다(검색일자: 2014. 11.28).

587 Ernst Bloch, 박설호 역,『희망의 원리』, (서울: 열린 책들, 2005).

588 블로흐에 관해서는 김회권의 위의 논문과 이종진의 "에른스트 블로흐의『그리스도교 안의 무신론』과의 대질",『가톨릭 철학』제18호 (2012. 4.), 159-187을 참고했다.

589 Jan Milic Lochman, 손규태 역,『그리스도냐 프로메테우스냐』, (서울: 대한기독교서회, 1975).

590 로흐만에 관해서는 김회권의 위의 논문과 황성규의 "그리스도냐 프로메테우스냐: 크리스챤 맑시스트의 대화 ", [신학사상] 3권(1973), 145-165을 참고했다.

591 Reinhold Niebuhr, 김승국 역, "서문",『맑스·엥겔스의 종교론』, (전주: 아침, 1988), 8.

592 Ibid., 14.

593 함세웅, 『해방신학의 올바른 이해』, (서울: 분도출판사, 1989).

참고문헌
BIBLIOGRAPHY

1 국내 서적

- 고려대학교 아세아문제연구소 편.『마르크스·레닌주의- 그 이론적 비판』. 서울: 고려대학교출판부, 1982.
- 고준석.『조선공산당과 코민테른』. 서울: 공동체, 1989.
- 과학동아 편.『생명과 진화』. 서울: 과학동아북스, 2011.
- 국사편찬위원회 편.『한국사』49. 서울: 탐구당, 2013.
- 김구.『원본 백범일지』. 서울: 서문당, 1989.
- 김균진.『기독교 신학 I』. 서울: 연세대학교출판부, 2010.
- 김기환.『생물의 진화는 사실인가?』. 서울: 진화론 실상연구회, 2008.
- 김남식.『한국장로교회사』. 서울: 베다니, 2012.
- 김성민.『계몽운동에서 무장투쟁까지의 선도자 양기탁』한국의 독립운동가들』 035. 서울: 역사공간, 2012.
- 김인수.『한국기독교회사』. 서울: 한국장로교출판사, 2012.
- 김 준.『창세기의 과학적 이해』. 서울: 한국창조과학회, 2009.
- 김학관.『중국교회사』. 서울: 이레서원, 2005.
- 김호준.『유라시아 고려인-디아스포라의 아픈 역사 150년』. 서울: 주류성, 2013.
- 김회권 외 편.『사회주의 체제전환과 기독교』한반도평화연구원총서 7. 파주: 한울아카데미, 2012.
- 남정우.『동방정교회 이야기』. 서울: 쿰란출판사, 2003.
- 몽양 여운형 선생 전집발간위원회 편.『몽양 여운형전집』 2. 서울: 한울, 1993.
- 민경배.『한국기독교회사』. 서울: 연세대학교 출판부, 2010.
- 박성수.『독립운동사』. 국가보훈처. 1995.
- 박순직 외.『생물과학』. 서울: 방송통신대학출판부, 2010.
- 반병률.『성재 이동휘 일대기』. 서울: 범우사, 1998.

- 백창섭, 장호강.『항일 독립운동사』. 서울: 가가, 1982.
- 서진영.『중국혁명사』. 파주: 한울, 2011.
- 신규식. 김동환 역.『한국혼』. 서울: 범우사, 2009.
- 신용하.『한국민족독립운동사 연구』. 서울: 을유문화사, 1986.
- 안병영.『현대공산주의 연구』. 서울: 한길사, 1982.
- 안천.『신흥무관학교』. 파주: 교육과학사, 2014.
- 양승훈.『창조와 진화: 진화론 비판과 창조 모델로 살펴본 생물의 기원』. 서울: SFC출판부, 2012.
_____.『생명의 기원과 외계 생명체』. 서울: SFC출판부, 2011.
- 역사학연구소 편.『함께 보는 한국 근현대사』. 파주: 서해문집, 2013.
- 윤경로.『105인 사건과 신민회 연구』. 서울: 일지사, 2014.
- 이덕주.『상동 청년 전덕기』. 서울: 공옥출판사, 2016.
- 이양림.『기독교와 과학』. 서울: 죠이선교회출판부, 2001.
- 이중원.『다윈의 종의 기원』. 서울: 삼성출판사, 2006.
- 이현희.『대한민국 임시정부 석오 이동녕과 백범 김구』. 서울: 동방도서, 2002.
_____.『임정과 이동녕 연구』. 서울: 일조각, 1989.
- 임번삼.『창조과학 원론: 잃어버린 생명나무를 찾아서』상 · 하권. 서울: 한국창조과학회, 2007.
- 임희국.『선비 목사 이원영』. 서울: 조이웍스, 2014.
- 조덕영.『과학과 신학의 새로운 논쟁』. 서울: 예영커뮤니케이션, 2006.
- 조영명 편.『러시아 혁명사』. 청주: 온누리, 1985.
- 철학연구회 편.『변증법적 유물론과 역사적 유물론』. 서울: 일송정, 1989.
- 한국기독교역사연구소 편.『한국기독교의 역사 I 』. 서울: 한국기독교문사, 2011.
_____.『한국기독교의 역사 II』. 서울: 한국기독교문사, 2010.
- 한창수 편.『한국공산주의운동사』. 서울: 지양사, 1984.
- 한형식.『맑스주의 역사강의』. 서울: 그린비출판사, 2011.
- 함세웅.『해방신학의 올바른 이해』. 서울: 분도출판사, 1989.

2. 외국 서적

- Darwin, Charles. *On The Origin of Species* (1876). New York: New York University Press, 1988.
- Marx, Karl · Engels, Fredrich. *The Communist Manifesto*. New York:

Penguin Books, 2011.
- Oparin, A. I.. *The Origin of Life on Earth*(1st ed.) translated by Sergius Morgulis. New York, Dover Publishing Co., 1938.
_____. *The Origin of Life on the Earth*(3rd ed.). translated by Ann Synge. New York: Academic Press, 1957.
- Trucker, Robert C. ed.. *The Marx-Engels Reader*. New York: Norton, 1978.
_____.『生命の起源』(제1판). 山田坂仁 譯. 東京: 岩崎書店, 1947.
_____.『生命の 起源』(대중판). 柘植秀臣 譯. 東京: 岩崎書店, 1955.

3. 번역서적

- Afanasyef, V. G.. 김성환 역.『변증법적 유물론』. 서울: 백두, 1988.
_____.『역사적 유물론』. 서울: 백두, 1988.
- Attali, Jacques. 이효숙 역.『마르크스 평전』. 서울: 위즈덤하우스, 2006.
- Baghavan, R. S.. 천경록 역.『자연과학으로 보는 마르크스 변증법』. 서울: 책갈피, 2010.
- Behe, Michael J.. 김창환 외 역.『다윈의 블랙박스』. 서울: 풀빛, 2001.
- Berlink, David. 현승희 역.『악마의 계교: 무신론의 과학적 위장』. 가평: 행복우물, 2008.
- Bloch, Ernst. 박설호 역.『희망의 원리』. 서울: 열린 책들, 2005.
- Clements, Jonathan. 조혜원 외 역.『다윈의 비밀노트』. 서울: 씨실과 날실, 2012.
- Darwin, Charles R.. 이민재 역.『종의 기원』. 서울: 을유문화사, 2003.
_____. 박동현 역.『종의 기원 1, 2』. 서울: 신원문화, 2006.
- Davis, Paul. 고문주 역.『제5의 기적: 생명의 기원』. 서울: 북스힐, 2000.
- Dawkins, Richard. 이한음 역.『만들어진 신: 신은 과연 인간을 창조했는가?』. 파주: 김영사, 2007.
- Dembski, William. 서울대학교 창조과학연구회 역.『지적설계』. 서울: 기독학생회출판부, 2006.
- Eichhorn, Wolfgang et al.. 이상훈 외 역.『변증법적 유물론』. 서울: 동녘, 1993
_____.『역사적 유물론』. 서울: 동녘, 1993.
- Eliade, Mircea. 이기숙 · 김이섭 역. "신화와 신화학"『세계신화 이야기』. 서울:

까치, 2005.

• Engels, Friedrich. 김민석 역.『반듀링론』. 서울: 새길, 1987.

_____. 황태호 역,『자연의 변증법』. 서울: 전진출판사, 1989.

• Ferguson Sinclair B. · Wright, David F.. 이길상 외 역.『아가페 신학사전』. 서울: 아가페출판사, 2001.

• Feuerbach, Ludwig Andreas. 김쾌상 역.『기독교의 본질』. 서울: 까치, 1993.

• Fiedler F. et al. 문성화 역.『변증법적 유물론』. 대구: 계명대학교 출판부, 2009.

• Gould, Steven Jay. 홍욱희 · 홍동선 역.『다윈 이후』. 서울: 사이언스북스,2011.

• Hartl, Daniel L.. 양재섭 외 역.『필수유전학』서울: 월드 사이언스, 2012.

• Henry, John. 노태복 역.『서양과학사상사』. 서울: 책과 함께, 2013.

• Johnson, Phillip, E.. 이승엽 · 이수현 역.『심판대 위의 다윈: 지적설계논쟁』. 서울: 까치글방, 2007.

• Kröning, Peter. 이동준 역.『오류와 우연의 과학사』. 서울: 이마고, 2011.

• Lenin, Vladimir I.. 김민호 역.『무엇을 할 것인가?』. 서울: 백두, 1988.

• Lochman, Jan Milic. 손규태 역.『그리스도냐 프로메테우스냐』. 서울: 대한기독교서회, 1975.

• Marx, Karl. 김수행 역.『자본론 1권』상 · 하. 서울: 비봉출판사, 2011.

_____. 강민철 · 김진영 역.『철학의 빈곤』. 서울: 아침, 1988.

• Marx, Karl · Engels Fredrich. 남상일 역.『공산당 선언』. 서울: 백산서당, 1989.

• Mayr, Ernst. 신현철 역.『진화론 논쟁』. 서울: 사이언스북스, 2008.

• McGrath, Alister E.. 정성희 · 김주현 역.『과학과 종교』. 서울: 린, 2013.

_____. 박세혁 역.『과학신학』. 서울: IVP, 2011.

_____. 김태완 역.『도킨스의 신』. 서울: SFC 출판부, 2007.

_____. 최재건 역.『종교개혁사상』. 서울: CLC, 2006.

• Miller, Stanley · Orgel, Leslie. 박인원 역.『생명의 기원』. 서울: 민음사, 1999.

• Morris, Henry M.. 현철호 역.『성경과 과학, 그리고 창조』. 서울: 한국창조과학회, 2007.

_____. Whitcom, John. 이기섭 역.『창세기 대홍수: 성경의 기록과 그 과학적 관계』. 서울: 성광문화사, 1985.

• Morris, John D.. 홍기범 · 조정일 역.『젊은 지구』. 서울: 한국 창조과학

회, 2006.

• Neil, Stephen. 홍치모 · 오만규 역.『기독교 선교사』. 서울: 성광문화사, 2008.

• Newton, David A.. 한국유전학회 편역.『왓슨과 크릭』. 서울: 전파과학 사, 2009.

• Niebuhr, Reinhold. ed.. 김승국 역.『맑스 · 엥겔스의 종교론』. 전주: 아 침, 1988.

• Oparin, Alexander Ivanovich. 양동춘 역.『생명의 기원』(대중판). 서울: 한마 당, 1990.

• Pipes, Richard. 이종인 역.『공산주의』. 서울: 을유문화사, 2006.

• Polkinghorne, John. 현우식 역.『양자물리학 그리고 기독교신학』. 서울: 연세 대학교출판부, 2009.

• Popper, Karl R., 이명현 역.『열린 사회와 그 적들』. 서울: 민음사, 1987,

• Russel, Bertrand. 최민홍 역.『서양철학사』상 · 하. 서울: 집문당, 2010.

• Sabine, George H.. 성유진 · 차남희 역.『정치사상사 2』. 서울: 한길사, 1983.

• Scalapino, Robert A. · Lee, Chong Sik. 한홍구 역.『한국공산주의 운동사 I : 식민지 시대』. 서울: 돌베개, 1986.

• Schrödinger, Erwin. 전대호 역.『생명이란 무엇인가 · 정신과 물질』. 서울: 궁 리출판, 2012.

• Service, Robert. 김남섭 역.『코뮤니스트—마르크스에서 카스트로까지, 공산 주의 승리와 실패의 세계사』. 서울: 교양인, 2012.

• Simon, Reece and Dickey. 고상균 · 윤치영 역.『캠벨 생명과학』3판. 서울:바 이오사이언스출판, 2012.

• Watson, James. 이한음 역.『DNA: 생명의 비밀』. 서울: 까치, 2010.

• Wetter, Gustav. 강재윤 역.『변증법적 유물론 비판』. 서울: 태양사, 1985.

• White, Paul. 김기윤 역.『토머스 헉슬리』. 파주: 사이언스북스, 2006.

• Witham, Larry. 박희주 역.『생명과 우주에 대한 과학과 종교논쟁, 최근 50년』. 서울: 혜문서관, 2009.

• Wolff, Jonathan. 김경수 역.『한권으로 보는 마르크스』. 서울: 책과함께, 2008.

• 러시아과학아카데미 편. 이을호 역.『세계철학사』전집. 서울: 중원문화, 2009.

• 빠즈드나예프, 디오니시 편. 이요한 · 이정현 역.『러시아정교회 한국 선교 이 야기』. 서울: 홍성사, 2012.

• 스토이스로프 외. 권순홍 역.『변증법적 유물론』. 서울: 세계, 1989.

     . 『역사적 유물론』. 서울: 세계, 1989.

・岩佐茂. 교양강좌편찬회 역.『유물론과 경험비판론 해설』. 서울: 세계, 1986.

4. 학위논문

・정진우. "과학주의 무신론에 대한 과학적 유신론 비판 연구: R. Dawkins와 A. McGrath를 중심으로". 박사학위논문, 호서대학교, 2012.
・최 석. "과학주의 무신론의 종교비판과 과학신학적 응답의 상보적 대화: 리처드 도킨스(R. Dawkins)와 알리시터 맥그라스(A. McGrath)를 중심으로". 박사학위논문. 성공회대학교, 2013.

5. 학술지 논문, 기사, 기타 출판물 등

・김활란. "예루살렘교회와 금후 기독교".「청년」. 1928. 11.
・김회권. "사회주의와 기독교의 대화의 역사와 전망". 김회권 외편.『사회주의 체제전환과 기독교』한반도 평화연구원총서 7. 파주: 한울아카데미, 2012.
・나영석. "독립운동과 만주노령 독립운동", 한국민족운동연구회 편.『한민족의 독립운동사』. 서울: 한서당, 1990.
・박찬승. "1920년대 국내 민족주의 세력의 동향". 국사편찬위원회 편.『한국사』 49. 서울: 탐구당, 2013.
・신재식. "다윈 진화론의 자연신학 비판과 다윈 이후의 진화론적 유신론 연구–기독교 신학의 신–담론 변화를 중심으로".「한국기독교 신학논총」. 한국기독교학회, 2006.
・신현수. "도킨스의 신개념 비판". 기독교학술원 세미나 발표. 2012. 12. 7.
・이만규. "여운형 투쟁사".『몽양 여운형 전집』2. 서울: 한울, 1993.
・이상재. "상재의 뜻은 여하하뇨".『백옥강연 2집』. 서울: 박문서관, 1921.
・이신건. "레온하르트 라가츠의 종교사회주의". 인터넷 사이트 게재. http://sgti.kehc.org/myhome/system-theology/5.html.
・이종진. "에른스트 블로흐의『그리스도교 안의 무신론』과의 대질".「가톨릭 철학」제18호. 2012. 4.
・허정윤. "과학적 무신론의 형성과정에 대한 소고".「창조론 오픈포럼」8권2 호. 2014. 7.
＿＿＿. "생명기원 논쟁에 대한 신학적, 과학적 고찰–오파린의『생명의 기원』에 나타난 화학 진화론 비판을 중심으로".「창조론 오픈포럼」7 권 1호.

2013. 2.

_____. "신학과 과학의 생명기원 논쟁에 관한 고찰−다윈의 〈종위 기원〉에 나타난 진화론 비판을 중심으로". 「창조론 오픈포럼」 6권 2호. 2012. 8.

_____. "오파린의 생애와 사상−『생명의 기원』 제3판을 중심으로". 「창조론 오픈포럼」 7권 2호. 2013. 7.

_____. "자연발생론과 다윈의 진화론에 대한 비판". 「창조론 오픈포럼」 8권 1호. 2014. 2.

• 황성규. "그리스도냐 프로메테우스냐: 크리스챤 맑시스트의 대화". 「신학사상」 3권. 1973.

6. 인터넷 게재 정보

1. 『브리태니커』온−라인: "종 (species, 種)" 항목.
http://100.daum.net/encyclopedia/view.do?docid=b19j3078b
2. 위키 스페이스(영문판) 온−라인: "Reproductive Barriers" 항목.
http://evolutionkj.wikispaces.com/Reproductive+Barriers
3. 막대세균 [그림 1]사진 인용 출처:
http://imgv.search.daum.net/viewer/search?w=imgviewer&SearchType=total&ResultType=total&SimilarYN=total_Y&SortType=total&q=%BF%F8%C7%D9%BC%BC%C6%F7&sidx=0&lpp=10&uk=N18s87W1RemWr&mk=Ue36b697@0kAAE9P29UAAAIA

용어 색인

기독교, 과학적 무신론, 그리고 항일독립운동

기독교, 과학적 무신론, 그리고 항일독립운동

기독교, 과학적 무신론, 그리고 항일독립운동

인명 색인

기독교, 과학적 무신론, 그리고 항일독립운동

기독교, 과학적 무신론, 그리고 항일독립운동

기독교, 과학적 무신론, 그리고 항일독립운동

저자 후기

저의 박사학위 논문 "과학적 무신론에 대한 비판적 고찰—발생에서부터 한민족 교회에 유입되기까지의 역사적 과정을 중심으로"를 바탕으로 한 이 책을 출판하면서, 몇 가지 설명을 드리겠습니다.

첫째, 진화론을 비판하는 1부를 이미 출판된 저자의 『과학과 신의 전쟁』(메노라, 2017)에서 상당 부분 인용했음에도 불구하고 이 책에서 다시 포함했습니다. 『과학과 신의 전쟁』은 '과학적 무신론 vs 과학적 유신론'이라는 책의 부제가 말해주듯이, 과학적 유신론을 정립하기 위하여 과학적 무신론을 비판적으로 논박하는 것입니다. 저의 박사학위 논문에서 서술한 진화론에 대한 비판 부분을 『과학과 신의 전쟁』에서 인용한 이유는 바로 창조주의 존재를 부정하는 과학적 무신론을 반박하고, 과학적 유신론을 정립하기 위한 목적이었습니다. 기독교는 우주만물을 창조하신 창조주와 그의 창조를 신앙하는 종교입니다. 그러므로 기독교는 과학주의 시대인 현대에 이르러서 과학적 유신론을 토대로 하는 창조론이 납득되지 않고서는 믿을 수가 없는 종교입니다. 따라서 기독교는 창조주의 존재와 창조론을 송두리째 부정하는 유물진화론, 즉 과학적 무신론을 비판하는 일을 아무리 많이 해도 지나치지 않다고 말할 수 있습니다.

둘째, 항일 독립운동에 관련한 자료는 서로 일치하지 않는 저술이나 증언들이 많아서 자료의 신빙성이 문제가 되는 경우가 많습니다. 이 책에서 서술하고 있는 신민회 인사들 및 항일 독립운동가들과 관련해서도 그런 문제가 없지 않습니다. 그러므로 제가 비밀결사체인 신민회와 항일 독립운동 단체들의 활동에 대해서는 사실 확인에 최선을 다했지만, 후일에 다시 수정해야 할 부분이 있을 수 있습니다. 그런 문제에 대해서는 독자들의 양해를 구합니다.

셋째, 이 책의 가격을 대폭 낮추었습니다. 제가 이 책의 일부 내용을 이미 『과학과 신의 전쟁』에서 인용했던 사실 때문에 혹시라도 독자들이 책값을 이중으로 부담하는 사태를 피하기 위해서입니다. 말하자면 이 책의 2부만 책값에 반영했습니다. 많은 독자가 저자의 호의를 누릴 수 있기를 희망합니다.

덧붙여서 저는 주로 창조론을 연구하는 학자라는 사실을 말씀 드리고 싶습니다. 기독교는 두 가지의 창조론을 가지고 있습니다. 하나는 창세기에 기록된 '태초의 창조론'입니다. 다른 하나는 미래를 향해 계시된 새 하늘과 새 땅의 창조를 설명하는 '새 창조론'입니다. '태초의 창조론'은 과학적 무신론을 비판하는 역할을 수행해야 합니다. 기독교는 그렇게 함으로써 과학적 무신론이 만연한 현대사회에서 전도의 동력을 확보할 수 있습니다. 기독교는 우주만물의 기원에 대해 창조론으로 설명합니다. 그러나 과학적 무신론자들은 진화론을 바탕으로 기원을 설명합니다. 제 연구에 의하면 진화론은 그동안 4단계를 거쳐 발전했습니다. 제3단계까지의 진화론은 이 책에 소개되어 있습니다. 최근에 스티븐 호킹(Stephen Hawking)에 의하여 제시된 제4단계의 양자물리학적 진화론은 이 책에서는 소개되어 있지 않지만, 『과학과 신의 전쟁』에서는 소개되어 있습니다. 그 이유는 제가 박사학위 논문을 쓰기 전에 양자물리학을 연구하지 못했기 때문입니다.

저는 『과학과 신의 전쟁』을 통해서 호킹의 양자물리학적 진화론 비판을 수행하면서 동시에 '태초에' 창조주의 존재를 과학적으로 입증하였습니다. 박사학위 취득 후에 저는 역사적 사건의 현대적 기술 방법인 육하원칙에 따라 '태초의 창조론'을 계속 연구하였으며, 그 원고들을 「크리스천 투데이」에 칼럼으로 연재했습니다. 그 원고들은 곧 책으로 편집하여 『알파 A 창조론』이라는 제목으로 출판될 것입니다.

미래를 향하여 계시된 '새 하늘'과 '새 땅'의 창조에 관련된 '새 창조론'은 하나님의 창조목적에 합당한 기독교인들이 가지게 되는 본질적 희망, 곧 '새 창조'에 의하여 세워질 새 예루살렘에 입성할 수 있는 기독교인의 피택(被擇)의 문제를 논의하는 것입니다. 저는 '새 창조론'에 대한 논의와 연구에 순전한 기독교인들의 참여를 기대합니다. 종말론적 의미를 가진 '새 창조론'의 연구가 완성되면 『오메가 Ω 창조론』이라는 이름으로 출판될 것입니다.

끝으로 저는 저의 책들이 한민족 의 '신사상'과 교회의 신학, 특히 창조론의 발전에 크게 이바지하는 동시에, 사랑하는 기독교 형제자매 여러분에게는 미래의 희망을 성취하는 계기가 되기를 소망합니다.